MARÇO 2013, ANO 5, VOL. 9, SEMESTRAL

DIREITO DAS SOCIEDADES
em Revista

DOUTRINA

Negócios entre sociedade e partes relacionadas (administradores, sócios)
– sumário às vezes desenvolvido
Jorge M. Coutinho de Abreu

A empresa multinacional e sua responsabilidade
José Engrácia Antunes

Uma proposta de coordenação entre os arts. 78.º e 79.º do Código das Sociedades Comerciais
Nuno Manuel Pinto Oliveira

Cessão de quotas e aval: equívocos de uma uniformização de jurisprudência
Carolina Cunha

Nótulas sobre as disposições penais do Código das Sociedades Comerciais
Susana Aires de Sousa

Emissões de obrigações: antes, agora e depois
Hugo Moredo Santos, Orlando Vogler Guiné

O dever de lealdade: concretizações e situações de conflito resultantes da cumulação de funções de administração
Marisa Larguinho

Estudo sobre a atribuição de pensões e complementos de reforma aos administradores das sociedades anónimas
Ânia Ferreira, Teresa Fernandes

O poder de gestão dos acionistas nas sociedades anónimas
Eduardo Sáragga Leal

NOTÍCIAS

Nótula relativa à revogação/substituição da 2.ª Diretiva sobre sociedades
(a chamada "Diretiva do Capital")
Paulo de Tarso Domingues

A alteração do regime da caução dos administradores
Paulo Olavo Cunha

ALMEDINA

ÍNDICE

5   Abreviaturas

DOUTRINA

15   Negócios entre sociedade e partes relacionadas (administradores, sócios)
– sumário às vezes desenvolvido
Jorge M. Coutinho de Abreu

27   A empresa multinacional e sua responsabilidade
José Engrácia Antunes

75   Uma proposta de coordenação entre os arts. 78.º e 79.º do Código das Sociedades Comerciais
Nuno Manuel Pinto Oliveira

91   Cessão de quotas e aval: equívocos de uma uniformização de jurisprudência
Carolina Cunha

115   Nótulas sobre as disposições penais do Código das Sociedades Comerciais
Susana Aires de Sousa

135   Emissões de obrigações: antes, agora e depois
Hugo Moredo Santos, Orlando Vogler Guiné

187   O dever de lealdade: concretizações e situações de conflito resultantes da cumulação de funções de administração
Marisa Larguinho

215   Estudo sobre a atribuição de pensões e complementos de reforma aos administradores das sociedades anónimas
Ânia Ferreira, Teresa Fernandes

247   O poder de gestão dos acionistas nas sociedades anónimas
Eduardo Sáragga Leal

NOTÍCIAS

295   Nótula relativa à revogação/substituição da 2.ª Diretiva sobre sociedades (a chamada "Diretiva do Capital")
Paulo de Tarso Domingues

297   A alteração do regime da caução dos administradores
Paulo Olavo Cunha

ABREVIATURAS

AAVV/VVAA	Autores Vários / Vários Autores
AAFDL	Associação Académica da Faculdade de Direito de Lisboa
ac. / acs.	acórdão / acórdãos
ACE	Agrupamento(s) Complementar(es) de Empresas
AEIE	Agrupamento(s) Europeu(s) de Interesse Económico
AG	Die Aktiengesellschaft
AktG	Lei alemã sobre as sociedades anónimas e em comandita por acções, de 6 de Setembro de 1965
al.	alínea
AnnDrComm	Annales de Droit Commercial
AnwBl	Anwaltsblatt
art.	artigo
Ass.	Assicurazione. Rivista di Diritto, Economia e Finanze delle Assicurazioni Private
BankLJ	Banking Law Journal
BB	Betriebs-Berater
BFD	Boletim da Faculdade de Direito da Universidade de Coimbra
BGB	*Bürgerliches Gesetzbuch*
BGHZ	Entscheidungen des Bundesgerichtshofs in Zivilsachen
BL	The Business Lawyer
BMJ	Boletim do Ministério da Justiça
BP	Banco de Portugal
BulJS	Bulletin Joly des Sociétés
BVL	Bolsa de Valores de Lisboa
CA	Conselho de Administração
CA 2006	Companies Act, de 2006 (Inglaterra)
CadMVM	Cadernos do Mercado dos Valores Mobiliários
CAE	Conselho de Administração Executivo

CC	Código Civil
CCit	Codigo civil italiano, de 16 de Março de 1942
CCom	Código Comercial
CComf	Novo código de comércio francês (aprovado pela Ordonnance, de 18 de Setembro de 2000)
CEE	Comunidade Económica Europeia
CeImp	Contratto e Impresa
CF	Conselho Fiscal
CEJ	Centro de Estudos Judiciários
cfr.	confronte
CGS	Conselho Geral e de Supervisão
CIRC	Código do Imposto sobre o Rendimento das Pessoas Colectivas
CIRE	Código da Insolvência e da Recuperação de Empresas
CIRS	Código do Imposto sobre o Rendimento das Pessoas Singulares
CJ	Colectânea de Jurisprudência
CJ-STJ	Colectânea de Jurisprudência Acórdãos do Supremo Tribunal de Justiça
CLR	Columbia Law Review
CPC	Código de Processo Civil
CPen	Código Penal
CPEREF	Código dos Processos Especiais de Recuperação da Empresa e da Falência
CMLRev.	Common Market Law Review
CMVM	Comissão do Mercado de Valores Mobiliários
CódMVM	Código do Mercado de Valores Mobiliários
CPP	Código de Processo Penal
CPTA	Código de Processo dos Tribunais Administrativos
CRCom	Código do Registo Comercial
CRP	Constituição da República Portuguesa
CSC	Código das Sociedades Comerciais
CT/CTrab	Código do Trabalho
CVM	Código dos Valores Mobiliários
DB	Der Betrieb
DEA	Diritto ed Economia dell'Assicurazione
DFiscB	Droit Fiscalité Belge
DJ	Revista Direito e Justiça
DJCL	Delaware Journal of Corporate Law
Dec.-Lei/DL	Decreto-Lei
DG	Diário do Governo
DR	Diário da República
DSR	Direito das Sociedades em Revista
ed.	edição
EBOR	European Business Organization Law Review

ECFR	European Company and Financial Law Review
EIRL	Estabelecimento(s) Individual(ais) de Responsabilidade Limitada
ERPL	European Review of Private Law
EuZW	Europäische Zeischrift für Wirtschafsrecht
EUA	Estados Unidos da América
ETAF	Estatuto dos Tribunais Administrativos e Fiscais
ForI	Forum Iustitiae
ForLR	Fordham Law Review
GC	Giurisprudenza Commerciale
Giur.Comm.	Giurisprudenza Commerciale
GmbH	Gesellschaft mit beschränkter Haftung (Alemanha)
GmbHG	Lei alemã sobre as sociedades de responsabilidade limitada, de 20 de Abril de 1892
GmbHR	GmbH-Rundschau
HarvLR	Harvard Law Review
id.	*idem*
IDET	Instituto das Empresas e do Trabalho
InsO	Insolvenzordnung (lei alemã da insolvência)
IPGC	Instituto Português de *Corporate Governance*
IPRax	Praxis des Internationalen Privat- und Verfahrensrechts
JOCE	Jornal Oficial das Comunidades Europeias
JOUE	Jornal Oficial da União Europeia
L.	Lei
LAS	Lei da Actividade Seguradora
LGT	Lei Geral Tributária
LSGPS	Lei das Sociedades Gestoras de Participações Sociais
LSQ	Lei das Sociedades por Quotas
MLR	The Modern Law Review
MoMiG	Gesetz zur Modernisierung des GmbH-Rechts und zur Bekämpfung von Missbräuchen (Alemanha)
MP	Ministério Público
MVM	Mercado dos Valores Mobiliários
NZG	Neue Zeitschrift für Gesellschaftsrecht
n. / nn.	nota/notas
n.º	número
NYSE	New York Stock Exchange
ob. cit.	obra citada
OJLS	Oxford Journal of Legal Studies
OPA	Oferta(s) Pública(s) de Aquisição
OPV	Oferta(s) Pública(s) de Venda
p. / pp.	página/páginas
p. ex.	por exemplo

PME	Pequenas e médias empresas
POC	Plano Oficial de Contabilidade
pto.	ponto
RabelsZ	Rabels Zeitschrift für ausländisches und internationales Privatrecht
RB	Revista da Banca
RCEJ	Revista de Ciências Empresariais e Jurídicas
RDE	Revista de Direito e Economia
RDES	Revista de Direito e de Estudos Sociais
RDM	Revista de Derecho Mercantil
RdS	Revista de Derecho de Sociedades
RDS	Revista de Direito das Sociedades
RC	Tribunal da Relação de Coimbra
RE	Tribunal da Relação de Évora
RES	Revista Española de Seguros
RevDBB	Revue de Droit Bancaire et de la Bourse
RevE	Revisores e Empresas
RevF	Revista Fisco
RevOD/O Direito	Revista O Direito
RevTOC	Revista dos Técnicos Oficiais de Contas
RG	Tribunal da Relação de Guimarães
RivDCom	Rivista del Diritto Commerciale e del Diritto Generale delle Obbligazioni
RJCS	Regime Jurídico do Contrato de Seguro
RJOIC	Regime Jurídico dos Organismos de Investimento Colectivo
RJUPort	Revista Jurídica da Universidade Portucalense Infante D. Henrique
RL	Tribunal da Relação de Lisboa
RMBCA	Revised Model Business Corporation Act (EUA)
RP	Tribunal da Relação do Porto
reimp.	reimpressão
RFDUL	Revista da Faculdade de Direito da Universidade de Lisboa
RGICSF	Regime Geral das Instituições de Crédito e Sociedades Financeiras
RIW	Recht der Internationalen Wirtschaft
RLJ	Revista de Legislação e Jurisprudência
RNPC	Registo Nacional de Pessoas Colectivas
ROA	Revista da Ordem dos Advogados
ROC	Revisor Oficial de Contas
RPDC	Revista Portuguesa de Direito do Consumo
RS	Rivista delle Società
s./ss.	seguinte/seguintes
SA	Sociedade(s) Anónima(s)
SARL	Sociedade de Responsabilidade Limitada (França)

SQ	Sociedade(s) por Quotas
SCE	Sociedade(s) Cooperativa(s) Europeia(s)
SE	Sociedade(s) Europeia(s)
SGPS	Sociedade(s) Gestora(s) de Participações Sociais
SPE	Sociedade(s) Privada(s) Europeia(s)
SRL	Sociedade de Responsabilidade Limitada (Itália)
SROC	Sociedade(s) de Revisores Oficiais de Contas
STJ	Supremo Tribunal de Justiça
SZW	Schweizerische Zeitschrift für Wirtschaftsrecht
t.	tomo
tb.	também
TCE	Tratado da Comunidade Europeia
TFUE	Tratado sobre o funcionamento da União Europeia
Themis	Themis – Revista da Faculdade de Direito da Universidade Nova de Lisboa
TJCE	Tribunal de Justiça das Comunidades Europeias
TJUE	Tribunal de Justiça da União Europeia
TRLSA	Lei espanhola sobre as sociedades anónimas (texto refundido aprovado pelo Real Decreto Legislativo 1564/1989, de 22 de Dezembro)
TRP	Tribunal da Relação do Porto
UCP	Universidade Católica Portuguesa
v.	*vide*
VM	Valores Mobiliários
VJud	Vida Judiciária
VLR	Vanderbilt Law Review
vol./vols.	volume/volumes
ZGR	Zeitschrift für Unternehmens- und Gesellschaftsrecht
ZHR	Zeitschrift für das gesamte Handelsrecht und Wirtschaftsrecht
ZIP	Zeitschrift für Wirtschaftsrecht

DOUTRINA

RESUMO: **Nos negócios entre sociedade e partes relacionadas são frequentes os conflitos de interesses e os riscos de prejuízo para a sociedade e/ou sócios. Este estudo dá conta da disciplina legal atual relativa a esses negócios e suas insuficiências.**

ABSTRACT: **In transactions between the company and related parties, conflicts of interest and a risk of harmful consequences for the company and/or the shareholders are frequent. This study gives an account of the status and the insufficiencies of the current legal framework in respect to those transactions.**

JORGE M. COUTINHO DE ABREU*

Negócios entre sociedade e partes relacionadas (administradores, sócios) – sumário às vezes desenvolvido**

1. Introdução

«Partes relacionadas» (*related parties*) significam neste estudo sujeitos que se ligam (direta ou indiretamente) a uma sociedade por relações de organicidade (os administradores, designadamente) ou de socialidade (os sócios, em especial os que exercem ou podem exercer influência significativa no funcionamento da sociedade).

* Professor da Faculdade de Direito da Universidade de Coimbra

Bastante mais ampla é a noção que se retira das normas internacionais de contabilidade (NIC) – principalmente da IAS (*International Accounting Standard*) 24 –, para que remetem os arts. 66.º-A, 3, a) e 508.º-F, 3, a) do CSC, bem como da NCRF (Norma Contabilística e de Relato Financeiro) 5 do SNC (Sistema de Normalização Contabilística), aprovado pelo Decreto-Lei 158/2009, de 13 de Julho.[1]

Nos negócios celebrados entre uma sociedade e parte (com ela) relacionada é muito frequente a existência de *conflito de interesses: divergência de princípio entre o interesse* (objetivamente avaliado) *da parte relacionada e o interesse* (objetivamente avaliado também) *da sociedade, convindo portanto à parte relacionada negócio em certos termos e à sociedade negócio em termos diferentes.*

** Este texto foi escrito especialmente para um livro de homenagem ao Prof. José A. Gómez Segade.

[1] A NCRF 5 é muito semelhante à IAS 24.

Pede-se, pois, ao direito instrumentos que neutralizem os conflitos de interesses, previnam ou diminuam o risco de as partes relacionadas obterem vantagens em detrimento da sociedade e/ou de sócios (mormente sócios minoritários).

O direito das sociedades oferece mecanismos de *controlo preventivo* (proibições, limitações procedimentais) e de *controlo reativo* (invalidades, responsabilidade civil, etc.). Mas, se pode dizer-se que o instrumentário oferecido pelo CSC é em geral satisfatório no respeitante aos negócios entre a sociedade e os administradores, já não diremos o mesmo quanto aos negócios com sócios – o Código não apresenta disciplina global a propósito e o regime esparso que nele se descobre é insuficiente.

2. Negócios entre sociedade e administradores

Na parte respeitante às sociedades anónimas, o art. 397.º do CSC, diretamente aplicável às sociedades que adotem estrutura organizativa tradicional ou estrutura monística[2], disciplina os negócios dos administradores com sociedades. Proíbe uns e permite outros com e sem requisitos procedimentais.

2.1. Negócios proibidos

Nos termos do n.º 1 do art. 397.º, «é proibido à sociedade conceder empréstimos ou crédito a administradores, efetuar pagamentos por conta deles, prestar garantias a obrigações por eles contraídas e facultar-lhes adiantamentos de remunerações superiores a um mês».

É assim vedada, sob pena de *nulidade* (cfr. o art. 294.º do CCiv.), a celebração de *contratos de crédito* em sentido amplo entre sociedade e administrador – contratos pelos quais a sociedade concede benefício atual ao administrador em contrapartida de encargo futuro deste[3]. Exatamente por causa dos riscos que para a sociedade poderiam advir de tais contratos, a lei não os permite.

---

[2] E aplicável, no essencial, às sociedades com estrutura de tipo dualístico ou germânico, por remissão do art. 428.º.

[3] Cfr. C. Ferreira de Almeida, *Contratos II – Conteúdo. Contratos de troca*, 2ª ed. Almedina, Coimbra, 2011, p. 34.

2.2. Negócios permitidos desde que respeitados requisitos procedimentais

Entre, de um lado, os negócios proibidos e, de outro lado, os livremente celebráveis nos termos do n.º 5 do art. 397.º, temos os negócios que, segundo o n.º 2 do mesmo artigo podem ser celebrados desde que sejam previamente *autorizados por deliberação do concelho de administração*[4] e objeto de *parecer favorável do conselho fiscal*[5] (nas sociedades com estrutura tradicional) *ou da comissão de auditoria* (nas sociedades com estrutura monística).

Se, por exemplo, um administrador pretende vender à sociedade[6] um terreno seu ou comprar-lhe um prédio urbano, tais negócios serão nulos se não forem autorizados previamente por deliberação do conselho de administração e não obtiverem prévio parecer favorável do órgão fiscalizador (a falta de um destes requisitos é bastante para a nulidade).

O n.º 2 do art. 397.º compreende não apenas contratos celebrados diretamente entre a sociedade e administrador mas também os contratos em que o administrador participa *«por pessoa interposta»*. Venho propondo que nas pessoas interpostas se incluam não só *as referidas no art. 579.º, 2, do CCiv.* (relativo à cessão de direitos litigiosos efetuada «por interposta pessoa») – cônjuge do administrador, pessoas de quem este seja herdeiro presumido, ou qualquer sujeito que, de acordo com o administrador, negoceia com a sociedade a fim de transmitir posteriormente a este o direito recebido da sociedade –, mas ainda outros sujeitos, singulares ou coletivos, próximos do administrador, em suma *todos os sujeitos que ele pode influenciar diretamente* (*v. g.*, uma sociedade de que o administrador é sócio maioritário)[7].

---

[4] Na qual o administrador interessado não pode votar, diz o preceito em especificação (não necessária) da regra prevista no art. 410.º, 6.

[5] Ou, sendo o caso, do fiscal único – cfr. o art. 413.º, 1, a), 6.

[6] Que não tem por objeto a compra e venda de imóveis.

[7] J. M. Coutinho de Abreu, *Responsabilidade civil dos administradores de sociedades*, 2ª ed., Almedina, Coimbra, 2010, p. 27, nt. 43. No mesmo sentido, parece, J. Ferreira Gomes, «Conflito de interesses entre accionistas nos negócios celebrados entre a sociedade anónima e o seu accionista controlador», em AAVV., *Conflito de interesses no direito societário e financeiro – Um balanço a partir da crise financeira*, Almedina, Coimbra, 2010, p. 103 [o A., *ibid.* p. 103, s., acrescenta ainda que o art. 397.º, 2, é aplicável aos seguintes casos (no primeiro grupo por interpretação extensiva, no segundo por analogia): (1) «Contratos celebrados entre a sociedade e terceiros representados pelo mesmo administrador (dupla representação)»; (2) «Contratos celebrados entre a sociedade e terceiros com administradores comuns que não representam a sociedade no contrato em causa». Todavia: nos casos (1), o art. 397.º, 2, só terá aplicação se o terceiro for «pessoa interposta», aplicando-se, se assim não for, o art. 261.º do CCiv. (assim também A. Soveral Martins, «*Os poderes de*

Anote-se ainda que a hipótese de o administrador contratar «por pessoa interposta», apesar de referida expressamente apenas no n.º 2 do art. 397.º, vale também para a generalidade dos casos previstos no n.º 1 do mesmo artigo[8]. Excetuar-se-á o caso dos «adiantamentos de remunerações superiores a um mês» (as remunerações são devidas pessoalmente aos administradores).[9]

Regressando ao n.º 2 do art. 397.º. Este preceito requer, para que os contratos entre sociedade e administrador não sejam nulos, autorização dada por deliberação do conselho de administração. Mas nem todas as sociedades anónimas têm ou têm de ter conselho de administração. As de estrutura tradicional e as de estrutura dualística cujo capital não exceda € 200 000 podem ter um único administrador (arts. 278.º, 2, 390.º, 2, 424.º, 2). *Quid iuris* quando o *administrador único* de uma sociedade anónima com estrutura organizativa tradicional (destinatária direta do art.

---

representação dos administradores de sociedades anónimas», Coimbra Editora, Coimbra, 1998, p. 272, s., e «A aplicação do art. 397.º CSC às sociedades por quotas», em *II Congresso Direito das Sociedades em Revista*, Almedina, Coimbra, 2012, p. 566; aliás, o próprio FERREIRA GOMES, *ob. cit.*, p. 106, acaba por apresentar a solução correta); nos casos (2), o art. 397.º, 2, também só terá aplicação se o terceiro for «pessoa interposta» (e as sociedades em relação de grupo – que o A. parece ter especialmente em vista – estão sujeitas a regime próprio).]. Conjugando o art. 579.º, 2, do CCiv. com a minha proposta, mas em termos diversos dos adiantados por mim, v. o Ac. da RP de 5/2/2009 (www.dgsi.pt – processo 0835545). J. SOUSA GIÃO, «Conflitos de interesses entre administradores e os accionistas na sociedade anónima: os negócios com a sociedade e a remuneração dos administradores», em AAVV., *Conflito de interesses ...*, p. 254, propõe: «o critério da interposição de pessoas deve bastar-se com a *interposição de interesses dos administradores»*; parece-me critério demasiado lato e vago. Por sua vez, o escrito por SOVERAL MARTINS, «A aplicação...», p. 560-561, parece em boa medida convergente com o que escrevi (apesar de o A. considerar na p. 561 que, no atual direito positivo, não é pessoa interposta uma sociedade dominada por administrador da sociedade contraparte). Entretanto, bastante expressivo a respeito é o art. 231 da LSC (Ley de Sociedades de Capital), epigrafado «Personas vinculadas a los administradores».

[8] Neste sentido, v. SOUSA GIÃO, *ob. cit.*, p. 249, SOVERAL MARTINS, «A aplicação...», p. 559.

[9] Vem a propósito referir o art. 85.º do RGICSF (Regime Geral das Instituições de Crédito e Sociedades Financeiras, aprovado pelo Decreto-Lei 298/92, de 31 de Dezembro, entretanto muitas vezes alterado). Diz o n.º 1 que, sem prejuízo de certas exceções, «as instituições de crédito não podem conceder crédito, sob qualquer forma ou modalidade, incluindo a prestação de garantias, quer direta quer indiretamente, aos membros dos seus órgãos de administração ou fiscalização, nem a sociedades ou outros entes coletivos por eles direta ou indiretamente dominados». E o n.º 2: «Presume-se o caráter indireto da concessão de crédito quando o beneficiário seja cônjuge ou parente em 1.º grau de algum membro dos órgãos de administração ou fiscalização ou uma sociedade direta ou indiretamente dominada por alguma ou algumas daquelas pessoas (...)».

397.º) pretenda celebrar com a sociedade um contrato da espécie dos que entram no campo de aplicação do n.º 2 do art. 397.º?

Porque a ideia reguladora subjacente a essa norma é fazer intervir um órgão deliberativo autorizador para neutralizar o conflito de interesses, na impossibilidade de esse órgão ser o conselho de administração referido na norma, venho propondo assim: «Se a sociedade (com estrutura organizatória tradicional) tiver um só administrador (art. 390.º, 2), parece exigível, além do parecer favorável do órgão fiscalizador, deliberação dos sócios autorizando o negócio»[10].

Não deixe de anotar-se a possibilidade de a deliberação do conselho de administração autorizadora de negócio entre a sociedade e administrador e/ou a deliberação (ou a decisão) de parecer favorável do órgão fiscalizador serem *inválidas* (designadamente anuláveis porque abusivas)[11]. Declarada nula ou anulada uma dessas deliberações, parece dever entender-se que é nulo o negócio celebrado entre a sociedade e o administrador.

Manda o n.º 4 do art. 397.º que o conselho de administração *especifique no relatório de gestão anual* as autorizações que haja deliberado para os negócios entre a sociedade e administrador(es)[12] e que o órgão de fiscalização mencione no relatório anual sobre a ação fiscalizadora os pareceres proferidos acerca desses negócios[13].

Estas informações proporcionam aos sócios algum poder de controlo ou fiscalização relativamente à legalidade e oportunidade das referidas autorizações e pareceres, bem como dos negócios respetivos.

2.3. Negócios livres

Segundo o n.º 5 do art. 397.º, os negócios entre sociedade e administrador não têm de ser autorizados por deliberação do conselho de admi-

---

[10] Coutinho de Abreu, *Responsabilidade...*, p. 27, nt. 44 (na 1ª edição, de 2007, p. 27 nt. 43). No mesmo sentido, depois, Diogo Costa Gonçalves, «O governo de sociedades por quotas – Breves reflexões sobre a celebração de negócios entre o gerente e a sociedade», em AAVV., *O governo das organizações – A vocação universal do corporate governance*, Almedina, Coimbra, 2011, p. 121-122 (mas o A. não cita aí aquele meu livro, citado embora a outros propósitos) e o Ac. da RG, de 27/2/2012 (www.dgsi.pt – processo 243/109TBBCL.G1; o acórdão não cita qualquer doutrina). Claro a este respeito é o nº 1 do art. 229 da LSC.

[11] Sobre as deliberações inválidas do conselho de administração, v. J. M. Coutinho de Abreu, *Governação das sociedades comerciais*, 2ª ed., Almedina, Coimbra, 2010, p. 112, s. (sobre as deliberações abusivas, v. *ibid.*, p. 128-129).

[12] V. tb. o art. 66.º, 5, e).

[13] V. tb. os arts. 420.º, 1, g) e 423.º-F, 1, g).

nistração e obter parecer favorável do órgão de fiscalização, nem têm de ser mencionados nos relatórios anuais daqueles órgãos «quando se trate de ato compreendido no próprio comércio da sociedade e nenhuma vantagem especial seja concedida ao contraente administrador».

Um negócio está «compreendido no próprio *comércio da sociedade*» quando seja ato da espécie daqueles em que tipicamente se traduz a atividade que constitui o objeto da sociedade (cfr. o art. 11.º)[14].

E nenhuma «*vantagem especial*» o negócio proporciona ao administrador quando ele é celebrado em condições idênticas às aplicáveis a qualquer terceiro que celebra com a sociedade negócio da mesma espécie[15], sem, portanto, qualquer cláusula *intuitu personae*[16].

Assim, por exemplo, se uma sociedade explora um supermercado e um estabelecimento de venda de eletrodomésticos, as compras feitas aí por um administrador que paga os preços fixados para o público não têm, naturalmente, de ser autorizados por deliberação do conselho de administração.

Contudo, é questionável a desnecessidade de *menção nos documentos sociais de prestação de contas* da generalidade dos negócios incluíveis no comércio da sociedade e que não concedam vantagem especial aos administradores.

Note-se que essa desnecessidade não resulta apenas do n.º 5 do art. 397.º (com referência ao n.º 4). Também, por exemplo, do art. 66.º-A, 2: «As sociedades que não elaboram as suas contas de acordo com as normas internacionais de contabilidade (…) devem ainda proceder à divulgação, no anexo às contas, de informações sobre as operações realizadas com partes relacionadas (…), se tais operações forem relevantes *e não tiverem sido realizadas em condições normais de mercado*».[17]

Determinar se os negócios entre sociedade e administrador não conferem a este «vantagem especial» ou são realizados «em condições normais de mercado» é muitas vezes problemático; frequentemente o «valor de mercado» não é fixo, e depende de circunstâncias volúveis … A questão agrava-se quando os montantes financeiros envolvidos são significativos. Imagine-se que um administrador de sociedade de construção civil compra a esta vários apartamentos de uma só vez ou durante um ano; ou que um administrador de SGPS (sociedade gestora de participações sociais)

---

[14] Assim também Soveral Martins, «A aplicação…», p. 567.

[15] Ou, admito, se assim estiver regulamentado internamente, quando o negócio é celebrado nas condições mais favoráveis aplicáveis a todos quantos trabalham na sociedade.

[16] Com outra formulação, que em grande medida não acompanho, v. o Ac. da RP de 5/12/1995, *CJ*, 1995, t. V, p. 218.

[17] V. norma paralela, a propósito do anexo às contas consolidadas, no art. 508.º-F, 2.

vende a esta grande número de ações de que era titular em outra sociedade (não cotada). Quem decide que a estes negócios é aplicável o n.º 5 do art. 397.º e não o n.º 2? Outro ou outros administradores com poder de vinculação atuando em nome da sociedade (cfr. o art. 408.º, 1, 2)? O representante voluntário da sociedade que interveio no negócio? O administrador contraparte da sociedade? ...

Seria, por isso, *recomendável a obrigatoriedade* de os negócios dos administradores com as sociedades respetivas *acima de certo valor* (*v. g.*, 1% do capital próprio da sociedade) serem *comunicados* ao órgão de administração e/ou ao órgão fiscalizador e *mencionados* em documentos sociais de prestação de contas – ainda quando tenha sido entendido que tais negócios foram realizados sem vantagens especiais para os administradores ou em condições normais de mercado.[18] Assim se facilitaria o controlo ou fiscalização por sócios e pelos órgãos sociais relativamente às condições em que são realizados os negócios.

Um negócio celebrado por um administrador com a sociedade e que, apesar de não estar compreendido no comércio dela e/ou ter proporcionado ao administrador vantagem especial, não foi sujeito ao controlo orgânico previsto no n.º 2 do art. 397.º é, recorde-se, nulo.

2.4. Administrador de sociedade em relação de domínio ou de grupo com outra(s)

Diz o n.º 3 do art. 397.º que o disposto nos n.ºs 1 e 2 do mesmo artigo «é extensivo a atos ou contratos celebrados com sociedades que estejam em relação de domínio [v. o art. 486.º] ou de grupo [v. os arts. 488.º, s.] com aquela de que o contraente é administrador».

Em rigor, deve dizer-se que também os n.ºs 4 e 5 são aplicáveis aos negócios que um administrador de certa sociedade celebre com sociedade que com aquela esteja em relação de domínio ou de grupo.

---

[18] O art. 246.º, 3, c), do CVM, na linha da IAS 24 (mais exigente, porém), impõe às sociedades obrigadas a elaborar contas consolidadas a inclusão em demonstrações financeiras de «informação sobre as *principais* transações *relevantes* entre partes relacionadas (...) que tenham *afetado significativamente* a sua situação financeira ou o desempenho (...)» – sem ressalva, portanto, das transações concluídas «em condições normais de mercado» (ao invés do previsto na al. e) do n.º 5 do mesmo artigo). Mas, como se vê pelas palavras que grifei, a indeterminação normativa é grande e permissiva, não há qualquer quantificação precisa ...

2.5. Aplicação do art. 397.º do CSC às sociedades por quotas

O CSC não contém qualquer norma equivalente à do art. 397.º para as sociedades por quotas. Será ela, não obstante, aplicável aos negócios celebrados entre administradores («gerentes») e sociedades deste tipo? A questão já deu azo a três teses distintas.

Segundo a *primeira tese*, o art. 397.º *é inaplicável* às sociedades por quotas[19]; aplicar-se-á antes o art. 261.º, 1, do CCiv. (anulabilidade dos negócios consigo mesmo)[20].

A *segunda tese* sustenta a aplicação do art. 397.º (em geral) *analogicamente* às sociedades por quotas (cfr. o art. 2.º do CSC e o art. 10.º, 1 e 2, do CCiv.)[21]. São *idênticos os conflitos de interesses e os riscos de prejuízo* para a sociedade e (derivadamente) os sócios e credores sociais na contratação entre administradores e sociedade tanto nas sociedades anónimas como nas sociedades por quotas; as *razões que justificam a proibição* (sob pena de nulidade) dos negócios previstos *no n.º 1* do art. 397.º e a nulidade dos negócios sem observância de requisitos procedimentais prevista *no n.º 2* desse artigo *são razões que igualmente justificam soluções semelhantes para as sociedades por quotas*. O regime da *nulidade* dos negócios jurídicos é, como se sabe, bem diferente do regime da *anulabilidade* (cfr. os art. 286.º, 287.º e 288.º do CCiv.). E, além de ser esta a sanção estabelecida no art. 261.º, 1, do CCiv., é certo que os negócios entre gerente e sociedade *não têm de ser «negócios consigo mesmo»* – *v. g.*, quando a gerência seja plural, o gerente contraente não tem de aparecer (ou aparecer sozinho) a representar a sociedade. Entretanto, relativamente aos requisitos previstos no n.º 2 do art. 397.º, e de acordo com o princípio regulador que lhe subjaz, há que proceder a adaptações: «nos casos de gerência singular, salvaguardado o disposto no n.º 5 do art. 397.º e a proibição absoluta do n.º 1, devem os negócios [entre gerente e sociedade] ser autorizados por deliberação dos

---

[19] I. Duarte Rodrigues, *A administração das sociedades por quotas e anónimas – Organização e estatuto dos administradores*, Petrony, Lisboa, 1990, p. 195-196, e Raúl Ventura, *Sociedades por quotas*, vol. III, Almedina, Coimbra, 1991, p. 176-177.

[20] V. especialmente Raúl Ventura, *loc. cit.*.A jurisprudência tem seguido este entendimento – Ac. da RP de 13/4/1999, parece (www.dgsi.pt – processo 9920391; apenas o sumário foi publicado), Ac. da RP de 13/12/2005 (www.dgsi.pt – processo 0521121); o já citado Ac. da RP de 5/2/2009 (www.dgsi.pt – processo 0835545) aplicou o art. 261.º, 1, do CCiv. a um caso de dupla representação (não tendo ficado provado atuação por interposta pessoa), mas não rejeita a hipótese de o art. 397.º do CSC ser aplicável às sociedades por quotas (v. o n.º 3 do acórdão).

[21] Coutinho de Abreu, *Responsabilidade ...*, p. 28, nt. 46 (já antes, v. *Da empresarialidade – As empresas no direito*, Almedina, Coimbra, 1996, p. 148, nt. 384). No mesmo sentido, desenvolvidamente, v. Soveral Martins, «A aplicação ...», p. 562, s..

sócios[22] e merecer parecer favorável do órgão de fiscalização (se existir)[23] – sob pena de nulidade»[24].

Uma *terceira tese*, contrariando as duas anteriores, advoga a integração da lacuna nos termos do n.º 3 do art. 10.º do CCiv.[25] e considera *nulos* os negócios da espécie dos referidos nos n.ºs 1 e 2 do art. 397.º que não sejam *autorizados previamente pela assembleia geral da sociedade por quotas*[26]. Esta tese coincide, portanto, com a segunda tão só quando a sociedade por quotas tenha gerente único e entre uma e outro (direta ou indiretamente) sejam celebrados negócios da espécie daqueles que entram no campo de aplicação do art. 397.º, 2.[27]

São curiosas as observações feitas a respeito da citada segunda tese por quem aditou a terceira: «Não explica [Coutinho de Abreu], contudo, quais as adaptações que devem ser feitas na sua [do art. 397.º] aplicação analógica [seria necessário explicar *mais*?], nem se preocupa em rebater as críticas que naturalmente [?] se desenham no horizonte [?] ante a proposta de tal aplicação»[28]. Tais críticas, parece, fundam-se em: (i) a ausência de colegialidade na gerência das sociedades por quotas (ainda que plural, a gerência funciona, segundo a regra supletiva estabelecida no art. 261.º, 1, do CSC, em conjunção maioritária); (ii) a ausência de órgão de fiscalização nas sociedades por quotas (ele só existe eventualmente: art. 262.º, 1); tudo isto impediria a aplicação analógica do art. 397.º[29].

É verdade: não vislumbrei o «desenho» de tais críticas (mais rigorosamente, traços relativos a parte da crítica (i)). Talvez por ser, em meu modo de ver, esboço que se esfuma. Justifiquemos telegraficamente: (1) o (ambíguo) art. 261.º, 1, não obsta (pelo contrário) à adoção de deliberações pela gerência (plural)[30] – aplicando-se-lhes normas relativas às deliberações do conselho de administração[31]; (2) o conselho de administração (de sociedade anónima) não tem de funcionar sempre colegialmente para deliberar

---

[22] V. tb. *supra*, n.º 2.2. e nt. 10.

[23] Se não existir (cfr. o art. 262.º), prescindir-se-á de tal parecer.

[24] Coutinho de Abreu, *Responsabilidade...*, p. 28, nt. 46.

[25] «Na falta de caso análogo, a situação é resolvida segundo a norma que o próprio intérprete criaria, se houvesse de legislar dentro do espírito do sistema».

[26] Costa Gonçalves, *ob. cit.*, p. 108, s., 120-121.

[27] Facto que, além do mais, não parece abonar tal tese «dentro do espírito do sistema»...

[28] Costa Gonçalves, *ob. cit.*, p. 111.

[29] *Ibid.*, p. 115, s..

[30] Pode mesmo dizer-se que a regra supletiva do art. 261.º, 1, é a de atuação conjunta e de adoção de deliberações – Soveral Martins, «A aplicação...», p. 564.

[31] Coutinho de Abreu, *Governação...*, p. 144-145.

(basta pensar nas deliberações unânimes por escrito)[32]; (3) a sociedade por quotas não tem de ter, mas pode ter órgão de fiscalização (conselho fiscal ou fiscal único); quando exista, nenhum problema quanto à elaboração de parecer (favorável ou desfavorável a certo negócio); quando não exista essa instância de controlo, cai o respetivo requisito referido no n.º 2 do art. 397.º[33], mantendo-se a exigência de aprovação por outra instância de controlo.

3. Negócios entre sociedade e sócios

Tão ou mais relevantes do que os negócios entre sociedade e administradores são, no quadro dos conflitos de interesses e dos riscos de sugação de benefícios societários por partes relacionadas, os negócios entre sociedade e sócios. Principalmente quando os sócios possuem participação social importante (sendo até, muitas vezes, fornecedores, clientes, concorrentes ou credores da sociedade), *maxime* quando são sócios de controlo ou dominantes.

Não obstante, o direito societário português – que aqui não está só, muito longe disso – não apresenta regulação específica para estes negócios, quase nunca os sujeita a controlos orgânicos prévios e os mecanismos de controlo reativo são insuficientes. Vejamos a traços muito largos.

3.1. Nulidade, anulabilidade e ineficácia de negócios

(1) De acordo com o *art. 6.º* do CSC, a *capacidade jurídica das sociedades* comerciais (e civis de tipo comercial) é em geral balizada pelo escopo lucrativo[34]. Por isso, os *atos negociais gratuitos* praticados por sociedade em benefício de algum sócio (*v.g.*, doações, incluindo as mistas, mútuos não remunerados, prestação gratuita de garantias) são *em regra nulos*[35],

---

[32] V. *últ. ob. cit*, p. 111, com mais indicações.

[33] V. tb. Soveral Martins, *ob. cit.*, p. 565.

[34] V. por todos J. M. Coutinho de Abreu, *Curso de direito comercial*, vol. II – *Das sociedades*, 4ª ed., 2011, p. 187, s. e A. Soveral Martins, «Artigo 6.º», em *Código das Sociedades Comerciais em Comentário* (coord. de J. M. Coutinho de Abreu), vol. I (Artigos 1.º a 84.º), Almedina, Coimbra, 2010, p. 108, s..

[35] É normalmente diferente a situação quando o sócio beneficiado é sociedade em relação de grupo com a beneficiadora (v. o art. 503.º) ou, em muito menor escala, em relação de domínio (v. o art. 6.º, 3).

podendo a nulidade ser invocada a todo o tempo por qualquer interessado (sociedade, sócios, credores sociais).

Mas, além do mais, é necessário que os interessados tomem conhecimento da prática de tais atos...

(2) Cumprindo diretiva comunitária, o *art. 29.º* do CSC manda que, sob pena de *ineficácia* do negócio, a aquisição de bens a sócios por uma sociedade anónima ou em comandita por ações deve ser aprovada por deliberação dos sócios – precedida de verificação do valor dos bens por revisor oficial de contas – quando seja efetuada antes da celebração do contrato de sociedade, em simultâneo com ela ou nos dois anos seguintes e o contravalor dos bens exceda 2% ou 10% do capital social, consoante este seja igual ou superior a € 50 000[36].

Como se vê, temos aqui mecanismos de controlo preventivo de negócios celebrados entre sociedade e sócios. Mas vê-se também que são muito limitados os âmbitos material e temporal da norma.

(3) Se, por exemplo, os sócios deliberam autorizar a venda de um estabelecimento da sociedade a um sócio por preço manifestamente inferior ao de mercado (ou ao proposto por outrem), de modo a avantajar especialmente esse sócio em prejuízo da sociedade ou de sócios minoritários, ou a prejudicar tão só a sociedade, a *deliberação é anulável* e os sócios que votaram *abusivamente* podem ser *responsabilizados* civilmente (art. 58.º, 1, a) e b), 3)[37]. Discurso análogo vale para deliberação de conteúdo idêntico adotada pelo órgão de administração da sociedade[38].

Não obstante, é sabido que muitos negócios daquele e de outros tipos não são ou não têm de ser (especialmente nas sociedades anónimas) precedidos de deliberação dos sócios ou do órgão de administração.

(4) Imagine-se que um ou mais administradores com poderes de vinculação da sociedade celebram (em nome dela) dois negócios, um com o sócio *A*, outro com o sócio *B*, ambos prejudiciais para a sociedade; no primeiro, o(s) administrador(es) e *A* conluiaram-se, concertaram-se consciente e intencionalmente em prejuízo da sociedade; no segundo não houve conluio, mas o ou os administradores agiram conscientemente em detrimento da sociedade para favorecer *B*, e este conheceu ou devia ter conhecido (dado que o desequilíbrio negocial era evidente) a natureza

---

[36] Porém, este regime não é aplicável quando a aquisição seja feita em bolsa, em processo judicial executivo, ou esteja compreendida no objeto da sociedade. Sobre o preceito, v. por todos P. Tarso Domingues, «Artigo 29.º», em *Código das Sociedades Comerciais em Comentário* cit., p. 465, s..

[37] V. por todos Coutinho de Abreu, *Curso...*, p. 555, s., ou «Artigo 58.º», em *Código das Sociedades Comerciais em Comentário* cit., p. 677, s..

[38] V. Coutinho de Abreu, *Governação...*, p. 128-129.

daquela atuação. São hipóteses de *colusão* e de *abuso evidente*, respetivamente[39]. A sanção para a colusão é a *nulidade* dos negócios correspondentes: o fim dos mesmos é ofensivo dos bons costumes e é comum a administradores e sócios (ou terceiros) – art. 281.º do CCiv.. Para os casos de abuso evidente parece apropriado aplicar analogicamente o art. 269.º do CCiv.: os negócios serão *ineficazes* relativamente à sociedade.

Mas, já se vê, para os interessados poderem reagir contra os abusos do poder de vinculação dos administradores é fundamental que tomem conhecimento dos negócios em causa.

3.2. Responsabilidade civil de administradores e de sócios para com a sociedade

Se, na formação de negócios entre sociedade e sócios, os *administradores* atuarem com desrespeito pelos seus deveres legais (deveres de cuidado e de lealdade, principalmente), causando por isso danos à sociedade, eles podem ter de *indemnizá-la* (art. 72.º, s. do CSC)[40].

E se os *sócios* («controladores») contrapartes nesses negócios tiverem usado a sua influência sobre aqueles administradores[41] de modo a determinar a atuação ilícita destes, então também eles podem ter de responder, solidariamente com os administradores, pelos danos causados à sociedade (v. o art. 83.º)[42].

Também aqui é visível a importância do acesso à informação sobre os negócios por quem tem legitimidade para propor ações de responsabilidade.

3.3. Deveres de informação

A lei vem obrigando, nos últimos anos, as sociedades (nomeadamente as anónimas, e em especial as cotadas) a divulgar em documentos de pres-

---

[39] Aproveitando análise da doutrina societarista alemã a este propósito, v. Coutinho de Abreu, *Curso...*, p. 613-614.

[40] Desenvolvidamente, v. por todos Coutinho de Abreu, *Responsabilidade...*, p. 7, s., ou Coutinho de Abreu/M. Elisabete Ramos em *Código das Sociedades Comerciais em Comentário* cit., p. 837, s..

[41] Poder (de facto) de influência derivado, designadamente, da possibilidade de o sócio, pela força de voto que possui, fazer destituir os administradores.

[42] Desenvolvidamente, v. Rui Pereira Dias, *Responsabilidade por exercício de influência sobre a administração de sociedades anónimas*, Almedina, Coimbra, 2007, ou «Artigo 83.º», em *Código das Sociedades Comerciais em Comentário* cit., p. 952, s..

tação de contas negócios entre elas e sócios (e outras partes relacionadas). Todavia, foi já aludido acima (n.º 2.3.), esses deveres de informação não se mostram suficientes para prevenir, controlar e debelar variados abusos.

E insuficientes se têm revelado também os (mais tradicionais) direitos de informação dos sócios (geralmente menos generosos nas sociedades anónimas do que nas sociedades dos outros tipos: arts. 181.º; 214.º-216.º; 288.º-293.º; 474.º, 480.º do CSC).

4. Para melhor (sugestões)

Depois de visto o panorama proporcionado pelos números anteriores, aponto agora pistas para paisagens de amanhã.

(1) *Obrigatoriedade de divulgação* em documentos de prestação de contas dos negócios entre a sociedade e partes relacionadas que (individualmente ou agrupados) sejam de *valor superior a certo montante* (*v.g.*, 1% do capital próprio da sociedade).[43]

(2) *Obrigatoriedade* de os negócios *acima de certo valor* entre a sociedade e partes relacionadas serem *autorizados previamente*, salvo quando realizados nos termos de cláusulas contratuais gerais, competindo a autorização:

a) Ao *órgão de administração*, com parecer favorável do órgão fiscalizador (se existir), quando os negócios sejam de valor superior a certo montante (*v.g.*, 1% do capital próprio da sociedade)[44;45]

b) À *assembleia geral* (à coletividade dos sócios), sob proposta do órgão de administração e parecer do órgão fiscalizador (se existir), quando os negócios sejam de valor superior a (outro) certo montante (*v.g.*, 5% do capital próprio da sociedade).[46]

---

[43] Sem prejuízo da aplicação do n.º 4 do art. 397.º.

[44] Se o órgão de administração for unipessoal, transitar-se-á também para a hipótese b).

[45] E também sem prejuízo da aplicação dos n.ºs 2 e 3 do art. 397.º.

[46] Mais ao menos nesta linha, deixei já sugestões em outros escritos: «*Corporate governance* em Portugal», em IDET, Miscelâneas n.º 6, Almedina, Coimbra, 2010, p. 35-36, e «*Corporate governance* – Codificações fracas e fortes», no Boletim da Faculdade de Direito da Universidade de Macau, n.º 29 Especial, 2010, p. 78-79. Interessante é o «Statement of the European Corporate Governance Forum on Related Party Transactions for Listed Entities», de 10 de março de 2011 (em http://ec.europa.eu/internal_market/company/docs/ecgforum/ecgf_related_party_transactions-en_pdf).

RESUMO: *A empresa multinacional* (EM) é o novo Leviatão do séc. XXI. Entre as 100 entidades económicas mais poderosas do globo, contam-se 50 Estados-nação e 50 EM: o volume de negócios agregado das 10 maiores EM é superior ao volume orçamental bruto de seis dos maiores Estados-membros da União Europeia, e o volume individual de negócios de algumas delas é, por si só, superior ao produto nacional bruto da maior parte dos países do mundo (por exemplo, a empresa Exxon-Mobil teve em 2011 um volume de negócios de 435 biliões de dólares, o que supera o produto interno bruto de mais de 130 países, entre os quais Portugal, com 230 biliões). Paradoxalmente, não obstante constitua assim o ator económico central da moderna era da globalização, a EM não constitui um sujeito dotado de um estatuto jurídico próprio no plano das atuais legislações de todo o mundo. O presente trabalho visa contribuir modestamente para o estudo do estatuto jurídico desta instituição económica, social, política e até cultural da modernidade, tomando por objeto uma dimensão concreta desse estatuto: o problema da responsabilidade da empresa multinacional e os persistentes impasses regulatórios nesta matéria.

ABSTRACT: Multinational enterprises (ME) are the new Leviathan of the XXI century. Amongst the 100 largest economic entities in the world, one has 50 States and 50 multinational enterprises. The aggregate annual turnover of the top-10 multinational enterprises is higher than the global budgetary mass of the six largest member-states of the European Union. And the individual annual turnover of some of them is higher than the gross national product of more than 130 countries in the world (for example, the annual turnover of Exxon-Mobil rocket up to some \$430 billions in 2011, which largely exceeds the Portuguese GNP of a few \$230 billions). However, in spite of being the major economic actor of the modern globalization era, the multinational enterprise is neither a legal subject nor it enjoys of any particular juridical status in the overwhelming majority of legal orders of the world. The present article aims at contributing to the study of this strange creature of modern times, by focusing in a concrete dimension of this status: the liability of multinational enterprises.

JOSÉ ENGRÁCIA ANTUNES

A empresa multinacional e sua responsabilidade*

I – O PROBLEMA

1. Estamos hoje prestes a celebrar o trigésimo aniversário da pior catástrofe química de que a Humanidade tem memória. Às primeiras horas

---

* Palestra proferida nas "Ias Jornadas de Direito Comercial", Brasília, 23 de outubro de 2012.

do dia 3 de dezembro de 1984, na cidade de Bhopal, na Índia, verificou-se uma fuga de 40 toneladas de hidrocianato numa empresa química de pesticidas, a "Union Carbide India, Limited", filial indiana de uma grande empresa multinacional com o mesmo nome. Em consequência da referida fuga de gás (de acordo com os especialistas, provavelmente o gás mais letal jamais manuseado pelo homem em termos industriais), quase 4 mil pessoas tiveram morte imediata, cerca 8 mil nas duas semanas seguintes, e mais de 500.000 foram vítimas de lesões de ordem vária nos meses e anos seguintes. Hoje, praticamente 30 anos sobre a data do acidente, os habitantes daquela cidade e de cidades vizinhas continuam a morrer, desenvolvendo toda uma variedade de patologias, tais como o cancro, cegueira, infertilidade, e malformações congénitas. Hoje, 30 anos depois, as águas dos rios e os solos daquela cidade continuam a registar níveis de mercúrio, chumbo e outros químicos tóxicos cerca 6 milhões de vezes superiores ao limite de segurança.

Mas hoje, trinta anos depois, também o apuramento da responsabilidade empresarial pelos prejuízos causados por tal acidente continuam por fazer. A "Union Carbide India, Limited" constituía uma filial indiana da empresa "Union Carbide", uma empresa multinacional norte-americana da indústria química que controlava então cerca de 750 sociedades filiais espalhadas um pouco por todo o mundo. Como era de esperar, o património da filial indiana apenas permitia satisfazer uma parte infinitesimal dos danos provocados por esta enorme catástrofe humana e ambiental: ao passo que o valor total desses danos ascendia na altura a mais de 15 biliões de dólares, a "Union Carbide India" possuía um património de apenas 10 milhões de dólares, representativo de menos de 0,1% do total dos danos – património esse, aliás, agora praticamente reduzido a cinzas. Perante isto, as vítimas ou os seus herdeiros decidiram propor uma ação judicial de responsabilidade diretamente contra a "Union Carbide Corporation", sociedade-mãe ou cúpula do grupo empresarial multinacional, com sede no estado de Connecticut, nos Estados Unidos da América, e que controlava a filial indiana "Union Carbide India" através de uma complexa rede de participações detidas por outras sociedades pertencentes ao mesmo grupo.

Os autores desta ação judicial não tiveram muita sorte. Com efeito, na contestação, a cúpula da empresa multinacional Union Carbide sustentou a sua irresponsabilidade pelas dívidas da sua filial indiana, invocando o princípio da independência jurídica das sociedades agrupadas e o privilégio da responsabilidade limitada dos acionistas. Não obstante atuarem no mercado como se de uma única empresa se tratasse, não obstante aos olhos do mundo a "Union Carbide India" mais não fosse do que um simples elo componente ou uma simples divisão de uma organização empresarial multinacional que tinha o seu vértice na "Union Carbide Corporation", a verdade é que, de um ponto de vista jurídico, a sociedade indiana possuía uma personalidade jurídica própria, o que significa que possuía o seu próprio património ativo e passivo; e como lembrou com fina ironia ao tribunal o advogado norte-americano nas suas alegações em julgamento, se o privilégio da responsabilidade limitada dos acionistas serve para alguma coisa, é justamente para estes momentos de aflição. Ao cabo de vários anos de impasse, o litígio judicial acabaria num acordo entre as partes, tendo a sociedade-mãe norte-americana aceitado pagar uma indemnização aos credores da sociedade indiana no valor de 470 milhões de dólares, ou seja, cerca de 3% do valor estimado dos danos.[1]

2. Este caso constitui uma ilustração viva, dramática, mas inteiramente atual, do problema sobre o qual versará o presente estudo: o *problema da responsabilidade jurídica das empresas multinacionais* e os persistentes impasses regulatórios sobre a matéria.

É sabido que a *empresa multinacional* ("multinational enterprise", "Multinationale Unternehmen", "entreprise multinacionale", "impresa multinazionale") constitui uma das mais relevantes instituições económicas[2], políticas[3], sociais[4], e até culturais[5] da modernidade. De acordo com um relatório recente das Nações Unidas, existem hoje cerca de 82.000 empresas multinacionais em todo o mundo, as quais controlam 800.000 filiais, são responsáveis por 1/3 do total das exportações mundiais, e empregam

---

[1] In re *Union Carbide Corp. Gas Plant Disaster at Bhopal*, India in December 1984, 634 F. Supp. 842 (S.D.N.Y. 1986), aff'd and modified 809 F.2d 195 (2d Cir. 1987). Cf. ECKERMAN, Ingrid, *The Bhopal Saga: Causes and Consequences of the World's Largest Industrial Disaster*, University Press, India, 2005; GALANTER, Marc/WILSON, Gary, *The Legal Aftermath of the Bhopal Disaster*, University of Wisconsin, 1985.

[2] CAVES, Richard, *Multinational Enterprise and Economic Analysis*, 3rd edition, Cambridge: Cambridge University Press, 2007; DUNNING, John/LUNDAN, Sarianna, *Multinational Enterprises and Global Economy*, 2th edition, Cheltenham: E. Elgar Publishing, 2008.

[3] BERHMAN, Jack, *La Firme Multinationale et l'État-Nation*, New York: McGraw-Hill, 1971 (tradução francesa); SALLY, Raazen, *States and Firms – Multinational Enterprises in Institutional Competition*, New York: Routledge, 1995.

[4] MCINTYRE, John/IVANAJ, Silvester, *Multinational Enterprises and the Challenge of Sustainable Development*, Cheltenham : Edward Elgar Publishing, 2009; ZERK, Jennifer, *Multinationals and Corporate Social Responsibility: Limitations and Opportunities in International Law*, Cambridge: Cambridge University Press, 2006.

[5] BOSE, Purmina/LYONS, Laura, *Cultural Critique and the Global Corporation*, Bloomington, Indiana University Press, 2010; MATTELART, Armand, *Multinational Corporations and the Control of Culture*, Sussex: The Harvester Press, 1979.

77 milhões de trabalhadores[6]. Entre as 100 entidades económicas mais poderosas do globo, contam-se cinquenta Estados-nação e cinquenta empresas multinacionais: o volume de negócios das 10 maiores empresas multinacionais (entre os quais Exxon-Mobil, Shell, Wal-Mart Stores, BP, General Electric, e outras) é superior à soma do volume orçamental bruto de seis dos maiores Estados-membros da União Europeia (entre os quais a Alemanha, França, Itália, Bélgica, e Holanda); o volume de negócios de algumas dessas empresas multinacionais, individualmente consideradas, é, por si só, superior ao produto nacional bruto da maior parte dos países do mundo (por exemplo, a empresa Exxon-Mobil teve em 2011 um volume de negócios de cerca de 435 biliões de dólares, o que supera o produto interno bruto de mais de 130 países, entre os quais Portugal, com 230 biliões de dólares). Numa palavra, bem pode dizer-se que *a empresa multinacional é o novo Leviatão do séc. XXI*.[7]

Todavia, não obstante a empresa multinacional constitua assim o ator económico central dos tempos modernos, ela *não constitui um sujeito jurídico* dotado de um estatuto ou regulação próprios no plano das legislações atuais – e, designadamente, em sede de responsabilidade ou de imputação do risco empresarial. A *empresa individual* tinha e tem um estatuto legal próprio, mormente em matéria de responsabilidade: sendo tal empresa desprovida de individualidade jurídica e sendo a sua atividade explorada diretamente e em nome próprio pelo empresário seu titular, é este empresário, enquanto pessoa física, que assume diretamente a totalidade do risco da empresa, ou seja, que responde juridicamente pela totalidade das dívidas contraídas na sua exploração. Do mesmo modo, a *empresa societária* tinha e tem também um estatuto jurídico próprio: sendo a sociedade comercial um sujeito jurídico autónomo, e beneficiando o empresário (agora acionista) de uma limitação da sua responsabilidade ao montante do capital social subscrito, então é o próprio ente social, é a própria pessoa jurídica, e não os seus fundadores ou membros, que, em princípio, responde pelas dívidas sociais. Por estranho que isto possa parecer, nada de semelhante sucede com a *empresa multinacional*, a qual jamais teve e continua hoje a não ter um estatuto jurídico próprio, inclusive em sede de imputação do risco empresarial. Forma de organização jurídica da empresa moderna através da qual um conjunto ou grupo mais ou menos vasto de sociedades comerciais, sediadas em diferentes países e conservando formalmente a

---

[6] UNCTAD (United Nation Center for Trade and Development), *World Investment Report*, 17, New York/Geneva: United Nations, 2009.

[7] CHANDLER JR., Alfred/MAZLICH, Bruce (eds.), *Leviathans: Multinational Corporations and the New Global History*. Cambridge: Cambridge University Press, 2005.

sua própria autonomia jurídica (ditas filiais estrangeiras), se encontram subordinadas ao controlo ou direção económica unitária exercida por uma dessas sociedades (dita sociedade-mãe), a empresa multinacional não é hoje reconhecida ou tratada como centro autónomo de imputação de direitos e obrigações: se no plano dos factos, a empresa multinacional existe e atua como *um* sujeito económico, no plano do direito tudo o que formalmente existe, em regra, são apenas as diversas sociedades individuais que o compõem, não sendo aquela empresa investida em si mesma no "status" de sujeito jurídico. Atenta esta *lacuna*, a questão nodal a resolver em sede da responsabilidade da empresa multinacional – e que constitui também o objeto central do presente estudo – poderá formular-se do seguinte modo: considerando a natureza unitária da empresa multinacional, *as condutas perpetradas ou as dívidas contraídas pelas filiais estrangeiras integradas no seu perímetro serão imputáveis a essas filiais, à respetiva casa-mãe, ou à própria empresa como um todo?*

II – AS FORMAS DA EMPRESA E A RESPONSABILIDADE EMPRESARIAL

Os sistemas legais de imputação dos custos e riscos gerados pela atividade empresarial sofreram uma profunda evolução ao longo dos tempos. Tal evolução progrediu a par e passo com a evolução das próprias formas jurídicas da empresa: de uma perspetiva histórica, pode afirmar-se que as principais formas ou estruturas jurídico-empresariais são a *empresa individual* (explorada por uma pessoa física, o comerciante ou empresário individual), a *empresa societária* (explorada por uma pessoa coletiva, a sociedade comercial), e a *empresa multinacional* (explorada através de um conjunto mais ou menos vasto de sociedades filiais, criadas e sediadas em diferentes territórios nacionais).

1. A Empresa Individual

1.1. Economia Concorrencial e Empresa Individual

Durante séculos e séculos, os sistemas económicos vigentes corresponderam à imagem de um universo económico *concorrencial*, cuja célula constituinte fundamental era então constituída pela *empresa individual*, explorada pelo pequeno empresário ou comerciante singular ("empresario-persona física", "Einzelkaufmann", "commerçant individuel", "imprenditore").

De facto, no contexto de uma economia predominantemente rural, artesanal e mercantil, como foi aquela que precedeu o capitalismo industrial dos sécs. XVIII e XIX, o mundo económico era compreensivelmente, e no essencial, um mundo de pequenas unidades económicas, de natureza agrária ou artesanal, dotadas de meios financeiros exíguos, uma estrutura rudimentar (reunião numa mesma pessoa da propriedade e gestão desses meios), nenhuns ou poucos trabalhadores (a mais das vezes limitados ao próprio comerciante e sua família), relações comerciais circunscritas, e servindo mercados locais e uma procura estática. Neste contexto, não surpreende que a figura legal da empresa individual – ator paradigmático deste direito comercial emergente (Thomas RAISER)[8] – representasse assim o quadro jurídico de organização da atividade económico-empresarial mais difundido: como nota Tom HADDEN, "o empresário individual era ainda a figura-chave: era ele que suportava com o seu património pessoal os riscos da exploração económica, que reunia o capital e a força laboral necessárias, e que administrava diretamente toda essa exploração. A empresa coletiva ou societária não fora ainda, como tal, objeto de qualquer atenção por parte dos fundadores da economia moderna".[9]

1.2. A Responsabilidade Empresarial: O Tradicional Direito Comercial

O sistema jurídico adaptou-se a este sistema económico, sobretudo nos países da "Civil Law", através da criação e desenvolvimento de um *Direito Comercial* ("Derecho Mercantil", "Handelsrecht", "Droit Commercial", "Diritto Commerciale"), enquanto espécie de *direito privativo dos comerciantes individuais*.

Permanecendo a empresa uma instituição largamente desconhecida no contexto deste sistema jurídico, compreende-se que a regulação jurídica dos aspetos relativos ao respectivo nascimento, vida e morte – incluindo assim, portanto, da questão específica da responsabilidade pelos riscos e custos gerados pela atividade empresarial – tenha permanecido abandonada aos princípios gerais desse ordenamento jusmercantilista tradicional. Sendo a empresa individual desprovida em si mesma de qualquer tipo

---

[8] *The Theory of Enterprise Law and the Harmonization of the Rules on Annual and Consolidated Accounts in the EEC*, 2, Florence: EUI Working Paper nº 85/197, 1985.

[9] *Company Law and Capitalism*, 19, London: Weidenfeld & Nicolson, 1972. Para mais detalhes sobre a evolução histórica e o significado da empresa individual, vide ALIBERT, Dominique, *À la Recherche d'une Structure Juridique pour l'Entreprise Individuelle*, in: "Dix Ans du Droit de l'Entreprise", 63-81, Librairies Techniques, Paris, 1978.

de individualidade jurídica e sendo a sua atividade explorada diretamente e em nome próprio pelo indivíduo seu titular (o empresário), tornava-se inevitável que fosse este a suportar pessoalmente a totalidade do risco da empresa, ou seja, a responder juridicamente pelo conjunto das dívidas contraídas ou resultantes da exploração desta[10]. Semelhante regime, além de consistente com o princípio geral da unidade do património consagrado pela generalidade das ordens jurídicas (segundo o qual cada indivíduo responde com a totalidade dos seus bens presentes e futuros perante os respetivos credores[11]), estava ainda em linha com um fundamental "standard" jusprivatista em sede de responsabilidade: o *nexo entre poder e responsabilidade* ("Herrschaft und Haftung"), de acordo com o qual quem pratica em proveito próprio uma determinada ação ou omissão deverá suportar os encargos ou as consequências negativas daquelas decorrentes ("ubi commoda ibi incommoda").

Assim sendo, e suma, pode afirmar-se que o *regime legal da responsabilidade desta primitiva forma ou estrutura de organização empresarial – a empresa individual – se centrava exclusivamente na pessoa física ou singular do seu titular*: sem prejuízo de alguns casos excepcionais, decorrentes da interposição fictícia de terceiros (v.g., o chamado empresário oculto) ou de figuras só muito mais tarde admitidas pelos legisladores[12], a regra era indubitavelmente a de que era o empresário que respondia com todo o seu património pelo risco da empresa.

---

[10] GALGANO, Francesco, *Diritto Comerciale – L'Imprenditore*, 79, 9.ª edizione, Bologna: Zanichelli, 2003.

[11] Trata-se mesmo de um baluarte fundamental da construção dogmática dos atributos da personalidade jurídica: vide assim, por exemplo, na Alemanha (LARENZ, Karl, *Allgemeiner Teil des deutschen Bürgerlichen Rechts*, 308, 7 Aufl., München: Beck, 1989); em França (art. 2092 do "Code Civile": LARROUMET, *Droit Civil*, 273 e ss., Paris: Economica, 2001); em Itália (art. 2740 do "Codice Civile"), ou em Portugal (art. 601.º do "Código Civil").

[12] A figura do empresário oculto, muito divulgada em Itália mas com equivalentes funcionais em vários outros países, visa designar o caso em que uma atividade empresarial é exercida mediante a interposição real ou fictícia de terceiro ("Strohmänner", "silent partner", "prête-nom", "prestanome", "testa de ferro") . A figura do património autónomo ou separado, que haveria de permitir corresponder à velha aspiração da limitação da responsabilidade dos empresários individuais, apenas muito mais tarde, em pleno séc. XX, teria uma efetiva projeção no domínio jusempresarial (a primeira obra dedicada ao tema, da autoria de Oskar PISKO, *Die beschränkte Haftung des Einzelkaufmannes*, data de 1910), e ainda assim, rapidamente suplantada pela alternativa funcional da sociedade unipessoal.

2. A Empresa Societária

2.1. Economia Concentracionista e Sociedade Comercial

A partir dos finais do séc. XVIII e inícios do séc. XIX, esta situação sofreria uma radical transformação. Com a passagem de uma economia de tipo artesanal e mercantil a uma economia assente na produção e manufatura em massa, operada na sequência da Revolução Industrial, o modelo económico atomístico-concorrencial das inúmeras pequenas empresas individuais – o qual, de resto, segundo alguns, "nunca terá sido mais que uma pura construção lógica" (François Perroux)[13] – foi dando progressivamente lugar a um mundo caracterizado pela *concentração*, no qual, inversamente, os vários setores do mercado aparecem dominados por um número cada vez mais reduzido de grandes empresas monopolísticas.[14]

O protagonista central deste novo sistema económico rapidamente deixaria de constituir a empresa individual, explorada por uma pessoa física ou singular, para passar a rever-se quase esgotantemente na empresa coletiva ou societária, explorada por uma pessoa jurídica ou moral: a *sociedade comercial* ("Company", "Gesellschaft", "Société", "Società"), muito em particular a sociedade anónima ("Corporation", "Aktiengesellschaft", "Société Anonyme", "Società per Azioni"). A razão fundamental para tal é evidente: o sistema económico então emergente trazia consigo novas exigências para o exercício da atividade empresarial – de natureza financeira (reunião massiva de capitais e de ativos patrimoniais), organizativa (gestão profissionalizada e força laboral) e legal (limitação de risco, estabilidade) – a que o figurino da empresa em nome individual não podia manifestamente corresponder, e que apenas o instituto mais elaborado e complexo da sociedade comercial poderia satisfazer.

Assim, e desde logo, a sociedade anónima – que celebrou recentemente o seu quadricentenário[15] – veio responder aos *imperativos financeiros* do emergente sistema económico-empresarial: ao mesmo tempo que se tor-

---

[13] Perroux, François, *L' Économie du XX^{éme} Siècle*, 7, Paris: PUF, 1969.

[14] Sobre o modelo económico da concentração, entre tantos outros, vide Arndt, Helmut (Hrsg.), *Die Konzentration in der Wirtschaft*, 3 vols., Berlin: Duncker & Humblot, 1971.

[15] Sem querer entrar aqui na interminável discussão em torno do "pedigree" desta figura, a maioria dos historiadores e estudiosos do Direito das Sociedades Comerciais parece convergir na ideia segundo a qual a sua genealogia remonta historicamente às primeiras companhias coloniais surgidas no dealbar do século XVI, em particular, às celebérrimas Companhia Holandesa das Índias Orientais de 1602 e Companhia Inglesa das Índias Orientais de 1612 (cf. Antunes José/Torres, Nuno, *The Portuguese East India Company*, in: AAVV, "VOC – 400 Years of Company Law", Nijmegen, Netherlands, 2004).

navam patentes as insuficiências do modelo tradicional da empresa individual para assegurar em continuidade os recursos financeiros exigidos pelo seu próprio processo de expansão (até aí fundamentalmente assente na solvabilidade e crédito pessoal do próprio empresário), as sociedades por ações rapidamente se assumiram como instrumento jurídico-organizativo por excelência da grande empresa dos nossos dias, graças à sua aptidão para funcionar como uma verdadeira "bomba de capital" (SCHMALENBACH) ao permitir uma concentração massiva de capitais graças à captação do aforro de inúmeros pequenos investidores individuais[16]. Depois ainda, o instituto societário veio responder ainda a relevantes imperativos *organizacionais*: ao contrário da rudimentar organização da empresa individual (onde os diversos fatores produtivos e competências organizacionais se concentravam indiferenciadamente numa mesma e única pessoa, o empresário), a empresa societária institucionalizava estruturas jurídicas de governo empresarial aptas a garantir a necessária separação dos vários poderes organizativos (deliberativos, executivos, e fiscalizadores) e a especialização funcional dos fatores do capital ou propriedade (acionistas), da gestão ou controlo (administradores), e do trabalho (trabalhadores), que são também características da empresa dos nossos dias. Finalmente, verdadeiro "corpus mysticum" baseado na personificação jurídica de um ente moral distinto dos indivíduos que a criaram, o instituto da sociedade comercial era portador de diversas *vantagens jurídicas* comparativas que haveriam de ofuscar definitivamente o velho modelo da empresa individual: entre tais vantagens, para além da consabida limitação do risco da exploração empresarial (de que falaremos já em seguida), avultam as existentes em matéria da estabilidade da organização empresarial – permitindo-lhe sobreviver incólume às vicissitudes do seu substrato pessoal –[17]

---

[16] Exemplos lídimos destas virtualidades concentracionístico-financeiras são, entre tantos outras, a possibilidade de subscrição pública do respetivo capital, a emissão de empréstimos obrigacionistas, a acessibilidade do investimento decorrente do ínfimo valor nominal obrigatório das ações (em Portugal, um cêntimo), a notável liquidez resultante da livre transmissibilidade das mesmas ações e da existência de um mercado próprio de negociação das mesmas, etc. Sobre o significado económico da empresa societária, em especial da sociedade anónima, e o seu papel na emergência do modelo económico da concentração, no plano comparatístico, vide CHAMPAUD, Claude, *Le Pouvoir de Concentration de la Société par Actions*, 13 e ss., Paris: Sirey, 1962 ; EISENBERG, Melvin, *The Structure of the Corporation – A Legal Analysis*, 1 e ss., Boston: Little/Brown, 1976; GROSSFELD, Bernhard, *Aktiengesellschaft, Unternehmenskonzentration und Kleinaktionäre*, Tübingen: Mohr, 1968.

[17] Com efeito, ao passo que o destino da empresa individual está indissociavelmente ligado à sorte do seu próprio titular (a morte deste último acarretando as mais das vezes o desaparecimento da primeira, já que aquela cai no regime da indivisão, tornando a sua gestão difícil ou mesmo impossível), a sociedade comercial goza como que de uma

e da transmissão da organização empresarial – agilizando enormemente a circulação da propriedade dos recursos produtivos.[18]

Técnica jurídica de organização da empresa moderna[19] – de quem já se chegou mesmo a afirmar pomposamente tratar-se da maior descoberta dos tempos modernos[20] –, a sociedade comercial aparecia assim como que predestinada a fornecer "a estrutura legal necessária ao funcionamento do sistema económico então emergente"[21], em virtude da sua aptidão única para institucionalizar juridicamente os imperativos financeiros, organizativos e jurídicos inerentes à dinâmica concentracionista desse mesmo sistema.

2.2. A Responsabilidade Empresarial: O Dogma da Autonomia Societária

É óbvio que, com semelhante transformação das estruturas económicas de organização da empresa, eram também as estruturas jurídicas

---

"imortalidade", concebida que foi para sobreviver às vicissitudes do respetivo substrato pessoal (presumindo-se mesmo, no silêncio do contrato constitutivo, a sua duração ilimitada). Este traço distintivo da empresa societária, menos nítido no caso das sociedades de pessoas ("maxime", das sociedades em nome coletivo e em comandita simples), é particularmente visível na sociedade anónima, onde, como a própria designação do tipo social sugere, a pessoa dos associados tem uma importância secundária: cf. CACHIA, Marcel, *Le Déclin de l'Anonymat dans les Sociétés Anonymes*, in: AAVV, "Études Pierre Kayser", vol. I, 213--224, PUF, Aix-en-Provence, 1979.

[18] Na verdade, ao passo que a transmissão da empresa individual se vê grandemente dificultada – não apenas "mortis causa" (devido ao efeito de indivisão que origina, como vimos) como no caso de transmissão "inter vivos" (que só poderá ser realizada usualmente através de trespasse) –, a circulação da propriedade dos acervos empresariais jurídico-societariamente estruturados realiza-se mediante a mera transmissão das partes sociais (quotas, ações), o que agiliza enormemente aquela circulação, que se pode hoje processar eletronicamente nas bolsas de valores em milésimos de segundo, e permite ainda teoricamente ao adquirente obter o controlo da empresa sem que para isso tenha de pagar a totalidade do valor dos respetivos ativos: isto é especialmente verdade para o caso da grande sociedade anónima aberta, da qual fenómenos tais como a dispersão do capital social ("zersplitterte Anteilbesitz", na expressão de Manfred ZILIAS) e a separação entre propriedade e controlo ("separation of ownership and control", na celebérrima expressão cunhada por Adolf BERLE e Gardiner MEANS em 1931) constituem hoje características empiricamente comprovadas.

[19] PAILLUSSEAU, Jean, *La Société Anonyme – Technique d'Organisation de l'Entreprise*, Paris: Librairie Sirey, 1967

[20] Nas palavras de Nicolas BUTTLER, antigo reitor da Universidade de Columbia, "the limited liability corporation is the greatest single discovery of modern times. Even steam and electricity are less important than the limited liability corporation" (citado por DIAMOND, Francis, *Corporate Personality and Limited Liability*, 42, in: Ornhial (ed.), "Limited Liability and the Corporation", 22-45, London: Croom Helm, 1982).

[21] HADDEN, Tom, *Company Law and Capitalism*, cit., 3.

dessa mesma organização que sofriam uma importante mutação. Não surpreende assim que, do mesmo modo que ao lado da empresa individual, explorada por uma pessoa física, se fora afirmando gradualmente a empresa societária, explorada por uma pessoa coletiva (a sociedade comercial), também assim ao lado do tradicional *Direito Comercial* se haja começado a autonomizar e a sedimentar um *Direito das Sociedades Comerciais* ("Company Law", "Gesellschaftsrecht", "Droit des Sociétés", "Diritto delle Società").[22]

Deve-se começar por salientar que este nóvel ramo jurídico assenta, da sua origem aos nossos dias, num dogma fundamental: *o dogma da autonomia da sociedade*[23]. Com efeito, o modelo legal clássico da sociedade anónima ("Idealtypus der Aktiengesellschaft"[24], "received legal model of the corporation"[25], "société anonyme typique"[26]) foi sempre o da grande empresa cujo capital social se encontra disperso por uma miríade de pequenos acionistas individuais e cujo governo se encontra confiado a administradores independentes que atuam na prossecução dos interesses económicos da própria empresa[27]. A construção técnico-jurídica deste dogma da autonomia societária foi conseguida graças aquilo que hoje bem poderíamos designar como as duas *"vacas sagradas"* do direito socie-

---

[22] Sobre esta evolução histórica de um tradicional *ius mercatorum* para um moderno *ius societatum*, enquanto etapas fundamentais da história centenária do Direito Comercial, vide desenvolvidamente ANTUNES, José, *Direito das Sociedades Comerciais – Perspectivas do seu Ensino*, 33 e ss., Coimbra: Almedina, 2000. No mesmo sentido, já noutra oportunidade: "The gradual replacement of a workmanship economic system of rural and artisan type by a economic system based on mass production and requiring a massive assembly of capital, assets, workforce, and management skills, has been followed suit by a gradual evolution of the legal system from a law of the single trader («Einzelkaufmann», «commerçant individuel», «merchant») to a law of business associations («companies», «Handelsgesellschaften», «sociétés commerciales»)" (ANTUNES, José, *Liability of Corporate Groups – Autonomy and Control in Parent-Subsidiary Relationships in US, German and EU Law. An International and Comparative Perspective*, 52, Boston/Deventer: Kluwer Law International, 1994).

[23] Como já escrevemos noutro lugar, "the history of corporation law is the history of the struggle and victory of a fundamental dogma – the dogma of the corporate autonomy" (ANTUNES, José, *Liability of Corporate Groups*, cit., 113).

[24] CAFLISCH, Silvio, *Die Bedeutung und die Grenzen der rechtlichen Selbständigkeit der abhängigen Gesellschaft im Recht der Aktiengesellschaft*, 32, Winterthur: P.G. Keller, 1961.

[25] EISENBERG, Melvin, *The Structure of the Corporation*, cit., 1.

[26] SAUVAIN, Anne Petit-Pierre, *Droit des Sociétés et Groupes de Sociétés*, 53, Genève: George, 1972.

[27] Nas palavras de Karsten SCHMIDT, "o modelo regulatório tradicional, herdado do séc. XIX, está assente na imagem da sociedade autónoma (« Typus der autonomen Gesellschaft »)" (*Gesellschaftsrecht*, 486, 4. Aufl., Köln/Berlin/Bonn/München: Carl Heymanns, 2002).

tário tradicional: o reconhecimento de personalidade jurídica própria à empresa societária e a concessão de uma responsabilidade limitada aos respetivos sócios-proprietários.[28]

Por um lado, graças à atribuição de *personalidade jurídica* ("legal personality", "Rechtspersönlichkeit", "personnalité morale", "personalità giuridica"), a empresa passou a constituir, outrossim que um ente economicamente autónomo, um ente juridicamente independente, dotado dos seus próprios direitos e obrigações, do seu próprio património ativo e passivo[29]: consequência fundamental deste "status" legal independente foi assim a introdução de uma separação tangente e clara entre a esfera jurídica dos "proprietários" da empresa (acionistas, investidores) e a esfera jurídica da empresa em si mesma, separação essa que, entre outras implicações, acarreta a de que apenas à última poderão ser imputáveis juridicamente os custos e as dívidas decorrentes da atividade praticada em seu nome. Por outro lado, e porventura mais importante ainda, um princípio absolutamente revolucionário, especificamente relativo à alocação dos riscos empresariais, haveria de ser introduzido nas legislações societárias do final do séc. XIX para, desde então, se tornar naquilo que alguns reputam ser mesmo "o princípio fundamental do direito societário"[30]:

---

[28] Estamos aqui a pensar, naturalmente, no caso paradigmático da *Sociedade Anónima* ("Corporation", "Aktiengesellschaft", "Société Anonyme, "Società per Azioni"), verdadeiro protótipo das sociedades comerciais de capitais e que representa o tipo social mais difundido entre as grandes empresas. Obviamente, o direito societário compreende igualmente outros tipos sociais ("maxime", as sociedades em nome coletivo e em comandita), que, em algumas ordens jurídicas, são destituídas de personalidade jurídica, e cujos sócios se encontram sujeitos a diferentes regimes de responsabilidade.

[29] A atribuição de personalidade jurídica às sociedades comerciais de capitais, mais rigorosamente às sociedades anónimas, representa uma espécie de denominador comum do direito societário comparado, tendo sido expressamente consagrada, entre muitos outros, pelo §1 do "Aktiengesetz" alemão, pelo art. 210-6 do "Code de Commerce" francês ou pelo art. 2331, comma 1, do "Codice Civile" italiano. Vide assim, para a "Civil Law", Herbert WIEDEMANN, que expressamente reputou o instituto da pessoa jurídica como "die Grundlage für di Entwicklung der modernen Publikums-Aktiengesellschaften" (*Gesellschaftsrecht*, Band. I, 203, München: Beck, 1980), ou, para a "Common Law", Clive SCHMITTHOFF, que fala mesmo a este propósito de "old axiom of the British law" (*Commercial Law in a Changing Economic Climate*, 44, 2nd ed., London: Sweet & Maxwell, 1981).

[30] EASTERBROOK, Frank/FISCHEL, Daniel, *Limited Liability and the Corporation*, 89, in: 52 "University of California Law Review" (1985), 89-11. Outras sentenças no mesmo tom podem ser colhidas em autores tão variados quanto BALLANTINE ("the most essential privilege of incorporation"), FULLER ("in the historical development of the corporation probably no single attribute has been more significant than that of limited liability"), HENN/ALEXANDER ("limited liability is probably the most attractive feature of the corporation"), HORNSTEIN ("in practical importance this feature for over a century has outranked all the other con-

falamos naturalmente do princípio da *responsabilidade limitada dos acionistas* perante as dívidas da sociedade ("limited liability", "Haftungbeschränkung", "responsabilité limitée", responsabilità limitata"). É talvez importante sublinhar neste ponto que, apesar de revolucionária, esta regra visava ainda alinhar-se com os "standards" jusprivatísticos gerais existentes em matéria de imputação do risco, mais atrás referidos: ao passo que a empresa individual é totalmente gerida e controlada pelo próprio comerciante ou empresário individual, assim se justificando que apenas a este sejam imputáveis as dívidas contraídas na sua exploração, o papel do pequeno acionista individual das grandes sociedades de capitais no plano da respetiva administração é extremamente limitado, para não dizer quimérico, assim legitimando ou mesmo impondo concomitantemente uma limitação da respetiva responsabilidade[31]; por outras palavras, em matéria de exploração e gestão de atividades empresariais, se, positivamente, a um poder ilimitado deve corresponder uma responsabilidade ilimitada ("keine Herrschaft ohne Haftung"), então também, negativamente, *a um poder limitado deverá corresponder uma responsabilidade limitada* ("keine Haftung ohne Herrschaft")[32]. Este foi, sem dúvida, o "leitmotive" subjacente

sequences of incorporation"), ou SOWARDS ("the hallmark of the corporation is limited liability").

[31] CHRISTENSEN, Dan: "Clearly, unlike the proprietor or partner, the shareholder does not guide the corporation through every day business" (*Concept of Limited Liability in US Business Entities*, 445, in: 17 "International Business Lawyer" (1989), 444-451). Com efeito, é necessário não perder de vista que as grandes sociedades abertas ("public corporations", "Publikum-Aktiengesellschaften") vivem debaixo de uma típica separação entre "propriedade e controlo", de que BERLE e MEANS falavam já nos anos 30 do século passado (no seu celebérrimo *The Modern Corporation and Private Property*), sendo a respetiva estrutura acionista caracteristicamente composta por uma miríade de pequenos investidores (v.g., a sociedade norte-americana GM possuía, já há quase meio século atrás, mais de 1 milhão e trezentos mil acionistas: cf. CONARD, Alfred, *Corporations in Perspective*, 116, Mineola: Foundation Press, 1976). Ora, num tal modelo societário, é mister reconhecer que o acionista--tipo não possui, nem o interesse, nem a preparação técnica, nem a possibilidade real, de participar no processo decisional e de gestão da empresa: assim sendo, a imposição ao acionista individual de uma responsabilidade ilimitada pelas dívidas sociais, além de funcionar como um dissuasor ao investimento no capital destas sociedades (tornando-se assim num óbice à vocação da empresa societária para funcionar como um instrumento de captação de aforro e capitais), sempre originaria para aquele uma exposição injustificada ao risco empresarial, ao fazê-lo responder por débitos emergentes de decisões de gestão que não lhe são imputáveis.

[32] Esta ideia era já sublinhada por um jurista suíço dos meados do século passado, Eduard NAEGELI: "Do mesmo modo que o Direito considera cada indivíduo responsável pelas suas próprias ações, a mesma ordem jurídica impõe, segundo um juízo de razoabilidade, que a responsabilidade pessoal seja apreciada em função do poder real de controlo sobre a

à primeira consagração histórica deste princípio, no art. 33º do Código de Comércio francês de 1807[33]: e desde então, na maior parte dos países, pode afirmar-se que semelhante limitação da responsabilidade foi entendida essencialmente como um "correlato"[34] ou uma "consequência"[35] do papel tipicamente anónimo e passivo do acionista.[36]

Em suma, com a introdução do dogma da autonomia societária e das duas "vacas sagradas" em que aquele se consubstanciou, pode dizer-se que o problema da responsabilidade empresarial entrou verdadeiramente numa nova era. Ao passo que, no caso da empresa individual, o empresário suportava totalmente o risco da respetiva exploração (sendo responsável com todo o seu património pessoal, e até familiar, perante os credores empresariais), já no caso de a mesma empresa ser explorada por uma sociedade comercial de capitais *a parte mais significativa do risco da exploração empresarial ("rischio d'impresa", "Unternehmensrisiko") acaba por poder ser transferida para o mercado de crédito*, já que os seus sócios fundadores apenas são responsáveis pelo investimento de capital que se propuserem realizar, permanecendo imunes às dívidas sociais.[37]

---

ação: noutras palavras, os indivíduos deverão responder exclusivamente pelos atos que lhe possam ser efetivamente imputados" (*Der Grundsatz der beschränkten Beitragspflicht*, 36, Zürich: Dissert., 1948).

[33] Cf. Lehmann, Karl, *Die geschichtliche Entwicklung des Aktienrechts bis zum Code de Commerce*, Berlin: C. Heymann, 1895 (reimpressão, Kessing Publishing, 2010).

[34] Wiedemann, Herbert, *Gesellschaftsrecht*, cit., 547.

[35] Peterson, Klaus: "A responsabilidade limitada dos acionistas não deve ser vista como um privilégio, mas sim como uma consequência derivada da circunstância dos membros de sociedade por ações poderem permanecer anónimos e as suas ações serem livremente transmissíveis" (*Juristische Person und begrenzte Haftung der Aktionäre*, 533, in: "Itinerari Moderni della Personna Giuridica", 11-12 "Quaderni Fiorentini" 1982/83 (I), 521-587).

[36] Aliás, de uma certa perspetiva, pode mesmo afirmar-se que o referido nexo geral entre poder e responsabilidade, não apenas fornece o "rationale" histórico e legal do regime jurídico da responsabilidade existente nas sociedades anónimas, como é talvez mesmo relevante para entender a diversidade dos regimes de responsabilidade jussocietários em geral. Como Giuseppe Ferri salientava já também em meados do século passado, "é sobre tal nexo que repousa a diferenciação legal entre os vários tipos sociais: onde o poder de direção e administração é direto e imediato, a responsabilidade é ilimitada; inversamente, onde o poder é mediado através de outros órgãos, a responsabilidade é limitada ao montante do investimento realizado" (*Potere e Responsabilità nell'Evoluzione della Società per Azioni*, 36, in: 32 "Rivista delle Società" (1956), 22- 57.).

[37] Esta mutação teve um impacto fundamental. Repare-se que, a partir de então, uma mesma organização de fatores produtivos passou a poder originar virtualmente para o empresário seu titular, consoante a sua própria vontade, regimes jurídicos em matéria de risco empresarial abissalmente distintos: o empresário encontrava assim no cadinho jurídico-societário um instrumento de limitação de responsabilidade e de externalização do risco da exploração empresarial, já que os riscos de insolvência passam a recair assim,

3. A Empresa Multinacional

3.1. Economia Global e Empresa Multinacional

A dinâmica do sistema económico e da sua célula básica, a empresa, não parou, porém, aqui. Numa confirmação inequívoca da "aceleração da história"[38] do nosso tempo, o sistema económico concentracionista, nascido nos finais do séc. XIX e sedimentado nos inícios do séc. XX, haveria de complexificar-se extraordinariamente a partir de meados deste século, com o advento da chamada Terceira Revolução Industrial: *globalização da economia*, eis a palavra-chave do novo sistema económico emergente em pleno dealbar do séc. XXI.[39]

As características distintivas deste novo sistema económico – internacionalização e interdependência dos mercados nacionais, universalização do modelo de mercado livre, revolução tecnológica e das comunicações, aumento exponencial do volume das transações comerciais e financeiras, progressiva eliminação das barreiras ao comércio internacional – tornaram obsoleto o modelo tradicional da empresa societária individual, confinada a um território nacional ou zona geográfica circunscrita, o qual viria progressivamente a dar lugar à formação de *empresas multinacionais* de estrutura jurídica policêntrica. Técnica revolucionária de organização jurídica da empresa moderna, tal empresa pode ser definida, a benefício de ulterior explicitação, como o conjunto mais ou menos vasto de sociedades comerciais que, sediadas em diferentes países e conservando embora formalmente a sua própria autonomia jurídica própria (ditas filiais, "subsidiaries", "Tochtergesellschaften", "filiales", "filiali"), se encontram subordinadas a uma direção económica unitária exercida por uma outra

---

em parte substancial, sobre os próprios credores sociais. Sobre este traço distintivo das sociedades comerciais de capitais, e suas exceções, vide ainda ANTUNES, José, *Liability of Corporate Groups*, cit., 122 e ss..

[38] Sobre as consequências deste fenómeno da aceleração da história para o Direito, veja-se em geral SAVATIER, René, *Les Métamorphoses Économiques et Sociales du Droit Civil d'Aujourd'hui*, Paris: Dalloz, 1964.

[39] Como salienta Jean-Philippe ROBÉ, a globalização da economia constitui um fenómeno dos tempos modernos que outra coisa não é senão o resultado da globalização das próprias empresas (*L'Entreprise et le Droit*, 6, Paris: PUF, 1999). Sobre o fenómeno da globalização económica, vide, entre muitos, YUEH, Linda (ed.), *The Law and Economics of Globalisation – New Challenges for a World in Flux*, Cheltenham: Edward Elgar Publishing, 2009.

sociedade (sociedade-mãe, "group headquarters", "Muttergesellschaft", "cappo-gruppo", "société-mère").[40]

Não podem existir dúvidas sobre a primazia atual da empresa multinacional. De acordo com um relatório recente das Nações Unidas, existem hoje cerca de 82.000 empresas multinacionais em todo o mundo, as quais controlam 800.000 filiais, são responsáveis por 1/3 do total das exportações mundiais, e empregam 77 milhões de trabalhadores[41]. Entre as 100 entidades económicas mais poderosas do globo, contam-se cinquenta Estados-nação e cinquenta empresas multinacionais: o volume de negócios das 10 maiores empresas multinacionais (entre os quais Exxon-Mobil, Shell, Wal-Mart Stores, BP, General Electric, e outras) é superior à soma do volume orçamental bruto de seis dos maiores Estados-membros da União Europeia (entre os quais a Alemanha, França, Itália, Bélgica, e Holanda); o volume de negócios de algumas dessas empresas multinacionais, individualmente consideradas, é, por si só, superior ao produto nacional bruto da maior parte dos países do mundo (por exemplo, a empresa Exxon-Mobil teve em 2011 um volume de negócios de cerca de 435 biliões de dólares, o que supera o produto interno bruto de mais de 130 países, entre os quais Portugal, com 230 biliões de dólares).

---

[40] Objeto de estudo interdisciplinar por excelência, a bibliografia sobre a empresa multinacional é hoje simplesmente inabarcável. Entre tantos outros, vejam-se, do ponto de vista económico, BROOKE, Michael/REMMERS, H. Lee, *The Strategy of Multinational Enterprise*, 2nd ed., London: Pittman, 1978; CAVES, *Multinational Enterprise and Economic Analysis*, cit.; DUNNING/LUNDAN, *Multinational Enterprises and Global Economy*, cit.; do ponto de vista jurídico, vide AHARONI, Yoki, *On the Definition of Multinational Corporation*, in: Kapoor A./Grub, P. (eds.), "The Multinational Enterprise in Transition: Selected Readings and Essays", 1-54, Princeton, 1977; BOGGIANO, Antonio, *Sociedades y Grupos Multinacionales*, Buenos Aires: Depalmas, 1985; GOLDMAN, Berthold/FRANCESKAKIS, Phocion (eds.), *L'Entreprise Multinationale face au Droit*, Paris : Librairies Techniques, 1977; MUCHLINSKI, Peter, *Multinational Enterprises and the Law*, 2th edition, Oxford: Oxford University Press, 2007; SIMMONDS, Kenneth (ed.), *Legal Problems of Multinational Corporations*, London: British Institute of International and Comparative Law, 1977; VAGTS, Detlev, *The Multinational Enterprise: A Ten Years' Review*, in: 25 «Die Aktiengesellschaft» (1980), 154-160; WALLACE, Cynthia Day, *Legal Control of the Multinational Enterprise*, The Haghe/Boston/London: Martinus Nijhoff, 1982. Para outros desenvolvimentos sobre a noção e as características distintivas desta forma de organização empresarial, vide ainda *infra* Parte IV.

[41] UNCTAD (United Nation Center for Trade and Development), *World Investment Report*, New York/Geneva: United Nations, 2012.

3.2. A Emergência do Fenómeno do Controlo Societário

Surpreendentemente, esta radical transformação dos sistemas económicos (concentração "versus" globalização") e das estruturas organizativas da sua célula básica, a empresa (societária "versus" multinacional), apenas se tornou possível graças a uma relevantíssima evolução verificada no seio do próprio Direito Societário contemporâneo: a consagração do fenómeno do *controlo intersocietário*.[42]

Na verdade, como acima se sublinhou, a empresa multinacional constitui uma nova e revolucionária forma de organização jurídica da empresa moderna, na qual uma pluralidade de entes societários juridicamente distintos, sediados em diferentes países, é submetida a uma direção económica unitária. Ora, seria justamente a legitimação e consagração de diversos mecanismos de controlo de sociedades sobre sociedades, ocorrida progressivamente em todas as ordens jurídico-societárias contemporâneas, que viria a conferir viabilidade prática e consistência jurídica a semelhante forma de organização empresarial: na verdade, seriam tais mecanismos que permitiram o estabelecimento da típica e complexa rede de laços intersocietários sobre a qual repousa toda a empresa multinacional (pluralidade jurídica) e é graças a eles que o respetivo vértice hierárquico assegura a coordenação estratégica e a coesão económica do todo empresarial (unidade económica). Semelhantes mecanismos de controlo intersocietário, da mais variada natureza, são hoje inumeráveis[43], englobando instrumentos de natureza *financeira* – "maxime", participações intersocietárias de capital –[44], de natureza *organizativa* – desde as consabidas divergências legais ou estatutárias à regra da proporcionalidade entre capital e voto (v.g., ações preferenciais sem voto, ações com voto duplo, cumulativo ou plural, "golden shares", cláusulas oligárquicas), até aos acordos parassociais ("voting trusts", "Stimmenrechtsbindungsverträge", "patti parasociali di voto") e às procurações de voto ("proxy rights", "Depots-

---

[42] Sobre este traço fundamental do Direito Societário moderno, vide, em França, BERR, Claude, *La Place de la Notion de Contrôle dans le Droit des Sociétés*, in: "Mélanges en l'Honneur de Daniel Bastian", vol. I, 1-22, Libraries Techniques, Paris, 1974; em Itália, Marco, *Il "Controllo" – Nozioni e Tipo nella Legislazione Economica*, Milano: Giuffrè, 1995; nos Estados Unidos da América, BERLE, Adolf, *"Control" in Corporation Law*, in: 58 "Cornell Law Review" (1958), 1212-1257.

[43] Segundo Claude CHAMPAUD, "a variedade das técnicas de controlo é tal que se torna impossível encontrar um denominador comum para esta realidade" (*Le Pouvoir de Concentration de la Société par Actions*, cit., 154).

[44] Cf. CASTRO, Carlos, *Participação no Capital das Sociedades Anónimas e Poder de Influência – Breve Relance*, 33, in: XXXVI "Revista de Direito e Estudos Sociais" (1994), 333-356.

timmrecht") –[45], de natureza *contratual* – designadamente, os chamados "contratos de empresa", v.g., os destinados a assegurar o domínio entre sociedades ("Beherrschungsverträge", "contrat d'affiliation", "contrato de subordinação", "convenção de grupo") ou a transferência dos seus resultados financeiros ("Gewinnabführungsverträge", "profit pools", "convenção de atribuição de lucros") –[46], de natureza *pessoal* – "maxime", a identidade dos indivíduos que compõem a estrutura acionista ou os órgãos de administração de duas ou mais sociedades ("interlocking board directorates", "personelle Verflechtungen", "vincoli personali", "unions personnelles")[47] –, ou até de natureza puramente *fáctica* (v.g., contratos de direito civil e comercial comum, posições estratégicas de mercado).[48]

Em suma, o controlo intersocietário constitui o princípio energético da nova realidade empresarial multinacional e multissocietária, constituindo o seu "crucial point" (Hood/Young)[49], o seu "substantial axle" (Wallace)[50] ou o seu "vital link" (Blumberg)[51]. Não fora a consagração legal de tais mecanismos, as empresas multinacionais, mais do que simplesmente condenadas à clandestinidade, seriam talvez hoje um fenómeno verdadeiramente impensável.

3.3. Responsabilidade Empresarial. Ordem de Sequência

Chegados aqui, é fácil de imaginar a sequência dos acontecimentos. O tradicional Direito das Sociedades é – dissémo-lo já – o direito da sociedade individual e independente: todo o edifício jurídico-societário

---

[45] O caso *Investment Trust Corp. Ldt. v. Singapore Traction Co. Ldt.*, (1935) 1 Ch. 615, onde uma única ação detida por uma sociedade foi capaz de se sobrepor às restantes 399.999 ações, pertencentes aos demais acionistas, continua a constituir um exemplo emblemático do alcance revolucionário dos mecanismos de controlo intersocietário no contexto do arquétipo legal da sociedade autónoma.

[46] Cf. English, Philipe, *Les Groupes d'Entreprises à Structure Contractuelle*, Angers: Diss., 1980; Strobel, Lothar, *Unternehmensvertrag im deutschen und französichen Recht*, Bochum: Diss., 1972.

[47] Cf. Decher, Christian, *Personelle Verflechtung im Aktienkonzern – Loyalitätskonflik und qualifizierter faktischer Konzern*, Heidelberg: RuW, 1990; Stockman, Franz/Ziegler, Rolf/ Scott, John, *Networks of Corporate Power*, Cambridge: Polity Press, 1985.

[48] Para uma panóplia desenvolvida destes instrumentos de controlo intersocietário, vide Antunes, José, *Liability of Corporate Groups*, cit., 163 e ss.

[49] *The Economics of Multinational Enterprise*, 10, Longman: London/New York, 1979.

[50] *Legal Control of the Multinational Enterprise*, cit., 15.

[51] Nas palavras sugestivas de Phillip Blumberg, "this is the vital link: without the existence of *control*, the corporations do not constitute a corporate group" (*The Law of Corporate Groups*, II, 14, Boston: Little & Brown, 1985).

arranca dum modelo pressuposto da sociedade comercial como uma entidade económica e juridicamente autónoma, que desenvolve a sua atividade económico-empresarial na execução de uma vontade social e de um interesse social próprios, definidos soberanamente pela coletividade social[52]. Ora, a irrupção da empresa multinacional estava condenada a vir abrir uma *crise sem precedentes nos quadros jurídico-societários tradicionais*, dado que o postulado de referência em que estes assentam – o estatuto "ideal" ("Gesetztypus") da sociedade isolada e autónoma – está em total oposição com aquele que constitui afinal o traço distintivo daquela nova forma de organização empresarial – o estatuto "real" ("Lebentypus") de sociedade filial e controlada.

Tal discrepância entre norma e realidade arrisca-se assim a criar uma perigosa lacuna para o sector mais importante da vida económico-empresarial do séc. XXI – aquele que é protagonizado pela empresa multinacional –, arrastando consigo distorções perversas que se projetam potencialmente sobre todos os aspetos da sua regulação jurídica (constituição, administração, fiscalização, financiamento, dissolução) e sobre todos os tipos de destinatários jurídicos nela envolvidos (sócios, credores, administradores, trabalhadores, Estados)[53]. Ora, *uma das áreas onde a lacuna é mais evidente e o desafio mais premente, é justamente a relativa ao regime de responsabilidade da empresa multinacional*.

A ela serão dedicadas as próximas linhas.

---

[52] Sobre este arquétipo legal, escreve também Joachim Dierdorf: "Existe um modelo legal prévio da sociedade jurídica e economicamente independente. A sociedade *individual* atua segundo o seu plano económico próprio, labora na atuação da sua vontade (*eigenen Willens*) e interesse próprio (*eigenem Interesse*), os quais são determinados pela empresa social e pelos respetivos membros" (*Herrschaft und Abhängigkeit einer Aktiengesellschaft auf schuldvertraglicher und tätsachlicher Grundlage*, 4, Köln: Carl Heymanns, 1979).

[53] Este desafio global lançado pelo fenómeno das empresas plurissocietárias, multinacionais ou nacionais, aos quadros clássicos do Direito das Sociedades justifica bem a razão pela qual são hoje cada vez mais numerosos aqueles que, como Yves Guyon, constatam com desassombro: "os grupos de sociedades estão no coração de todos os problemas com que hoje se debate o direito das sociedades". Vide também sobre o ponto Antunes, José, *Les Groupes de Sociétés et la Crise du Modèle Légal Classique de la Société Anonyme*, Florence: EUI Working Paper (Law nº 92/24), 1992.

III – A RESPONSABILIDADE DA EMPRESA MULTINACIONAL:
UMA PERSPETIVA COMPARATIVA

1. Generalidades

O regime de responsabilidade da empresa multinacional constitui *a pedra de toque* dos problemas de regulação jurídica desta nova forma de organização empresarial, podendo afirmar-se existir mesmo um consenso neste ponto entre os juristas de ambos os lados do Atlântico: assim, se um dos mais reputados juscomercialistas da "Civil Law" se refere a tal regime como "*o* problema crucial" colocado pela moderna empresa de grupo (Marcus LUTTER)[54], não falta mesmo quem, proveniente da tradição da "Common Law", vá mesmo mais longe, referindo-se àquele "como um dos grandes problemas irresolvidos do moderno direito societário" (Clive SCHMITTHOFF).[55]

1.1. Sua Importância Prática

Do ponto de vista prático, não existem hoje quaisquer dúvidas sobre o enorme impacto do problema da responsabilidade da empresa multinacional no contexto da moderna litigância económica.

A melhor prova deste impacto é o *número absolutamente avassalador de disputas judiciais e arbitrais* cuja questão central reside invariavelmente na inadequação do regime geral de responsabilidade, consagrado pelo tradicional direito societário para o caso da empresa monossocietária, para tratar o emergente fenómeno da empresa plurissocietária, mormente da empresa multinacional constituída por um conjunto filiais estrangeiras. Como o demonstra o caso "Bhopal", com que abrimos este estudo[56], o problema da responsabilidade da empresa multinacional, longe de possuir uma expressão meramente privada e envolver apenas os interesses de credores individuais voluntários, assume frequentemente uma *dimensão pública* e envolve uma enorme massa indiferenciada de credores involuntários[57]: catástrofes ecológicas e humanas provocadas por grandes grupos

---

[54] LUTTER, Marcus, *100 Bände BGHZ: Konzernrecht*, 458, in: 151 "Zeitschrift für Unternehmens- und Gesellschaftsrecht" (1987), 444-461
[55] SCHMITTHOFF, Clive, *Banco Ambrosiano and Modern Company Law*, 363, in: "Journal of Business Law" (1982), 361-372.
[56] Cf. *supra* I.
[57] A distinção entre credores *voluntários* e *involuntários* assenta fundamentalmente na natureza da posição do credor na relação jurídico-creditícia com a sociedade: assim, por exemplo, ao passo que o banco que emprestou fundos ou o fornecedor que vendeu mercadorias

multinacionais, tais como "Hoffmann-La Roche" em Itália (1976), "Amoco Cadiz" em França (1978), "Exxon Valdez" nos EUA (1983), "Prestige" em Espanha (2002), ou "BP" no Golfo do México (2009), são apenas algumas das ilustrações mais dramáticas disso mesmo[58]. Este problema, aliás, ameaça agravar-se, dado que, como tem sido revelado por vários estudos, empresas operando num número crescente de segmentos de mercado (tais como, por exemplo, a indústria nuclear, aeronáutica, farmacêutica, biotecnológica, química, transportadora, e outras semelhantes) optam tipicamente por se organizar artificialmente sob a forma de complexos agregados de sociedades individuais sediadas em países subdesenvolvidos às quais são adscritas as suas atividades mais melindrosas ("dirty business") ou com elevadas externalidades sócio-económicas, como forma de evitar a exposição ao risco empresarial.[59/60]

a uma sociedade tiveram obviamente uma voz ativa na conformação da relação de crédito emergente (tendo ocasião de determinar o estabelecimento e os termos da mesma, v.g., negociando taxas de juro ou preços de venda apropriados para cobrir a magnitude do risco assumido), o consumidor de um produto defeituoso ou o trabalhador vítima de um acidente de trabalho não possui qualquer intervenção no surgimento da relação creditícia indemnizatória, não dispondo assim de qualquer controlo real, nem sobre o seu *se*, nem sobre o seu *como*. Cf. desenvolvidamente Kübler, Frederich, *Haftungstrennung und Gläubigerschutz im Recht der Kapitalgesellschaften*, 407, in: "Festschrift für Theodor Heinsius", 397-423, Berlin/New York: Walter de Gruyter, 1991; Posner, Richard, *The Rights of Creditors of Affiliate Corporations*, 499 e ss., in: 43 "University of Chicago Law Review" (1976), 499-526.

[58] Sobre o caso "Amoco Cadiz", vide Antunes, José, *Neue Wege im Konzernhaftungsrecht. Nochmals: Der "Amoco Cadiz"-Fall*, in: "Festschrift für Marcus Lutter zum 70. Geburtstag – Deutsches und europäisches Gesellschafts-, Konzern- und Kapitalmarktrecht", 995-1009, Verlag Otto Schmidt, Köln, 2000; sobre o caso "Prestige", vide Hansen, Robrin, *Multinational Enterprise Pursuit of Minimized Liability: Law, International Business Theory and the Prestige Oil Spill*, 410 e ss., in: 26 "Berkeley Journal of International Law" (2008), 410-451.

[59] Segundo Ringleb/Wiggins, nos últimos trinta anos, uma parte significativa de pequenas sociedades explorando negócios de risco foi criada com a motivação primária de evadir a exposição às normas em matéria de responsabilidade laboral, ambiental e do consumidor (*Liability and Large Scale, Long-Term Hazards*, 574 e ss.). Ilustrações não faltam: por exemplo, o grupo "Philip Morris" criou a sua "holding" de topo sem esconder o seu confesso propósito de assim garantir a impermeabilidade da cúpula hierárquica empresarial face às severas regras em matéria de proteção do consumidor e responsabilidade do produtor; e o grupo petrolífero "Exxon", na sequência do derrame provocado por um seu petroleiro nas costas do Alasca, decidiu passar a contratar transportadores independentes como forma de prevenir futuras responsabilidade ambientais decorrentes de acidentes semelhantes (vide também Hansmann, Henry/Kraakman, Reinier, *Toward Unlimited Shareholder Liability for Corporate Torts*, 1913 e ss., in: 100 "Yale Law Review" (1991), 7, 1879-1934).

[60] Easterbrook/Fischel enfatizam o problema assim: "If limited liability is absolute, a parent can form a subsidiary with minimal capitalization for the purposes of engaging in

1.2. O Dilema Teórico

Mas também do ponto de vista teórico a questão em epígrafe constitui um gigantesco desafio à inventiva do jurista contemporâneo. Lidar com o problema da responsabilidade empresarial multinacional significa, nada mais nada menos, do que *escrutinar diretamente a legitimidade das fundações últimas do próprio Direito das Sociedades Comerciais*, senão mesmo com os *pilares do próprio Direito em geral* tal como hoje o conhecemos.

Com efeito, construído historicamente sobre o dogma da autonomia societária – e, em particular, sobre as "vacas sagradas" da personalidade jurídica da sociedade comercial e a limitação de responsabilidade dos acionistas –, o direito societário tradicional não deixa qualquer espaço de dúvida: cada sociedade comercial (anónima) constitui uma entidade juridicamente autónoma, dotada da sua esfera jurídica ativa e passiva própria (personalidade jurídica), não podendo ser imputado os seus sócios o respetivo passivo social (responsabilidade limitada). Todavia, tornou-se rapidamente evidente que a transposição automática e acrítica destes clássicos "standards" de responsabilidade – concebidos que foram primacialmente para o caso da empresa societária ("rectius", para a regulação das relações entre sociedades independentes e os respetivos sócios singulares) – à nova realidade da empresa multinacional – na qual uma sociedade(-mãe) está em condições de controlar a vida e gestão das sociedades(-filhas) estrangeiras em cujo capital participa – conduz inevitavelmente a resultados insatisfatórios, quando não inadmissíveis[61], impondo-se por isso o desenvolvimento de novos "standards" jurídicos alternativos.[62]

risky activities. If things go well, the parent captures the benefits. If things go poorly, the subsidiary declares bankruptcy, and the parent creates another with the same managers to engage in the same activities. This asymmetry between benefits and costs, if limited liability is absolute, would create incentives to engage in a socially excessive amount of risk activities" (*Limited Liability and the Corporation*, cit., 111).

[61] Esta ideia encontra-se claramente descrita na argumentação expendida pelo Governo da Índia no acima mencionado caso "Bhopal" (cf. *supra* nota 1): "The complex corporate structure of the multinational entreprise, with networks of subsidiaries and divisions, makes it exceedingly difficult or even impossible to pinpoint responsibility for the damages caused by the enterprise to discrete corporate units or individuals. In reality, there is but one entity, the monolithic multinational, which is responsible for the design, development and dissemination of information and technology world-wide, acting through a forged network of interlocking directors, common operating systems, financial and other controls. (...) Persons harmed by the acts of a multinational corporation are not in position to isolate which unit of the enterprise caused the harm, yet it is evident that the multinational enterprise is liable for such harm" (Complaint, *Union of India v. Union Carbide Corp.*, ¶ 21, at 8 [no. 85 Civ. 2969 S.D.N.Y., 1985]).

Mas talvez mais do que isso, tal problema vem colocar em cheque o problema dos sistemas de imputação jurídica com que o próprio Direito em geral, herdados da velha romanística e pandectista, ainda hoje trabalha. Na realidade, no recorte que o Direito faz da realidade humana e social, apenas há lugar para dois centros de imputação jurídica – as pessoas singulares ou as pessoas coletivas: quando uma dada norma civil determina que "aquele" que lesar outrem é obrigado de indemnizar os danos provocados, uma norma mercantil afirma que "aquele" que contraiu uma dívida deve pagá-la pontualmente, ou uma norma penal afirma que "aquele" que poluir responde criminalmente pelos danos ambientais, o "aquele" (o sujeito da norma legal e destinatário da imputação jurídica nela prevista) será sempre, em princípio, uma pessoa singular ou uma pessoa coletiva. "Tertium non datur". Ora, a empresa multinacional – enquanto sujeito económico a que não corresponde um autónomo sujeito jurídico – lança um desafio à Ordem Jurídica a que esta não foi, até hoje, capaz de responder cabalmente: no âmbito desta empresa, quem, afinal, deve ser considerado "aquele" para efeitos da lei? quem é o destinatário da norma civil, mercantil ou penal aplicanda, relativamente às ações, condutas e débitos de uma empresa multinacional? em última análise, quem suporta o risco ou a quem é imputável a responsabilidade daí emergente – a filial que praticou a ação ou que contraiu a dívida? a sociedade-mãe que a criou, que escolheu os seus órgãos e que comanda a sua vida? o grupo multinacional como um todo? Eis a *"pergunta de um milhão de dólares"* do jurista da empresa.

1.3. As Principais Estratégias Regulatórias

A questão nodal a resolver em sede da responsabilidade da empresa multinacional pode formular-se do seguinte modo: *perante uma dada empresa multinacional, se e em que circunstâncias poderão ou deverão ser imputáveis à cúpula da empresa (ou à própria empresa como um todo) as condutas perpetradas ou as dívidas contraídas por uma determinada filial estrangeira.*

Não obstante as diferenças de desenvolvimento legislativo, jurisprudencial e até doutrinal testemunhadas pelas várias ordens jurídico-societárias atuais, é hoje possível identificar *três tipos de estratégias regulatórias*

---

[62] Para uma revisitação dos fundamentos históricos, legais e económicos do princípio da responsabilidade limitada dos sócios, em face do emergente fenómeno do controlo intersocietário, vide desenvolvidamente ANTUNES, José, *Liability of Corporate Groups*, cit., 122 e ss.

fundamentais ao nível mundial. Tais estratégias são: a estratégia tradicional da "pluralidade jurídica" ou da autonomia; a estratégia revolucionária da "unidade económica" ou do controlo; e a estratégia intermédia do chamado "modelo dualista".

2. A Estratégia Tradicional: O Modelo Norte-Americano

A estratégia regulatória tradicional – que encontra nos Estados Unidos da América a sua mais lídima ilustração e que é ainda hoje a mais difundida a nível mundial, tanto nos países da "Common Law" como da "Civil Law" – é aquela que assenta nos quadros clássicos ortodoxos do Direito Societário.[63]

2.1. O Dogma da Autonomia e a Desconsideração da Personalidade Jurídica

Semelhante estratégia consiste na posição daquelas ordens jurídico-societárias que resolvem os problemas da responsabilidade da empresa multinacional com base no dogma fundamental da *autonomia societária* ("entity law"), ou seja, de acordo com o princípio fundamental segundo o qual um ente societário pertencente a um grupo multinacional, mormente a respetiva sociedade-mãe, não pode ser responsabilizado pelos atos ou débitos dos demais entes societários integrados no perímetro grupal, pela simples mas decisiva razão de que tais entes constituem pessoas coletivas juridicamente independentes.

Para esta perspetiva, a imputação de responsabilidade à cúpula de uma empresa multinacional por dívidas de uma das suas filiais é considerada, em regra, como inadmissível: apenas em circunstâncias de todo em todo excecionais poderá tal regra ser afastada pelos tribunais mediante a *desconsideração da personalidade jurídica* das sociedades envolvidas ("disregard of corporate entity", "piercing the corporate veil")[64]. Esta estratégia regula-

---

[63] Sobre este arquétipo universal do direito societário norte-americano, vide CLARK, Robert, *Corporate Law*, 71 e ss., Boston/Toronto: Little, 1986; CONARD, Alfred, *Corporations in Perspective*, cit., 416 e ss.; GEVURTZ, Franklin, *Corporation Law*, 69, St. Paul, Minnesota: West Group, 2000; HENN, Harry/ALEXANDER, John, *Laws of Corporations and others Business Enterprises*, 15 e ss., 344 e ss., 3th ed., St. Paul, Minnesota: West Publishing, 1983.

[64] Uma enorme variedade de expressões similares podem ser encontradas no direito comparado, a propósito de estratégias regulatórias semelhantes: "lifting the corporate veil" na Inglaterra, "Durchgriffhaftung" na Alemanha, "superamento dello schermo della personalità giuridica" em Itália, ou "levantamiento del velo de la persona jurídica" nos países

tória assenta assim num sistema "regra-exceção" de cariz eminentemente jurisprudencial: o tribunal inicia a análise dos casos baseado na presunção quase inilidível de que a autonomia jurídica das filiais do grupo multinacional é, tal como a de qualquer sociedade comercial, para respeitar em qualquer caso (regra), apenas lhe sendo permitido desconsiderar ou ignorar tal autonomia em situações-limite absolutamente "únicas"[65], "inusuais"[66], ou "anormais"[67] (exceção)[68]: na sugestiva formulação de EASTERBROCK e FISCHEL, "piercing seems to happen freakishly: like lightning, it is rare and severe".[69]

2.2. Apreciação Crítica

A rigidez de semelhante estratégia regulatória, todavia, patenteia debilidades demasiadamente ostensivas, tanto do ponto de vista jurídico quanto económico, para poder aspirar a constituir uma solução universal aceitável para o problema da responsabilidade empresarial multinacional.

---

hispânicos. Entre a literatura no direito comparado, hoje praticamente insistematizável, vide DOBSON, Juan, «Lifting the Veil» in Four Countries: the Law of Argentina, England, France and United States, in: 35 "International Quartely Law Review" (1986), 839-863; OLIVEIRA, J. Lamartine Corrêa, A Dupla Crise da Pessoa Jurídica, 259 e ss., São Paulo: Ed. Saraiva, 1979; RODA, Carmen Boldó, Levantamiento del Velo y Persona Jurídica en Derecho Privado Español, esp. 314 e ss., Pamplona: Aranzadi, 1996; SERICK, Rolf, Rechtsform und Realität juristischer Personen – Ein rechtsvergleichender Beitrag zur Frage des Durchgriffs auf die Personen oder Gegenstände hinter juristischen Person, Berlin/Tübingen: Mohr, 1955.

[65] Baker v. Raymond International Inc., 656 F.2d 173, p. 179 (5th Circ. 1981).

[66] Securities Industry Association v. Federal Home Loan Bank BD, 588 F.Supp. 749, p. 754 (D.D.C. 1984); North American Plastics, Inc. v. Inland Shoe Manufacturing Co., Inc., 592 F. Supp. 875, p. 878 (N.D. Mass. 1984).

[67] NRC Credit Corp. v. Underground Camera Inc., 581 F. Supp., p. 612 (D. Mass. 1984).

[68] Não é este o momento para analisar em profundidade quais os tipos de casos excecionais em que tem aplicação esta jurisprudência da desconsideração da personalidade jurídica: diremos apenas, muito sucintamente, que os respetivos "standards" operativos são muito fluídos, abrangendo, seja o recurso a institutos gerais de direito privado (v.g., boa-fé, proteção da confiança, abuso de direito, fraude à lei), seja a aplicação de figuras especificamente concebidas para enquadrar juridicamente os efeitos desviantes do controlo societário (v.g., infracapitalização, confusão de esferas e patrimónios, direção unitária, etc.). A literatura sobre o ponto é inabarcável: apenas nos EUA, "ex multi", vide GILLESPIE, John, The Thin Corporate Line: Loss of Limited Liability Protection, n: 45 "Notre Dame Law Review" (1969), 363-385; KRENDL/KRENDL, Piercing the Corporate Veil: Focusing the Enquire, in: 55 "Delaware Law Journal" (1978), 11-31.

[69] Limited Liability and the Corporation, cit., 89.

Desde logo, de uma perspetiva puramente jurídica, trata-se de um modelo caracterizado por uma enorme *inconsistência* e *insegurança jurídicas*, sendo largamente casuístico nos casos presentes e imprevisível nos casos futuros. A razão fundamental para semelhante insegurança deve-se ao facto de o eixo operativo fundamental subjacente a este modelo (o citado sistema "regra-exceção") – ou seja, por outras palavras, a questão de saber onde situar com precisão a linha de fronteira entre os casos "normais", nos quais a independência jurídica das filiais deve ser reafirmada, e os casos "excecionais", em que o juiz considera justificado ignorar ou afastar semelhante autonomia – permanece até hoje sem qualquer resposta consistente. Com efeito, os casos em que os tribunais, a título excecional, "levantam o véu" da personalidade jurídica das unidades constituintes de uma empresa grupal, a fim de imputar ao respetivo vértice hierárquico os atos praticados ou os compromissos assumidos por aquelas, são decididos de acordo com fundamentos que desafiam qualquer reconstrução racional ou sistemática, aparecendo o pensamento jurisprudencial envolto numa espécie de nebulosa de metáforas de valor puramente literário[70] ou, quando muito, tentativamente reconduzidos a constelações de casos destituídos de verdadeira unidade intrínseca[71]. Elevada a espécie de "fórmula mágica" ou de panaceia universal para os paradoxos gerados pela personificação dos entes coletivos, o jurista que lança mão da técnica da desconsideração da personalidade jurídica está assim para o Direito como o médico que, tendo diante de si um paciente com febre e sendo incapaz

---

[70] "Mere instrumentality", "alter ego", "agent", "buffer", "cloak", "coat", "dummy", "facade", "little hut", "mask", "mouthpiece", "nominee", "pawn", "puppet", "screen", "sham", "shell", "tool", ou qualquer outra criatura gerada pela frankensteiniana sociedade-mãe, são apenas alguns dos epítetos qualificativos das filiais com base nos quais, numa espécie de "passe de mágica", se tem legitimado o afastamento do arquétipo legal da respetiva autonomia societária (um arsenal de mais de 35 expressões metafóricas pode ser encontrado em HENN/ALEXANDER, *Laws of Corporations*, cit., 344). Equivalentes funcionais podem ser encontrados na jurisprudência de vários países europeus: vide COHN, E. J./SIMITIS, C., *Lifting the Veil in the Company Laws of the European Continent*, in: 12 "International and Comparative Law Quartely" (1963), 189-247.

[71] Tais listas de hipóteses já chegaram a ser certeiramente apelidadas de espécie de "listas de mercearia" ou de "lavandaria" ("laundry lists"): as mais célebres são de DOUGLAS, W./ SHANKS, C., *Insulation from Liability through Subsidiary Corporations*, in: 39 "Yale Law Journal" (1929), 193-218. De novo, conquanto com idiossincrasias próprias, algo de semelhante pode ser encontrado na Europa, como sucede com os chamados grupos de casos desenvolvidas na doutrina germânica ("Fallengruppen") e, por mimetismo, noutras doutrinas continentais (cf. COURIR, Edoardo, *Limiti alla Responsabilità Imprenditoriale e Rischi dei Terzi*, Milano: Giuffrè, 1997; RODA, Carmen, *Levantamiento del Velo y Persona Jurídica en el Derecho Privado*, cit.).

de lhe diagnosticar a doença, fala vagamente de uma virose e lhe prescreve uma aspirina – não resolvendo assim o problema, mas limitando-se a repô-lo eufemisticamente. Não admira assim que já se tenha falado, a este propósito, de uma "jurisprudência de epítetos e alcunhas" (Phillip BLUMBERG)[72] ou mesmo, mais certeiramente, de uma verdadeira "justiça de república das bananas" (Lord GOWER).[73]

Do mesmo modo, de uma perspetiva económica, a estratégia regulatória tradicional é também fonte de importantes *ineficiências* no plano do funcionamento do mercado e das próprias empresas. Com efeito, o mito comummente difundido segundo o qual o princípio da responsabilidade limitada dos sócios representa a regra económica e socialmente mais eficiente em matéria empresarial[74] não encontra confirmação no plano da empresa multinacional – antes pelo contrário. Desde logo, a automática aplicação de tal princípio a esta nova forma de empresa arrasta consigo uma série de distorções que inevitavelmente desaguam numa ineficiente ou artificial alocação dos recursos produtivos, tais como os conhecidos perigos de *"moral hazard"* – ou seja, o perigo de manipulação das formas jurídicas como expediente "self-service" de realocação dos riscos empresariais ou de "seguro" contra tais riscos – e de comportamentos *"free-rider"* – ou seja, o incentivo assim criado aos empresários para apanharem a "boleia" da organização grupal para externalizarem o risco da exploração empresarial para a comunidade como um todo sem adequada compensação[75]: numa palavra, dir-se-ia até que, no contexto de empresas multinacionais, o regime clássico da responsabilidade empresarial "convida à irresponsabilidade do empresário"[76] ou "induz a irresponsabilidade dos gestores"[77].

---

[72] *The Law of Corporate Groups*, I, cit., 8.

[73] *Principles of Modern Company Law*, 4th edition, 138, London: Stevens & Sons, 1992. Também outro autor falou aqui de "un cajón-desastre para el Tribunal Supremo" (GIRGADO PERANDONES, Pablo, *La Empresa de Grupo y el Derecho de Sociedades*, 287, Granada: Editorial Comares, 2001).

[74] Havendo mesmo quem a tenha reputado como "a mais importante descoberta dos tempos modernos" (N. BUTTLER). Para algumas outras "profissões de fé" semelhantes na matéria, vide já *supra* nota 30.

[75] Sobre os problemas de "moral hazard" e de condutas "free-rider" gerados pela estrutura jurídica da empresa multinacional, vide BEHRENS, Peter, *Die Ökonomische Grundlagen des Rechts – Politische Ökonomie als rationale Jurisprudenz*, Tübingen: Mohr, 1986; LANDERS, William, *A Unified Approach to Parent, Subsidiary, and Affiliate Questions in Bankruptcy*, 589 e ss., in: 42 "University of Chicago Law Review" (1975), 589-652.

[76] NOTE, *Should Shareholders Be Personally Liable for the Torts of Their Corporations?*, 1191, in: 76 "Yale Law Review" (1967), 1190-1203.

[77] HALPERN, Paul/TREBILCOCK, Michael/TURNBULL, Stuart, *An Economic Analysis of Limited Liability in Corporation Law*, 143, in: 30 "Journal of Toronto Law" (1980), 117-150.

Por outro lado, é também óbvio que a estratégia em análise compromete seriamente os interesses de vários atores jurídico-empresariais, mormente os *credores* das sociedades filiais – já que a típica permeabilidade patrimonial destas filiais, característica da vida interna dos grupos multinacionais, pode esvaziar de toda a substância a única garantia daqueles (sendo o risco particularmente sério no caso dos credores involuntários[78]) – e os seus *sócios minoritários* – que assistem impotentes a uma degradação dos respetivos direitos patrimoniais e organizativos, tornando-se prisioneiros de verdadeiros "títulos dormentes"[79] sem qualquer liquidez ou valor de transação no mercado.

3. A Estratégia Revolucionária: O Modelo Europeu

Nos antípodas do modelo tradicional, encontramos uma nova e revolucionária estratégia regulatória em sede do problema da responsabilidade empresarial multinacional: esta estratégia encontrou a sua consagração mais expressiva nas várias propostas elaboradas pela União Europeia nos anos 70 e 80, em sede de harmonização dos direitos societários europeus, designadamente o "Projeto de uma 9.ª Diretiva Comunitária sobre as Coligações entre Empresas e os Grupos de Sociedades"[80-81]. Apesar de

[78] Como já atrás foi referido (cf. *supra* nota 57), os credores involuntários das filiais de grupos multinacionais (tais como, v.g., consumidores, trabalhadores, vítimas, etc.) suportam em pleno as consequências nefastas da externalização do risco empresarial provocada pela estrutura do grupo, sem qualquer possibilidade de o evitar ou de negociar os seus termos ("Risikoprämie"): como sublinham argutamente HANSMANN/KRAAKMAN, "the rule of limited liability permits the firm's owners to determine unilaterally how much of their property will be exposed to potential tort claims" (*Toward Unlimited Shareholder Liability for Corporate Torts*, cit., 1920).

[79] BERR, Claude, *La Place de la Notion de Contrôle dans le Droit des Sociétés*, cit., 7.

[80] Sobre este projeto de diretiva comunitária, que conheceu uma primeira versão em 1974 (cf. Doc. CEE XI/328/74-F), uma segunda em 1977 (cf. Doc. CEE XI/215/77-F), e uma última em 1984 (cf. Doc. CEE III/1639/84-F), vide DEROM, Patrick, *The EEC Approach to Groups of Companies*, in: 7 "Vanderbilt Journal of International Law" (1976), 565-578; HOMMELHOFF, Peter, *Zur revidierten Vorschlag einer EG-Konzernrichtlinie*, in: "Festschrift für Hans-Joachim Fleck", 126-150, Berlin/New York: Walter de Gruyter, 1988; KEUTGEN, Guy, *Le Droit des Groupes de Sociétés dans la CEE*, 67 e ss., Louvain: Vander, 1973.

[81] Refira-se ainda que o modelo do legislador comunitário foi ainda seguido nalguns países, originando propostas de alteração legislativa semelhantes, entretanto abandonadas: tal foi o caso da Espanha – com a "Anteprojeto de Reforma da Lei das Sociedades Anónimas" de 1979 – e da França – com a "Proposition de Loi sur les Groupes de Sociétés et la Protection des Actionnaires, du Personnel et des Tiers" (versão de 1978), comumente conhecida por "Proposta Cousté".

revestir um carácter puramente "de lege ferenda" e ter despertado um tal criticismo a ponto de ser hoje altamente improvável a sua transformação em direito positivo[82], justifica-se uma referência autónoma a tal modelo, dado que ele simboliza, a nível mundial, a mais significativa reação à ortodoxia do sistema regulatório tradicional.

3.1. O Dogma do Controlo Societário e a Consagração da Responsabilidade Ilimitada

A disposição central do Projeto de Diretiva Comunitária nesta matéria pode ser encontrada no seu art. 46.º: nos termos do seu nº 1, "a sociedade dominante de um grupo responderá por todas as dívidas das sociedades dependentes do mesmo grupo"; além disso, por força do seu nº 2, "a ação judicial de responsabilidade apenas poderá ser interposta contra a sociedade dominante caso o credor da sociedade dependente devedora haja solicitado por escrito a esta o cumprimento do seu crédito, sem sucesso".[83]

Pode assim dizer-se que esta estratégia perspetiva os problemas da responsabilidade da empresa multinacional com base na realidade fundamental do *controlo societário*, ou seja, de acordo com o princípio fundamental segundo o qual a sociedade-mãe deverá ser responsável por todas as dívidas ou passivo das respetivas filiais, pela simples mas decisiva razão de que a primeira controla a vida e gestão empresarial das últimas, formando assim uma empresa unitária[84]. Colocando-se nos antípodas da conceção clássica – que, como vimos acima, encara o fenómeno da empresa multinacional da perspetiva do dogma da autonomia societária e constrói o regime jurídico da sua responsabilidade na base de uma rígida aplicação do sacrossanto princípio da responsabilidade limitada dos acionistas, esta nova estratégia arranca de uma pressuposta visão da empresa multinacional como uma espécie de empresa unitária cujas unidades componentes se encontram debaixo do absoluto domínio exercido pela sociedade de

---

[82] Cf. Forum Europaeum Konzernrecht, *Konzernrecht für Europa*, in: 27 "Zeitschrift für Unternehmens- und Gesellschaftsrecht" (1998), 672-772.

[83] Cf. Doc. CEE XI/328/74-F. Disposição semelhante, praticamente "expressis verbis", pode ser encontrada no art. 87.º da versão posterior de 1977 (cf. Doc. CEE XI/215/77-F).

[84] A Exposição de Motivos do Projeto de 9.ª diretiva, na sua versão original em francês, é elucidativa sobre este aspeto: "La proposition déclare s'inspirer de l'opinion dominante dans les milieux économiques" segundo a qual " le groupe réprésente une *unité d'entreprise* et qu'il est conduit selon des principes uniformes les intérêts de ses divers parties, c'est-à-dire des diverses entreprises qui en révelent étant subordonées à celui du groupe" (*Exposé des Motifs*, 170).

topo (uma espécie de variante de uma sociedade comercial com divisões destituídas de individualidade jurídica)[85], que reclama, em consequência, a aplicação de um regime jurídico de responsabilidade exatamente oposto – a *responsabilidade ilimitada* da sociedade-mãe.

3.2. Apreciação Crítica

Conquanto seja inegável o contributo que esta nova perspetiva trouxe ao debate científico – representando uma verdadeira "pedrada no charco" no imobilismo em que a ortodoxia da perspetiva clássica parecia ter lançado a questão jurídica em apreço –, exige a verdade reconhecer que tal estratégia regulatória oferece o flanco a críticas não menos sérias, embora de sinal contrário, do que aquelas de que vimos ser passível a estratégia dominante.

De uma perspetiva jurídica, as principais debilidades desta estratégia consistem, no essencial, na *insegurança* e no *automatismo* dos resultados da respetiva aplicação. Desde logo, é mister acentuar que toda a proposta de regulação europeia arranca de um conceito central – o conceito de "grupo"[86] – o qual se encontra construído sobre dois elementos constitutivos – as noções de "domínio" e de "direção unitária" – cujo conteúdo não foi pura e simplesmente definido, arrastando assim consigo uma inevitável insegurança jurídica na aplicação de todos os comandos legais cuja hipótese legal – como é também o caso da citada norma específica em sede da responsabilidade da sociedade-mãe – faz apelo a tal conceito[87]: esta situação é particularmente grave para as sociedades que se situam no vértice hierárquico dos grupos multinacionais, expondo-as à permanente ameaça de se verem envolvidas em ações judiciais de responsabilidade por passivos alheios que podem colocar em cheque a estabilidade financeira do próprio grupo e cuja sorte dependerá, em último termo, das idiossin-

---

[85] Como sublinha André Graffenried, a imagem da empresa grupal subjacente à regulação comunitária é a de "uma unidade económico-empresarial organizada verticalmente e altamente centralizada" (*Über die Notwendigkeit einer Konzerngesetzgebung – Die Regelung der Europäische Aktiengesellschaft als Beispiele?*, 154, Bern/Frankfurt: Peter Lang, 1976).

[86] Como sublinha Ernst Gessler, "o conceito de grupo é a pedra de toque de toda a regulação contida na proposta europeia" (*Das Konzernrecht der S.E.*, 289, in: Lutter, M. (Hrsg.), "Die Europäische Aktiengesellschaft", 275-311, Carl Heymanns, Köln, 1976).

[87] Segundo Guy Keutgen, "o desejo do legislador europeu em abarcar todo o tipo de situações possíveis sobrepujou sobre o valor da certeza jurídica" (*Le Droit des Groupes dans la CEE*, cit., 203).

crasias da construção jurisprudencial dos tribunais do país em causa[88]. Depois ainda, assente que está numa espécie de visão unilateral ou "patológica" do fenómeno da empresa multinacional como uma espécie de versão centralizada da sociedade multidivisional (GIRGADO PERANDONES)[89], o modelo em análise acaba por impor de forma indiscriminada uma solução uniforme para todas as empresas multinacionais, revelando-se assim incapaz de providenciar uma regulação suficientemente flexível e diferenciada apta a acomodar a enorme diversidade das respetivas estruturas organizativas internas: semelhante rigidez é particularmente séria para o caso daquelas multinacionais dotadas de uma organização altamente descentralizada, nas quais o poder de controlo da casa-mãe sobre as filiais é exercido de forma ténue ou mesmo insignificante ("at arm's length") e nas quais os administradores destas últimas gozam de um considerável grau de liberdade na condução da gestão social, hipótese essa em que os passivos ou situações de insolvência eventualmente verificados ao níveis das filiais serão, por via de regra, imputáveis a decisões de gestão tomadas autonomamente pelas respetivas administrações; mas mesmo no caso de multinacionais de estrutura centralizada não está excluído que o automatismo e rigidez da estratégia proposta faça os seus estragos, mormente em todas aquelas situações em que, não obstante o controlo estrito exercido pela sociedade-mãe, o passivo das filiais seja imputável a iniciativas autónomas da própria administração destas, ou, "ad fortiori", quando decorra de circunstâncias puramente imprevistas e fortuitas, tais como catástrofes naturais, insolvência dos principais devedores da filial, crise generalizada dos mercados, greves ou convulsões político-sociais, alterações abruptas do envolvimento legal, etc.[90]

[88] Nas palavras de Jean PAILLUSSEAU, "semelhante incerteza hermenêutica é deplorável, uma vez que todos os direitos e deveres originados pela existência do grupo terão diferentes alcances consoante a interpretação adotada" (*Faut-il en France Réglementer un Droit des Groupes de Sociétés? (À Propos de la Proposition Cousté)*, 240, in: «Jurisclasseur Périodique» (1971), I-Doctrine, 2401 bis, 237-256).

[89] *La Responsabilidad de la Sociedad Matriz y de los Administradores en una Empresa de Grupo*, 29, Madrid: Marcial Pons, 2002.

[90] Como já sublinhamos noutro local, "the most striking aspect of this liability regime is that the imposition of liability on parent corporations of groups for subsidiary debts follows directly and automatically from its *formal status of parent*. By not distinguishing between potential control and actual control, nor between "bad" control and "good" control, the system thus holds parent corporations inescapably liable for all the debts of their subsidiaries, including those debts without any connection with its real control or those issuing from a parent's control which has been undertaken in the best interests of the subsidiary" (ANTUNES, José, *Liability of Corporate Groups*, cit., 300).

Também de uma perspetiva económica, são patentes os inconvenientes do modelo em epígrafe. Com efeito, e desde logo, tal modelo regulatório pode forçar as empresas multinacionais a adotar *estruturas de governo ou gestão economicamente ineficientes*: ao expor a sociedade-mãe à responsabilidade jurídica pelo risco empresarial decorrente da atividade económica desenvolvida pela totalidade das respetivas filiais, tal solução induziria certamente os núcleos dirigentes das multinacionais a erigir estruturas organizativas altamente hierárquicas e centralizadas como única forma de monitorizar tal risco e de se proteger contra as suas nefastas consequências[91]. Além disso, tal modelo, visando colmatar a situação de desproteção a que o sistema tradicional votava os credores e os sócios minoritários das sociedades-filhas[92] (pecando por defeito), arrisca-se paradoxalmente a criar em favor destes uma proteção excessiva e desproporcionada (pecando agora por excesso): na verdade, atuando como uma espécie de seguro contra o risco de insolvência das filiais ("default risk"), semelhante regime de responsabilidade ilimitada acaba por brindar os sócios minoritários e individuais destas últimas com uma proteção suplementar e gratuita ao investimento realizado ("windfall") e acaba por conferir aos respetivos credores um tratamento mais favorável do que aquele que a lei reserva aos credores de sociedades individuais ou comuns.[93]

---

[91] Os potenciais perigos daqui decorrentes no plano da organização interna dos grupos foi, desde cedo, sublinhado por muitos autores. Assim, salientava já em 1975 Léon DABIN: "Ao pretender colocar todos os tipos de grupos no mesmo saco, a proposta de diretiva ignora a realidade económica e impõe constrangimentos muito pesados sobre a organização daqueles que colocam em risco a sua viabilidade como instrumento do comércio internacional" (*Systèmes Rigides du Type Konzernrecht*, cit., 187). Mais recentemente, Peter HOMMELHOFF: "Com semelhante sistema de responsabilidade solidária, cada uma das dívidas da filial é automaticamente, instantaneamente e totalmente transferida para o nível da sociedade-mãe: (...) a proposta de diretiva força assim a administração desta sociedade a exercer um controlo ininterrupto e estrito sobre os negócios de todas as filiais" (*Zum revidierten Vorschlag einer EG-Konzernrechtlinie*, cit., 142).

[92] Cf. *supra* Parte III, 1.2.

[93] Basta pensar que, no quadro da solução proposta, os credores das filiais ficariam protegidos contra as situações de insolvência empresarial decorrentes de circunstâncias fortuitas (v.g., alterações súbitas e radicais das situações de mercado, falência dos principais devedores da filial), situações essas contra as quais não estão protegidos os credores de sociedades independentes (cf. também PAZ-ARES, Cándido, *Uniones de Empresas y Grupos de Sociedades*, 1344, in: Uría/Menendez (eds.), *Curso de Derecho Mercantil*, 1323-1347, Madrid: Civitas, 1999). O que é mais, o regime de responsabilidade em análise é susceptível de criar uma discriminação entre *os próprios credores sociais das várias filiais integradas no perímetro de uma mesma empresa multinacional*, mormente entre credores de filiais saudáveis e deficitárias: graças ao efeito de "vasos comunicantes", que seria criado entre os patrimónios das sociedades integradas no grupo multinacional em resultado da responsabi-

4. A Estratégia Intermédia: O Modelo Alemão

Algures a meio caminho entre as duas anteriores, surgindo aqui como uma espécie de "terzza via", é ainda possível encontrar uma terceira estratégia regulatória relativa aos problemas da responsabilidade empresarial multinacional. O modelo proposto por semelhante estratégia intermédia ou mitigada – que poderia ser denominado de modelo "dualista" em virtude de assentar numa dualidade de regimes – apenas pode ser entendido corretamente no quadro daquelas ordens jurídicas que possuem uma regulação global e sistemática do fenómeno dos grupos societários: o pioneirismo pertence ao direito alemão ("Aktiengesetz" de 1965), cuja iniciativa foi depois perfilhada, embora com importantes nuances e particularismos, pelos legisladores de países de latitude tão variadas quantos o Brasil (1976)[94], Portugal (1986)[95], a Hungria (1988)[96], a República Checa

lidade da cúpula grupal pelos respetivos passivos, os credores que negoceiam com filiais adequadamente capitalizadas podem ver-se subitamente a subsidiar os credores de filiais insolventes, sempre que os créditos destes sejam de molde a colocar a própria sociedade-mãe numa situação de insolvência.

[94] Arts. 243.º-277.º da "Lei das Sociedades Anónimas" de 1976 (cuja vigência se afigura aparentemente imperturbada, no essencial, após a aprovação do novo "Código Civil" de 2002, pela Lei 10.406, de 10 de janeiro de 2002, apesar das novas disposições relativas às "sociedades coligadas", previstas no Cap. VII do Livro II da sua Parte Especial, arts. 1097º a 1101º). Sobre a regulação brasileira, vide, por último, Araújo, Danilo/Warde Jr., Walfrido (eds.), *Os Grupos de Sociedades – Organização e Exercício da Empresa*, São Paulo: Editora Saraiva, 2012.

[95] Arts. 481º-508.º-E do "Código das Sociedades Comerciais" de 1986. Permitimo-nos remeter para o nosso trabalho *Os Grupos de Sociedades – Estrutura e Organização Jurídica da Empresa Plurissocietária*, 2.ª edição, Coimbra: Almedina, 2002. O direito português dos grupos despertou também interesse fora de portas: Gause, Bernhard, *Europäisches Konzernrecht im Vergleich – Eine Untersuchung auf der Grundlage des portugiesischen Rechts*, Berlin: Berlin Verlag/Nomos, 2000; Lutter, Marcus/Overrath, Peter, *Das portugiesische Konzernrecht von 1986*, in: 20 "Zeitschrift für Unternehmens- und Gesellschaftsrecht" (1991), 394-410.

[96] §§ 321-330 da Lei nº 6 de 1988. Cf. Kaló, Helling, *Das Recht der verbundenen Unternehmen in Ungarn*, in: "Wirtschaft und Recht im Östeuropa" (1994), 452-459.

(1991)[97], a Croácia (1993)[98], a Eslovénia (1993)[99], a Rússia (1995)[100] e Taiwan (1997).[101]

4.1. O Sistema Dualista Germânico: A "Separação das Águas"

O direito alemão das empresas coligadas ("verbundenen Unternehmen") e dos grupos de empresas ("Konzernrecht"), introduzido pela "Aktiengesetz" de 1965, encontra-se assente sobre uma divisão ou distinção fundamental entre dois tipos de grupos empresariais: os grupos de direito e os grupos de facto.[102]

Por um lado, temos os chamados *grupos de direito*, também designados por grupos contratuais ("Vertragskonzerne"). Trata-se de agrupamentos de sociedades comerciais cuja direção unitária resulta da utilização de um instrumento jurídico taxativamente previsto na lei para o efeito (o contrato de domínio ou "Beherrschungsvertrag") e cujo funcionamento passa a estar submetido a um regime jurídico absolutamente excecional, derrogador dos cânones mais gerais do direito societário. No essencial, esse regime traduz-se, duma banda, na consagração de um *poder legal de controlo* da sociedade-mãe sobre as administrações e os interesses das sociedades-filhas (em derrogação dos princípios nodais da primazia do interesse social e da independência social) e, doutra banda, no estabelecimento de contrapartidas especiais destinadas a proteger estas últimas sociedades, bem assim como os seus sócios minoritários e credores sociais (§§ 291 e segs. da "Aktiengesetz"): particularmente relevante para os nossos propósitos, é a imposição à sociedade-mãe de um *dever de cobertura de todas as perdas anuais* registadas pelas respetivas filiais e, em certos casos, de uma *responsabilidade ilimitada e solidária* pelas dívidas sociais destas (§§ 302 e 322).

---

[97] Arts. 66a e 190a a 190j do Código de Comércio de 1991, modificados pela lei n.º 142 de 1996.

[98] Arts. 473-511 da Lei n.º 111 de 1993. Cf. Petrovic, Sinisa, *The Legal Regulation of Company Groups in Croatia*, in: 2 "European Bussiness Organization Law Review" (2001), 281-299.

[99] Arts. 460-495 da Lei das Sociedades Comerciais de 1993. Cf. Brus, Marko, *Das slowenische Konzernrecht in seiner Herkunft aus dem deutschen Recht der verbundenen Unternehmen*. Berlin: Berlin Verlag, 1999.

[100] Arts. 6.º e segs. da Lei Federal n.º 208 de 1995.

[101] Lei n.º Yi/8600143180, de 25 de Junho de 1997. Cf. Yeh, Hsin-Min, *Das taiwanesiche Konzernrecht von 1997*, in: 29 "Zeitschrift für Unternehmens- und Gesellschaftsrecht" (2000), 287-310.

[102] Para uma visão introdutória de conjunto da lei alemã dos grupos, é sempre útil consultar o clássico Emmerich, Volker/Habersack, Mathias, *Konzernrecht*. 9. Aufl., C.H. Beck Verlag, München, 2008.

Por outro lado, temos os chamados grupos de facto ("faktische Konzerne"), que podem ser definidos negativamente como todos aqueles agrupamentos societários cuja direção económica unitária teve a sua origem num outro qualquer tipo de instrumento ("maxime", participações maioritárias de capital, acordos parassociais, uniões pessoais, relações económico-fácticas de dependência) e cujo funcionamento se processa sob a alçada das regras gerais do direito societário comum. A sociedade-mãe é assim tida como titular de um mero *poder "de facto"*, e não legal, sobre a administração das sociedades-filhas, poder esse que vive necessariamente sujeito e enquadrado pelos cânones gerais do direito das sociedades: tal significa dizer, "inter alia", que a sociedade-mãe apenas poderá fazer uso do seu controlo e influência no quadro das filiais no respeito das competências soberanas dos órgãos sociais e dos interesses próprios destas (§ 311, Abs. I), respondendo, ela e os seus administradores, pelos concretos danos resultantes do eventual exercício de um controlo prejudicial que lhe estava vedado (§§ 311, Abs. II, 317).

Em suma, transposto isto para o caso específico dos grupos ou empresas multinacionais, pode afirmar-se que o regime de responsabilidade resultante deste modelo dualista decorre do acomodamento ou integração da realidade ou fauna empresarial num destes dois modelos legais: ou um *sistema de compensação global e automático do passivo das filiais, estabelecido "ex ante", no caso dos grupos multinacionais de direito* (onde a sociedade-mãe viu reconhecido um poder legal de controlo sobre a condução dos negócios sociais daquelas), ou *um sistema de compensação eventual e pontual das dívidas das filiais, apenas constatável "ex post", no caso dos grupos multinacionais de facto* (onde é suposto as filiais permanecerem autónomas na condução dos seus negócios, pelo que a sociedade-mãe apenas poderá ser obrigada a compensar aqueles prejuízos patrimoniais que hajam concretamente resultado em consequência do uso ilegítimo da sua influência dominante).

4.2. Apreciação Crítica

Volvido quase meio século sobre a sua aparição, é hoje mais ou menos consensual que o modelo "dualista" germânico não vingou: tal como foi sublinhado desassombradamente por um dos mais eminentes estudiosos alemães na matéria, "o princípio regulatório naufragou" (Klaus Hopt).[103]

---

[103] *Le Droit des Groupes de Sociétés – Expériences Allemandes, Perspectives Européennes*, 381, in: "Revue des Sociétés" (1987), 371-390.

Em nosso entender, a razão central de tal fracasso reside na vã tentativa do legislador em reconduzir toda a fenomenologia prática da empresa multissocietária e multinacional a um quadro legal construído sobre uma separação tangente e artificial entre dois modelos jurídico-organizativos rígidos: dum lado, as empresas plurissocietárias "de facto" ou informais, cuja disciplina visa juridicamente a preservação da autonomia das filiais em observância dos mandamentos do direito societário clássico e organizativamente um modelo apenas adequado, na melhor das hipóteses, a multinacionais dotadas de uma estrutura extremamente descentralizada; e, doutro lado, empresas plurissocietárias "de direito" ou formalizadas, cuja disciplina visa legitimar em toda a sua plenitude o controlo da sociedade-mãe, em derrogação daqueles mandamentos clássicos, apresentando-se como o único modelo organizativo admissível para multinacionais centralizadas. Dito de outro modo. *Ao passo que a estratégia tradicional, vigente nos EUA, tende ver a empresa multinacional exclusivamente da perspetiva do princípio da autonomia societária (pluralidade jurídica), e a estratégia revolucionária, proposta pela UE, perspetiva opostamente tal empresa à luz do princípio concorrente do controlo societário (unidade económica), a estratégia regulatória agora em análise, procurando encontrar uma via intermédia entre tais extremos, acabou por disciplinar a empresa multinacional na base de uma "summo divisio" que separa de um modo formal e artificial tais princípios.*[104]

Isto é crucial para compreender o insucesso desta estratégia regulatória, também no específico contexto da questão da imputação do risco empresarial e responsabilidade dos grupos multinacionais. Uma vez que foram previstos regimes de responsabilidade diametralmente opostos para os modelos dos grupos de direito e de facto, e considerando que, consequentemente, o tratamento dos problemas de imputação de dívidas das filiais

---

[104] O artificialismo desta linha divisória é salientado por vários autores, inclusivamente germânicos. Assim, Ulrich Immenga refere que "se tornou cada vez mais evidente que os efeitos despoletados pelo fenómeno do grupo societário ao nível das respetivas sociedades constituintes é independente da sua forma jurídica. Isso significa que a cúpula grupal está em condições de exercer um controlo sobre as filiais mesmo na ausência da celebração de um contrato de domínio" (*Abhängige Unternehmen und Konzerne in der europäischen Gemeinschaftsrecht*, 58, in: 48 "Rabels Zeitschrift für ausländisches und internationalen Privatrecht" (1984), 48-80). Afinando por idêntico diapasão, Anne Petit-Pierre Sauvain afirma que "nos podemos efetivamente interrogar se a distinção não é puramente formal, no sentido em que um mero *poder factual* pode produzir consequências tão sérias ao nível do património social das filiais quanto aquelas decorrentes de um *poder legal*. A coexistência destes dois sistemas permite assim às sociedades controladoras usufruir factualmente de um poder similar ao atribuído por lei sem, simultaneamente, incorrer nas responsabilidades por esta previstas – o que constitui um privilégio inadmissível" (*Droit des Sociétés et Groupes de Sociétés*, cit., 121).

decorre automaticamente da integração da concreta empresa multinacional em presença num ou noutro desses modelos tipológicos, um *divórcio* entre norma e realidade surge inevitavelmente sempre que, como é frequente, as estruturas organizativas reais dos grupos multinacionais divergem das estruturas legais idealizadas pelo legislador: assim, nos grupos multinacionais de direito, ao associar-se um regime de responsabilidade particularmente severo (dever de cobertura total das perdas e das dívidas das filiais) ao mero preenchimento de uma formalidade legal (a celebração de um contrato de domínio), o legislador acaba por penalizar injustamente a sociedade-mãe e por conceder uma proteção igualmente injustificada aos credores das respetivas filiais sempre tais perdas e dívidas não sejam imputáveis, direta ou indiretamente, ao exercício efetivo do poder de controlo pela cúpula grupal[105]; inversamente, no caso dos grupos multinacionais de facto, ao associar-se um regime de responsabilidade menos gravoso à simples clandestinidade ou informalidade do grupo, o legislador deu origem ao problema oposto, fornecendo um "porto de abrigo" privilegiado à parte mais significativa das empresas multinacionais atualmente existentes[106] e revelando-se incapaz de garantir uma adequada proteção, seja às filiais, seja aos interesses dos respetivos credores sociais.[107]

---

[105] Assim acontecerá, em via de princípio, no caso de grupos multinacionais de direito descentralizados (nos quais a sociedade-mãe, não obstante o seu poder legal de direção, opte por conceder níveis de autonomia decisional significativos aos administradores das suas filiais), embora não esteja excluído que algo de semelhante possa igualmente ocorrer mesmo no caso de grupos centralizados (sempre que as perdas ou dívidas tenham surgido em virtude de circunstâncias estranhas ao controlo exercido pela sociedade-mãe, v.g., instabilidade política do país de acolhimento da filial).

[106] É necessário ter em conta que a esmagadora maioria dos grupos multinacionais de origem alemã existentes são efetivamente, hoje como dantes, grupos de facto ou informais, poucos sendo aqueles que viram no regime legal vantagens suficientes para aceitar subordinar as respetivas estruturas ao império da lei (BÄLZ, Ulrich, *Einheit und Vielheit im Konzern*, 306 e ss., in: "Festschrift für Ludwig Raiser", 287-338, Tübingen: Möhr, 1974): isto apenas confirma as advertências premonitórias daqueles que, como Klaus MÜLLER, consideravam já nos anos 70 que o modelo regulatório em análise "privilegiou definitivamente os grupos fácticos em face dos grupos de direito" (*Die Haftung der Muttergesellschaft für die Verbindlichkeiten der Tochtergesellschaft im Aktienrecht*, 18, in: 6 "Zeitschrift für Unternehmens- und Gesellschaftsrecht" (1977), 1-34).

[107] Uma boa confirmação disto mesmo pode ser encontrada na figura do *grupo de facto qualificado* ("qualifizierte faktischer Konzerne"), modalidade híbrida de organização empresarial plurissocietária que veio justamente pôr a nu a artificialidade da "summa divisio" regulatória em que assenta o sistema dualista alemão: trata-se daqueles agrupamentos intersocietários que, não tendo sido criados e organizados com base no instrumento legal taxativo que legitima o poder de controlo da sociedade-mãe, se encontram, na prática, submetidos a uma direção económica unitária "fáctica" altamente centralizada

IV – O ENIGMA DA EMPRESA MULTINACIONAL E O PARADOXO DO DIREITO SOCIETÁRIO MODERNO

1. O Enigma da Empresa Multinacional

A *empresa multinacional* ("multinational enterprise", "Multinationale Unternehmen", "entreprise multinacionale", "impresa multinazionale") é convencionalmente definida como uma nova forma de organização empresarial na qual uma pluralidade de sociedades comerciais sediadas em diferentes países, ditas sociedades-filhas ou filiais ("subsidiary corporations", "Tochtergesellschaften", "sociétés filiales", "società filiali"), se encontram subordinadas a uma direção económica unitária e comum exercida por uma outra sociedade, a sociedade-mãe ("parent corporation", "Muttergesellschaft", "société-mère", "cappo-gruppo", "sociedad matriz"). Elementos definidores ou traços distintivos da empresa multinacional, enquanto "empresa articulada" (José Embid IRUJO) ou "empresa policorporativa" (José Engrácia ANTUNES)[108], são assim: dum lado, a *independência jurídica* de sociedades criadas e sediadas em diferentes Estados, que permanecem formalmente como entidades dotadas de individualidade jurídico-organizativa e patrimonial própria; doutro lado, a *unidade económica* do conjunto, que se comporta efetivamente, aos olhos do consumidor e no mercado global, como de uma única empresa se tratasse.

O cerne do problema da regulação jurídica da empresa plurissocietária, tanto nacional como multinacional – e que se tornou num dos mais controversos temas do Direito Comercial dos nossos dias[109] desde que foi descoberto há mais de um século atrás[110] – reside justamente nesta

---

em tudo semelhante àquela que é apenas possível no quadro de um grupo de direito (chegando alguns autores, por isso, a falar aqui de uma espécie de grupos de direito "fictícios" ou "camuflados"). Sobre esta figura, vide HOMMELHOFF, Peter/STIMPEL, Walter/ULMER, Peter (Hrsg..), *Heidelberger Konzernrechtstage: Der qualifizierte faktische GmbH-Konzern*, Köln: Otto Schmidt, 1992.

108 *The Liability of Polycorporate Enterprises*, in: XII "Connecticut Journal of International Law" (1999), 197-231.

109 Uma confirmação desta importância é sugestivamente ilustrada pelos milhares de monografias e artigos publicados nas últimas décadas sobre a questão: cf. KIRCHNER, Heribert, *Bibliographie zum Unternehmens- und Gesellschaftsrecht 1950 bis 1985*, 482-530, Berlin/New York: Walter de Gruyter, 1989; WYMEERSCH, Eddy/KRUITHOF, Marc, *The Law of Groups of Companies. An International Bibliography*, Antwerpen: Klüwer, 1991.

110 O conceito de empresa de grupo foi utilizado e tematizado pela primeira vez na história doutrinal jusmercantil pelo jurista austríaco LANDESBERGER em 1902, no seu estudo intitulado *Welche Maßnahmen empfehln sich für die rechtliche Behandlung der Industrielle Kartelle* (in: "Gutachen für die 26. Deutsche Juristischetag" II (1902), 294 e ss., a pág. 301).

enigmática tensão ou paradoxal contradição entre situação de direito (pluralidade jurídica de entes societários autónomos) e situação de facto (unidade de ação económica no mercado). Com efeito, os direitos societários tradicionais, concebidos para disciplinar a empresa monossocietária singular, têm por objeto precípuo a regulação do nascimento, vida e morte de pessoas jurídicas que desenvolvem a sua atividade económica na execução de uma vontade soberanamente definida pelos seus órgãos sociais e na prossecução do seu interesse social próprio: ora, a empresa multinacional representa uma espécie de "super-empresa" ou "empresa de 2º grau", de natureza unitária e transnacional, cuja existência apenas se tornou possível justamente graças à perda da autonomia ou "canibalização", em maior ou menor grau, daquelas empresas nacionais de 1º grau.

Para utilizar uma famosa formulação, cunhada por Ludwig RAISER há quase meio século atrás, "a questão crucial reside na polaridade entre unidade (*"Einheit"*) do todo e multiplicidade (*"Vielheit"*) das partes".[111]

2. Uma Solução para o Enigma?

Conquanto seja consensual que o repto central colocado pelo fenómeno da empresa multinacional à Ordem Jurídica só poderá ser verdadeiramente ultrapassado uma vez clarificada esta sua enigmática ou paradoxal natureza (de que depende assim também o sucesso de qualquer estratégia regulatória para o tratamento jurídico das várias questões que ele levanta, em particular em sede do respetivo regime de responsabilidade)[112], a verdade é que tal desafio não foi ainda vencido: como sublinha Wolfram

---

[111] *Die Konzernbildung als Gegenstand rechts- und wirtschaftswissenchaftlicher Untersuchung*, 54, in: "Das Verhältnis von Wirtschaftswissenschaft zur Rechtswissenchaft", 51-56, Berlin: Schriften des Vereins für Socialpolitik, Bd. 33, 1964. No mesmo sentido, Wolfgang SCHILLING, que afirma que a referida tensão, que fornece a originalidade da empresa de grupo, "é tão velha quanto o próprio grupo, constituindo o primeiro desafio com o qual os juristas são confrontados" (*Entwicklungstendenzen im Konzernrecht*, 530, in: 140 "Zeitschrif für das gesamte Handelsrecht" (1976), 528-535).

[112] Trata-se de *communis opinio* entre os juriscomercialistas contemporâneos mais reputados. "Ex multi", vide, na Alemanha, Karsten SCHMIDT: "A dificuldade crucial do grupo societário consiste em saber em que casos ele deve ser tratado como uma unidade e em que outros deve ser tratado como uma pluralidade" (*Gesellschatsrecht*, cit, 490); na França, Yves GUYON: "Os grupos estão no coração de todos os problemas do direito societário" (*Examen Critique des Projects Européens en Matière de Groupes de Sociétés*, 155, in: Hopt, K. (ed.), "Groups of Companies in European Law", 155-174, Berlin/New York: Walter de Gruyter, 1982); na Itália, Francesco GALGANO: "A principal dificuldade relativa ao tratamento jurídico do grupo de sociedades consiste em saber como a unidade do grupo deverá ser articu-

Timm, "não obstante os numerosos esforços da doutrina durante as últimas décadas, a verdade é que a problemática central do direito dos grupos não foi ainda resolvida".[113]

A tese que aqui propomos é a seguinte: *a natureza enigmática da empresa multissocietária e multinacional – consistente na referida tensão paradoxal entre "unidade e diversidade" («Einheit und Vielheit») – deve ser entendida como o resultado último de uma contradição interna do moderno Direito das Sociedades, um ramo jurídico que se encontra hoje assente em dois princípios regulatórios totalmente opostos e antinómicos, o princípio da autonomia societária e o princípio do controlo societário.*

2.1. A Empresa Multinacional como "Híbrido" entre Autonomia e Controlo

Os princípios da autonomia e do controlo societários representam os dois princípios constitutivos fundamentais da empresa multinacional, tanto do ponto de vista legal quanto económico-organizacional.

2.1.1. A Perspetiva Legal

De um ponto de vista legal, a *pluralidade jurídica* dos grupos multinacionais não representa senão a necessária e direta consequência do princípio clássico da *autonomia societária*: não fora a força deste dogma (verdadeiro "rocher de bronze" dos ordenamentos jussocietários tradicionais), a evolução histórica da sociedade comercial individual para o grupo multinacional, ocorrida durante o séc. XX, teria sido pura e simplesmente impensável, já que as empresas que se desejassem internacionalizar ou expandir a sua atividade a outros países do mundo ficariam limitadas à fusão, aquisição de ativos, ou equivalentes funcionais (v.g., "trust"), originando estruturas empresariais rígidas, colossais e, finalmente, ingovernáveis e ineficientes.[114]

---

lada com a pluralidade das sociedades componentes" (*Qual è l'Oggetto della Società Holding*, 327, in: "Contratto e Impresa" (1986), 2, 327-343).

[113] *Minderheitenschutz und unternehmerische Entscheidungsfreiheit*, 60, in: 153 ZHR (1989), 60-72. No mesmo sentido, vide também Herbert Wiedemann: "Em qualquer caso, para o momento presente, afigura-se inviável apresentar uma «teoria geral» do direito dos grupos, válida para todos os setores da ordem jurídica e assente num denominador comum" (*Die Unternehmensgruppe in Privatrecht*, 5, Tübingen: Möhr, 1988).

[114] Uma confirmação disto mesmo pode ser encontrada na história económica dos finais do séc. XIX, altura em que as legislações proibiam o fenómeno do controlo intersocietá-

Do mesmo modo, a característica *unidade económica* das referidas organizações plurissocietárias e plurinacionais apenas se tornou possível graças à legitimação jurídica de um princípio do *controlo societário*, através da consagração expressa pelos direitos societários de todo o mundo de um conjunto muito diversificado de mecanismos legais que permitem a uma sociedade controlar a vida e o governo de outras sociedades: não fora a consagração de tais mecanismos de controlo intersocietário (financeiros, estatutários, organizativos, contratuais, etc.), a criação e organização de uma direção económica comum e estável entre os distintos entes societários integrados no perímetro da empresa multinacional ter-se-ia revelado inexequível, sendo apenas pensáveis, quando muito, a formação de meras alianças estratégicas frágeis e instáveis assentes em laços de natureza puramente informal.[115]

---

rio e em que, por conseguinte, as técnicas da *fusão* e do *"trust"* representavam os únicos instrumentos jurídicos de suporte da expansão empresarial: exemplos paradigmáticos da primeira são os casos das fusões da "Salt Union" em 1888, da "US Steel Corporation" em 1901 e da "American Tobacco Company" em 1904; ou, ainda, da segunda, os casos do "Standart Oil Trust" de 1882, dos "Sugar Trust" e "Whisky Trust" de 1887, do "National Lead Trust" de 1887 e do "American Cotton Oil Trust" de 1889 (cf. Chandler, Alfred, *The Visible Hand – The Managerial Revolution in American Business*, 320 e ss., Harvard UP, Cambridge, 1977). Uma outra ilustração do mesmo pensamento, embora pela negativa, pode ser encontrada na proposta, surgida nos primórdios da discussão doutrinal sobre o tema, de atribuição à empresa de grupo de uma personalidade jurídica própria, distinta da das filiais componentes, passando assim a constituir um *novo sujeito de direito* em si mesmo (assim, na Alemanha, Isay, Rudolf, *Das Recht am Unternehmen*, Berlin: Verlag Franz Vahlen, 1910; nos Estados Unidos da América, Berle, Adolf, *The Theory of Enterprise Entity*, in: 47 "California Law Review" (1947), 343-358; em França, Despax, Michel, *L'Entreprise et le Droit*, Paris: LGDJ, 1956). Todavia, se bem se refletir, a personificação legal do grupo multinacional representaria sempre um contrassenso com a especificidade deste fenómeno, por isso mesmo que acarretaria a destruição da típica multiplicidade jurídica que é justamente pressuposta na sua noção: reconhecendo personalidade jurídica à empresa multinacional, a lei não estaria a organizar a sua existência mas antes ironicamente a eliminá-la, operando uma espécie de fusão "ex lege" de todas as filiais numa única sociedade.
[115] Como sublinha Phillip Blumberg, "o controlo societário é o liame vital: sem a existência de controlo, as sociedades jamais poderão formar um grupo" (*The Law of Corporate Groups*, cit., II, 14). Uma confirmação disto pode também ser encontrada em algumas culturas empresariais, diferentes das ocidentais, nas quais a organização do sistema económico e das empresas se encontra assente numa tradição de "harmonia" e "cooperação", como é o caso do Japão (cf. Tindall, Robert, *Multinational Enterprises*, 36 e ss., New York: Oceana Publications, 1975): isto explica porventura a razão pela qual os tradicionais grupos empresariais nipônicos (os velhos "Zaibatzu") se tenham desenvolvido na base de laços eminentemente informais, sem uma verdadeira retaguarda jurídico-formal (cf. Antunes, José, *Structure and Organization of Japanese Multinational Enterprises: Some Features of Japanese Corporate Management*, 11 e ss., Brussels : EC Commission, 1988).

2.1.2. A Perspetiva Económico-Organizacional

Mas o mesmo se pode dizer de um ponto de vista económico e organizacional, já que os mesmos princípios representam afinal, também aqui, as duas estrelas polares dos modelos de organização e governo da empresa multinacional.

Na verdade, a investigação interdisciplinar existente veio mostrar que as empresas multinacionais constituem uma realidade multiforme, com uma enorme variedade de graus de centralização interna: assim, num dos extremos, encontramos multinacionais cujas filiais gozam de um elevado grau de *autonomia*, quase semelhante à usufruída pela sociedade individual ou independente, limitando-se a intervenção da casa-mãe a matérias absolutamente estratégicas para a sobrevivência, liquidez e maximização lucrativa da empresa como um todo (*multinacionais descentralizadas*); no outro extremo, temos aquelas multinacionais constituídas por filiais detidas a 100%, cuja atividade e gestão quotidiana corre sob a alçada de um *controlo* permanente e intrusivo exercido pela cúpula grupal ou por uma "holding" intermédia desta dependente (*multinacionais centralizadas*).[116]

É mister sublinhar, contudo, que autonomia e controlo *"are all of a piece"*[117]: autonomia total ou controlo absoluto representam apenas os polos extremos de um "continuum" de infinitas possibilidades e variantes de distribuição do poder de direção no contexto das relações entre o vértice grupal e as filiais[118], tal como centralização e descentralização constituem apenas os modelos ou parâmetros teóricos de um largo espectro de conformações organizativas possíveis da estrutura empresarial multinacional[119]. A realidade situa-se sempre, movediçamente, algures entre estes

---

[116] Sobre as estruturas organizativas dos grupos, em especial a distinção entre multinacionais centralizadas e descentralizadas, vide Bleicher, Knut, *Zur organisatorische Entwicklung multinationaler Unternehmungen*. in: "Zeitschrift für Organization" (1972), 330-355, 415-437; Brooke, Michael/Remmers, H. Lee, *The Strategy of Multinational Enterprise*, 66 e ss., 2th ed., Pittman, London, 1978.

[117] Antunes, José, *Liability of Corporate Groups*, cit., 163.

[118] Como nota Chyntia Wallace, " é precisamente este delicado equilíbrio entre autonomia e controlo que permitiu a enorme variedade das formas jurídicas e organizativas dos grupos multinacionais" (*Legal Control of the Multinational Enterprise*, cit., 17).

[119] Assim também OECD: "Muito embora a discussão se centre frequentemente sobre a alternativa centralização/descentralização, é perfeitamente claro que situações de total centralização ou completa descentralização não existem na realidade" (*Structure and Organization of Multinational Entreprises*, 10, Paris: OECD, 1980); Slongo, Bruno: "Os modelos básicos da centralização e descentralização aparecem sempre misturados na vida prática dos grupos" (*Der Begriff der einheitlichen Leitung als Bestandteil des Konzernbegriffs*, 100, Zürich: Schultess Polygraphischer, 1980).

dois polos – e nisto reside a especificidade da empresa multinacional: uma forma de organização empresarial na qual uma atividade económica unitária é conduzida no mercado mundial através de estruturas de governo e gestão extremamente flexíveis e onde uma mistura permanentemente mutável, quase camaleónica, entre autonomia das partes e unidade do todo, é processada de acordo com a estratégia e os interesses do seu núcleo dirigente.

2.1.3. "Unitas Multiplex"

Em suma, a empresa multinacional – verdadeira "unitas multiplex" (Gunther Teubner) do mundo da empresa[120] – assume-se assim como uma *forma híbrida de empresa cuja possibilidade e especificidade resulta justamente da combinação dialéctica dos dois princípios estruturantes fundamentais do moderno Direito Societário*: tal empresa não pode ser considerada, nem simplesmente como uma decorrência do princípio da autonomia societária, nem exclusivamente como o fruto do princípio concorrente e antagónico do controlo societário, mas antes – isso sim – como o resultado da criativa e paradoxal articulação entre ambos esses princípios. Vistas as coisas deste prisma, a centenária natureza enigmática do fenómeno dos grupos multinacionais, que tem atraído a atenção de gerações de jurisconsultos, afigura-se assim surpreendentemente cristalina: a tensão paradoxal entre a autonomia jurídica das partes e a unidade económica do todo, traço distintivo desta forma de organização empresarial, mais não é senão a cristalização acabada do verdadeiro *paradoxo* sobre o qual repousa o próprio direito societário moderno no seu conjunto – um ramo jurídico que, historicamente nascido para promover a autonomia das sociedades comerciais, legitimou simultaneamente o controlo dessas mesmas sociedades, com a consequente destruição dessa autonomia.

2. O Paradoxo do Moderno Direito Societário

E eis como, pois, ao cabo de uma (já longa) jornada iniciada com o propósito de analisar o regime jurídico da responsabilidade e da imputação do risco no seio da empresa multinacional, acabamos desaguando imprevistamente em paragens verdadeiramente inóspitas e numa conclu-

---

[120] *Unitas Multiplex: Corporate Governance in Group Enterprises*, in: Sugarman/Teubner (eds.), "Regulating Corporate Groups in Europe", 67-104, Baden-Baden: Nomos, 1990.

são que tem tanto de surpreendente quanto de polémica: *a de que o atual Direito Societário é um ramo jurídico que jaz sobre um paradoxo regulatório.*

Para melhor compreender este argumento, é necessário começar por deixar aqui claramente enfatizado que o fenómeno do controlo intersocietário ("maxime", a participação de sociedades no capital de outras sociedades) era unanimemente rejeitada pelas leis[121] e pelos tribunais[122] das primitivas ordens jurídico-societárias, seja nos países da "Common Law" seja da "Civil Law": por muito estranho que isso possa soar aos ouvidos do juscomercialista dos nossos dias, a verdade histórica é que os pais fundadores do Direito das Sociedades encaravam o fenómeno do controlo intersocietário como algo absolutamente incompatível com o arquétipo fundamental da sociedade comercial autónoma (KLEIN, 1914)[123], qualificando-o como um fenómeno anormal (KEMPIN, 1883)[124] ou, na melhor das hipóteses, irrelevante (MENZEL, 1895)[125]. Este entendimento originário, bem vistas as coisas, nada tinha de bizarro. Não se pode perder de vista que o

---

[121] Veja-se o caso emblemático dos Estados Unidos da América, com as leis societárias dos Estados de Nova Yorque, Illinois ou Maryland: cf. "Act of 22-3-1811", ch. 67, sec.7 (N.Y. Laws, 111); "Act of 10-2-1849", sec.8 (Ill. Laws 1846-1849, 89); "Act of 12-1-1860", ch.1, sec.1 (Maryland Laws 1860, 1).

[122] A jurisprudência norte-americana oferece, de novo, um bom e sortido exemplo desta linha de pensamento, proibindo as participações intersocietárias através de uma extensão da chamada teoria "ultra vires" (cf. *Sumner v. Marcy*, 23 F. Cas 384, 385, C.C.D.Me. (1847); *Central RR v. Collins*, 40 Ga. 582 (1869); *Hazelhurst v. Savannah*, G. & Narr, 43 Ga. 13 (1871); *First National Bank v. National Exchange Bank*, 92 U.S. 122, 128 (1875); *Franklin Co. v. Lewiston Inst. for Sav.*, 68 Me. 43, 46 (1877); *Louisville & NRR v. Kentucky*, 161 U.S. 677, 698 (1896); *California Bank v. Kennedy*, 167 U.S. 362, 366 (1897)). Mas não é o único exemplo: veja-se assim, na jurisprudência germânica, as famosas decisões do "Reichgericht" no caso *"rumänischen Eisenbahn"* de 1881 (RGZ 3, 123) ou no caso *"Petroleum"* de 1913 (RGZ 82, 308).

[123] *Die wirtschaftlichen und sozialen Grundlagen des Rechts der Erwerbsgesellschaft*, 67, Berlin: Verlag Franz Vahlen, 1914.

[124] Emilie KEMPIN é particularmente incisivo a este respeito, quando afirma ser "obviamente uma anomalia inconcebível que uma sociedade controle outra sociedade" (*Die amerikanischen Trusts*, 341, in: «Zeitschrift für bürgerlisches Recht» (1883), 334-377).

[125] *Die wirtschaftlichen Kartelle und die Rechtsordnung*, 31, Berlin: Scriften des Vereins für Socialpolitik, 1894. No mesmo sentido, escrevendo em meados do séc. XIX, J. Ludwig TELLKAMPF referia que a opinião dominante dos jurisconsultos alemães seus contemporâneos "era contrária à liberdade das participações entre sociedades" (*Über die neuere Entwicklung des Bankwesen in Deutschland*, 72 e ss., Breslau: Verlag Hermann Aland, 1857). Sublinhe-se que estas reticências permaneceram em alguns países, mesmo após a consagração legal dessa admissibilidade, como o mostra o ceticismo da doutrina e jurisprudência italianas dos inícios do séc. XX (SRAFFA/BONFANTE, *Società in Nome Colectivo fra Società Anonime?*, 609 e ss.; vide também decisões da Cass. Italiana de 20 de março de 1930 [Foro it., 1930, I, 562] e de 27 de abril de 1936 [Foro it., 1936, I, 992]).

direito societário deve a sua existência a uma longa e penosa luta política e económica travada em torno da autonomização da sociedade comercial como sujeito de direito[126]: ora, este "pedigree" histórico acabou por ser responsável pela instituição de um arquétipo legal de sociedade ("received legal model of corporation"[127], "Idealtypus der Aktiengesellschaft"[128], "société anonyme typique"[129]) ao qual repugnava compreensivelmente, sob pena de um ostensivo contrassenso, qualquer forma de degradação dessa autonomia e soberania, conseguidas a tanto custo.

Contudo, apenas algumas décadas após o nascimento histórico "oficial" deste ramo jurídico, e numa daquelas evoluções aleatórias em que a história do direito é fértil, os legisladores societários de todo o mundo acabariam, sob a pressão do mundo dos negócios, por começar a contemporizar tacitamente com o estabelecimento de determinadas relações de domínio entre sociedades e, mais tarde, por consagrar mesmo expressamente determinados instrumentos legais que, renegando as raízes genealógicas deste ramo, visavam precipuamente permitir a uma sociedade adquirir e exercer o controlo do aparelho de governo de outra ou outras sociedades: o pioneiro e mais relevante exemplo consistiu na consagração da admissibilidade de pessoas jurídicas (inclusive sociedades), e não apenas indivíduos, poderem ser titulares do capital de sociedades comerciais; mas muitos outros mecanismos (de natureza estatutária, organizativa ou contratual) se lhe acabariam por seguir, numa espiral vertiginosa que ainda hoje não parou[130]. Desta forma, o mesmo ramo jurídico que tão zelosa e custosamente conseguira impor na ordem jurídica o modelo da empresa

---

[126] Relembre-se que o abandono do sistema de concessão normativa ("octroi") e o reconhecimento da liberdade de constituição das sociedades haveria de ocorrer apenas, pela primeira vez na história, cerca de 1867 em França, quase imediatamente secundada por vários outros países, entre os quais Portugal (1867), Espanha (1869), Alemanha (1870), ou Itália (1882). Cf. Otт, Claus, *Recht und Realität der Unternehmenskorporation. Ein Beitrag zur Theorie der juristischen Person* 43 e ss., 85 e ss., Tübingen: Mohr, 1977.

[127] Eisenberg, Melvin, *The Structure of the Corporation*, cit., 1.

[128] Caflisch, Silvio, *Die Bedeutung und die Grenzen der rechtlichen Selbständigkeit der abhängigen Gesellschaft im Recht der Aktiengesellschaft*, cit., 32.

[129] Sauvain, Anne Petit-Pierre, *Droit des Sociétés et Groupes de Sociétés*, cit., 53.

[130] Mais uma vez, o caso do Estados Unidos da América é elucidativo a este propósito. Muito embora a generalidade dos estados norte-americanos possuísse já as suas leis societárias próprias a partir de 1855 ("free incorporation system"), a possibilidade de participação de sociedades no capital de outras sociedades só veio a ser admitida pela primeira vez cerca de 1888, no Estado de New Jersey (através da introdução da famosa "holding clause"), e apenas nos princípios do século XX se difundiria na maioria dos restantes estados. Para uma análise pormenorizada desta evolução histórica, nos países da "Common Law" e da "Civil Law", vide Antunes, José, *Liability of Corporate Groups*, cit., 51 e ss., 146 e ss.

unissocietária como pessoa jurídica autónoma e soberana, era agora responsável pela introdução de mecanismos legais e institucionais aptos a destruir essa autonomia e a subverter essa soberania[131] – não surpreendendo assim que haja quem, face a tais nóveis sociedades "de soberania limitada"[132], tenha qualificado tal evolução como uma verdadeira "degradação do direito societário"[133]. Têm assim razão Claus Ott, jurista alemão, quando sublinha com ênfase que a possibilidade, aberta pela ordem jurídica, de pessoas jurídicas poderem ser membros de outras pessoas jurídicas teve para o direito societário "o significado de uma revolução"[134]; ou Alfred Chandler, economista norte-americano, quando reputa a introdução de tal possibilidade como "o ponto de viragem" fulcral na história económica moderna.[135]

Concluindo, parece poder afirmar-se que o sistema normativo do moderno Direito das Sociedades tem em si ínsito um verdadeiro paradoxo, repousando "in toto" numa congénita, quase esquizofrénica, *contradição interna*: a regulação jurídica da sociedade comercial encontra-se adjudicada a um ramo de direito que se encontra assente em princípios regulatórios conflituantes entre si (a sociedade como entidade independente e soberana "versus" a sociedade como entidade dependente e controlada) e que promove modelos regulatórios de organização empresarial igualmente concorrentes ou opostos (a empresa unissocietária "versus" a empresa plurissocietária)[136]. Mas se assim é – regressando agora ao

---

[131] Dito de outro modo. A sociedade comercial constitui um sujeito de direito, a quem o legislador concedeu uma autonomia jurídica, patrimonial e organizativa em homenagem à realização dos fins próprios para que nasceu, possuindo sempre, nesse sentido, uma vontade e um interesse sociais autónomos. A possibilidade, aberta pela ordem jurídica, de outras sociedades, e não já apenas indivíduos, se constituírem como membros do grémio social vem expor virtualmente a sociedade participada a um estado de institucional subordinação interna a uma vontade e interesse empresariais alheios – abrindo, por conseguinte, uma virtual crise do modelo no qual repousa ainda todo o edifício normativo do Direito das Sociedades. Cf. Antunes, José, *Les Groupes de Sociétés et la Crise du Modèle Légal Classique de la Société Anonyme*, cit.

[132] Mignoli, Ariberto, *Interesse di Gruppo e Società a Sovranità Limitata*, in: 2 "Contratto e Impresa" (1986), 729-741.

[133] Sinay, Henri: "A degradação do direito das sociedades, inerente à utilização do controlo sob a capa formal da autonomia societária, arrasta consigo distorções que o legislador não pode continuar a ignorar" (*Vers un Droit des Groupes de Sociétés*, 6, in: "Gazette du Palais" (1967), separata).

[134] Ott, Claus, *Recht und Realität der Unternehmenskorporation*, cit., 123.

[135] Chandler, Alfred, *Strategy and Structure: Chapters in the History of the American Industrial Enterprise*, 30, Cambridge: MIT Press, 1962.

[136] Ocasionalmente, este paradoxo tem sido advertido por autores de diversas latitudes, que denunciam a existência de "um fosso entre direito e realidade" introduzido pelo

tema central do presente estudo –, uma outra conclusão parece forçosa. As empresas multinacionais são estranhas criaturas do mundo económico contemporâneo, geradas no ventre geneticamente antinómico do direito societário moderno: as razões que tornaram possível o seu nascimento são as mesmas que explicam os fracassos e becos sem saída da sua disciplina atual. Por isso, é minha convicção que qualquer futura regulação jurídica deste fenómeno apenas poderá ter êxito caso, numa espécie de "regresso às origens", sejam reequacionadas, de modo consistente e global, as próprias fundações do Direito das Sociedades do séc. XXI, desfazendo definitivamente o nó górdio entretecido pela sua paradoxal genealogia: enquanto isto não for feito, não é de esperar qualquer avanço ou progresso significativo na matéria.

fenómeno do grupo societário (Lutter, Marcus, *Stand und Entwicklung des Konzernrechts in Europa*, 330, in: 15 "Zeitschrift für Unternehmens- und Gesellschaftsrecht" (1987), 324--369; Paillusseau, Jean, *Les Fondements du Droit Moderne des Sociétés*, in: "La Semaine Juridique" (1984), I-Doctrine, 3148; Paz-Ares, Cándido, *Uniones de Empresas y Grupos de Sociedades*, cit., 1336). É importante acentuar, todavia, que o problema não é tanto um problema de discrepância entre os modelos "legais" e os modelos "reais" da sociedade comercial, mas sim verdadeiramente um problema de *contradição congénita do próprio sistema do direito societário*: por outras palavras, o dilema não está tanto, como é frequente escutar-se, no divórcio entre norma e facto, entre "law in books" e "law in action", mas antes num paradoxo inscrito no próprio código genético deste ramo.

RESUMO: No presente texto, propõe-se que o art. 79.º seja interpretado como uma aplicação e o art. 78.º como uma derrogação dos princípios gerais do direito da responsabilidade civil. O que o art. 78.º dá aos credores não poderiam dar-lhe os princípios gerais. Propõe-se ainda que o alcance do art. 78.º seja ampliado, para que possa aplicar-se a todos a casos comparáveis de ilicitude qualificada e de culpa qualificada.

ABSTRACT: In this essay, it is submitted that Article 79 should be interpreted as conforming to and Article 78 as deviating from general principles on contractual and tortious liability. What Article 78 gives to creditors, general principles would rule out. Furthermore, it is submitted that the scope of Article 78 should be extended, so as to apply to all comparable cases, where aggravated unlawfulness or aggravated fault are to be be found.

NUNO MANUEL PINTO OLIVEIRA*

Uma proposta de coordenação entre os arts. 78.º e 79.º do Código das Sociedades Comerciais

I

O art. 72.º, n.º 1, do Código das Sociedades Comerciais determina que "[o]s gerentes ou administradores respondem para com a sociedade pelos danos a esta causados por actos ou omissões praticados com preterição dos deveres legais ou contratuais, salvo se provarem que procederam sem culpa"; o art. 78.º, n.º 1, esse determina que "[o]s gerentes ou administradores respondem para com os credores da sociedade quando, pela inobservância culposa das disposições legais ou contratuais destinadas à protecção destes, o património social se torne insuficiente para a satisfação dos respectivos créditos".

Ora a inobservância culposa das disposições legais ou contratuais destinadas à protecção dos credores da sociedade é a inobservância culposa dos *deveres* (decorrentes das disposições) legais ou contratuais destinados à protecção dos credores da sociedade. O texto do art. 78.º, n.º 1, poderia, porventura, reformular-se, para que se aproximasse do texto do art. 72.º, n.º 1 . O art. 72.º, n.º 1, diz que "[o]s gerentes ou administradores respondem para com a sociedade pelos danos a esta causados por actos ou omissões *praticados com preterição dos deveres legais ou* contratuais", o art. 78.º, n.º 1, diria que os *gerentes ou administradores respondem para com os credores da sociedade pelos danos a estes causados por actos ou omissões pratica-*

* Professor da Escola de Direito da Universidade do Minho

dos com preterição dos deveres legais ou contratuais destinados à protecção dos credores, "desde que o património social se torne insuficiente para a satisfação dos respectivos créditos".

Finalmente, o art. 79.º, n.º 1, diz que "[o]s gerentes ou administradores respondem [...], *nos termos gerais*, para com sócios e terceiros, pelos danos que directamente lhes causarem no exercício das suas funções"[1].

Os critérios de distinção entre os casos de responsabilidade civil dos administradores descritos no art. 72.º, no art. 78.º e no art. 79.º do Código das Sociedades Comerciais são (algo) incoerentes. Entre os administradores e a sociedade, há uma relação obrigacional em sentido estrito, ou seja: – há uma relação obrigacional com deveres primários de prestação. Entre os administradores e os sócios, ou entre os administradores e os credores da sociedade, não há relação obrigacional em sentido estrito alguma[2]. *Os sócios e os credores da sociedade são terceiros no sentido do art. 79.º, n.º 1.*

Evitando critérios de distinção incoerentes, deverá distinguir-se a "responsabilidade interna" dos administradores pelos danos causados à sociedade comercial e a "responsabilidade externa" dos administradores pelos danos causados a terceiros – pelos danos causados, designadamente, aos sócios, ou aos credores da sociedade, ou aos trabalhadores[3]. O problema é, simultaneamente, um problema *teórico* e um problema *prático*. O facto de se tratar a responsabilidade dos administradores perante os credores da sociedade no art. 78.º, n.º 1, e de se tratar a responsabilidade dos administradores perante terceiros no art. 79.º, n.º 1, causa, ou pode causar, (algumas) dúvidas – poderá perguntar-se, p. ex., o seguinte: Os gerentes ou administradores da sociedade responderão, *nos termos gerais*, para com

---

[1] Sobre a responsabilidade civil dos administradores no contexto da *corporate governance*, vide Catarina Serra, *Direito comercial – noções fundamentais*, Coimbra Editora, Coimbra, 2009, págs. 102-117.

[2] Sobre os conceitos de relação obrigacional em sentido estrito e de relação obrigacional em sentido amplo (relação obrigacional complexa), vide p. ex. Nuno Manuel Pinto Oliveira, *Princípios de direito dos contratos*, Coimbra Editora, Coimbra, 2011, págs. 20-43 e 48-51.

[3] Sobre a distinção entre uma "responsabilidade interna", pelos danos causados à sociedade, e uma "responsabilidade externa", pelos danos causados a terceiros, prevista nos arts. 78.º e 79.º do Código das Sociedades Comerciais, vide, p. ex., José Engrácia Antunes, *Direito das sociedades*, s/e, 2010, págs. 332 – sobre a natureza interna da responsabilidade dos administradores perante a sociedade –, 337 e 340 – sobre a natureza externa da responsabilidade dos administradores perante os credores da sociedade e perante terceiros, respectivamente –; e, em termos mais sintéticos, Maria Elisabete Gomes Ramos, *A responsabilidade civil dos administradores e directores de sociedades anónimas perante os credores sociais*, Coimbra Editora, Coimbra, 2002, pág. 23.

os credores da sociedade, pelos danos que directamente lhes causarem no exercício das suas funções?

O acórdão do Tribunal da Relação do Porto de 20 de Abril de 2004, relatado pelo Desembargador Cândido Lemos[4], o acórdão do Tribunal da Relação do Porto de 29 de Novembro de 2007, relatado pelo Desembargador José Ferraz[5], e sobretudo o acórdão do Tribunal da Relação de Lisboa de 19 de Dezembro de 2007, relatado pelo Desembargador Santos Geraldes, sugerem que não.

O acórdão do Tribunal de Relação de Lisboa sustenta, p. ex., que para a "efectivação" da responsabilidade civil dos administradores para com os credores da sociedade não seria suficiente "o mero preenchimento dos requisitos gerais do art. 483.º, n.º 1, do Código Civil". Os credores da sociedade só poderiam pedir uma indemnização aos administradores desde que "verifi[casse], especificamente, a violação de normas de protecção dos credores e que essa violação [fosse] causa de insuficiência patrimonial (art. 78.º, n.º 1, do C[ódigo] [das] S[ociedades] C[omerciais])".

II

Os termos em que os arts. 78.º, n.º 1, e 79.º, n.º 1, estão redigidos sugerem duas coisas: que o art. 79.º, n.º 1, consagra um regime geral de responsabilidade dos administradores pelos danos causados a terceiros; que o art. 78.º, n.º 1, consagra um regime especial de responsabilidade por alguns danos – pelos danos "indirectos" ou pelos danos "reflexos" – causados a alguns terceiros – aos credores da sociedade. Entre o regime geral da responsabilidade dos administradores pelos danos causados a terceiros consignado no art. 79.º e o regime especial da responsabilidade

---

[4] Em cujo relatório se diz: "Os requisitos que se exigem, *cumulativamente*, para que o credor social possa exercer o direito à indemnização, são: – Que o facto do administrador ou gerente constitua uma inobservância culposa de disposições legais destinadas à protecção dos interesses dos credores sociais; – Que o património social se tenha tornado insuficiente para a satisfação dos respectivos créditos".

[5] Em cujo relatório se diz: "A responsabilidade dos gerentes pelos danos causados a terceiro exige, deste modo, a presença de todos os requisitos de que, nos termos do artigo 483.º, n.º 1, do C[ódigo] C[ivil], depende a obrigação de indemnizar – inobservância da disposição legal (destinada a proteger o interesse dos credores, a culpa, o dano do credor e a causalidade entre a violação do dever legal e o dano (importando que o dano se tenha produzido no âmbito de protecção da norma). *Acresce a necessidade da actuação dos gerentes ser determinante da insuficiência do património social para a satisfação dos respectivos créditos.* Requisitos a serem demonstrados pelo credor lesado – arts. 342.º, n.º 1, e 487.º, n.º 1, do C[ódigo] C[ivil]".

por alguns danos causados a alguns terceiros consignado art. 78.º, n.º 1, encontrar-se-ia três diferenças:

Em primeiro lugar, o regime geral do art. 79.º pressupõe que o dano causado aos terceiros seja directo e o regime especial do art. 78.º, que o dano causado a alguns terceiros, aos credores da sociedade, seja indirecto. Em segundo lugar, o regime geral do art. 79.º não faz depender a responsabilidade dos administradores da insuficiência do património da sociedade e o regime especial do art. 78.º, sim. Em terceiro lugar, o regime geral do art. 79.º não faz depender a responsabilidade dos administradores da violação de disposições legais ou de disposições contratuais de protecção dos terceiros (dos lesados) e o art. 78.º, sim.

a) O problema da distinção entre os danos *directos* e os danos *indirectos* ou *reflexos* deve pôr-se, essencial ou exclusivamente, para os danos patrimoniais[6].

O art. 79.º, n.º 1, do Código das Sociedades Comerciais diz de uma forma explícita que a responsabilidade dos administradores pelos danos causados a terceiros pressupõe que o dano seja directo. Os administradores respondem perante terceiros pelos danos que directamente lhes causarem. O art. 78.º, n.º 1, esse, diz de uma forma (tão-só) implícita que a responsabilidade dos administradores pelos danos causados a alguns terceiros, ou seja: pelos danos causados aos credores da sociedade, pressupõe que o dano seja indirecto ou reflexo.

Ora o termo *dano directo* – ou *dano directamente causado* – do art. 79.º, n.º 1, parece-nos querer significar que a diminuição do património do terceiro está (causalmente) desligada da diminuição do património da sociedade; o termo *dano indirecto* ou *dano reflexo* do art. 78.º, n.º 1, parece-nos querer significar que a diminuição do património do terceiro – do credor da sociedade – está (causalmente) ligada à diminuição do património da sociedade. O património do *credor da sociedade* diminui, porque o património da *sociedade* diminui, *em termos de se tornar insuficiente para a satisfação dos créditos.*

---

6 Cf. designadamente Jorge Manuel Coutinho de Abreu, *Responsabilidade civil dos administradores de sociedades,* 2.ª ed., Cadernos do IDET – n.º 5, Livraria Almedina, Coimbra, 2010, pág. 74 e sobretudo pág. 85 – definindo o dano directo como aquele que "incide [...] directamente no património do sócio ou de terceiro" – ou Pedro Pais de Vasconcelos, "Responsabilidade civil dos gestores das sociedades comerciais", in: *Direito das sociedades em revista,* vol. 1 (2009), págs. 11-32 – distinguindo os danos indirectos e os danos directos pela circunstância de serem os primeiros "aqueles que directamente se produzem no património da sociedade" e os segundos, "aqueles que se produzem directamente na esfera patrimonial dos sócios ou de terceiros".

Menezes Cordeiro di-lo de uma forma talvez mais sintética: "[a] responsabilidade é directa quando os danos resultem do facto ilícito sem qualquer intervenção dos outros eventos" [7] ou, concretizando o significado da fórmula "sem qualquer intervenção dos outros eventos", que a responsabilidade é directa quando os danos surjam "sem a interferência da sociedade"[8].

Coutinho de Abreu, de uma forma talvez mais analítica. O dano directo é aquele que *"incide [...] directamente no património [...] de terceiro"* [9] e que o dano indirecto ou reflexo, aquele que só indirectamente incide no seu património.

Explicitando os requisitos do *dano indirecto*, distingue-os nos seguintes termos:

Em primeiro lugar, tem de haver um dano patrimonial (directo) para a sociedade e, em segundo lugar, tem de haver um dano patrimonial (indirecto ou reflexo) para os credores da sociedade, causado pela insuficiência do património da sociedade para a satisfação seus dos direitos e dos seus interesses:

> "não é qualquer dano perante a sociedade que causa a responsabilidade perante os credores sociais. *Há-de consistir numa diminuição do património social em montante tal que ele fica sem forças para cabal satisfação dos interesses dos credores"*[10/11/12].

---

[7] ANTÓNIO MENEZES CORDEIRO, *Manual de direito das sociedades*, vol. I – *Das sociedades em geral*, 2.ª ed., Livraria Almedina, Coimbra, 2007, pág. 938; Idem, *Direito das sociedades*, vol. I – *Parte geral*, 3.ª ed., Livraria Almedina, Coimbra, 2011, pág. 997

[8] ANTÓNIO MENEZES CORDEIRO, anotação ao art. 79.º, in: António Menezes Cordeiro (coord.), *Código das sociedades comerciais anotado*, 2.ª ed., Livraria Almedina, Coimbra, 2011, págs. 291-292 (292).

[9] JORGE MANUEL COUTINHO DE ABREU, *Responsabilidade civil dos administradores de sociedades*, cit., pág. 85; JORGE MANUEL COUTINHO DE ABREU/MARIA ELISABETE GOMES RAMOS, anotação ao art. 79.º, in: Jorge Manuel Coutinho de Abreu (coord.), *Código das sociedades comerciais em comentário*, vol. I – *Artigos 1.º a 84º*, Livraria Almedina, Coimbra, 2010, págs. 904-913 (911).

[10] JORGE MANUEL COUTINHO DE ABREU, *Responsabilidade civil dos administradores de sociedades*, cit., pág. 74; JORGE MANUEL COUTINHO DE ABREU/MARIA ELISABETE GOMES RAMOS, anotação ao art. 78.º, in: Jorge Manuel Coutinho de Abreu (coord.), *Código das sociedades comerciais em comentário*, vol. I – *Artigos 1.º a 84º*, Livraria Almedina, Coimbra, 2010, págs. 892-803 (895-896).

[11] Concordando com os argumentos de COUTINHO DE ABREU, cf. designadamente PEDRO PAIS DE VASCONCELOS, "Responsabilidade civil dos gestores das sociedades comerciais", cit., págs. 29-30, e MARIA ELISABETE GOMES RAMOS, *O seguro de responsabilidade civil dos administradores. Entre a exposição ao risco e a delimitação da cobertura*, Livraria Almedina, Coimbra, 2010, pág. 138-139. – MARIA ELISABETE GOMES RAMOS sugere, porém, que o centro do problema deve

b) Estando em causa um *dano directo de terceiros, o requisito de que o património da sociedade se torne insuficiente não faz sentido algum;* estando em causa um *dano indirecto alguns terceiros (dos credores da sociedade), o requisito de que o património da sociedade se torne insuficiente faz (pode fazer) algum sentido.*

aa) O art. 78.º, n.º 1, ao afirmar que "os gerentes ou administradores [só] respondem para com os credores da sociedade [...] desde que o património social se torne insuficiente para a satisfação dos respectivos créditos", propõe-se, simplesmente, densificar o conceito de um *dano indirecto* ou de um *dano reflexo.*

O pressuposto subjacente ao art. 78.º, n.º 1, do Código das Sociedades é o seguinte: se o património da sociedade fosse suficiente, os direitos e os interesses dos credores seriam satisfeitos; se, porém, o património da sociedade não fosse suficiente, os direitos e os interesses dos credores não o seriam.

Em diferentes palavras: – *se o património da sociedade fosse suficiente, a má gestão não poderia causar* danos indirectos *ou* danos reflexos *aos credores da sociedade; se, porém, o património da sociedade não fosse suficiente, e só se o património da sociedade não fosse suficiente, a má gestão poderia causá-los*[13].

bb) Explicada a razão de ser do requisito da insuficiência patrimonial, põe-se o seguinte problema: O conceito de insolvência do art. 3.º do Código da Insolvência e da Recuperação de Empresas é mais amplo que o critério do art. 78.º, n.º 1, do Código das Sociedades Comerciais. Em primeiro lugar, a sociedade pode ser considerada em situação de insolvência por se encontrar impossibilitada de cumprir (pontualmente) as

---

deslocar-se do dano para a relação de causalidade entre o facto e o dano, sustentando que o art. 79.º, n.º 1, do Código das Sociedades Comerciais exige que a relação de *causalidade adequada* entre o facto (ilícito e culposo) do administrador e o dano dos sócios e terceiros seja *directa ou imediata*. Os administradores não respondem perante os sócios e terceiros quando o prejuízo sofrido por estes seja consequência ou reflexo das perdas por aqueles causadas no património social".

12 Em sentido contrário, sustentando que o dano (indirecto ou reflexo) dos credores da sociedade não pressupõe um dano (directo) da sociedade, *vide* ADELAIDE MENEZES LEITÃO, "Responsabilidade dos administradores para com a sociedade e os credores sociais por violação de normas de protecção", in: *Revista de direito das sociedades,* ano 1 (2009), págs. 647-679 (676-677).

13 Cf. designadamente PEDRO PAIS DE VASCONCELOS, "Responsabilidade civil dos gestores das sociedades comerciais", cit., pág. 28: "O pressuposto da responsabilidade civil é a privação do suporte patrimonial das dívidas dos sócios".

suas obrigações vencidas. Em segundo lugar, ainda que não se encontre impossibilitada de cumprir (pontualmente) as suas obrigações vencidas, a sociedade pode ser considerada em situação de insolvência por o seu passivo ser manifestamente superior ao activo, "avaliados segundo as normas contabilísticas aplicáveis" (art. 3.º, n.ºs 1 e 2, do CIRE) [14]. – Ora o conceito de dano indirecto ou de dano reflexo do art. 78.º deverá porventura ser objecto de uma interpretação extensiva, para que se aplique aos casos em que a sociedade esteja em situação de insolvência, por se encontrar impossibilitada de cumprir (pontualmente) as suas obrigações vencidas?

O problema está, simplesmente, em averiguar se *pode haver um dano indirecto ou reflexo para os credores ainda que o património social não se tenha tornado insuficiente para a satisfação dos respectivos créditos.* Encontrando-se a sociedade impossibilitada de cumprir (pontualmente) as suas obrigações vencidas (designadamente, por causa da falta de liquidez), os direitos e os interesses dos credores não serão (provavelmente) satisfeitos – e, não sendo os direitos e os interesses dos credores satisfeitos há, ou pode haver, danos indirectos. *O conceito de dano directo deve ser objecto de uma interpretação restritiva e o conceito de dano indirecto ou reflexo, de uma interpretação extensiva.*

Em primeiro lugar, *o conceito de dano directo do art. 79.º, n.º 1, do Código das Sociedades Comerciais deve ser objecto de uma interpretação restritiva*: deve aplicar-se aos casos em que a diminuição do património do terceiro esteja (causalmente) desligada de uma hipotética diminuição do património da sociedade ou de uma hipotética diminuição da "capacidade" da sociedade para cumprir (pontualmente) as suas obrigações vencidas. Em segundo lugar, *o conceito de dano indirecto ou de dano reflexo do art. 78.º, n.º 1, do Código das Sociedades Comerciais deve ser objecto de uma interpretação extensiva*: deve aplicar-se aos casos (todos) em que a diminuição do patrimó-

---

[14] Constatando a diferença entre os conceitos de insolvência e de insuficiência patrimonial, sem contudo defenderem qualquer interpretação restritiva do conceito de dano directo ou qualquer interpretação extensiva do conceito de dano indirecto, *vide* JORGE MANUEL COUTINHO DE ABREU/MARIA ELISABETE GOMES RAMOS, anotação ao art. 78.º, in: Jorge Manuel Coutinho de Abreu (coord.), *Código das sociedades comerciais em comentário*, vol. I – *Artigos 1.º a 84º*, cit., pág. 896, MANUEL CARNEIRO DA FRADA, "A responsabilidade dos administradores na insolvência", in: *Revista da Ordem dos Advogados*, vol. 66 (2006), págs. 653-702 (674-675), ou MARIA ELISABETE GOMES RAMOS, *O seguro de responsabilidade civil dos administradores. Entre a exposição ao risco e a delimitação da cobertura*, cit., págs. 131 ss.. – PEDRO PAIS DE VASCONCELOS chama contudo a atenção para a circunstância de que, quando as dívidas da sociedade ficam privadas do seu suporte patrimonial, "só dificilmente a sociedade se não encontrará em estado de insolvência" ("Responsabilidade civil dos gestores das sociedades comerciais", cit., pág. 28).

nio do terceiro esteja causalmente ligada à diminuição do património da sociedade ou, ainda que não haja diminuição do património da sociedade, à diminuição da "capacidade" da sociedade para cumprir (pontualmente) as suas obrigações vencidas.

O art. 189.º do Código da Insolvência e da Recuperação de Empresas, na redacção da Lei n.º 16/2012, de 20 de Abril, confirma que é adequado fazer-se uma interpretação extensiva do art. 78.º, n.º 1, do Código das Sociedades Comerciais, para que que os administradores respondam para com os credores da sociedade pelos danos indirectos causados pela situação de insolvência.

O art. 189.º, n.º 2, al. e), do Código da Insolvência e da Recuperação de Empresas determina que, "[n]a sentença que qualifique a insolvência como culposa, o juiz deve [...] [c] ondenar as pessoas afetadas [designadamente, os administradores, de direito ou de facto – cf. al. a)] a indemnizarem os credores do devedor declarado insolvente no montante dos créditos não satisfeitos, até às forças dos respetivos patrimónios, sendo solidária tal responsabilidade entre todos os afetados". O art. 189.º, n.º 4, esse, determina que, "[a]o aplicar o disposto na alínea e) do n.º 2, o juiz deve fixar o valor das indemnizações devidas" ["ou, caso tal não seja possível em virtude de o tribunal não dispor dos elementos necessários para calcular o montante dos prejuízos sofridos, os critérios a utilizar para a sua quantificação, a efetuar em liquidação de sentença"[15]].

cc) Entendendo-se, como deve entender-se, que o regime geral da responsabilidade dos administradores pelos danos causados a terceiros pressupõe que o dano seja directo e que o regime especial da responsabilidade dos administradores pelos danos causados a alguns terceiros, aos credores da sociedade, pressupõe que o dano seja indirecto ou reflexo, deve considerar-se que o art. 79.º, n.º 1, corresponde a uma aplicação/concretização e o art. 78.º, n.º 1, a uma derrogação do princípio (geral) da não ressarcibilidade dos danos reflexos [16]. – Em regra, só "[t]em direito a uma indemnização o titular do direito violado ou do interesse imedia-

---

[15] Sobre a "desconformidade" entre a al. e) do n.º 2 e o n.º 4, *in fine, vide* CATARINA SERRA, *O regime português da insolvência*, 5.ª ed., Livraria Almedina, Coimbra, 2012, pág. 82 – concluindo que "a desarmonia deverá resolver-se com a prevalência do disposto na al. e) do n.º 2 do art. 189.º".

[16] Cf. ANTÓNIO PEREIRA DE ALMEIDA, *Sociedades comerciais. Valores mobiliários e mercados*, 6.ª ed., Coimbra Editora, Coimbra, 2011, pág. 299: "[a] responsabilidade dos administradores para com os credores tem uma particularidade. No regime geral, os prejuízos, para terem um nexo de causalidade com a conduta ilícita, têm de ser directos, isto é, directamente causados no património do lesado. Aqui a situação é excepcional: os prejuízos

tamente lesado com a violação da disposição legal, não o terceiro que só reflexa ou mediatamente seja prejudicado" [17]. – Se o princípio (geral) da não ressarcibilidade dos danos "indirectos" ou dos danos "reflexos" é, ou não, reforçado pelos princípios relacionados com a personalidade jurídica (colectiva)[18], é algo que poderá permanecer em aberto.

O art. 79.º, n.º 1, do Código das Sociedades Comerciais dá a todos os terceiros aquilo (tudo aquilo) que decorre da aplicação do regime geral da responsabilidade civil. – O requisito de que os danos sejam directos não deve de forma nenhuma representar-se como uma *"especial delimitação"* [19]. – O art. 78.º, n.º 1, esse, dá a alguns terceiros, aos credores da sociedade, mais do que aquilo que decorreria da aplicação do regime geral da responsabilidade civil.

III

O art. 79.º, n.º 1, do Código das Sociedades Comerciais é de quando em quando interpretado restritivamente: – alega-se que a remissão para os "termos gerais" é, simplesmente, uma remissão para os tipos de responsabilidade extracontratual dos arts. 483.º ss. do Código Civil; – questiona-se

---

são directamente causados no património da sociedade e só indirectamente afectam os credores sociais".

[17] João de Matos Antunes Varela, *Das obrigações em geral*, vol. I, 10.ª ed., Livraria Almedina, Coimbra, 2000, págs. 620-621.

[18] Como sugere, p. ex., António Menezes Cordeiro, *Manual de direito das sociedades*, vol. I – *Das sociedades em geral*, cit., pág. 938, ou *Direito das sociedades*, vol. I – *Parte geral*, cit., pág. 997: "compreende-se que seja difícil a verificação da hipótese prevista no art. 79.º, n.º 1. Logicamente: pois a assim não ser, de pouco valeria a própria ideia de personalidade colectiva". – Concordando com o argumento de Menezes Cordeiro, Carneiro da Frada alega que "a personalidade jurídica [da sociedade comercial], a 'interposição' societária que daí decorre no que toca à sua actuação – a circunstância de os actos dos administradoes se imputarem normalmente à sociedade faz com que os administradores não responsam via de regra, em termos pessoais, face àqueles com os quais eles se relacionam no exercício das suas funções (de administração)" ["Danos societários e governação de sociedades *(corporate governance)*", in: *Cadernos de direito provado*, n.º especial – *II Seminário dos Cadernos de direito privado – Responsabilidade civil*, Dezembro de 2012, págs. 31-48 (34-35)].

[19] Em sentido contrário, *vide* António Menezes Cordeiro, *Manual de direito das sociedades*, vol. I – *Das sociedades em geral*, cit., pág. 937; Idem, *Direito das sociedades*, vol. I – *Parte geral*, cit., pág. 996: "A responsabilidade para com os sócios e terceiros é remetida [...] para o regime geral da responsabilidade aquiliana. [...] À primeira vista, temos uma responsabilidade por violação de direitos de outrem ou por inobservância de normas de protecção, nos termos do art. 483.º, n.º 1, do Código Civil. Todavia, tal responsabilidade sofre uma especial delimitação: apenas cobre os danos *directamente* causados".

"se são relevantes [...] as *duas modalidades* previstas no art. 483.º, n.º 1, [do Código Civil]", ou se deve adoptar-se um entendimento (ainda mais) restritivo da remissão, para que só seja relevante uma *modalidade* prevista no art. 483.º, n.º 1, do Código Civil, ou seja: – a violação de disposições legais de protecção [20].

Em primeiro lugar, as interpretações em causa não têm nenhuma correspondência no texto da lei e, em segundo lugar, ainda que o tivessem, sempre seriam sistemática e teleologicamente insustentáveis.

O art. 79.º, n.º 1 quer seguramente abranger todos os casos de responsabilidade civil (extracontratual) pela violação de deveres gerais ou genéricos:

– por um lado, quer abranger as primeira e a segunda cláusulas gerais, ou "modalidades", do art. 483.º, n.º 1, do Código Civil[21];
– por outro lado, quer abranger a terceira cláusula geral, ou "modalidade", do art. 334.º do Código Civil – o abuso do direito.

Incluídos os casos de responsabilidade civil (extracontratual) pela violação de deveres gerais ou genéricos, o art. 79.º, n.º 1, quer seguramente abranger todos os casos de responsabilidade civil (contratual ou quase-contratual) pela violação de deveres especiais ou específicos, dentro do contexto das (chamadas) "relações obrigacionais (em sentido amplo) sem deveres primários de prestação".

Entre as relações obrigacionais em sentido amplo sem deveres primários de prestação contam-se, designadamente, as relações pré-contratuais, as relações pós-contratuais, as "relações de negócios" ou "relações correntes de negócios" e as relações obrigacionais com eficácia de protecção para terceiros.

Manuel Carneiro da Frada di-lo de uma forma particularmente sugestiva:

O art. 79.º, n.º 1, do Código das Sociedades Comerciais é "plenamente conforme" com a doutrina dos deveres de protecção nas relações especiais (em particular, nas relações com os sócios, com os credores da sociedades ou com terceiros) – e, sendo plenamente conforme com a doutrina dos

---

[20] Como questionam, p. ex., Jorge Manuel Coutinho de Abreu/Maria Elisabete Gomes Ramos, "Responsabilidade civil de administradores e de sócios controladores", in: Instituto de Direito das Empresas e do Trabalho – Miscelâneas, n.º 3, Livraria Almedina, Coimbra, 2004, págs. 5-73 (30).

[21] Como reconhecem, *a final*, Jorge Manuel Coutinho de Abreu/Maria Elisabete Gomes Ramos, "Responsabilidade civil de administradores e de sócios controladores", cit., págs. 30-31.

deveres de protecção nas relações especiais, *"não pode [...] densificar-se adequadamente sem ela"*[22].

Independentemente de o art. 79.º, n.º 1, do Código das Sociedades Comerciais ser, ou não, interpretado restritivamente, sugere-se de quando em quando que o concurso entre os arts. 78.º, n.º 1, e 79.º, n.º 1, é um concurso consumptivo.

O art. 78.º, n.º 1, aplicar-se-ia aos casos de responsabilidade civil dos administradores pelos danos causados a alguns terceiros – aos credores da sociedade –; o art. 79.º, n.º 1, aos casos de responsabilidade civil dos administradores pelos danos causados aos outros, *e só aos outros*, terceiros.

O acórdão do Tribunal da Relação de Lisboa de 19 de Novembro de 2007, relatado pelo Desembargador Santos Geraldes, ao dizer que os credores da sociedade só podem pedir uma indemnização aos administradores desde que se "verifique, especificamente, a violação de normas de protecção dos credores e que essa violação seja causa de insuficiência patrimonial", esquece porém que a finalidade do regime especial do art. 78.º, n.º 1, do Código das Sociedades Comerciais é dar aos credores da sociedade uma protecção adicional ou suplementar, sem todavia lhes tirar a protecção geral do art. 79.º, n.º 1.

Os credores da sociedade, por serem *terceiros*, podem pedir uma indemnização pelos danos que lhes sejam directamente causados[23], de que "ficam excluídos os danos derivados de má gestão"[24]; por serem *credores da sociedade*, podem pedir uma indemnização pelos danos que lhes sejam indirectamente causados, de que não ficam (não podem ficar) excluídos os danos causados por má gestão.

IV

Explicadas as duas primeiras diferenças entre os arts. 78.º, n.º 1, e 79.º, n.º 1, do Código das Sociedades Comerciais, tentar-se-á explicar a terceira.

---

[22] Manuel Carneiro da Frada, "A responsabilidade dos administradores na insolvência", cit., pág. 664.

[23] Cf. Miguel Pupo Correia, "Sobre a responsabilidade por dívidas sociais dos membros dos órgãos da sociedade", in: *Revista da Ordem dos Advogados*, ano 61 (2001), págs. 667-698 (675): "a responsabilidade para com os credores pode também ser enquadrada nos termos gerais, conforme previsto no art. 79.º".

[24] António Menezes Cordeiro, anotação ao art. 79.º, in: António Menezes Cordeiro (coord.), *Código das sociedades comerciais anotado*, cit., pág. 292.

a) O art. 79.º, n.º 1, do Código das Sociedades Comerciais, ao dizer que os administradores respondem *"nos termos gerais"*, só pode querer significar que os administradores respondem pelos danos (directos) causados a terceiros pela violação de disposições contratuais ou de disposições legais de protecção.

A responsabilidade pela violação de *disposições legais de protecção* decorrerá da aplicação do art. 483.º, n.º 1, 1.ª alternativa, do Código Civil; a responsabilidade pela violação de *disposições contratuais ou de disposições "estatutárias" de protecção* decorrerá da aplicação da *regra* do art. 443.º ou do *princípio* (da boa fé) dos arts. 227.º, 239 e 762.º, n.º 2, do Código Civil. O contrato de sociedade deve construir-se como *contrato com eficácia de protecção para terceiros*[25]; ainda que o contrato de sociedade não devesse construir-se como tal, sempre a *relação obrigacional entre o administrador e a sociedade* deveria reconstruir-se como uma *relação obrigacional com eficácia de protecção para terceiros*[26/27/28].

O art. 64.º, n.º 1, al. b), do Código das Sociedades Comerciais, ao dizer que "[o]s gerentes ou administradores da sociedade devem observar [...] deveres de lealdade, no interesse da sociedade, atendendo aos interesses de longo prazo dos sócios e ponderando os interesses dos outros sujeitos relevantes para a sustentabilidade da sociedade, tais como os seus trabalhadores, clientes e credores", sugere que os administradores estão adstritos a deveres de protecção da pessoa e do património de (alguns) terceiros[29]. O administrador, ao conduzir-se ilicitamente (contra o direito),

---

[25] Cf. Manuel Carneiro da Frada, *Teoria da confiança e responsabilidade civil*, Livraria Almedina, Coimbra, 2004, págs. 254-255 (nota n.º 231) – concluindo que "[o] art. 78.º contém [...] uma norma *enunciadora* de uma via de responsabilidade sempre aberta nos termos gerais".

[26] Sobre o conceito de relações obrigacionais com eficácia de protecção para terceiros, *vide*, p. ex., Nuno Manuel Pinto Oliveira, *Princípios de direito dos contratos*, cit., págs. 171-172.

[27] Cf. Manuel Carneiro da Frada, "A *business judgement rule* no quadro dos deveres gerais dos administradores", in: *Nos 20 anos do Código das Sociedades Comerciais – Homenagem aos Profs. Doutores A. Ferrer Correia, Orlando de Carvalho e Vasco Lobo Xavier*, Coimbra Editora, Coimbra, 2007, págs. 207-248 (223).

[28] Em sentido contrário, Maria Elisabete Gomes Ramos, *A responsabilidade civil dos administradores e directores de sociedades anónimas perante os credores sociais*, cit., pág. 163: "o art. 78.º, n.º 1, constitui-se como uma *norma excepcional* no nosso sistema jurídico, pois opõe-se ao regime regra (ou seja, a eficácia relativa que se retira dos arts. 406.º, n.º 2, 413.º e 1306.º, n.º 1, do Código Civil) nos termos do qual só o devedor pode ser responsabilizado pela frustração do crédito".

[29] Cf. Manuel Carneiro da Frada, "A *business judgement rule* no quadro dos deveres gerais dos administradores", cit, pág. 223: "A configuração (legal) da relação de administração inclui a protecção de interesses distintos dos visados pelo dever de cuidado como dever de prestar perante a sociedade; interesses titulados por outros sujeitos além da sociedade.

pode pôr em perigo, simultaneamente, os direitos ou interesses da sociedade e os direitos e os interesses de terceiros (pode pôr em perigo, p. ex., os direitos ou os interesses dos sócios, dos credores, ou dos trabalhadores)[30].

Estando preenchidos os requisitos da eficácia de protecção, a relação entre o administrador e a sociedade constituirá duas relações obrigacionais.

Entre o administrador e a sociedade, há deveres de prestação – logo, há uma relação obrigacional (em sentido estrito) com deveres primários de prestação. Entre o administrador e os sócios, ou entre o administrador e os clientes, ou entre o administrador e os credores ou os trabalhadores, há tão-só deveres de protecção – logo, há, tão-só, uma relação obrigacional (em sentido amplo) sem deveres primários de prestação[31]. Existindo deveres contratuais ou deveres quase-contratuais de protecção, o administrador responderá, p. ex., pelos danos patrimoniais primários causados pela prestação negligente de informações inexactas aos sócios, aos credores, aos clientes ou aos trabalhadores[32].

O caso da responsabilidade dos administradores pela prestação negligente de informações inexactas é elucidativo. Em princípio, o administrador não responde, por causar danos patrimoniais primários, e só danos patrimoniais primários. O art. 485.º, n.º 1, do Código Civil di-lo, ainda que o diga em termos demasiado amplos: – *"Os simples conselhos, recomendações ou informações não responsabilizam quem os dá, ainda que haja negligência da sua parte"*[33].

Pode configurar-se nessa medida como relação que inclui ou incorpora (também) uma protecção de terceiros".

[30] Em sentido contrário, António Menezes Cordeiro, *Manual de direito das sociedades*, vol. I – *Das sociedades em geral*, cit., pág. 941, ou *Direitos das sociedades*, vol. I – *Parte geral*, cit., pág. 1000: "pergunta-se se o dispositivo do art. 64.º também pode ser usado no tocante à responsabilidade dos administradores perante terceiros: sócios, credores e estranhos. Respondemos pela negativa. De facto, o administrador relaciona-se com a sociedade. Mesmo quando, para aquilatar os deveres em jogo, haja que ponderar os "interesses' dos sócios e dos *stakeholders*, o sujeito activo da relação é a sociedade. Fora dela, teremos os clássicos remédios aquilianos. De outro modo, não haveria nenhuma dogmática consistente".

[31] Sobre o sentido do termo "relações obrigacionais sem deveres primários de prestação, *vide* designadamente Nuno Manuel Pinto Oliveira, *Princípios de direito dos contratos*, cit., págs. 168-172.

[32] Como admitem, p. ex., António Menezes Cordeiro, anotação ao art. 79.º, in: António Menezes Cordeiro (coord.), *Código das sociedades comerciais anotado*, cit., pág. 292; ou Pedro Pais de Vasconcelos, "Responsabilidade civil dos gestores das sociedades comerciais", cit., pág. 30.

[33] Sobre o sentido do art. 485.º do Código Civil, *vide* a (absolutamente fundamental) dissertação de doutoramento de Jorge Ferreira Sinde Monteiro, *Responsabilidade por conselhos, recomendações ou informações*, Livraria Almedina, Coimbra, 1989.

Inexistindo um dever genérico de informação em relação aos administradores em relação aos credores, ou em relação aos sócios, ou em relação a terceiros, a prestação negligente de informações inexactas não é em geral um facto constitutivo de responsabilidade civil extracontratual ou extraobrigacional dos administradores para com os credores, para com os sócios ou para com terceiros. – *O caso só pode, por isso, ser apresentado como paradigma da responsabilidade dos administradores pressupondo-se que a relação obrigacional entre os credores e a sociedade é* uma relação obrigacional com eficácia de protecção para terceiros.

b) O art. 78.º, n.º 1, ao dizer que os administradores só respondem pelos danos causados aos credores da sociedade pela violação de disposições contratuais ou legais de protecção, só pode querer significar que *os administradores não respondem por todos os danos indirectos ou reflexos causados aos credores da sociedade.* A responsabilidade por danos directos depende de uma *ilicitude simples;* a responsabilidade por danos indirectos ou reflexos, essa, depende de uma *ilicitude qualificada* [34]. Os gerentes ou administradores (só) respondem para com os credores da sociedade desde que haja uma *conexão (de ilicitude) específica* entre o dano e o fim do dever infringido ou violado[35].

Existindo a *ilicitude qualificada* exigida pelo art. 78.º, n.º 1, do Código das Sociedades Comerciais, os credores da sociedade terão um direito autónomo de indemnização; poderão, por isso, propor uma acção pessoal contra os administradores; não existindo a *ilicitude qualificada* exigida pelo art. 78.º, n.º 1, do Código das Sociedades Comerciais os credores não terão nenhum direito próprio; (só) poderão substituir-se à sociedade na actuação ou no exercício dos direitos da sociedade contra os administradores (devendo aplicar-se o regime geral da acção sub-rogatória dos arts. 606.º-609.º do Código Civil, em ligação com o art. 78.º, n.º 2, do Código das Sociedades Comerciais).

---

[34] Cf. designadamente Manuel Carneiro da Frada, ["Danos societários e governação de sociedades *(corporate governance)*", cit., pág. 35: "Dogmaticamente, [a] responsabilidade pessoal (dos administradores) depende [...] de pressupostos específicos e qualificados".
[35] Cf., ainda que sem tirar todas as ilações da sua tese, Maria Elisabete Gomes Ramos, *A responsabilidade civil dos administradores e directores de sociedades anónimas perante os credores sociais,* cit., pág. 202-203: "a responsabilidade dos gerentes, administradores e directores consagrada no art. 78.º, n.º 1, é uma *espécie típica de ilicitude* (por referência à disposição genérica do art. 483.º, n.º 1, do Código Civil). Este carácter *típico* surpreende-se na particular qualidade dos lesados (credores da sociedade), dos lesantes (gerentes, administradores ou directores da sociedade) e na específica delimitação do comportamento ilícito (violação das normas legais ou contratuais destinadas à protecção dos credores sociais)".

c) O critério da *ilicitude qualificada* sugere uma dupla *extensão teleológica* do regime especial art. 78.º, n.º 1, do Código das Sociedades Comerciais.

Em primeiro lugar, o critério da *ilicitude qualificada* sugere uma *extensão teleológica subjectiva* do regime especial do art. 78.º, n.º 1, aplicando-o, *a pari*, a todos os casos em que haja um dano indirecto ou reflexo de terceiros (p. ex. dos sócios) decorrente da violação de deveres legais ou contratuais destinados a protegê-los. Em segundo lugar, sugere uma *extensão teleológica objectiva* do regime especial do art. 78.º, n.º 1, aplicando-o, *a pari* ou *a fortiori*, a todos os casos em que haja um dano indirecto ou reflexo decorrente de uma violação especialmente grave de deveres legais ou contratuais – em que haja uma *ilicitude qualificada* ou uma *culpa qualificada* do administrador.

O caso esclarecer-se-á, ou pelo menos poderá esclarecer-se, perguntando: as razões justificativas da aplicação do art. 78.º, n.º 1, ao administrador que, *negligentemente*, causa um dano (patrimonial) aos credores da sociedade, com violação de disposições legais ou contratuais específicas destinadas a protegê-los, não procederão, p. ex., para o administrador que, *dolosamente*, lhes causa um dano, *sem violação de disposições legais ou contratuais específicas* [36]? O confronto do art. 78.º, n.º 1, do Código das Sociedades Comerciais com os arts. 186.º, n.º 1, e 189.º, n.ºs 2 e 4, do Código da Insolvência e da Recuperação de Empresas, na redacção da Lei n.º 16/2012, de 20 de Abril, (só) pode confirmar a *tendência* para aproximar os casos de *ilicitude qualificada* e de *culpa qualificada*[37].

---

[36] Como se compreenderá, o requisito da culpa qualificada não pretende restringir a responsabilidade do administrador, pelo que não poderá proceder o argumento – deduzido por MARIA ELISABETE GOMES RAMOS para rejeitar a tese de que o *dano directamente causado*, no sentido do art. 79.º, n.º 1, é o *dano dolosamente causado* – de que "[o] legislador, quando quis restringir a responsabilidade a actuações dolosas disse-o expressamente (v. art. 71.º, n.º 4, do Código das Sociedades Comerciais ou o art. 22.º do CIRE)" (*O seguro de responsabilidade civil dos administradores. Entre a exposição ao risco e a delimitação da cobertura*, cit., págs. 139-140).

[37] Sobre a responsabilidade dos administradores por causarem, ou por agravarem, a insolvência da sociedade administrada, comparando o direito português e os direitos estrangeiros – em particular, o direito alemão, o direito inglês e o direito norte-americano –, CATARINA SERRA, "The Portuguese Classification of Insolvency of a Comparative Perspective", in: Rebecca Parry (coord.), *Papers from the INSOL Europe Academic Forum/Milan Law School Joint Insolvency Conference, University of Milan Law School, Milan, Italy, 31 March-1 April 2011*, 2011, págs. 3 ss.

RESUMO: Este artigo aborda os problemas relativos às consequências da cessão de quotas sobre a vinculação do sócio cedente enquanto avalista em branco de um título cambiário (letra ou livrança) subscrito pela sociedade avalizada. Analisando criticamente a uniformização de jurisprudência levada a cabo pelo acórdão n.º 4/2013 do STJ, conclui que é possível a desvinculação unilateral do sócio cedente, por meio de resolução, não em face do aval mas do acordo de preenchimento. Esta solução, todavia, apenas é defensável em situações bem delimitadas e no que toca à garantia de financiamentos societários futuros.

ABSTRACT: In this paper we deal with a particular problem related to the consequences of a transfer of shares in private companies (*sociedades por quotas*), raised when the transferor-shareholder has signed an aval on an inchoate or incomplete negotiable instrument (be it a bill of exchange or a promissory note) subscribed by the company as a drawee. In a critical analysis of a recent judicial decision by the Portuguese highest Court in civil matters (STJ, 4/2013), ruling *en banc*, we conclude in favour of the possibility of the transferor unbinding himself unilaterally, by way of termination with cause of the completion agreement he previously entered into – but not, as the Supreme Court held, by termination of the aval. This solution, however, is solely defendable in a restricted number of situations and should only apply to the liability concerning the company's future financing.

CAROLINA CUNHA[*]

Cessão de quotas e aval: equívocos de uma uniformização de jurisprudência

1. O caso e a decisão do STJ

Através do acórdão n.º 4/2013[1], veio o Supremo Tribunal de Justiça (STJ) uniformizar jurisprudência quanto à questão se saber se um sócio, após haver cedido a participação social de que era detentor na sociedade avalizada, pode vir denunciar o aval que por essa sociedade havia anteriormente prestado. Decidiu o STJ fixar jurisprudência no seguinte sentido:

"Tendo o aval sido prestado de forma irrestrita e ilimitada, não é admissível a sua denúncia por parte do avalista, sócio de uma sociedade a favor

[*] Professora da Faculdade de Direito da Universidade de Coimbra

[1] Publicado no DR 1ª série, 21 de janeiro de 2013.

de quem aquele foi prestado, em contrato em que a mesma é interessada, ainda que, entretanto, venha a ceder a sua participação social na sociedade avalizada".

A tarefa de harmonizar jurisprudência numa questão como esta não é simples, pois a solução adequada depende da *correcta consideração de diversas particularidades* – não só no plano do regime cambiário aplicável, como (sobretudo) no que toca aos contornos da concreta situação.

Sou de opinião que essas particularidades não foram suficientemente atendidas pelo STJ, cuja decisão incorreu, por conseguinte, em *equívocos vários* –equívocos que simultaneamente *impediram* uma solução apropriada e privaram de *alcance prático* a desejada uniformização.

Sem embargo de ser transponível para outros tipos societários, a minha análise cingir-se-á ao quadro da *transmissão de participações sociais em sociedades por quotas*, de modo a harmonizar-se com o quadro factual subjacente ao acórdão e a reflectir as situações sociologicamente mais frequentes.

2. Os equívocos da decisão do STJ

2.1. A diferença entre o aval prestado sobre um título preenchido e o aval em branco

O primeiro reparo que o acórdão de uniformização de jurisprudência (AUJ) suscita é a quase *completa desconsideração da diferença entre o regime* a aplicar a um aval prestado sobre um *título preenchido* e ao aval aposto sobre um *título cambiário em branco*. A tal ponto que não menciona, sequer uma única vez, a norma-chave para a resolução das questões relacionadas com qualquer subscrição cambiária em branco: o art. 10.º da Lei Uniforme[2] (LU)[3].

---

[2] Estabelecida pela Convenção Internacional assinada em Genebra em 7 de Junho de 1930, aprovada em Portugal pelo Decreto-Lei n.º 23 721, de 29 de Março de 1934, e ratificada pela Carta de Confirmação e Ratificação, no suplemento do "Diário do Governo", n.º 144, de 21 de Junho de 1934.

[3] Em contrapartida, os chamados "princípios cambiários" são abundantemente citados e deles extrai inclusive o STJ algumas soluções. Para a insubsistência (e absoluta desnecessidade normativa) dos "princípios" da abstração, autonomia, incorporação e literalidade procurei alertar em CAROLINA CUNHA, *Letras e livranças: paradigmas actuais e recompreensão de um regime*, Almedina, Coimbra, 2012, p. 371, ss., propondo a fundamentação dos resultados a que nos conduz o regime da LU em institutos e construções gerais do nosso direito privado – respectivamente, o princípio *res inter alios acta*, a excepção à regra *nemo plus iuris*

Do ponto de vista dos interesses é totalmente diversa a posição ocupada pelo avalista de um título completo e pelo avalista de um título em branco[4]. O primeiro sabe, de antemão, que poderá ter de pagar x (e não mais) a partir do dia y (e dentro do limite temporal fixado pelas regras da prescrição cambiária). Já o segundo não dispõe dessa segurança básica; não sabe por que quantia irá responder (embora possa ter uma ideia aproximada), nem quando lhe será exigido o pagamento (podendo, no limite, vir a ser incomodado muitos anos depois da subscrição do título[5]). Compreende-se, portanto, que a LU submeta o avalista de uma letra ou livrança em branco a um regime diferente daquele que vale para o avalista comum – regime que remete inapelavelmente[6] para *a vontade que o avalista em branco manifestou* aquando da subscrição da letra e que o acordo de preenchimento tipicamente recolhe.

Esta *solução diferenciada* justifica-se inteiramente, sob pena de se deixar o avalista que subscreveu o título em branco ao inteiro arbítrio de um credor-portador indigno de tutela, que, rompendo (de má fé ou em falta grave[7]) com os critérios fixados no acordo de preenchimento (acordo que ele próprio, aliás, normalmente celebrou – como sucede no caso subjacente ao AUJ e corresponde à hipótese hoje em dia sociologicamente típica), *completa e acciona o título fora da situação por tal acordo coberta*. Mas é, porém, totalmente ignorada pelo STJ no acórdão em análise. Senão, vejamos.

para tutela de terceiro de boa fé, o conceito de legitimidade activa e passiva e, por fim, o regime da interpretação dos negócios jurídicos formais.

[4] Como já tive oportunidade de sublinhar a propósito do problema da dupla subscrição em branco pelo "par" avalista/avalizado – cfr. CAROLINA CUNHA, *Letras e livranças, cit.*, p. 585, ss.

[5] Sobre a existência de um limite temporal ao exercício da faculdade de preenchimento de um título cambiário em branco, ver CAROLINA CUNHA, *Letras e livranças, cit.*, p. 604, ss.

[6] Verificado que esteja, nos termos do art. 10.º LU, o pressuposto da má fé ou falta grave do portador do título – como sempre acontecerá nas hipóteses em que a letra não circulou e se manteve em poder do credor originário.

[7] Note-se que o texto do art. 10.º LU, norma redigida predominantemente na óptica da protecção de um terceiro portador (como tantas outras da LU), não cobre de forma tão clara como seria desejável a situação (largamente dominante na actualidade) de a letra em branco *não haver circulado*, permanecendo nas mãos do credor-portador originário – isto na medida em que utiliza a expressão "portador" que "adquiriu" a letra. Sem embargo, esse credor *também* é portador e *também* se pode dizer que "adquiriu" letra (embora não das mãos de um portador anterior). Sobre o ponto, cfr. CAROLINA CUNHA, *Letras e livranças, cit.*, p. 576, ss.

2.1.1. A incondicionabilidade das vinculações cambiárias *vs.* a garantia condicional oferecida pelas subscrições em branco

Como apoio para a solução que virá a defender, o STJ começa por invocar a "natureza do aval" enquanto negócio "incondicional e restrito"[8], destinado a "garantir o pagamento do valor patrimonial inserto no título", sugerindo, inclusive, que em casos como o decidido o aval "tem como referente uma operação bancária determinada", não sendo possível "vincular-se a operações futuras e indeterminadas, ou até a uma soma certa ou incerta"[9]. Todas estas afirmações cobram pleno sentido e inteira justificação quando reportadas (*mutatis mutandis*) a qualquer negócio jurídico cambiário – seja ele o aval, o saque, o aceite, o endosso ou mesmo a emissão de livrança – aposto sobre um *título completo*, já que todos os negócios cambiários e, por consequência, as obrigações que deles decorrem são *incondicionáveis* (art. 1.º, n.º 2, LU: "mandato *puro e simples* de pagar") e se reportam a uma *quantia certa* inscrita no próprio documento (art. 1.º, n.º 2, LU: "pagar *uma quantia determinada*").

São, porém, afirmações que *claudicam em absoluto* quando reportadas ao fenómeno dos *negócios jurídicos cambiários celebrados sobre títulos em branco*. E para o demonstrar basta atender ao contexto prático-teleológico que justifica[10] a emissão de um título em branco: criar uma *garantia flexível num contexto de relativa incerteza*. Esse contexto supõe, normalmente, uma relação fundamental que comporta um direito de crédito *ainda não inteiramente definido* (porque falta determinar o respectivo montante ou vencimento), ou no seio da qual se prevê *como apenas eventual a constituição de um direito de crédito*. A subscrição de um título em branco aparece, portanto, no âmbito de relações duradouras com prestações pecuniárias, como expediente vocacionado para fazer face ao espectro do – apenas eventual e, à partida, quantitativamente indeterminado – *incumprimento da relação fundamental*[11]. O que explica a frequente utilização de letras ou

---

[8] "A menos que seja dado de forma parcial", nos termos permitidos pelo art. 30.º, I, LU ("no todo *ou em parte*").

[9] "O aval tem como referente uma operação bancária determinada; a fiança pode vincular-se a operações futuras e indeterminadas, ou até a uma soma certa ou incerta".

[10] Ou que explica na maioria dos casos – sobre a emissão voluntária de um título incompleto por *simples lapso* (falha humana do foro inconsciente – uma distracção, um esquecimento), que também considero subsumível à disciplina do art. 10.º LU, juntamente com as situações mais comuns em que existe uma destinação, explícita ou implícita, ao preenchimento por outrem, cfr. CAROLINA CUNHA, *Letras e livranças, cit.*, p. 533-542.

[11] Trata-se, em suma, de uma forma de "garantia de responsabilidades futuras e ilíquidas", como nota J. GONSALVES DIAS, *Da Letra e da Livrança. Segundo a Lei Uniforme e o Código Comercial*, vol. IV, Livraria de António Gonsalves, Coimbra, 1942, pp. 367-368.

livranças em branco no âmbito de contratos de financiamento (abertura de crédito, locação financeira, mútuo bancário, crédito ao consumo, etc.).

Ora, neste contexto, fornecem os títulos em branco uma *"garantia"* *em diversos sentidos*. Desde logo, "garantia" no sentido amplo de *reforço ou segurança da posição do credor*[12]: conservando o título (cambiário mas também executivo, recorde-se[13]) em seu poder[14], poderá completá-lo sem dependência de qualquer intervenção do devedor – não se torna portanto necessário obter a colaboração deste, ou qualquer tipo de manifestação da sua vontade de assumir a vinculação cambiária nos exactos moldes em que o credor a venha a definir, o que se revela particularmente útil em situações de ruptura. Mas também, sempre que sobre o título em branco tenha sido prestado um aval, estaremos em presença de uma "garantia" em sentido estrito, ou seja, da *adição de um património responsável* (o do avalista) *a uma dívida de terceiro* (aquele que o assume a posição de devedor na relação fundamental e tipicamente a posição de obrigado cambiário principal – aceitante de uma letra ou emitente de uma livrança).

Tudo isto, note-se bem, *em termos absolutamente flexíveis*: o *"se"*, o *"quando"* e o *"quanto"* das vinculações cambiárias embrionariamente assumidas[15] pelos subscritores em branco (qualquer que seja a posição cambiária que ocupem) *ficam à mercê do que o portador do título nele vier a inscrever*[16]. Se é verdade que, num primeiro momento, o art. 10.° LU faz recair sobre o(s) subscritor(es) em branco *o risco da exposição a um preenchimento abusivo* (*i.e.*, desconforme com a vontade por si manifestada a propósito

---

[12] Vector sobretudo importante nos casos em que o subscritor em branco coincide com o devedor da relação fundamental – casos em que, do ponto de vista económico, "nada se acrescenta à garantia geral" (Pedro Romano Martinez/Pedro Fuzeta da Ponte, *Garantias de cumprimento*, 5ª ed., Almedina, Coimbra, 2006, p. 41), uma vez que o património responsável é apenas e só um. Sobre esta vantagem da letra em branco, já Ernst Jacob, *Wechsel- und Scheckrecht unter Berücksichtigung des ausländischen Rechts*, Berlin, de Gruyter, 1954/55, p. 57.

[13] Cfr o art. 46.°, 1, c) do CProcCiv.

[14] Tive oportunidade de enunciar as minhas dúvidas sobre a real utilidade e frequência da *circulação* de títulos em branco em Carolina Cunha, *Letras e livranças, cit.*, p. 560-566.

[15] Sobre o processo de formação da letra subscrita em branco ver Carolina Cunha, *Letras e livranças, cit.*, p. 635, ss.

[16] Como já escrevi noutra sede (Carolina Cunha, *Letras e livranças, cit.*, p. 560-566), o art. 10.° LU acaba por *reconhecer* a existência de um verdadeiro *"poder de facto"* na titularidade do portador de uma letra em branco – um poder ligado ao perfil real, já que o seu exercício apenas supõe a disponibilidade do título enquanto *res*; mas um poder *reconhecido* na medida em que o portador da letra a pode fazer valer, *prima facie*, tal qual foi completada. Decorre, na verdade, da formulação adoptada pelo art. 10.° LU que é ao subscritor em branco que cabe o *ónus de provar* tanto a desconformidade do conteúdo inserido com a vontade por si inicialmente manifestada, como a má fé ou falta grave do portador da letra.

do conteúdo a inserir no título), não é menos verdade que a norma *afasta* semelhante solução sempre que *o subscritor logre provar* aquela *desconformidade*, bem como a *má-fé ou falta grave* de quem apresenta o título a pagamento.

Em suma, *na estrita medida em que consiga fazer a prova admitida pelo art. 10.º LU*, podemos dizer que o subscritor em branco *se vincula cambiariamente em termos condicionais*: apenas "se", "quando" e por "quanto" estiver previsto no acordo de preenchimento[17]. Esta prova tende a estar altamente facilitada em casos como o que subjaz ao AUJ e que corresponde ao paradigma típico da utilização de títulos em branco: a livrança não circulou, *manteve-se nas mãos do credor e portador originário*, com quem foi justamente celebrado o acordo de preenchimento e que veio, mais tarde, a efectuar o próprio preenchimento. Logo, se o título foi completado *em conflito* com o previamente acordado, o credor-portador *não pode deixar de o saber*: estará quase sempre de má fé ou, em hipóteses raras, terá pelo menos cometido falta grave[18].

2.1.2. O aval completo enquanto garantia objectiva de pagamento do título *vs.* a determinação *per relationem* dos termos de preenchimento de um aval em branco

Outra das asserções não inteiramente correctas do AUJ é a que esbate a distinção entre o aval sobre um título completo e o aval em branco quanto à *compreensão e alcance da garantia prestada pelo avalista*.

Assim, se para o negócio firmado sobre título completo concordamos inteiramente com a afirmação do STJ de que "o aval não cumpre uma garantia da obrigação do avalizado mas sim uma garantia de satisfação do direito de crédito cambiário que o título incorpora", pelo que "o avalista não é responsável ou não se obriga ao cumprimento da obrigação constituída pelo avalizado mas tão só ao pagamento da quantia titulada no título de crédito"[19], *o mesmo já não é verdade* quanto ao aval em branco.

---

[17] Utilizo a expressão por comodidade, já que não reputo imprescindível à aplicação do art. 10.º LU um (formal ou formalizado) acordo de preenchimento – CAROLINA CUNHA, *Letras e livranças, cit.*, p. 533-542.

[18] Se, *v.g.*, violou grosseiramente um dever básico de diligência, "esquecedo-se" da declaração de desvinculação tempestivamente recebida.

[19] Sobre a construção do aval como uma garantia objectiva, destinada a caucionar o pagamento da letra, e sobre as diferenças entre o aval e a fiança, cfr. CAROLINA CUNHA, *Letras e livranças, cit.*, p. 105-109, e também "Pluralidade de avalistas e direito de regresso", *Cadernos de Direito Privado*, n.º 40, Outubro/Dezembro de 2012, p. 56-67.

Comece por se notar que *o limiar de risco é*, no segundo caso, *muitíssimo mais elevado*: o avalista de um título completo suporta apenas os riscos provenientes das vicissitudes da relação fundamental entre avalizado e credor (como seja o risco de ter que cumprir cambiariamente sem se poder prevalecer de uma vicissitude que ao avalizado fosse dado invocar directamente contra o credor; o risco de ter de cumprir cambiariamente para "cobrir" um incumprimento do avalizado); já o avalista em branco suporta *o risco específico de qualquer subscritor em branco*: a verificação de uma *discrepância entre a vontade que manifestou e o conteúdo que veio a ser inserido no título*.

Mas acresce a esta constatação uma outra, do maior relevo: estamos aqui necessariamente em presença de uma *dupla subscrição em branco*[20] – por avalista e avalizado. O que implica, obviamente, *a manifestação de duas vontades quanto ao conteúdo a inserir no título: uma por cada subscritor*[21]. A tendência é para que *ambas as vontades coincidam*: uma vez que o eixo da determinação do conteúdo a inserir no título consiste na dívida eventual e/ou futura em que o avalizado venha a incorrer no plano da relação extracambiária que o liga ao credor, é natural que *tanto avalista como avalizado pretendam que o preenchimento do título fique subordinado* – no seu *se*, no seu *quando* e no seu *quanto* – à ocorrência *dessa* vicissitude.

Esta coincidência de vontades, aliás, é amplamente recolhida pela prática da *celebração conjunta do acordo de preenchimento*: é muito frequente que o avalista subscreva juntamente com o avalizado o pacto relativo aos termos em que o título poderá vir a ser completado[22]. Todavia, mesmo nos casos em que o avalista não tem (ou não fica provado que tenha tido) qualquer contacto com o credor, nem formalmente celebrou com ele qual-

---

[20] Pretendo com esta designação abarcar aquelas situações em que *dois subscritores assinam o título incompleto* (a ordem cronológica das assinaturas tem aqui escasso relevo) e *um* deles (chamemos-lhe subscritor principal) *o entrega a um terceiro* que levará a cabo o preenchimento dentro de certo condicionalismo. Em teoria são possíveis várias configurações; contudo, a socialmente mais típica é a que nos remete para o par avalista/avalizado: ambos subscrevem em branco o título que o avalizado (o aceitante da letra ou emitente da livrança) entrega, de seguida, ao terceiro (seu credor numa relação extracambiária), o qual, aquando do preenchimento, aparecerá como sacador-tomador da letra ou como beneficiário da livrança.

[21] Para maiores desenvolvimentos, cfr. Carolina Cunha, *Letras e livranças, cit.*, p. 585, ss.

[22] O pacto corporiza-se, amiúde, numa cláusula do contrato fundamental celebrado entre o avalizado e o credor, cláusula à qual o avalista adere assinando quer o próprio documento contratual, quer um suporte ad-hoc (v.g. uma carta). Em casos como estes resulta evidente o *carácter trilateral da convenção de preenchimento*: consiste num acordo celebrado entre os dois subscritores em branco e o credor.

quer convenção de preenchimento, o resultado da aplicação do art. 10.º LU será essencialmente o mesmo[23].

Por conseguinte, os critérios a mobilizar para apurar *se houve discrepância* entre o preenchimento do título e a vontade manifestada pelo avalista são *os* fixados no acordo de preenchimento celebrado entre o credor e o avalizado. Ora, geralmente tal acordo *faz depender* o "se", o "quando" e o "quanto" do preenchimento do título de uma *particular ocorrência ao nível da relação fundamental* – mais precisamente, da obrigação pecuniária em que o devedor-avalizado venha a incorrer pelo respectivo incumprimento.

Quer isto dizer, em suma, ao abrigo do art. 10.º LU e nos termos que acabamos de expor, *o avalista pode prevalecer-se de certas vicissitudes de uma relação fundamental à qual é alheio*. E pode fazê-lo *porque* a determinação do conteúdo a inserir na sua própria declaração cambiária é levada a cabo *per relationem*: depende da verificação do *mesmo pressuposto* do qual está dependente a responsabilidade cambiária do avalizado, e esse pressuposto emana dos desenvolvimento ocorridos na relação fundamental que este mantém com o credor[24].

---

[23] Sendo certo que o avalista não é, nestes casos, parte da convenção de preenchimento, nem se dá uma adesão *ex post* e *ex lege* a semelhante pacto (como parece entender alguma da jurisprudência que refiro em CAROLINA CUNHA, *Letras e livranças, cit.*, p. 587). Mas a verdade é que o *processo de reconstrução* da vontade de preenchimento manifestada pelo avalista não prescinde do *dado legal objectivo constante do art. 32.º I LU*. Da norma decorre que a matriz da extensão objectiva e subjectiva da obrigação do avalista (essencialmente, saber *por que quantia* responde e *perante quem* responde) é a fornecida pela obrigação cambiária do avalizado. Por conseguinte, o sujeito que avaliza ainda em branco o título que sabe destinado a suportar a obrigação cambiária do avalizado, a quem *sem mais* entrega o documento assinado, está, *segundo os cânones hermenêuticos vigentes no nosso ordenamento jurídico* (arts. 236.º e 238.º CCiv.) *e ainda que tacitamente* (art. 217.º), *a declarar que pretende que o preenchimento se faça nos mesmos termos* que vierem a vigorar para a concretização da obrigação cambiária do avalizado: nem mais, nem menos.

[24] Em minha opinião, é por isso *incorrecto aplicar o art. 17.º LU a situações como estas*. Ao invocar a inexistência de incumprimento por parte do contraente-avalizado, ou ao questionar o montante a que ascende a sua eventual responsabilidade, ou mesmo ao contestar a data de preenchimento do título, o avalista em branco *não está* a tentar paralisar o direito do credor cambiário invocando factos emergentes de relações alheias. Está, isso sim, a colocar *um problema prévio*: o problema da divergência entre a vontade que ele próprio manifestou ao subscrever e entregar uma letra em branco e a declaração constante do título tal como veio a ser completado. Trata-se de *um problema específico, ao qual o art. 10.º LU dá uma resposta, também ela, específica* e insusceptível de se diluir nos quadros gerais do art. 17.º LU ou do princípio *res inter alios acta*. Cfr. CAROLINA CUNHA, *Letras e livranças, cit.*, p. 591-597.

Todavia, a verdade é que nenhum aspecto do caso concreto subjacente ao AUJ faz apelo a este prisma de análise[25], que apenas convocamos para demonstrar o carácter equívoco do argumento do STJ – simplificadamente, que o avalista garante *sempre* o pagamento da quantia inscrita na letra, sendo a sua responsabilidade *sempre* invulnerável a qualquer vicissitude extracambiária.

O que para o caso importaria verdadeiramente acrescentar diz respeito ao facto de o conteúdo e regime do *acordo de preenchimento* serem acessíveis à *autonomia privada* e à *liberdade de estipulação* dos intervenientes, valendo as *regras de interpretação e integração gerais dos negócios jurídicos*. A este ponto terei oportunidade de regressar mais adiante[26].

2.2. A diferença entre um financiamento já concedido e um financiamento a conceder (após a cessão da participação social e desvinculação do garante)

O AUJ também não atribui qualquer significado ao *tipo de financiamento garantido* pelas duas livranças em branco onde após o seu aval o sócio que posteriormente veio a ceder a sua quota. Ora, em meu entender, trata-se de um aspecto crucial para a solução do problema e ao qual se encontra indissociavelmente ligada a (im)possibilidade de desvinculação unilateral do cedente da quota[27].

Semelhante possibilidade apenas será defensável caso estejamos em presença de financiamentos bancários, como a abertura de crédito simples ou em conta corrente[28], em que o fluxo financeiro que determina a dívida cambiariamente garantida *depende das solicitações feitas pela sociedade em cada momento*. Mesmo aí, a desvinculação permitida ao ex-sócio será eficaz unicamente no que toca à *responsabilização por montantes solicitados pela sociedade após a cessão de quota* (*rectius*, após a desvinculação se tornar eficaz[29])– isto é, no que respeita a *financiamentos a conceder* após a sua saída.

---

[25] Não se trata, por ex., de uma situação em que o credor haja completado o título por um valor muito superior ao devido, nos termos do financiamento, pela sociedade avalizada, e se esteja a negar ao avalista a hipótese de invocar a excepção de preenchimento abusivo *ex vi* art. 10.º LU para se defender da execução cambiária contra ele movida.

[26] Cfr. *infra* n.º 2.3.

[27] Possibilidade cujos termos abordaremos *infra*, n.º 2.3

[28] Sobre a abertura de crédito, cfr. José Maria Pires, *Elucidário de Direito Bancário. As instituições bancárias. A actividade bancária*, Coimbra Editora, Coimbra, 2002, p. 623, ss.; ou A. Menezes Cordeiro, *Manual de Direito Bancário*, 3ª ed., Almedina, Coimbra, 2006p. 540, ss.

[29] Momento relevante desde uma perspectiva de protecção da posição do banco-credor, a cujo conhecimento deverá ser levada a transmissão da participação social.

Já em financiamentos que apresentem outra configuração – ou seja, *financiamentos já efectivamente disponibilizados* antes da cessão de quotas – me parece *inviável* o reconhecimento de idêntica faculdade. Tomemos como exemplo uma letra ou livrança avalizada para garantia de um contrato de locação financeira ou de um simples mútuo bancário. Nestes casos, *a dívida garantida está previamente determinada* – resulta (salvo incumprimento que lhe acrescente juros ou penalizações, também contratualmente previstos) da soma das rendas ou das prestações devidas até final do contrato. O sócio-avalista conhece, à partida, *o montante máximo pelo qual pode ter de responder*, montante que (sob a forma do bem locado ou de capital) foi colocado à disposição da sociedade avalizada *enquanto ainda ocupava a posição de sócio*. Por outro lado, a existência de um *prazo* no contrato (de locação financeira ou de mútuo) celebrado pela sociedade avalizada coloca, indirectamente, *um limite temporal à vinculação do sócio avalista garante* – conhece, também à partida, *o lapso de tempo durante o qual* corre o risco de lhe vir a ser solicitado o pagamento do título que avalizou[30].

Ora, da matéria de facto disponível no caso subjacente ao AUJ não resulta inteiramente certa qual a modalidade de financiamento garantida pelas livranças que o sócio cedente avalizou, mas tudo leva a crer que se tratou de uma *abertura de crédito em conta corrente*.

Da matéria de facto retira-se que, nos anos de 2006 e 2007, para garantir o apoio à tesouraria da empresa, a sociedade Imoacess, Lda. recorreu ao crédito junto do banco BES através da contratação de *duas contas correntes caucionadas* no valor global de € 100.000. Das condições particulares convencionadas decorre que o regime de utilização das contas era "livre" e o crédito era "reutilizável". Nas condições gerais figura a cláusula que consubstancia o acordo de preenchimento das livranças em branco subscritas pela sociedade e avalizadas pelo sócio em questão, cláusula segundo a qual os título se destinariam a garantir as responsabilidades advenientes para a sociedade do "não cumprimento pontual e integral de qualquer obrigação resultante do contrato [de abertura de crédito], bem como de suas alterações, prorrogações, aditamentos ou reestruturações, nomeadamente, e entre outras, o reembolso de capital, o pagamento de juros remuneratórios e moratórios, despesas judiciais ou extrajudiciais, honorá-

---

[30] Trata-se de um risco que, em geral, pode e deve ser acautelado pelo ex-sócio *no próprio contrato de cessão de quotas*, transferindo, *no plano interno*, a (eventual) responsabilidade para o cessionário. Também é pensável (embora nem sempre realizável) uma *renegociação das garantias com o credor*, mas apenas se este concordar riscar a assinatura do cedente e substituí-la pela subscrição em branco do cessionário da quota.

rios de advogados, solicitadores e custas, bem como saldos devedores de quaisquer contas bancárias de que o cliente [a sociedade] seja titular ou co-titular que tenham como origem obrigações resultantes do contrato [de abertura de crédito]".

Em 23 de Outubro de 2006 foi subscrita a *primeira livrança*, para garantia do primeiro contrato de abertura de crédito com o montante máximo global de € 30.000,00 – livrança que veio a ser *preenchida* pelo valor de € 37.002,53 e com a data de vencimento de 28 de Agosto de 2009. Em 7 de Agosto de 2007 foi subscrita a *segunda livrança*, para garantia do segundo contrato de abertura de crédito com o montante máximo global de € 70.000,00 – livrança que veio a ser *preenchida* pelo valor de € 85.350,97, também com a data de vencimento de 28 de Agosto de 2009.

Em 3 de Janeiro de 2008 o ex-sócio avalista *enviou ao banco um fax*, acompanhado de certidão do registo comercial, atestando que em Novembro de 2007 havia cedido a sua quota (correspondente a 35% do capital social da Imoacess, Lda.) e *solicitando que o seu aval fosse "retirado"* das "operações financeiras" entre a sociedade e o banco, uma vez que se doravante encontrava "completamente alheado da gestão" societária e as "linhas de crédito" estavam, precisamente, a ser "renovadas".

De tudo isto posso concluir que o ex-sócio se pretendia desvincular *para o futuro*, ou seja, *tencionava exonerar-se da garantia de financiamentos a conceder pelo banco à sociedade após a sua saída*. Resta apurar se tal pretensão é admissível, com que fundamento e em que termos.

2.3. A suposta "denúncia do aval" e a desvinculação unilateral por justa causa perante o acordo de preenchimento

2.3.1. O aval enquanto negócio cambiário insusceptível de denúncia

Para o STJ, o *aval* enquanto negócio jurídico unilateral é *insusceptível de ser denunciado*, ou seja, de se extinguir por declaração unilateral *ad nutum*[31] emitida pelo avalista que o celebrou. Concordo genericamente com semelhante afirmação, embora não deixe de lhe introduzir algumas *nuances*.

No que respeita aos negócios jurídicos cambiários, para ser plenamente *eficaz* – ou seja, valer perante qualquer terceiro – toda e qualquer desvin-

---

[31] Sobre o conceito de denúncia, cfr. CARLOS A. MOTA PINTO, *Teoria Geral do Direito Civil*, 4.ª ed. por A. PINTO MONTEIRO/ PAULO MOTA PINTO, Coimbra Editora, Coimbra, 2005, 631-632; sobre o fundamento da denúncia, PAULO HENRIQUES, *A desvinculação unilateral* ad nutum *nos contratos civis de sociedade e de mandato*, Coimbra Editora, Coimbra, 2001, p. 231, ss.

culação *ex post* de um obrigado carece de ser *exarada* no título, o que se faz *riscando a assinatura* do (até então) subscritor. A partir daqui, a fronteira entre a *admissibilidade/validade* de tal desvinculação e a sua *inadmissibilidade/invalidade* encontra-se estreitamente ligada com *o regime da falsificação* ou das "alterações no texto de uma letra", prescrito pelo art. 69.º da LU.

Seja como for, tirando situações muitíssimo particulares[32], a verdade é que os negócios jurídicos cambiários *são insusceptíveis de serem riscados* – ressalvada, claro, a hipótese canónica do art. 50.º, II, que confere tradução cartular à extinção da responsabilidade cambiária do obrigado que pagou a letra, bem como (por arrastamento) de todos aqueles que eram seus garantes e se encontravam no "segmento cambiário" entre ele e o *accipiens*[33].

---

[32] Sem sair do quadrante problemático do aval, vamos supor que **A** aceita uma letra sacada à própria ordem por **B** e a entrega temporariamente a **C** para que este, sobre o título, preste o seu aval em benefício do aceitante **A**; **C** avaliza a letra mas, antes de a devolver a **A** (que a deporá finalmente nas mão de **B**, seu credor na relação fundamental), arrepende-se e risca a sua declaração de aval. *Quid iuris?* Como já tive oportunidade de amplamente justificar e defender (CAROLINA CUNHA, *Letras e livranças, cit.*, p. 69, ss.), em casos como este *o problema não chega a ser de (des)vinculação, mas de perfeição do negócio jurídico*, porque a declaração negocial de aval não chega, sequer, a produzir efeitos. O regime do art. 29.ºI LU é aplicável, *mutatis mutandis*, e dele resulta que a eficácia da declaração (ou, se preferirmos, a constituição da obrigação) *não se basta* com o simples acto de exteriorização da vontade correspondente à subscrição do título; antes situa o momento da eficácia no segmento que lógica e cronologicamente se lhe segue: o da *emissão ou expedição* da declaração cambiária. Com interesse para a questão, pode ver-se ANGELONI, VITTORIO, "Alterazione di cambiale prima dell'emissione", *BBTC*, anno XXV, 1962, II, 382-388.
Se, pelo contrário, a letra já tiver regressado às mãos de **B** (ou até de **A**), a declaração de aval considera-se emitida, deixando de ser possível a **C** desvincular-se. Mesmo que, por hipótese, facticamente se conseguisse apoderar do título e riscasse o seu aval, estaríamos em presença de uma *falsificação*, tornando-se irrelevante a rasura efectuada. Ainda que o art. 69.º da LU esteja sobretudo redigido para cobrir alterações ao texto das menções essenciais (v.g., valor a pagar, vencimento), é neste sentido que aponta o seu espírito ou *ratio*.
Hipótese mais complexa é a que diz respeito a existência de *diversos avalistas*, que apõem a sua assinatura – quer em simultâneo, quer em momentos diversos – pelo mesmo avalizado-aceitante. Supondo que o título ainda não regressou às mãos do sacador/tomador, poderá *um desses avalistas desvincular-se*, riscando o seu aval? E se o título (preenchido) se encontra em poder do sacador-credor, *pode este dar o seu acordo à desvinculação de um particular avalista* e, consequentemente, riscar o respectivo aval? A solução para o problema (de que não me pretendo ocupar neste momento) passa necessariamente pela consideração de diversos vectores: desde logo, por apurar *se houve ou não emissão* da declaração de aval (e veja-se o que acabámos de dizer sobre o art. 29.ºI) e *se existe ou não uma convenção extracartular* entre os diversos avalistas, o sacador-credor e o avalizado-aceitante – e quais os seus termos.

[33] Ou seja, "qualquer dos endossantes que tenha pago uma letra pode riscar o seu endosso e os endossantes subsequentes" – art. 50.ºII LU . Devido à escassa circulação dos títulos,

Por isso concordo fundamentalmente com o STJ quando sustenta que o "os efeitos da obrigação cartular assumida pelo avalista destacam-se da obrigação subjacente segregando um feixe de obrigações e deveres que, do nosso ponto de vista, não são passíveis de denúncia"[34].

Mas se o avalista não se pode desvincular unilateralmente do aval que prestou, o mesmo já não se diga quanto ao acordo de preenchimento em que interveio[35].

2.3.2. O acordo de preenchimento de uma letra em branco enquanto negócio jurídico bilateral (ou plurilateral) susceptível de resolução unilateral por justa causa

O acordo de preenchimento de uma letra ou livrança em branco é um *negócio jurídico bilateral*; e mesmo, com frequência, *plurilateral*, como parece acontecer no caso subjacente ao AUJ. Na verdade, o acordo de preenchimento constava das condições gerais do contrato de abertura de crédito em conta corrente – mais precisamente das cláusulas 17.ª, §§ 1 e 2, e 19.ª, § 2, transcritas na matéria de facto[36].

---

esta hipótese tem a sua *aplicação directa* mais frequente nas situações de *endosso para desconto bancário*, quando o cliente (que é sacador à própria ordem e endossante) satisfaz a pretensão do banco (endossado e portador do título) e recupera deste a letra, munido da qual (em se tratando de uma letra comercial e não meramente financeira) pode exercer o seu direito cambiário de regresso contra o aceitante (cfr. novamente Carolina Cunha, *Letras e livranças, cit.*, desta feita p. 368-369).

[34] Embora a obrigação ou dever seja só uma (pagar o montante inscrito no título) e não "um feixe".

[35] Como aliás reconheceu o mesmo STJ no seu acórdão de 08-07-2003 (doc. n.º SJ200307080020607, www.dgsi.pt): dado "que se trata de título assinado em branco, é, na realidade [...], no plano do pacto de preenchimento que se coloca a questão da admissibilidade da denúncia desse convénio ou acordo" – o que não bule com o carácter "incondicionável" do aval.

[36] "17. Garantias I Disposições comuns; § 1. Para efeitos do contrato, considera-se abrangida pelas estipulações referentes às garantias a livrança entregue ao BES com a data de preenchimento e valor em branco, esteja ou não avalizada. § 2. Todas as garantias constituídas e indicadas nas condições particulares, destinam-se a garantir o bom pagamento de todas as responsabilidades que advêm para o cliente do não cumprimento pontual e integral de qualquer obrigação resultante do contrato bem como de suas alterações, prorrogações, aditamentos ou reestruturações, nomeadamente, e entre outras, o reembolso de capital, o pagamento de juros remuneratórios e moratórios, despesas judiciais ou extrajudiciais, honorários de advogados, solicitadores e custas, bem como saldos devedores de quaisquer contas bancárias de que o cliente seja titular ou co-titular que tenham como origem obrigações resultantes do contrato. 19. Livrança (...) § 2. O BES fica autorizado

Ora a desvinculação do ex-sócio, a admitir-se, verifica-se em face do acordo de preenchimento. Quer isto dizer que *o aval permanece exarado na livrança*, mas caso esta venha a ser completada para cobertura de responsabilidades societárias *posteriores* à saída do sócio e *este* accionado para cumprir a suposta obrigação cambiária, nos encontramos perante uma hipótese de *preenchimento abusivo, i.e.*, contrário ao que resulta do pacto de preenchimento que foi subjectivamente alterado com a desvinculação do ex-sócio[37]. O sucesso da invocação desta excepção de preenchimento abusivo, cujo ónus está a cargo do sócio-avalista em branco, depende, naturalmente, da prova da *má-fé* ou *falta grave* do portador da letra (art. 10.º da LU) – o que no caso não será difícil, um vez que a livrança não circulou: encontra-se nas mãos do banco, credor originário que junto com o ex-sócio celebrou o pacto de preenchimento e a cujo conhecimento foi levada a declaração por meio da qual este fez cessar, válida e eficazmente, a sua vinculação a esse pacto.

Mas significa isto também que, no cenário hipotético da circulação do título, caso a livrança viesse a ser dada à execução devidamente preenchida *por um terceiro-portador* cuja má-fé ou falta grave o ex-sócio não lograsse demonstrar, nesse caso *não poderia deixar de responder cambiariamente na sua qualidade de avalista*. É este o *risco essencial* que o art. 10.º LU assaca ao subscritor em branco: *prescindindo* de definir, no momento da assinatura, os termos exactos da sua vinculação cambiária, terá de *suportar* as consequências de essa vinculação vir a ser definida por outrem em termos *diversos* daqueles que correspondem à vontade que manifestou no pacto de preenchimento.

Mas este *sacrifício só se justifica* – e é esse o busílis da questão – se o portador da letra estiver de boa fé quanto ao conteúdo inserido. No caso em apreço, a desvinculação válida e eficaz do ex-sócio no plano do acordo de preenchimento *torna abusiva a utilização do título com a sua assinatura para cobrança de quantias correspondentes a financiamentos posteriores à sua saída da*

---

pelo cliente e pelo(s) avalista(s), caso existam, a preencher a livrança com uma data de vencimento posterior ao vencimento de qualquer obrigação garantida e por uma quantia que o cliente lhe deva ao abrigo do contrato". A matéria de facto do acórdão não esclarece se os avalistas – que, além do futuro cedente da quota, Paulo Jorge Ferreira Duarte, eram, Augusto Maria Tomé, Rosa Maria Martins Duarte Tomé e Edgar Filipe Duarte Tomé – também assinaram o formulário das condições gerais, mas supomos que sim, por ser essa a prática corrente. Em todo o caso, veja-se o que dissemos *supra*, n.º 2.1.2 sobre a intervenção dos avalistas no acordo de preenchimento entre o credor e o avalizado.

[37] Nos termos do art. 10.º LU, a livrança foi "completada contrariamente aos acordos realizados" – o pacto de preenchimento deixou de valer para o ex-sócio a partir do momento em que válida e eficazmente dele se desvinculou.

sociedade – e o banco *não pode deixar de o saber,* logo *é-lhe oponível,* em sede de execução, a excepção decorrente do art. 10.º LU.

2.3.3. O fundamento da desvinculação do sócio-cedente e os limites a essa desvinculação

Importa, agora, analisar o cerne da questão: *se e em que termos* um avalista em branco, que cede a sua participação social e se desliga da vida societária, *pode válida e eficazmente desvincular-se do acordo de preenchimento subjacente à emissão desse título em branco.*

Comecemos por voltar a nossa atenção para o contexto sociologicamente típico da prestação destas garantias cambiárias pelos sócios. No contexto das sociedades por quotas, onde, dada a predominância de pequenas e médias empresas no nosso tecido económico, assume particular relevo o elemento pessoal, é frequente os credores exigirem, como requisito *sine qua non* para a celebração contratos com a sociedade, a prestação de garantias pessoais pelos sócios, *cujos patrimónios passam, assim, a responder* por (algumas) vicissitudes da actividade societária – o que vai dissolver, no plano económico, a separação estabelecida pelo benefício da responsabilidade limitada. É naturalmente possível identificar um *interesse objectivo dos sócios* em correr semelhante risco, na medida em que os contratos garantidos se apresentam como importantes para a prossecução da actividade social.

Mas é esta *indissociável ligação* entre a *qualidade de sócio* e a *prestação da garantia* que legitima a interrogação sobre *o modo como a perda dessa qualidade poderá influenciar a (manutenção da) responsabilidade do garante.*

Como já tive oportunidade de esclarecer, antes de mais é necessário ter em conta o *tipo de responsabilidades societárias garantidas* pelo título cambiário em branco[38]. Em matéria de crédito (terreno de eleição do recurso a este tipo de garantias), o ex-sócio *continua a garantir* a restituição das quantias correspondentes aos financiamentos (em bens ou dinheiro) *recebidos*[39] pela sociedade *até ao momento da sua saída* (*rectius,* da produção de

---

[38] Cfr *supra,* n.º 2.2.
[39] "Recebidos" em sentido lato: não só aqueles financiamentos que efectivamente a sociedade já recebeu, como os financiamentos *certos e determinados* que que já solicitou e/ou cuja concessão já foi aprovada pelo credor. E, naturalmente, a garantia cobre, nos termos do acordo de preenchimento, não apenas o capital mas os juros e despesas relacionadas com o eventual incumprimento do contrato fundamental pela sociedade.

efeitos pela sua declaração de desvinculação). Mas fará sentido, do ponto de vista do negócio jurídico em que acordou os termos do preenchimento do título que subscreveu em branco, *mantê-lo vinculado a partir daí*, e porventura durante (muitos) anos volvidos sobre o momento em que abandonou a sociedade[40]? Será *exigível, no horizonte negocial do pacto que firmou com o credor*, que *garanta* a devolução de financiamentos societários cuja concessão *não lhe foi dado* apreciar, controlar ou sequer conhecer[41], e dos quais *não beneficiou minimamente*, perdida que foi a sua qualidade de sócio?

Sou de opinião que não: tal não é exigível ao sócio-cedente. Ora a categoria jurídico-negocial da *inexigibilidade* remete-nos para o instituto da *resolução por justa causa*: a desvinculação unilateral em face do pacto de preenchimento corresponderá ao *exercício*[42] *de um direito de resolução*. Não se trata, portanto, de uma resolução por incumprimento, cujo fundamento se busque no art. 801.º, 1 CCiv.[43]; mas de uma faculdade reconhecida ao sócio-cedente por *integração do acordo de preenchimento* segundo a vontade hipotética das partes e os ditames da boa fé impostos pelo art. 239.º CCiv.[44]. Este "critério normativo", em "articulação com o fim e o

---

[40] Veja-se o caso que o Acórdão do STJ de 11-12-2003 (dgsi.pt) decidiu: a livrança em branco, caucionando o bom pagamento do contrato de abertura de crédito em conta-corrente, foi avalizada em 1985; o avalista deixou de ser sócio em 11-12-1992 e o Banco teve conhecimento desse facto em 22-1-1993. A livrança, contudo, veio a ser preenchida e accionada em 2002, ou seja, *cerca de dez anos depois de o sócio se ter desligado da vida societária*.

[41] Recordemos, a este propósito, o teor do acordo de preenchimento no caso subjacente ao AUJ: as livranças "destinam-se a garantir o bom pagamento de *todas* as responsabilidades que advêm para o cliente [a sociedade] do não cumprimento pontual e integral de qualquer obrigação resultante do contrato *bem como de suas alterações, prorrogações, aditamentos* ou *reestruturações*".

[42] Sobre o *modo de exercer* o direito à desvinculação, cfr. CAROLINA CUNHA, *Letras e livranças, cit.*, p. 614-615. No caso que serviu de base a uniformização de jurisprudência houve a correcta e necessária comunicação escrita (por fax) ao banco, indicando (e comprovando, com a certidão do registo comercial) a vontade de o declarante se desvincular.

[43] Tem, todavia, uma expressão normativa directa no regime de um particular contrato duradouro – o contrato de agência. Na verdade, dispõe o art. 30.º, al. b) do que o contrato pode ser resolvido por qualquer das partes "se ocorrerem circunstâncias que tornem impossível ou prejudiquem gravemente a realização do fim contratual, em termos de não ser exigível que o contrato se mantenha (...)". Segundo ANTÓNIO PINTO MONTEIRO, *Contrato de agência. Anotação ao Decreto-Lei n.º 178/86, de 3 de Julho*, 7ª ed. act., Almedina, Coimbra, 2010, p. 136, "trata-se de um *fundamento objectivo*, baseado em circunstâncias respeitantes ao próprio contraente que decide resolver o contrato ou à contraparte"; uma situação de "justa causa" que nada tem que ver com a violação de deveres contratuais (sublinhados nossos).

[44] Vejam-se as construções dos autores que citamos *infra*, nt. 49.

contexto de sentido do contrato concreto"[45], requer que, em casos como os que delimitámos, se constitua na esfera jurídica do sócio-cedente um direito de resolução.

Note-se que, ainda que o contrato de abertura de crédito se pudesse qualificar como contrato por tempo indeterminado (e faltam-nos aqui elementos para apurar o acerto dessa qualificação[46]), *não me parece exacto mobilizar uma faculdade de denúncia*, entendida como poder de desvinculação *ad nutum*[47]. Até porque os sócios que permanecem na sociedade continuam vinculados aos termos do acordo de preenchimento, enquanto se mantiverem na sociedade e enquanto esta for parte no contrato de abertura de crédito[48]. A tutela desses contraentes em face do espectro de um vinculação perpétua ou indeterminada far-se-á por outra via: a do próprio contrato de abertura de crédito, a que *a sociedade* (de que são sócios e em cujo órgão deliberativo-interno participam necessariamente, além de ser relativamente vulgar que a isso acrescentem funções de gerência) *pode pôr fim* dentro do quadro negocial vigente (através de denúncia, oposição à renovação ou resolução).

Esta possibilidade de desvinculação já há muito que tem vindo a ser defendida pela doutrina (com apoio da jurisprudência) para aquelas situações em que a abertura de crédito é garantida por fianças dos sócios que posteriormente cedem as quotas[49]. E as inegáveis diferenças entre o

---

[45] Como advoga J. BAPTISTA MACHADO, "A cláusula do razoável", *João Baptista Machado – Obra Dispersa*, Scientia Iuridica, Braga, 1991, pp. 457-621, p. 484.

[46] Embora seja bastante frequente na prática – seja pela ausência de termo final, seja pela previsão da renovação automática salvo oposição das partes (mecanismo que, para a melhor doutrina, configura uma "regulamentação convencional do regime de denúncia" – PAULO HENRIQUES, *A desvinculação unilateral* ad nutum, *cit.*, p. 224-229).

[47] Veja-se o que dissemos *supra*, n.º 2.3.1, sobre a noção e fundamento da denúncia.

[48] Especificamente sobre o limite temporal das vinculações cambiárias em branco, cfr. CAROLINA CUNHA, *Letras e livranças, cit.*, p. 604-610.

[49] Assim, M. JANUÁRIO DA COSTA GOMES, "O mandamento da determinabilidade na fiança *omnibus* e o AUJ n.º 4/2001", *Estudos de direito das garantias*, vol. I, Almedina, Coimbra, 2004, p. 109-137, 123-124 (não é razoável, "à luz das regras de interpretação dos negócios jurídicos, pensar que os mesmos sócios, que aceitaram subscrever os termos de fiança preparados pelo Banco, quiseram manter-se vinculados mesmo depois de cederem a terceiros as respectivas participações sociais – mesmo depois de deixarem de ter interesses na empresa ou sequer contactos com a mesma"); e HENRIQUE MESQUITA, "Fiança (parecer)", *Colectânea de Jurisprudência*, XI, 1986, t. IV, p. 23-29, p. 27 (sempre que um sócio "declare que garantirá (v.g., como fiador) o cumprimento das obrigações que a firma a que pertence venha a assumir no futuro, a sua declaração deve ser interpretada, mesmo que nela não se contenha essa restrição ou ressalva, no sentido de que a garantia prestada abrange apenas as obrigações que venham a ser assumidas pela devedora enquanto o garante for sócio

a fiança e o aval[50] não são de molde a inviabilizar a aplicação, *mutatis mutandis*, desse acervo doutrinal e jurisprudencial às hipóteses de aval em branco. Julgo ter demonstrado[51]que o regime do aval em branco apresenta particularidades que tornam o conteúdo vinculação cambiária sensível (no estreito perímetro do art. 10.º LU) às vicissitudes do contrato fundamental garantido; e está igualmente aqui em causa uma situação de inexigibilidade, resultante de a cessação da qualidade de sócio acarretar para o garante "riscos acrescidos e não domináveis"[52].

Também poderá não será inteiramente correcto reconduzir simplesmente o problema de que nos ocupamos à questão confinante do aval *omnibus*[53]. Sem embargo de o aval em branco do caso *sub judice* poder eventualmente ser abrangido pela categoria do aval *omnibus*, pelo menos numa "perspectiva de continuidade": apesar de, originariamente, a garantia dizer respeito a duas concretas aberturas de crédito, com o limite global de € 100.000 (o que parece afastá-la suficientemente do espectro da indeterminabilidade relevante pare este efeito), a verdade é que o garante se vincula a cobrir também todas as "*alterações, prorrogações, aditamentos* ou *reestruturações*" a essas aberturas de crédito[54] – circunstância que, *uma vez desligado da sociedade*, o impossibilita de conservar uma "imagem virtual" do alcance da responsabilidade e do seu volume previsível, rompendo

---

dela". É "essa, seguramente, a vontade real do declarante; e é esse, também, por outro lado, o sentido que um declaratário normal atribuirá à declaração").

[50] Diferenças que o AUJ exaustivamente enumera, por forma a afastar a hipótese de desvinculação do sócio, e diferenças que analiso em CAROLINA CUNHA, *Letras e livranças, cit.*, p. 105-109, e também "Pluralidade de avalistas e direito de regresso", *Cadernos de Direito Privado*, n.º 40, Outubro/Dezembro de 2012, p. 56-67.

[51] Cfr. *supra*, n.º 2.1.

[52] JANUÁRIO GOMES, "O mandamento da determinabilidade na fiança *omnibus, cit.* p. 124.

[53] Como em certa medida parece fazer o STJ, ao ocupar-se detalhadamente das questão da *(in)determinabilidade do aval* e da *(in)aplicabilidade* a este negócio cambiário do preceituado pelo AUJ n.º 4/2001, de 23 de Janeiro de 2001, nos termos do qual é "*nula por indeterminabilidade do seu objecto* a fiança de obrigações futuras, quando o fiador se constitua garante de todas as responsabilidades provenientes de qualquer operação em direito consentida, sem menção expressa da sua origem ou natureza e independentemente da qualidade em que o afiançado intervenha."

[54] Pelo que me permito não concordar com o STJ quando afirma que "não poderá o avalista valer-se da renovação/prorrogação do contrato de abertura de crédito para se desobrigar de uma obrigação que, pela sua abstracção e literalidade, se emancipou da relação subjacente para subsistir como obrigação independente e autónoma". A suposta "emancipação" não pode fazer-se ao arrepio do regime legal, e o relevo conferido pelo art. 10.º LU ao pacto de preenchimento, conjugado com a ligação deste às vicissitudes do contrato fundamental, confere ao avalista em branco demandado a possibilidade de se defender (perante um portador de má fé) invocando tais vicissitudes.

assim com os *requisitos mínimos de admissibilidade* deste tipo de garantias por violação do princípio segundo o qual "não é tolerada a 'autosujeição patrimonial' de um sujeito relativamente à actuação de outro"[55].

Ou seja: seria a sujeição do sócio-cedente ao exercício do poder potestativo de preenchimento do credor[56] em condições que ele, com a perda da qualidade de sócio, teria deixado de conhecer e de poder influenciar – isto quando a vinculação havia sido assumida no pressuposto de que, inerente à sua qualidade de sócio, se encontrava essa possibilidade de acompanhamento e de (maior ou menor) influência – que aproximaria definitivamente a situação em análise dos quadros do aval *omnibus*. Dito de outro modo: se não se reconhecesse (como defendo que se deve reconhecer) ao sócio-cedente a faculdade de se desvincular do acordo de preenchimento, então aquela sujeição tornar-se-ia inadmissível à luz dos princípios gerais do direito das garantias. O que, é bom de ver, constitui um *argumento suplementar* quanto à necessidade de reconhecer ao sócio-cedente um direito de resolução.

2.3.4. A defesa dos interesses do banco-credor

Na perspectiva do STJ, permitir a desvinculação do avalista em branco que cede a quota[57] conduz a uma solução que carece de "razoabilidade" *por desacautelar os interesses do banco-credor*[58]. Não me parece que assim seja. Vejamos.

É legítimo argumentar que o reconhecimento de uma faculdade de desvinculação aos avalistas em branco que cedem as suas quotas *enfraquece a posição do banco*: perde garantias, não sendo líquido que as consiga substituir por outras de igual calibre. Naturalmente que, para o banco, *a melhor solução* é a que mantém os ex-sócios vinculados e lhes acrescenta, se possível, os adquirentes da quota como novos subscritores cambiários. A questão é saber *se semelhante ambição merecerá acolhimento jurídico no confronto com os legítimos interesses dos ex-sócios* – recorde-se que a atribuição de uma faculdade de desvinculação não é automática nem universal: apenas ocorre em hipóteses particulares que superem a fasquia rigorosa

---

55 Januário Gomes, "O mandamento da determinabilidade na fiança omnibus", p. 133.

56 Sobre este poder, cfr. Carolina Cunha, *Letras e livranças, cit.*, p. 560-566.

57 E permiti-la nos apertados termos que advogo, já que o STJ se refere directamente à posição que defendo em Carolina Cunha, *Letras e livranças, cit.*, p. 597, ss.

58 Segundo o STJ, "a desvinculação unilateral, na situação hipotisada, dessoraria totalmente a garantia prestada e deixaria o tomador do título de crédito sem qualquer garantia de que o crédito concedido viesse a ser pago".

da inexigibilidade[59]. Defendo uma resposta negativa: manter os ex-sócios vinculados, além de ser uma *solução desadequada* sob o ponto de vista da justa composição de interesses, não é uma *solução necessária,* na medida em que *o banco tem ao seu alcance os expedientes necessários à defesa dos seus próprios interesses.*

Desde logo, a instituição bancária pode prever no *formulário do acordo de preenchimento* (não se olvide que estamos perante contratos de adesão) as *consequências* da desvinculação subsequente a uma cessão de quotas sobre o contrato principal. Mesmo na ausência de tal previsão, se o banco estiver vinculado face à sociedade devedora, como acontece na abertura de crédito (simples ou em conta corrente), é adequada a solução entre nós defendida[60] em matéria de fiança: em função da importância relativa e contextual da garantia resolvida, o banco pode *invocar perante a sociedade devedora, para evitar a libertação de novas tranches pecuniárias, a excepção de não cumprimento do contrato,* a *resolução* ou até a *modificação* do contrato por alteração das circunstâncias (com destaque para a redução do *plafond* da abertura de crédito).

Por outras palavras, *a perda de garantias* sofrida com a desvinculação do subscritor em branco *projecta-se apenas no futuro,* estando ao alcance do banco-credor *reconfigurar* a relação fundamental por forma a reflectir essa diminuição.

Não se esqueça, por outro lado, que *o subscritor em branco permanece responsável pelas dívidas constituídas no passado,* até à extinção da garantia: a desvinculação produz meros efeitos *ex nunc.* E mais: o que conta não é a data da cessão de quotas, e sim *a data da recepção pelo banco da declaração de desvinculação do acordo de preenchimento*(art. 224.º CCiv.). Havendo suspeitas por parte do Banco quanto à solidez ou credibilidade da sociedade devedora na sequência da alteração do seu substrato pessoal (saída daquele sócio), a opção pela *resolução do contrato principal* (a abertura de crédito) permitir-lhe-á *liquidar a situação presente* e responsabilizar, se for o caso, o ex-sócio (em virtude do carácter anterior da dívida). Após o que prosseguirá, se assim o entender, a relação financeira que mantém com a sociedade através de um *novo contrato de abertura de crédito,* dotado de novos termos e garantias. Em alternativa (ou seja, se a situação não for de molde a accionar responsabilidades actuais), pode o Banco escolher a via

---

[59] Cfr. *supra,* 2.3.3.

[60] Por M. Januário da Costa Gomes, *Assunção fidejussória de dívida. Sobre o sentido e o âmbito da vinculação como fiador,* Almedina, Coimbra, 2000, pp. 828-829.

da *resolução-salvo-modificação do contrato de abertura de crédito*[61], desse modo "forçando" a respectiva alteração, em particular no que toca às garantias.

Atentemos, agora, no *risco de comportamentos fraudulentos* dos subscritores em branco que pretendam *utilizar a cessão de quotas para escapar a uma derrocada iminente dos negócios sociais – rectius*, ao impacto de tal derrocada sobre os respectivos patrimónios pela via das subscrições cambiárias efectuadas[62] . Em primeiro lugar, recorde-se que, no que toca à garantia prestada através de aval em branco, o que conta é o momento em que se verifica *o facto legitimador do preenchimento*, ou seja, *basta a sua anterioridade* em relação à cessão de quotas. Verificada essa condição, não releva (ou seja, não impede a responsabilização do ex-sócio) a circunstância de a *data de vencimento* aposta na letra ou livrança ser *posterior* à cessão[63]. Portanto, no âmbito de um contrato de abertura de crédito, o sócio-cedente *continua responsável*, na sua qualidade de avalista em branco, *por todas as quantias solicitadas antes de abandonar a sociedade*. Em segundo lugar, o banco-credor *deverá estar atento às evoluções registadas na situação económica* dos seus clientes societários e valorar adequadamente uma eventual "debandada" de sócios. Por último, qualquer situação fraudulenta não coberta por estas salvaguardas é de molde a convocar o *instituto geral do abuso de direito*. Ou seja, ponderadas as circunstâncias do caso, poder-se-á revelar abusivo o exercício da faculdade de desvinculação subsequente à cessão de quotas, com a consequência de *permanecerem os ex-sócios vinculados como garantes de dívidas posteriores* à sua saída da sociedade .

Tendo presentes estas considerações, gostaria agora de *responder às interrogações que o STJ levanta* e com as quais pretende demonstrar a "irrazoabilidade" da solução que proponho.

Conjectura o acórdão: "Suponhamos que todos os sócios de uma sociedade se responsabilizavam mediante o aval pelo pagamento de uma livrança, cujo preenchimento haviam acordado com a instituição credora, e que todos os sócios cediam as respectivas quotas. Neste caso seria razoável que mediante acto unilateral de todos e cada um dos sócios ocorresse uma desvinculação unilateral (...)?". Em minha opinião, continuaria a ser razoável a desvinculação. O fundamento apontado[64] mantém-se, como se mantém a responsabilidade dos sócios cedentes pelos financia-

---

[61] Sobre a figura da resolução-salvo-modificação, cfr. Baptista Machado, "Anotação ao Acórdão do STJ de 17-04-1986", RLJ, ano 120.º, 1987-1988, n.º 3759, pp. 178, ss.

[62] É a suspeita que paira, por exemplo, no caso decidido pelo Acórdão da Relação de Coimbra de 14-11- 2000 (CJ 2000 V 16-19), onde ficou provado que, à data da cessão, a sociedade "já atravessava sérias dificuldades de liquidez para fazer face aos seus compromissos".

[63] Quanto à imposição de um limite temporal ao preenchimento do título, cfr. *supra* nt. 48.

[64] Cfr. *supra*, n.º 2.3.3.

mentos solicitados e disponibilizados antes da sua saída (*rectius*, antes da recepção pelo banco das declarações de resolução do acordo de preenchimento). O facto de estarmos perante uma *radical alteração do substrato pessoal* da sociedade deverá ser *adequadamente valorado* pelo banco e *influir sobre o destino do contrato de abertura de crédito* – *v.g.*, o contrato mantem-se mas nenhum financiamento é disponibilizado enquanto os novos sócios não prestarem garantias pessoais; o contrato em vigor é resolvido pelo banco com justa causa e substituído por um novo, com diversas condições e diferentes garantes.

Mas continua o STJ : permaneceria "razoável" a desvinculação "numa hipótese mais perversa que um dos sócios cedesse simuladamente a sua participação social e tendo a cessão sido registada no pacto a viesse a exibir e impulsar como causa de uma denúncia de uma aval prestado?". Neste caso mais rebuscado, de duas, uma: *ou o banco tomava (mais cedo ou mais tarde) conhecimento da simulação* (neste caso, absoluta: sob o negócio simulado as partes nenhum negócio haviam querido celebrar – art. 240.º, 1 CCiv.) e podia invocar a nulidade do negócio simulado, *i.e.*, da cessão de quotas (art. 240.º, 2 CCiv.); *ou não tomava conhecimento da simulação*, e por conseguinte tratava a situação *como se* tivesse ocorrido uma cessão de quotas. Na primeira hipótese, o *negócio jurídico unilateral de resolução* (celebrado pelo sócio ao enviar a respectiva declaração ao banco) *seria nulo*, por não se ter verificado o *fundamento* da atribuição do direito potestativo de resolver o acordo de preenchimento (ou seja, não ter ocorrido uma cessão de quotas); logo o sócio *permanecia vinculado* ao acordo de preenchimento; logo o banco podia *continuar a accioná-lo* com base no título preenchido. Na segunda hipótese, o banco poderia recorrer a qualquer dos *mecanismos contratuais de defesa do seus interesses* que acima enunciámos, cessando o (ou modificando os termos do) financiamento futuro à sociedade se a "saída" desse sócio revestisse particular importância.

A mesma resposta vale para a derradeira interrogação do STJ – a saber, o que aconteceria se "a cessão fosse efectuada a quem não tinha património capaz e bastante para suportar a execução do título de crédito avalizado". Também aqui o sócio cedente continuaria responsável por dívidas anteriores à sua desvinculação; e *a decisão do banco quanto a financiamento futuros à sociedade deveria obviamente ter em conta a consistência das garantias* de com que poderia doravante contar[65].

---

[65] Recorde-se, a este propósito, que os intervenientes na cessão de quotas demonstram muitas vezes a preocupação em alocar internamente a responsabilidade emergente dos avales em branco subscritos pelos cedentes. Claro que semelhantes estipulações apenas produzem efeitos *inter partes*, não se impondo ao credor-banco que não haja concordado

Em suma, mesmo incluindo na equação a legítima tutela dos interesses do banco-credor a solução que defendo passa o teste da "razoabilidade". Tal julgo não se poder dizer da solução contrária, que permite que sujeitos que perderam a sua qualidade de sócios e se desligaram totalmente do funcionamento e negócios de uma dada sociedade possam vir a garantir com o seu património, muitos anos depois, financiamentos que não puderam conhecer nem controlar e de cujos efeitos em nada beneficiaram – quando esse conhecimento, controlo e benefício estiveram, justamente, na raiz da prestação da sua garantia.

3. Algumas conclusões quanto ao alcance da fixação de jurisprudência

Depois da clarificação que espero ter levado a cabo quanto aos equívocos em que, segundo creio, incorreu a decisão do STJ, é o momento de colocar algumas interrogações quanto ao verdadeiro *alcance prático* desta uniformização de jurisprudência.

Isto porque o AUJ vem estabelecer a inadmissibilidade da *denúncia do aval* pelo sócio-avalista que cede a sua quota. Ora, como julgo ter logrado demonstrar, o que em certos casos (que contendam com financiamentos futuros) se pode justificar é uma *resolução por justa causa* (e não uma denúncia *ad libitum*)[66] do *acordo de preenchimento* (e não do negócio jurídico cambiário de aval), em consequência da qual o subsequente accionamento do ex-sócio com base no título completado pelo banco-credor[67] constitui um *preenchimento abusivo*, invocável e *oponível* nos termos do art. 10.º da LU. Nada disto é impedido, quer-me parecer, pelo conteúdo da uniformização de jurisprudência, porque o aval simplesmente não é denunciado[68] – estamos, portanto, fora do âmbito de aplicação do AUJ.

---

com uma renegociação das garantias. Sobre o ponto, cfr. Carolina Cunha, *Letras e livranças, cit.*, p. 618, ss.

[66] Como, aliás, destaca o Conselheiro Oliveira e Sá na sua declaração de voto: "De qualquer modo, se a vinculação à doutrina do acórdão uniformizador impedir, de futuro, a defesa da possibilidade da denúncia, em casos idênticos aos contemplados no acórdão-fundamento, o recurso à resolução com justa causa (...) acobertará similar decisão".

[67] Desde que o preenchimento diga respeito a responsabilidade por financiamentos futuros, claro – como vimos, pode o ex-sócio vir a ser demandado cambiariamente, mesmo depois de abandonar a sociedade, no que toca a financiamentos solicitados ou concedidos até ao momento da sua desvinculação enquanto garante.

[68] Pelo que, como sublinhei, se por hipótese o título preenchido chegasse às mãos de um portador de boa fé, não seria oponível a excepção de preenchimento abusivo nos termos do art. 10.º LU, respondendo o ex-sócio na sua cambiária qualidade e avalista. Sem embargo, claro, da *pretensão indemnizatória* que, *a posteriori*, poderia exercer contra o

banco por ter dado azo à circulação do título *sem haver previamente rasurado o aval* do ex--sócio (note-se que, em consonância com o que observei *supra*, n.º 2.3.1., esta rasura seria aqui admissível: *entre* o portador-credor que a ela procede e *todos* os outros subscritores do título existem "relações imediatas" geradas pelo acordo de preenchimento, o que vai justamente legitimar essa "tradução cambiária" – a rasura – da desvinculação extracartularmente operada).

RESUMO: Este estudo toma como objecto principal as normas de natureza sancionatória previstas nos artigos 509.º a 529.º do CSC, introduzidas neste diploma por via do Decreto-Lei n.º 184/87, de 21 de Abril. Uma reflexão sobre o direito penal societário revela, de forma imediata, a necessidade da sua revisão e actualização, resultado, em grande medida, de uma certa petrificação temporal que mantém praticamente inalterada a redacção originária daquelas normas. A análise realizada neste estudo desenvolve-se de modo particular em torno do bem jurídico protegido, das penas aplicáveis e da natureza processual pública reconhecida a estas incriminações.

ABSTRACT: This study has for primary object the punitive rules established by articles 509th to 529th of the CSC (Código das Sociedades Comerciais), which were included in this diploma by the Decreto-Lei n. 184/87, of 21st of April. The analysis of these criminal rules reveals immediately the urgency on its revision as a result of the near immutability of these legal norms upon their original publication. This study is focused essentially on the protected legal good, on the applicable sanctions and on the public procedural nature recognized to these incriminations.

SUSANA AIRES DE SOUSA[*]

Nótulas sobre as disposições penais do Código das Sociedades Comerciais[**]

1. Apontamento histórico

Na sua versão primeira, conferida pelo Decreto-lei n.º 262/86, de 2 de Setembro, o CSC não incluía entre os seus preceitos normativos qualquer título ou capítulo referente a disposições penais ou sancionatórias, não obstante a expressa previsão de normas desta natureza no projecto de Código das Sociedades Comerciais de 1983[1].

[*] Assistente da Faculdade de Direito da Universidade de Coimbra.

[**] A realização deste estudo tem na sua origem e matriz a tarefa que acolhemos de comentar as disposições penais e contra-ordenacionais societárias no âmbito do *Código das Sociedades Comerciais em Comentário*, dirigido pelo Senhor Professor Doutor Jorge M. Coutinho de Abreu, a quem se agradece o convite para participar naquela obra.

[1] Este projecto, publicado no *BMJ*, n.º 327 (1983), p. 43 e ss., apresentava um Código das Sociedades Comerciais dividido em oito títulos. O Título VII compreendia as disposições penais, tipificadas nos artigos 500.º a 514.º. De acordo com a nota preambular que ini-

É através do Decreto-Lei n.º 184/87, de 21 de Abril, que se introduz no CSC, já então em vigor, o Título VII, constituído pelos artigos 509.º a 529.º, a que se fez corresponder a epígrafe inicial de "Disposições penais". Esta epígrafe viria, porém, a ser rectificada pela Declaração de 31 de Julho de 1987, ampliando a designação para "Disposições penais e de mera ordenação social", de forma a abranger as sanções de natureza administrativa tipificadas no artigo 528.º. Porém, na republicação do Código efectuada pelo Decreto-Lei n.º 76-A/2006, de 29 de Março, não foi considerada esta rectificação, restaurando indevidamente – face à existência de ilícitos de mera ordenação social, tipificados no artigo 528.º do Código – a curta epígrafe de "Disposições penais".

As razões para este desfasamento entre a publicação do direito societário e a publicação das correspondentes normas punitivas foram explicadas pelo Ministro da Justiça da altura, Mário Raposo, na reunião plenária da Assembleia da República de 22 de Julho de 1986, na qual se discutiu a proposta de lei que autorizava a intervenção criminal e contra-ordenacional no âmbito do CSC[2]. A intenção primeira do Governo era a de fazer coincidir no mesmo espaço e tempo as disposições punitivas com as disposições societárias; porém, a premência na publicação do Código e os atrasos decorrentes do circunstancialismo político na autorização legislativa em matéria criminal determinaram a sua aprovação e publicação sem aquelas disposições sancionatórias, objecto de um diploma complementar autori-

---

cia este Projecto, optou-se pela criminalização de "certos comportamentos faltosos cuja verificação devia dar lugar à aplicação de penas, por serem susceptíveis de prejudicar de modo inadmissível o património social, direitos dos sócios ou de terceiros." Previam-se as seguintes incriminações: *Declarações feitas para efeito de constituição, alteração ou registo da sociedade* (artigo 500.º); *Falta de cobrança de entradas; aquisição de acções próprias; participações recíprocas* (artigo 501.º); *Atribuição ilícita de bens da sociedade* (artigo 502.º); *Infracção relativa à apreciação da situação anual da sociedade* (artigo 503.º); *Falta de convocação ou de preparação de assembleia* (artigo 504.º), *Infracções relativas ao funcionamento da assembleia* (505.º); *Infracções relativas à redacção de actas* (artigo 506.º); *Infracção no caso de perda de metade do capital* (507.º); *Escrituração fraudulenta* (artigo 508.º); *Oposição à fiscalização* (artigo 509.º); *Infracções relativas ao registo ou depósito de acções* (artigo 510.º); *Abuso de informações* (artigo 511.º); *Manobras fraudulentas sobre títulos* (artigo 512.º); *Emissão irregular de acções ou obrigações* (artigo 513.º).

[2] Cf. *Diário da Assembleia da República*, IV Legislatura, 1.ª Sessão Legislativa (1985-1986), 1.ª série, n.º 100, p. 3794 e ss. Veja-se ainda, sobre esta contextualização histórica, SUSANA AIRES DE SOUSA, «Direito penal das sociedades comerciais. Qual o bem jurídico?», *RPCC 12 (2002)*, p. 67; JOSÉ TOMÉ CARVALHO, «Direito penal societário», *Julgar 09 (2009)*, p. 204; PAULO DE SOUSA MENDES, «Título VII – Disposições penais e de mera ordenação social. Introdução», in: *Código das Sociedades Comerciais Anotado* (coord. António Menezes Cordeiro), Coimbra: Almedina, 2011, p. 1334.

zado pelo Parlamento[3]. A autorização legislativa ao Governo para definir os ilícitos criminais e as respectivas sanções penais seria concedida pela Lei n.º 41/86, de 23 de Setembro[4].

Estas normas mantiveram-se praticamente inalteradas desde então, não obstante as modificações e as reformas realizadas no regime societário constitutivo das normas primárias a que estão visceralmente ligadas, criando-se, em alguns casos, situações graves de dissonância entre o regime punitivo e o direito societário cuja observância se pretende acautelar.

As escassas modificações legais do regime punitivo foram essencialmente de natureza formal. Apontam-se apenas duas alterações legislativas: a primeira realizada pelo Decreto-lei n.º 142-A/91, de 10 de Abril, que revogou os artigos 524.º e 525.º, retirando do CSC os crimes de *Abuso de informação* e de *Manipulação fraudulenta de cotações de títulos*; a segunda efectuada pelo Decreto-Lei n.º 76-A/2006, de 29 de Março, em coerência com o novo figurino e denominação dados por este diploma aos órgãos de direcção e fiscalização da sociedade comercial.

2. Codificação e sistematização

Os artigos 509.º a 528.º do CSC prevêem um conjunto de normas sancionatórias de natureza criminal e contra-ordenacional que tipificam condutas violadoras das regras societárias. A opção pela inclusão de normas de natureza criminal e também contra-ordenacional neste código não é isenta de controvérsia. Na verdade, em alternativa contrapõem-se duas possibilidades: a primeira no sentido de criar um regime específico em diploma extravagante; a segunda no sentido de incluir aquelas incriminações no próprio Código Penal[5]. Esta última esteve longe da mente do legislador português, não obstante ser a opção seguida em outros ordenamentos jurídicos de que constitui exemplo a lei penal espanhola[6]. Todavia, ao legislador português não terá sido totalmente estranha a possibilidade

---

[3] Sobre as razões invocadas pelo Ministro da Justiça justificativas deste desfasamento veja-se *Diário da Assembleia da República*, IV Legislatura, 1.ª Sessão Legislativa (1985-1986), 1.ª série, n.º 100, p. 3796 e s. Esta evolução legislativa faseada é igualmente sublinhada no preâmbulo do Decreto-Lei n.º 184/87, de 21 de Abril.

[4] Publicada no *DR*, I série, n.º 219, de 23 de Setembro de 1986.

[5] Como refere PAULO DE SOUSA MENDES, a hipótese de as disposições penais e de mera ordenação social serem integradas no Código Penal, muito embora tenha sido debatida no Parlamento, foi sempre afastada, cf. «Título VII – Disposições penais e de mera ordenação social. Introdução», *op. cit.*, p. 1336.

[6] Cf. *infra*, ponto 3.

de optar pela previsão da matéria penal societária em diploma extravagante como se depreende do preâmbulo do Decreto-lei n.º 262/86, que aprovou o CSC, ao remeter, no seu n.º 35, as disposições penais e contra-ordenacionais para um diploma especial[7]. Como sublinha Menezes Cordeiro, este "'diploma especial' veio, de facto, a surgir – foi o DL 184/87, de 21-Abr., no uso da autorização conferida pelo artigo 1.º da Lei 41/86, de 23-Set. – mas não como 'especial': ele introduziu o actual Título VII no CSC, fazendo passar o antigo Título VII a VIII"[8]. Esta alteração realizada no código criou assim um direito penal especial das sociedades comerciais.

Se a solução de integrar as normas sancionatórias no CSC apresenta a clara vantagem de proximidade das normas primárias cuja observância se pretende tutelar, não se furta a reservas e dificuldades de distinta natureza. Para além das críticas que têm sido apontadas pela doutrina, como o intuito essencialmente compilatório ou a mera junção no mesmo código, a título experimental, de matéria civil e penal, deve evidenciar-se, quanto a nós, uma desvantagem muito relevante: a opção, inerente à técnica legislativa usada, de recortar a conduta típica (e o dever por ela pressuposto) através do reenvio para o regime societário incorre no risco de desvirtuar excessivamente a ilicitude material penal, obscurecendo o concreto conteúdo da conduta criminalizada, em claro prejuízo do princípio da legalidade criminal na sua vertente de determinabilidade da norma penal. Deste modo, esta "técnica de reenvio" constitui um forte obstáculo à interpretação e concretização dos comportamentos criminalmente tipificados.

Os artigos 509.º a 527.º do CSC tipificam condutas de pessoas singulares, responsáveis pela actuação empresarial, relacionadas com a infracção de regras que acompanham o desenvolvimento da vida societária. De um ponto de vista sistemático, o legislador tipificou crimes relacionados com a realização e preservação do capital social e do património social, como, no artigo 509.º, a falta de cobrança de entradas de capital ou, no artigo 514.º, a distribuição ilícita de bens da sociedade. Prevêem-se ainda crimes relacionados com a aquisição e amortização de quotas ou acções (artigos 510.º, 511.º, 512.º e 513.º) bem como determinadas irregularidades na emissão de títulos (artigo 526.º). Um terceiro grupo de incriminações

---

[7] Pronunciando-se criticamente quanto à integração das disposições penais e de mera ordenação social no CSC e em favor da sua inclusão em um diploma extravagante, veja--se António Menezes Cordeiro, «Introdução», in: *Código das Sociedades Comerciais Anotado*, *op. cit.*, p. 41.

[8] Cf. António Menezes Cordeiro, «Introdução», in: *Código das Sociedades Comerciais Anotado*, *op. cit.*, p. 42, nota 29.

tem por referência a assembleia social, criminalizando-se a irregularidade na sua convocação (artigo 515.º), a falsidade de informação constante na convocatória (artigo 520.º), a perturbação (artigo 516.º) e participação fraudulenta em assembleia social (artigo 517.º) e, por fim, a recusa ilícita de lavrar acta (artigo 521.º). Estas normas sancionatórias compreendem ainda incriminações relacionadas com o dever de prestar informação sobre a sociedade, como a recusa ilícita de informação (artigo 518.º), prestação de informações falsas (artigo 519.º) e o impedimento à fiscalização da vida da sociedade (artigo 522.º). Por último, tipifica-se no artigo 523.º a violação, por parte do gerente ou administrador, do dever de propor a dissolução da sociedade ou a redução do capital quando estiver perdida metade do capital[9].

3. Perspectivas de direito comparado

As normas de direito comunitário impõem aos Estados membros o compromisso de adoptar e prever sanções adequadas a evitar a prática de determinados actos ilícitos no âmbito da actividade das sociedades comerciais[10]. Desta forma, os Estados têm procurado introduzir na sua ordem interna normas que sancionem condutas abusivas por parte daqueles que detêm uma posição de poder ou de direcção na empresa. Porém, a forma de concretização de um tal regime punitivo está longe de ser uniforme. Com efeito, em matéria de direito penal societário é possível identificar dois grandes modelos acolhidos pelo direito continental europeu: de um lado, o modelo francês, caracterizado por uma abundância de incriminações no domínio societário; de outro, o modelo germânico que se pauta pela subsidiariedade das condutas societárias criminalmente relevantes[11].

O direito francês foi historicamente preponderante na afirmação de um direito penal societário[12], prevendo uma larga panóplia de tipos incri-

---

[9] Cf. Paulo Tarso Domingues/Susana Aires de Sousa, «Os crimes societários: algumas reflexões a propósito dos artigos 509.º a 527.º do Código das Sociedades Comerciais», *Infrações Económicas e Financeiras: Estudos de Criminologia e de Direito*, (org. José Neves Cruz, Carla Cardoso, André Lamas Leite, Rita Faria), no prelo.

[10] Cf. artigos 2.º, n.º 1, e 6.º da Primeira Directiva 68/151/CEE, do Conselho, de 9 de Março 1978 e os artigos 2.º e 51.º, n.º 3, da Quarta Directiva 78/660/CEE de 25 de Julho de 1978.

[11] Cf. sobre esta questão e de modo desenvolvido, José Tomé Carvalho, «Direito penal societário», *op. cit.*, p. 206.

[12] Cf. José Manuel Meréa Pizarro Beleza, «Direito penal das sociedades comerciais», *RDE* 3 (1977), p. 267 e ss.

minadores, enquadrados no âmbito do *droit pénal des affaires*. Tais incriminações integravam, na sua maioria, a Lei 66 537 de 24 de Julho de 1966 (*Loi sur les Sociétés Commerciales*), que consagrava originariamente mais de setenta disposições penais no domínio das sociedades comerciais[13]. Por via da *Ordonnance* de 18 de Setembro de 2000, estas disposições penais foram codificadas, em conjunto com outras normas dispersas em vários textos legais, no Título IV do Livro II do *Code du Commerce*, sob a epígrafe "Dispositions pénales". O excessivo número de incriminações previstas e a diminuta relevância criminal de algumas dessas condutas motivaram um movimento de despenalização iniciado pela lei de 15 de Maio de 2001 (*Nouvelles Régulations Économiques*), continuado pelas leis de 1 de Agosto de 2003 sobre a segurança financeira e sobre a iniciativa económica e ainda pelas *Ordonnances* de 25 de Março e de 24 Junho de 2004 que, prosseguindo um intuito de simplificação do direito das sociedades, eliminaram um grande número de incriminações[14]. Michel Véron dá conta de que este movimento de despenalização deverá ser continuado por alguns estudos e propostas legislativas em curso[15]. Ainda assim permanecem diversas incriminações, previstas fundamentalmente no título IV do *Code de Commerce*, que acompanham a vida da sociedade nos seus diversos momentos, por exemplo, no financiamento da sociedade, no cumprimento das formalidades de publicidade, na manipulação da informação societária, no direito à informação dos sócios, na gestão da sociedade, na correcta distribuição dos dividendos e no cumprimento das regras de dissolução da sociedade[16].

O modelo germânico pauta-se por uma previsão minimalista de um direito penal especificamente societário, por regra inscrito nos códigos societários. Também o direito alemão prevê, desde as últimas décadas do século XIX, uma intervenção punitiva no domínio societário. Porém, de modo diferente ao modelo francês, as incriminações societárias assumem um carácter profundamente subsidiário desde logo em face das incriminações comuns, longínquo de uma natureza esgotante ou exaustiva[17].

---

[13] Cf., com referências bibliográficas adicionais, Susana Aires de Sousa, «Direito penal das sociedades comerciais…», *op. cit.*, p. 63.

[14] Sobre esta evolução legislativa veja-se Michel Véron, *Droit pénal des affaires*, Paris: Dalloz, 2011, p. 127 e ss.

[15] Cf. *Droit pénal des affaires, op. cit.*, p. 128.

[16] Em geral sobre estas incriminações veja-se o comentário de Michel Véron, *Droit pénal des affaires, op. cit.*, p. 131 e ss.

[17] Serve de exemplo a eliminação de algumas condutas de administração danosa ou de abuso de bens societários pelo *AktG* de 6 de Setembro de 1965 por se considerar que tais condutas seriam já sancionadas por incriminações comuns, designadamente pelo crime

A lei das sociedades anónimas *(AktG)* prevê nos parágrafos 399 a 406 um conjunto de sanções referentes à violação das regras societárias[18]. Entre as condutas incriminadas conta-se a prestação de informações falsas, a violação do dever de informar ou de guardar segredo, ou ainda a infracção de deveres que determine o endividamento ou a incapacidade de pagar. Também os parágrafos 82 a 85 da lei das sociedades de responsabilidade limitada *(GmbHG)* prevêem sanções para actos abusivos das regras destas sociedades cometidos, desde logo, por aqueles que nelas assumem funções de direcção ou gestão[19]. Trata-se, no entanto, de disposições normativas que não esgotam a relevância criminal de condutas dos responsáveis pela sociedade comercial na medida em que, como já se referiu, são igualmente convocadas na tutela dos interesses societários alguns delitos comuns, tipificados no Código Penal, como os crimes de Burla *(Betrug,* § 263 do *StGB)* e de Infidelidade *(Untreue,* § 266 do *StGB).*

Os modelos expostos partilham uma certa preferência por acolher os específicos crimes societários na codificação primária de direito societário. Foi esta também a escolha, como se referiu anteriormente, do legislador português e, em certa medida, foi ainda a escolha do legislador italiano ao incluir os *reati societari* num código de direito privado, neste caso no *Codice Civile.* As incriminações e contravenções de natureza societária estão, em geral, compreendidos no Libro V do Código Civil italiano, nos artigos 2621 a 2642[20]. A matéria penal societária foi objecto de uma importante

---

de infidelidade *(Untreue),* previsto no parágrafo 266 do Código Penal *(StGB – Strafgesetzbuch).* Porém, a ausência de um crime de infidelidade na administração das sociedades comerciais tem merecido profundas críticas por parte de alguma doutrina germânica, favorável à existência de um crime de administração desleal ou de infidelidade especificamente societário, como nos dá conta Gabriela Páris Fernandes, «O crime de distribuição ilícita de bens da sociedade», *Direito e Justiça,* Vol. XV, Tomo 2 (2001), p. 274 e ss. Sobre a evolução da legislação alemã veja-se Hefendehl, «Dritter Teil. Straf- und Bußgeldvorschriften», *in: Kommentar zum Aktiengesetz* (org. Spindler/Stilz), Band 2, München: Beck, 2010, p. 1371; ainda, entre nós, Paulo de Sousa Mendes, «Título VII – Disposições penais e de mera ordenação social. Introdução», *op. cit.,* p. 1337.

18 Sobre estas incriminações, de modo desenvolvido, veja-se Hefendehl, «Dritter Teil. Straf- und Bußgeldvorschriften», *in: Kommentar zum Aktiengesetz* (org. Spindler/ Stilz), Band 2, München: Beck, 2010, p. 1371; também Oetker, «Dritter Teil. Straf- und Bußgeldvorschriften», *in: Aktiengesetz Kommentar* (org. Schmidt /Lutter), Köln: Verlag Dr. Otto Schmidt, 2010, p. 3679 e ss.; e ainda Bernsmann, *NomosKommentar. Aktienrecht und Kapitalmarktrecht* (org. Heidel), Baden-Baden: Nomos, 2007, p. 1762 e ss.

19 Um comentário a estas incriminações pode ver-se em Roth, *Kommentar zum GmbH-Gesetz,* (org. Bork/Mannheim), Köln: RWS Verlag, 2010, 1170 e ss.; também em Kleindiek, *GmbH-Gesetz Kommentar* (org. Lutter/Hommelhoff), Köln: Otto Schmidt, 2009, p. 1642 e ss.

20 A literatura italiana sobre os crimes societários é abundante e intensificou-se com a reforma legislativa realizada pelo Decreto Legislativo n.º 61, de 11 de Abril de 2002. Sobre

e significativa revisão realizada pelo Decreto Legislativo n.º 61, de 11 de Abril de 2002, que, entre outras modificações, reduziu o número de crimes com base no princípio da ofensividade e da subsidiariedade da intervenção penal[21]. Entre os propósitos daquele diploma conta-se também uma redefinição dos elementos típicos de modo a conferir maior objectividade e clareza na tipificação das condutas, bem como o estreitar do âmbito de punição, através da introdução de condições de punibilidade e da redução das penas.

Nesta análise comparativa impõe-se ainda a referência ao direito espanhol justificada pela opção, distinta e original, de incluir, desde 1995, os delitos societários nos artigos 290.º a 297.º do Código Penal[22]. Estes artigos tipificam condutas fraudulentas dos administradores das sociedades no exercício da sua actividade de administração e direcção da empresa. Os comportamentos puníveis são seis: falsificação de documentos societários (artigo 290.º); imposição de acordos abusivos (artigo 291.º); imposição de acordos abusivos mediante maiorias fictícias (artigo 292.º); lesão dos direitos sociais de informação, de participação na gestão ou de controlo da actividade social (artigo 293.º); obstrução de inspecção ou supervisão (artigo 294.º) e administração fraudulenta da sociedade (artigo 295.º). Todavia, tal como em França, na Alemanha ou em Itália, também no ordenamento jurídico espanhol surgem algumas reservas doutrinárias quanto à tipificação de alguns comportamentos de duvidosa relevância penal e simultaneamente quanto à indeterminação dos interesses protegidos por essas normas[23].

esta reforma veja-se *Commentario delle Società* (org. Giovanni Grippo), Tomo Secondo, Utet, 2009, p. 1587. Uma análise pormenorizada destas incriminações, na versão anterior à revisão de 2002, pode encontrar-se em Ennio Fortuna, *Manuale di Diritto Penale dell'Economia*, CEDAM, Padova, 1994, p. 150 e ss.

[21] A despenalização de algumas condutas, realizada por este diploma, foi levada ao Tribunal de Justiça da União Europeia com o fundamento de a entrada em vigor daquelas disposições determinar o incumprimento pelo Estado italiano da obrigação comunitária de sancionar adequadamente os actos abusivos praticados no domínio das sociedades comerciais. Esta pretensão foi porém rejeitada por aquele tribunal. Cf. Alberto Crespi, *Studi di Diritto Penale Societario*, Milano: Giuffrè Editore, 2010, p. 155 e ss.

[22] Sobre a inclusão destes delitos no Código Penal e os seus antecedentes legislativos veja-se Antonio Moya Jiménéz, *La Responsabilidad Penal de los Administradores: Delitos Societarios y otras Formas Delictivas*, Barcelona: Bosch, 2010, p. 17 e ss.; também Suárez González, «Capítulo XIII – De los delitos societários», *in*: G. Rodríguez Mourullo (dir.), Agustín Jorge Barreiro (coord.), *Comentários al Código Penal*, Madrid: Editorial Civitas, 1997, p. 832 e ss.

[23] Neste sentido, Suárez González, «Capítulo XIII – De los delitos societários», *op. cit.*, p. 833 e s., referindo-se expressamente à falta de dignidade penal de condutas como aquelas que se prevêem nos artigos 291 e 293. Entre os comportamentos carentes daquela tutela

Esta breve descrição do desenho normativo conferido aos delitos societários por distintos ordenamentos jurídicos indicia alguns dos problemas suscitados pela tipificação destas incriminações: a sua codificação e localização sistemática entre as normas de direito privado ou em alternativa em legislação de específica natureza punitiva; a opção por um catálogo mais ou menos extenso de incriminações, auxiliadas, nesta última hipótese e em planos distintos, pelo direito penal clássico e pelas sanções administrativas; ou ainda os concretos interesses e bens carentes de tutela penal. Acrescente-se também que algumas objecções críticas dirigidas às incriminações societárias são comuns a ordenamentos jurídicos que partiram de uma matriz distinta na edificação dos delitos societários – como acontece com o modelo punitivo francês e o modelo punitivo germânico – de que constitui exemplo a excessiva intervenção do legislador penal nesta matéria, com claro prejuízo do princípio da subsidiariedade e *ultima ratio* do direito penal, ou a indeterminação das concretas condutas que se pretende ver sancionadas criminalmente. Estas objecções são igualmente extensíveis ao legislador português, antecipando-se desde já uma das notas conclusivas deste estudo. Antes porém importa considerar, pela sua relevância e natureza fundamental, algumas reflexões de natureza substancial e adjectiva, sobre o regime legal dos delitos societários tipificados no CSC: o bem jurídico tutelado, as penas cabidas a estes delitos e a sua natureza processual.

4. Bem jurídico tutelado

No âmbito da literatura penal predominam as referências doutrinárias que identificam a função de intervenção punitiva do Estado com a tutela subsidiária de bens jurídicos, tidos como "expressão de um interesse, da pessoa ou da comunidade, na manutenção ou integridade de um certo estado, objecto ou bem em si mesmo socialmente relevante e por isso juridicamente reconhecido como valioso"[24]. O conceito de bem jurídico-penal convoca, de forma imediata, princípios fundamentais do direito penal como a dignidade penal e a necessidade de pena e questiona, mediatamente, o próprio sentido e função do *direito de punir*, uma vez que constitui referência máxima ao conceito material de crime e à funda-

---

e que não mereceram tipificação, este autor indica, por exemplo, a não convocatória no prazo legal da assembleia social ou o uso de domicílio falso.
[24] Cf. JORGE DE FIGUEIREDO DIAS, *Direito Penal. Parte Geral*, Tomo I, 2.ª edição, Coimbra: Coimbra Editora, 2007, p. 114.

mentação do ilícito penal. A determinação do bem jurídico tutelado através da criminalização de determinadas condutas constitui um *prius*, um critério legitimador da intervenção punitiva que se projecta na restrição de direitos fundamentais. Daí que se reconheça à categoria dogmática de bem jurídico uma função crítica, enquanto padrão que deve pautar a concreta criminalização, mas se assinale igualmente uma função dogmática, enquanto substrato material necessário à espessura da ofensa, de forma a graduá-la como de lesão ou de perigo, e ainda uma função interpretativa e sistemática, cumprida na ordenação das normas incriminadoras contidas na parte especial do Código Penal[25]. Do cumprimento destas funções decorre o valor acrescido do conceito de bem jurídico na construção de um direito penal legitimado, reconhecido como valioso e fundamental à realização humana em sociedade.

O reconhecimento da tutela subsidiária de bens jurídicos como função do direito penal não obsta à abertura da legislação penal às exigências de tutela desveladas pela evolução social. Contudo, julgamos ser necessária a prévia existência de um concreto e delimitado bem jurídico a tutelar para que a incriminação de determinada conduta seja legítima. Daqui decorrem, em nosso modo de ver, duas consequências fundamentais. Em primeiro lugar, o direito penal não pode erigir-se como impulsionador da mudança das concepções sociais dominantes, como factor revelador de novas consciências sociais e colectivas carentes de tutela penal, como criador, ele próprio, de bens jurídico-penais. Trata-se de um ramo do direito marcado pela tragédia de "chegar sempre demasiado tarde"[26] e que apenas pode perseguir *a posteriori* o desrespeito por bens jurídicos reconhecidos e afirmados no plano social. Em segundo lugar, cremos que a intervenção do direito penal só estará legitimada quando surja em resposta à tutela de um bem jurídico, de natureza individual ou colectiva, que se mostre materializável e definido no seu conteúdo, limites e dimensões. Só assim poderá continuar a exigir-se do bem jurídico uma função de exame crítico da incriminação, eliminando falsos problemas a que a voracidade da

---

[25] Sobre as funções desempenhadas pela categoria de bem jurídico *vide* Giovanni Fiandaca, «Il "bene giuridico" come problema teorico e come criterio di politica criminale», *RIDProcP*, ano XXV (1982), p. 43 e ss. A função interpretativa e sistemática reconhecida ao bem jurídico-penal está directamente relacionada com a racionalidade e coerência interna da Parte Especial da lei penal. Neste sentido alguns autores sublinham, entre os fins prosseguidos pela Parte Especial, uma «função descritiva das representações e valorações colectivas», cf. José de Faria Costa, Direito Penal Especial, Coimbra: Coimbra Editora, 2004, p. 27 e ss.

[26] Cf. Andreas L. Paulus, «Do Direito dos Estados...», *op. cit.*, p. 91, a propósito da tragédia que persegue o Direito Penal Internacional.

evolução social tem induzido o direito penal e de que constitui exemplo máximo uma certa confusão entre a categoria jurídico-penal de bem jurídico e a teleologia da norma incriminatória: fazer coincidir a *ratio* da incriminação com o bem jurídico-penal corresponde a fazer renascer uma concepção metodológica de bem jurídico, perdendo-se de forma irremediável aquela valiosa função crítica que lhe é assinalada.

Estas duas notas adquirem particular relevância no plano do direito penal das sociedades comerciais. Trata-se de um domínio de intervenção situado fora do direito penal clássico, por regra enquadrado no domínio do direito penal económico, caracterizado pela sua maior permeabilidade às modificações económicas e sociais[27]. Esta nota de instabilidade, presente na génese do direito penal dos negócios, permite igualmente compreender algumas das dificuldades em determinar os concretos interesses tutelados no âmbito do direito penal societário. Trata-se de uma questão algo controversa quer na doutrina penal em geral, quer de modo particular na doutrina portuguesa[28].

De um lado, há quem reconheça aos interesses tutelados uma natureza individual titulada por aqueles que se relacionam com a sociedade comercial. Parece ser este o entendimento seguido por José Manuel Pizarro Beleza, para quem o bem jurídico coincide assim com o conjunto de interesses "particulares de grupos ligados à sorte da empresa"[29].

De uma outra perspectiva, confere-se ao interesse tutelado uma natureza colectiva a que corresponde uma maior amplitude, identificando-o com a economia pública. Com efeito, segundo Germano Marques da Silva, "o bem jurídico comum a todos os crimes do Tit. VII. é a economia pública que pode ser gravemente afectada pelo irregular funcionamento das entidades admitidas a actuar no mundo do direito com autonomia, como pessoas jurídicas, e que são na sociedade moderna elementos estru-

---

[27] Sobre esta natureza instável e dinâmica do direito próprio de um Estado interventivo no plano económico e social, veja-se, de modo desenvolvido, Augusto Silva Dias, *"Delicta in se" e "Delicta mere prohibita": uma Análise das Descontinuidades do Ilícito Penal Moderno à Luz da Reconstrução de uma Distinção Clássica*, Coimbra: Coimbra Editora, 2008, p. 220; também Susana Aires de Sousa, *Os Crimes Fiscais. Análise Dogmática e Reflexão sobre a Legitimidade do Discurso Criminalizador*, Coimbra, Coimbra Editora, 2009 (reimp.), p. 195.

[28] Cf. Paulo Tarso Domingues/Susana Aires de Sousa, «Os crimes societários: algumas reflexões a propósito dos artigos 509.º a 527.º do Código das Sociedades Comerciais», *op. cit.*, texto que neste ponto se segue de perto.

[29] José Manuel Merêa Pizarro Beleza, «Direito penal das sociedades comerciais», *op. cit.*, p. 286.

turais da actividade económica"[30]. A esta perspectiva aderem outros autores portugueses. É o caso de Gabriela Páris Fernandes para quem tal bem jurídico foi, em alguns daqueles tipos legais, elevado a elemento constitutivo do tipo de ilícito, dando origem a um delito de perigo concreto ou de dano; noutros tipos legais, a opção legislativa foi no sentido de reservar a tutela da economia pública como motivo ou fundamento da incriminação que surge assim sob a veste de um crime de perigo abstracto[31]. Também Paulo de Sousa Mendes reconhece a economia pública como bem jurídico protegido comum a todas as incriminações societárias. Todavia, segundo este autor, a identificação da ordem económica como interesse primário tutelado não impede que mais bens jurídicos sejam tutelados por aquelas normas, inclusivamente de forma mais directa ou imediata, cabendo "ao intérprete verificar, relativamente a cada tipo incriminador, se existem outros bens jurídicos tutelados"[32], como por exemplo a protecção dos interesses de accionistas ou de terceiros. Por conseguinte, algumas destas incriminações têm para este autor uma natureza pluri-ofensiva.

Da nossa perspectiva o bem jurídico inerente àquelas incriminações coincide com o correcto funcionamento da sociedade comercial enquanto centro aglomerador de diferentes interesses económicos e instrumento capaz de intervir na economia[33]. Neste sentido, por via daquelas normas tutela-se a própria sociedade comercial enquanto instrumento económico, prevenindo a prática de actos abusivos através da forma jurídica societária. Trata-se pois de um bem jurídico supra-individual ou colectivo, dotado de estrutura valorativa suficiente para sustentar e legitimar a intervenção penal e cujo reflexo constitucional se pode encontrar no artigo 86.º da CRP que estabelece "o estatuto da empresa privada enquanto *instituto da organização económica*"[34].

A tutela deste bem jurídico, de natureza colectiva, serve ainda, embora de forma mediata, a protecção de interesses individuais daqueles que se relacionam com a empresa, designadamente os interesses dos credo-

---

[30] Cf. «Disposições penais do Código das Sociedades Comerciais – Considerações Gerais», *Textos-Sociedades Comerciais*, Centro de Estudos Judiciários/Conselho Distrital do Porto da Ordem dos Advogados, Lisboa, 1994/95, p. 45.

[31] Cf. GABRIELA PÁRIS FERNANDES, «O crime de distribuição ilícita de bens da sociedade», *op. cit.*, p. 248

[32] Cf. PAULO DE SOUSA MENDES, «Título VII – Disposições penais e de mera ordenação social. Introdução», *op. cit.*, p. 1340.

[33] Uma tal compreensão do bem jurídico pode ver-se em SUSANA AIRES DE SOUSA, «Direito penal das sociedades comerciais...», *op. cit.*, p. 66 e ss.

[34] J. J. GOMES CANOTILHO/VITAL MOREIRA, *Constituição da República Portuguesa Anotada*, Coimbra Editora, 2007, p. 1013.

res, dos sócios, dos accionistas, de terceiros, bem como a salvaguarda da própria economia. Por outro lado, a protecção da sociedade comercial enquanto agente económico mostra-se, quanto a nós, um bem jurídico dotado de uma maior concretização e delimitação do que a economia pública. Com efeito, para além de poder conduzir a uma excessiva antecipação da tutela penal, a "economia pública" constitui em si mesmo, como já tivemos oportunidade de defender[35], um bem jurídico-penal demasiado vago, esventrado da materialidade necessária ao cumprimento da função de padrão crítico orientador e legitimador da norma incriminatória, uma vez que dificilmente pode servir de critério selectivo capaz de expulsar comportamentos inofensivos do âmbito de protecção conferido pelo tipo legal. Esta compreensão do bem jurídico permite ainda justificar que aquelas disposições penais sejam válidas para todas as formas de sociedades previstas no CSC, independentemente da sua dimensão e capacidade económica.

5. Penas

No âmbito das penas, o regime sancionatório dos crimes societários apresenta algumas especificidades que importa analisar. Desde logo, as sanções previstas destacam-se pela sua natureza branda e pouco grave uma vez que, por regra, a escolha legislativa recaiu preferencialmente sobre a pena de multa e/ou pena de prisão de curtíssima duração. Entre as razões que justificariam esta opção conta-se, da perspectiva de Germano Marques da Silva, um certo pragmatismo que, devendo ser contextualizado ao tempo da criação destes delitos, traduz alguma precaução em transitar de forma abrupta de uma situação de tolerância "em que nada era penalmente sancionável para uma outra de sinal radicalmente inverso"[36]. Para

---

[35] Com maiores desenvolvimentos, Susana Aires de Sousa, «Direito penal das sociedades comerciais...», *op. cit.*, p. 70. Uma perspectiva crítica à tutela da economia pública através dos crimes societários é também seguida por José Tomé Carvalho, «Direito penal societário», *op. cit.*, p. 222-223. Para este autor, a "economia ou a ordem económica fornece apenas um quadro de referência temático dos comportamentos mas não deve ser visto como um bem jurídico-penal". E continua, na página seguinte: "atendendo aos interesses específicos da economia e ao texto constitucional, entendemos que o quadro sancionatório do Direito Penal Societário se destina a assegurar a eficiência do mercado e a livre concorrência empresarial, no domínio do correcto funcionamento das sociedades comerciais e do cumprimento das respectivas obrigações legais".
[36] Germano Marques da Silva, «Disposições penais do Código das Sociedades Comerciais...», *op. cit.*, p. 40 e s.

além disso, no espírito do legislador, ao privilegiar-se as penas curtas de prisão, terá igualmente pesado o efeito dissuasor e preventivo esperado pela criminalização daqueles comportamentos.

Todavia, ultrapassado um quarto de século de vigência destas incriminações, verifica-se que as razões justificativas daquele leque de sanções parecem ter-se esvanecido. De um lado, está hoje mais longínquo o tempo em que a comunidade se mostrava alheia e tolerante aos actos ilícitos e de má gestão ocorridos no mundo dos negócios e em particular no interior das sociedades comerciais. A considerável dimensão adquirida pelas grandes empresas e o impacto externo, de carácter económico mas também social, causado por uma gestão ilícita da sociedade, despertaram o interesse da comunidade na sua correcta gestão e administração. Para tal contribuíram também as situações de ruptura financeira de empresas de enorme dimensão económica e social, muito por causa de actos de gestão danosa. À dimensão objectiva destes danos sociais e económicos associa-se igualmente uma dimensão subjectiva concretizada numa maior consciência colectiva das consequências negativas decorrentes de actos de má gestão empresarial de alguma forma amplificadas, nos últimos anos, por uma intensa divulgação através dos meios de informação e de comunicação social. Com efeito, a fraude em empresas de grande dimensão tem sido notícia recorrente nas últimas décadas. No plano internacional, basta pensar em empresas como a Parmalat, a Enron, a Arthur Andersen, a Lehman-Brothers, a Bernard Madoff Investment Securities, ou ainda, voltados agora para o plano nacional, a notícia de actos de gestão fraudulenta em algumas sociedades do sector bancário e financeiro. Deste modo, uma intervenção punitiva mais eficaz no plano da gestão fraudulenta da sociedade comercial tem vindo a ganhar novos contornos e exigências que dificilmente se compatibilizam com o tipo de sanções previstas pelo legislador português no âmbito dos crimes societários.

Do ponto de vista da técnica legislativa, importa ainda atender a duas outras notas caracterizadoras do elenco de sanções tipificadas nos artigos 509.º a 526.º do CSC, ilustrativas da sua desactualização.

A primeira refere-se à figura da multa complementar que, pelos inconvenientes político-criminais que lhe estão associados, tem vindo a desaparecer da legislação penal. São vários os tipos legais (artigo 516.º, n.º 1, artigo 517.º, artigo 518.º, n.º 1, artigo 519.º, artigo 520.º, artigo 522.º, artigo 523.º, artigo 526.º) que prevêem esta multa como complemento à pena de prisão. Com efeito, o recurso a esta figura sancionatória é contrário à concepção da pena de multa como alternativa à pena de prisão de que parte o Código Penal português na sua redacção actual. Nas palavras de Figueiredo Dias, "a pena 'mista' de prisão e multa é, na verdade, condenável do ponto de vista político-criminal: quer enquanto patenteia a inadmissível desconfiança na eficácia penal da multa simples e vacilação na convicção de que a multa é primordialmente uma alternativa à prisão; quer enquanto implica o pagamento de uma percentagem dos rendimentos do condenado ao mesmo tempo que, privando-o de liberdade, lhe retira possibilidade de os angariar! Uma tal pena 'mista' é, numa palavra, profundamente dessocializadora (…)"[37].

A segunda nota refere-se não apenas à vincada desactualização das penas correspondentes aos crimes societários, mas também à falta de proporcionalidade e equivalência entre a graduação das sanções previstas, decorrente de subsequentes alterações legislativas no plano sancionatório. Em causa está de modo particular a equiparação entre a sanção prevista em alguns crimes societários, na sua forma agravada, e o tipo legal de infidelidade comum a que se refere o artigo 224.º do Código Penal. Esta equiparação foi expressamente querida pelo legislador na parte final do número 5 do Preâmbulo do Decreto-Lei n.º 184/67, de 21 de Abril quando, a propósito do modelo seguido na graduação das penas, remete para a incriminação da infidelidade, tipificada à altura no artigo 319.º do Código Penal. Esta escolha é justificada, no texto preambular "pelas analogias existentes entre a infidelidade e a maioria dos ilícitos compendiados no presente diploma". Deste modo, são várias as incriminações societárias em que não se tipifica em concreto uma sanção mas antes se remete para a pena correspondente ao crime de infidelidade: artigo 509.º, n.º 3; artigo 511.º, n.º 2; artigo 512.º, n.º 3; artigo 513.º, n.º 3; artigo 514.º, n.º 4; artigo 515.º, n.º 3; artigo 518.º, n.º 3. Nas palavras do legislador, para todas estas modalidades de conduta "a pena será a da infidelidade". Em causa estão, por regra, condutas agravadas pela circunstância de o agente "causar dano grave, material ou moral, e que o autor pudesse prever, a algum sócio, à sociedade ou a terceiro". Acontece, porém, que ao tempo da entrada em vigor dos delitos societários (em 1987) a pena prevista para o crime de infidelidade era a de prisão até 1 ano e multa até 60 dias, ou só multa até 120 dias. Com a revisão do Código Penal em 1995 deu-se a agravação daquela sanção para prisão até 3 anos ou multa. Esta alteração tem assim um necessário reflexo na pena aplicável às incriminações que reenviam a sua sanção para a pena da infidelidade, responsável pela desadequação e desproporcionalidade existente entre as penas cabidas aos crimes societários. Deste modo, cria-se um censurável desfasamento punitivo no quadro sancionatório que corresponde aos crimes societários.

---

[37] JORGE DE FIGUEIREDO DIAS, *Direito Penal Português. As Consequências Jurídicas do Crime*, Coimbra: Coimbra Editora, 2005 *(reimp.)*, p. 154.

6. Natureza processual

Do ponto de vista da promoção processual, todos os crimes societários assumem uma natureza pública. Dizem-se crimes públicos "aqueles em que o Ministério Público promove oficiosamente e por sua própria iniciativa o processo penal e decide com plena autonomia – embora estritamente ligado por um princípio de legalidade – da submissão ou não-submissão de uma infracção a julgamento"[38]. Deste modo, adquirida a notícia do crime, cabe apenas a esta entidade pública decidir sobre a iniciativa processual de investigar os factos, bem como, num segundo momento, decidir sobre a eventual submissão da infracção a julgamento. Sobre esta entidade pública recai assim, no cumprimento de imposições legais, o dever de investigar (sem que tal investigação dependa da apresentação de uma qualquer queixa) e o dever de acusar quando haja reunido indícios suficientes da prática de um facto criminoso. Deste modo, a promoção processual foi retirada das mãos dos particulares e entregue pelo legislador "nas mãos da justiça"[39].

Alguma doutrina portuguesa tem encontrado a justificação para a natureza pública dos crimes societários na titularidade colectiva do bem jurídico protegido. É este o entendimento de Germano Marques da Silva para quem esta opção legislativa se compreende a partir do bem jurídico tutelado que, da sua perspectiva, coincide com a economia pública[40]. Ainda que, nos termos anteriormente referidos, se discorde que o bem jurídico concretamente tutelado nos crimes societários seja a economia pública, deve concordar-se que a natureza supra-individual do bem jurídico – que coincide quanto a nós com a tutela da própria sociedade comercial enquanto instrumento económico – e outrossim o valor que lhe é reconhecido pela comunidade, influíram de forma decisiva na opção de qualificar estes delitos como crimes públicos. Atendendo à importância social do interesse protegido, não se quis deixar nas mãos dos particulares a escolha por um processo penal; antes se estatuiu a necessidade de a entidade pública reagir automaticamente à ofensa criminal. Deve, no entanto, assinalar-se, neste contexto, mais uma incoerência legislativa. Com efeito, a escolha pela qualificação pública dos crimes no âmbito processual penal

---

[38] JORGE DE FIGUEIREDO DIAS, *Direito Processual Penal*, Coimbra: Coimbra Editora, 1974 (reimp.), p. 120.

[39] GERMANO MARQUES DA SILVA, «Disposições penais do Código das Sociedades Comerciais...», *op. cit.*, p. 45.

[40] «Disposições penais do Código das Sociedades Comerciais...», *op. cit.*, p. 44 e s. No mesmo sentido, PAULO DE SOUSA MENDES, «Título VII – Disposições penais e de mera ordenação social. Introdução», *op. cit.*, 1340 e s.

dificilmente se coaduna com a ligeireza e brandura das penas aplicáveis aos crimes societários: se no plano processual o legislador atende à importância do bem jurídico tutelado, este mesmo carácter valioso é desconsiderado no plano punitivo.

Pressuposta a referida natureza pública dos crimes societários, é de algum modo surpreendente a ausência de processos criminais nos tribunais, tanto mais que o CSC estabelece, no âmbito das sociedades anónimas, a obrigatoriedade de denúncia para o fiscal único, para o revisor oficial de contas e para os membros do conselho fiscal dos factos delituosos de que tenham tomado conhecimento (artigo 422.º, n.º 3). A mesma obrigatoriedade recai, nos termos do artigo 423.º-G, n.º 3, sobre o presidente da comissão de auditoria.

Uma última nota relacionada com a natureza pública dos crimes societários refere-se à constituição de assistente no processo penal que venha a ter lugar pela prática daqueles factos delituosos. Em particular, importa determinar quem tem legitimidade para adquirir a qualidade de assistente e, por essa via, adquirir um estatuto de sujeito processual que lhe confere o acesso a um amplo conjunto de poderes processuais, incluindo o poder de intervir e conformar a tramitação processual, *v. g.*, deduzindo acusação, requerendo a abertura de instrução, interpondo recurso da decisão final. O artigo 68.º, n.º 1, do Código de Processo Penal reconhece ao ofendido a legitimidade para se constituir assistente. Todavia, a interpretação desta norma ganha uma especial complexidade quando referida a incriminações que tutelam bens jurídicos de natureza supra-individual, dada a impossibilidade de individualizar o concreto titular do interesse protegido. Trata-se de uma questão transversal ao direito penal que tem vindo a ser enfrentada pela jurisprudência, mas que ganha forte significado no âmbito da criminalidade da empresa e, de modo particular, no domínio dos crimes societários em razão do carácter supra-individual do bem jurídico tutelado: realizado um dos delitos previstos nos artigos 509.º e ss. do CSC, podem os sócios ou gerentes que se sintam prejudicados ou mesmo a própria sociedade adquirir a qualidade de assistente no processo penal? Muito embora não exista jurisprudência que incida especificamente sobre os crimes societários, os tribunais têm vindo a confrontar-se com esta questão a propósito de outras incriminações próximas, que integram o direito penal da empresa, em particular no âmbito dos crimes de manipulação de mercado (artigo 379.º do Código de Valores Mobiliários[41]) e

---

[41] O crime de *Manipulação de mercado* tem a sua origem primária no crime de *Manipulação fraudulenta de cotações de títulos*, um crime societário, previsto na sua versão primeira no artigo 525.º do CSC. Juntamente com o crime de *Abuso de informações* previsto no

de infidelidade (artigo 224.º do Código Penal). Com efeito, a recusa em reconhecer-se à sociedade ou aos sócios prejudicados a possibilidade de se constituírem assistentes no processo penal tem levantado dúvidas sobre a constitucionalidade do artigo 68.º do Código de Processo Penal. Deste modo, compreende-se que o tribunal constitucional se tenha já pronunciado sobre este problema. No acórdão 162/02, de 17 de Abril, entendeu aquele tribunal não ser inconstitucional a interpretação daquela norma no sentido de não admitir como assistente a sociedade por quotas prejudicada pela prática de um crime de manipulação do mercado, por não ser ela a titular do interesse protegido, a saber, o regular e transparente funcionamento do mercado de valores mobiliários. No mesmo acórdão, reconhece-se porém a legitimidade do ente colectivo, cujo património foi lesado pela actuação criminosa, para se constituir assistente pelo crime de infidelidade visto ser agora o titular do bem jurídico (patrimonial) protegido[42].

As restrições legais ao acesso à qualidade de assistente, assentes num conceito estrito de ofendido enquanto titular do bem jurídico protegido, encontram a sua razão de ser na amplitude de poderes reconhecidos àquele sujeito processual, procurando preservar o processo penal de uma desmedida abertura que possibilite instrumentalizações indevidas da jus-

---

artigo 524.º, o crime de *Manipulação fraudulenta de cotações de títulos* seria revogado pelo Decreto-Lei n.º 142-A/91, de 10 de Abril, que aprovou o Código do Mercado de Valores Mobiliários e que nos seus artigos 666.º e 667.º criminalizava, respectivamente, o *Abuso de informação* e a *Manipulação do mercado*.

[42] Na mesma linha, o acórdão do tribunal constitucional n.º 145/2006, de 22 de Fevereiro, considera não ser inconstitucional a interpretação do artigo 68.º do Código de Processo Penal que recusa a qualidade de assistente ao sócio minoritário de uma sociedade comercial por quotas no processo criminal por infidelidade que corre contra o sócio-gerente, por se entender que o titular do bem jurídico protegido – o acervo patrimonial da sociedade – é a própria sociedade comercial e não o sócio. Da nossa perspectiva, no caso da sociedade por quotas, temos algumas reservas em excluir de forma automática os "quotistas" da titularidade do bem jurídico patrimonial. É assim pela peculiar natureza deste tipo de sociedade comercial situada entre uma sociedade de pessoas e uma sociedade de capitais, cf. com adicionais referências bibliográficas, MARIA ELIZABETE RAMOS, «Artigo 197», *Código das Sociedades Comerciais em Comentário*, Vol. III, Coimbra: Almedina, 2011, p. 175. Também JORGE MANUEL COUTINHO DE ABREU, *Curso de Direito Comercial*, Volume II, Coimbra: Almedina, 2011, p. 69. Nestas situações, a concretização da titularidade do património enquanto bem jurídico protegido pelo crime de infidelidade, tipificado no artigo 224.º do Código Penal, depende não só o modelo em abstracto de sociedade por quotas oferecido pelo legislador mas também da concreta modelação seguida pelos quotistas em particular quanto à gestão e responsabilidade patrimonial da sociedade.

tiça penal[43]. Por conseguinte, procurou limitar-se a constituição de assistente àqueles que tenham sido directamente afectados pelo crime e que, por essa razão, têm um efectivo interesse em participar na aplicação e realização do direito[44].

7. Apreciação crítica e conclusiva

As considerações realizadas em torno do direito penal societário permitem avançar, em jeito de conclusão, algumas apreciações finais, por vezes de natureza crítica, ao actual regime das incriminações societárias.

As normas sancionatórias compreendidas entre os artigos 509.º a 529.º do CSC foram introduzidas no ordenamento jurídico português em 1987, através do Decreto-Lei n.º 184/87, de 21 de Abril. À semelhança de opções seguidas em outros ordenamentos jurídicos (v. g., na Alemanha), o legislador português integrou no mesmo diploma matéria societária e matéria punitiva. Esta escolha apresenta, do ponto de vista formal, a clara vantagem de aproximar a norma secundária punitiva da norma primária onde se positiva o dever extra-penal violado pela conduta do agente. Todavia, esta opção legislativa, concretizada na maioria das vezes pelo reenvio para o regime societário, apresenta a desvantagem de desvirtuar de forma excessiva a ilicitude material penal, desde logo na delimitação da conduta típica, em claro prejuízo do princípio da legalidade criminal na sua vertente de determinabilidade e certeza da norma penal.

Estas normas penais societárias mantiveram a sua redacção originária sem que tivessem sido objecto de qualquer juízo reformador, não obstante as modificações e reformas legislativas operadas no direito societário pri-

---

[43] Em sentido crítico quanto ao conceito estrito de ofendido, com adicionais, referências bibliográficas, Paulo de Sousa Mendes, «Título VII – Disposições penais e de mera ordenação social. Introdução», op. cit., p. 1341, notas 50 e 51.

[44] Acrescente-se todavia que este conceito estrito de arguido para efeitos de constituição de assistente processual tem vindo a ser alargado pela jurisprudência a casos em que o interesse particular e individualizado se encontra ainda sob a tutela da norma incriminadora construída em torno da tutela de um bem jurídico supra-individual. Neste sentido, o STJ admitiu, no acórdão n.º 1/2003, de 16 de Janeiro, que nos casos em que a falsificação de documento seja levada a cabo com intenção de causar prejuízo a outra pessoa, esta se possa constituir como assistente no processo penal; ou ainda, no acórdão n.º 8/2006, de 12 de Outubro, que aquele que é caluniado através de uma denúncia caluniosa se possa constituir como assistente; ou, mais recentemente no acórdão 10/2010, de 17 de Novembro, que o requerente da providência cautelar se possa constituir assistente no processo por crime de desobediência qualificada decorrente da violação de providência cautelar.

mário a que estão ligadas, explicando-se assim, em alguma medida, a sua desactualização.

Muito embora o legislador tenha procurado em algumas incriminações "acompanhar o sistema do Código Penal", como expressamente se refere na nota preambular do Decreto-Lei n.º 184/87, são muitos e diversos os momentos em que o direito penal societário se afasta das regras e princípios do direito penal comum. Tal é evidente de modo particular no elenco de penas aplicáveis aos crimes societários, reconduzidas a penas de multa, principal ou complementar, e a penas de prisão de curtíssima duração. Se, de um lado, a multa complementar é hoje tendencialmente recusada pelos inconvenientes político-criminais que lhe estão associados, de outro lado, torna-se difícil compatibilizar a diminuta gravidade das sanções aplicadas com a natureza pública dos crimes societários.

Não obstante as dificuldades e problemas suscitados pelo regime legal dos crimes societários é, quanto a nós, possível identificar um bem jurídico digno de protecção penal que coincide com o correcto e regular funcionamento da sociedade comercial enquanto instrumento de actuação económica. Todavia, cumprindo a função crítica que deve reconhecer-se à categoria de bem jurídico-penal, é de questionar se algumas das incriminações societárias respeitam o princípio da subsidiariedade (*ultima ratio*) da intervenção penal. A tutela do bem jurídico estaria, em alguns casos (tome-se como exemplo o crime de recusa ilícita de lavrar acta, tipificado no artigo 521.º), suficientemente acautelada por via da responsabilidade civil ou da previsão de uma sanção administrativa.

SUMÁRIO: **O texto discute a evolução da emissão de obrigações em Portugal, desde os primeiros programas emtn. Analisa-se o conceito de obrigação e os valores mobiliários que estruturalmente derivam daquele, tais como papel comercial e obrigações perpétuas, instrumentos híbridos e obrigações com garantias. Igualmente são focadas as limitações legais à emissão de obrigações, demasiado restritivas. Outras matérias incluem as obrigações próprias e o representante comum. Também se discutem as tendências significativas em 2011 e 2012 – exercícios de gestão de passivo e ofertas públicas de obrigações por sociedades portuguesas – bem como se identificam algumas metas ainda por atingir – a reconciliação com o 144A e Reg S e as chamadas obrigações de alto rendimento.**

ABSTRACT: **This text discusses the evolution of bond issuances in Portugal, since the first emtn programmes. It analyses the concept of bond and the securities structurally deriving therefrom, such as commercial paper and perpetual bonds, hybrid instruments and secured/guaranteed bonds. It also focuses on the legal limitations to issuing bonds, too restrictive. Other matters include own bonds and the common representative. The text also discusses the significant trends of 2011 and 2012 – liability management exercises and public offerings of bonds by Portuguese corporates – and identifies some milestones still to be reached – reconciliation with 144a e Reg S and the so called high yield bonds.**

HUGO MOREDO SANTOS*

ORLANDO VOGLER GUINÉ**

Emissões de obrigações: antes, agora e depois

1. Retrospetiva histórica nos vinte e cinco anos de vigência do CSC

I. Cumpriram-se em 2011 os primeiros vinte e cinco após a aprovação do CSC. Referência primeira no direito das sociedades – cujas normas estruturantes (relativamente às sociedades anónimas) haviam já sido extraídas do Código Comercial para um diploma autónomo ainda antes da aprovação do CSC –, o CSC acabou também por regular algumas matérias que se enquadram, essencialmente, na disciplina do direito dos valores mobiliários ou, numa alusão mais atual e ampla, no direito dos instrumentos financeiros.

Assim sucedeu com as regras relativas a valores mobiliários tais como as ações e as obrigações que, na falta de diploma próprio que reclamasse a respetiva jurisdição (tal diploma surgiria passados alguns anos, sob a forma do CódMVM), por um lado, e na oportunidade de encaixar aquelas

> * Mestre em Direito (Faculdade de Direito da Universidade de Lisboa) e Advogado (Vieira de Almeida & Associados – Sociedade de Advogados, R.L.) – hms@vda.pt.
> ** Mestre em Direito (Faculdade de Direito da Universidade de Coimbra) e Advogado (Vieira de Almeida & Associados – Sociedade de Advogados, R.L.) – ovg@vda.pt.

regras no mais longo título do CSC, dedicado à sociedade anónima, por outro lado, acabaram por ficar consignadas no CSC. Neste contexto, foi sem surpresa que a evolução subsequente à aprovação do CSC determinou a transição de várias regras de matriz mobiliária do CSC para o CódMVM, primeiro, e para o CVM, depois, e o alargamento do âmbito de aplicação das regras que, embora revestindo tal matriz mobiliária, permaneceram no CSC.

Tal foi o caso das regras sobre obrigações (valores mobiliários). Embora originalmente ligadas às sociedades anónimas, as obrigações têm uma vocação transversal que as situa para além das sociedades anónimas[1] e, até mesmo, das típicas estruturas societárias. Na verdade, nenhuma razão existe para circunscrever a capacidade para a emissão de obrigações – que, em suma, e como se verá adiante em maior detalhe, consubstanciam um empréstimo ao respetivo emitente – às sociedades anónimas.

A emissão de obrigações por parte do Estado, regiões autónomas, entidades públicas empresariais ou outras tem ocorrido com maior ou menor frequência, consoante as tendências e oportunidades que a cada momento têm surgido. Esta realidade vem, aliás, tornar evidente que, tal como há alguns anos sucedeu com o regime relativo às ações, que em grande medida foi absorvido pelo CVM, não seria de estranhar, e sistematicamente seria uma opção muito mais coerente, que as regras sobre as obrigações (ou boa parte delas) transitassem do CSC para o CVM.

II. Nestes vinte e cinco anos, a par da evolução registada na prática, de que se falará adiante em maior detalhe, merecem particular destaque três relevantes acontecimentos com incidência no regime jurídico das obrigações previsto no CSC e três eventos que lhe foram exógenos.

Tratam-se aqueles da publicação do Decreto-lei n.º 280/87, de 8 de julho, complementado pela Portaria n.º 974/90, de 11 de outubro, que vieram prever a dispensa de cumprimento de certos requisitos (previstos no art. 348.º do CSC) pelas sociedades sujeitas à supervisão do Banco de Portugal, por um lado, e dos Decreto-lei n.º 52/2006, de 15 de março, que transpôs designadamente a Diretiva 2003/71/CE (Diretiva dos Prospetos) e Decreto-lei n.º 76-A/2006, de 29 de março, que operou a grande reforma do CSC em 2006, por outro lado; já no que se refere

---

[1] Veja-se o DL n.º 320/89, de 25 de setembro, que prevê que o Ministro das Finanças poderá, por despacho, autorizar outras entidades a emitir a referida espécie de títulos, em circunstâncias especiais devidamente justificadas. Por outro lado, alguns diplomas permitem expressamente a determinadas pessoas coletivas a emissão de obrigações, como sejam as sociedades por quotas ou (com algumas restrições quanto ao universo possível de modalidades) as cooperativas, nos termos respetivamente do DL n.º 160/87, de 3 de abril, e do art. 30.º da Lei n.º 51/96, de 7 de setembro.

aos fatores exógenos, é inevitável mencionar a criação de um corpo normativo mobiliário autónomo, consignado no CódMVM e no CVM, seu sucessor, que paulatinamente acolheram no direito nacional as diretivas comunitárias com dimensão mobiliária, bem como o surgimento de um vasto conjunto de diplomas que criaram regimes específicos, mais ou menos densos, mas tendo sempre em maior ou menor medida por referência subsidiária o CSC – obrigações de caixa, obrigações hipotecárias, obrigações titularizadas, obrigações com garantia de Estado... –, e, por fim, a aprovação do Decreto-lei n.º 193/2005, de 7 de novembro (o "DL 193/2005"), que ao dar um enquadramento fiscal próprio aos rendimentos inerentes a valores mobiliários representativos de dívida, permitiu aos emitentes nacionais contribuir para uma revolução coperniciana na emissão de obrigações e passar a emitir obrigações diretamente para os mercados internacionais.

III. Este texto começará precisamente pela história que a emissão de obrigações percorreu no mercado nacional, desde o estabelecimento dos primeiros programas *emtn* às recentes ofertas públicas de obrigações; segue-se uma rápida análise da fiscalidade associada às obrigações, atendendo ao papel que a isenção de retenção na fonte no pagamento de juros a não residentes teve como catalisador para o estabelecimento e desenvolvimento de um "modelo doméstico" e, também, de um mercado nacional de emissão de dívida.

Passaremos depois ao estudo do conceito originário de "obrigação", núcleo essencial de todas as derivações que ao longo das últimas duas décadas e meia vieram a surgir, fruto da importação de figuras testadas noutras jurisdições ou das necessidades geradas pelas circunstâncias do momento. Seguir-se-á a análise e crítica das disposições do CSC que preveem os requisitos e limites (e respetivas exceções) aplicáveis à emissão de obrigações.

Antes de concluir, passaremos, ainda, pelas tendências recentes e territórios por explorar, sempre com base na ideia, que norteia este texto, de que a emissão de obrigações deverá ser tratada de uma forma consentânea com a maturidade do mercado nacional, resultante da experiência acumulada por emitentes, intermediários financeiros e investidores, e as regras de origem mobiliária que conferem aos investidores uma proteção adequada que, a nosso ver, torna obsoleto o regime previsto no CSC.

2. A vertente prática

2.1. Dos primeiros programas *euro medium term note* às *interbolsa notes*

I. Ainda nos anos noventa do século transato, os bancos portugueses e as grandes empresas portuguesas, em linha com as tendências e necessidades da época, estabeleceram programas de emissão de valores mobiliários representativos de dívida – os designados *euro medium term notes programmes*. Estes programas evidenciavam – e continuam a evidenciar – muitas vantagens para os respetivos emitentes, dado que lhes permitem beneficiar de um quadro contratual previamente estruturado e acordado com as entidades colocadoras/tomadoras, pagadoras e demais agentes transacionais relevantes. A montagem desse quadro facilita enormemente a emissão de obrigações porque dispensa o emitente de uma fase negocial de duração incerta que poderia comprometer a possibilidade de aproveitar uma oportunidade ou tendência de mercado.

Tendo a estrutura contratual de suporte do programa previamente aprovada, desde que a emissão se contenha nos termos e condições previstos no respetivo prospeto de base, bastará ao emitente negociar as aplicáveis condições finais – os designados *final terms* – relativas à emissão que se pretende realizar[2].

II. A estrutura documental mais comum de um programa de euro medium term notes ("programa *emtn*") contempla um prospeto de base com validade anual (vide art. 9.º, n.º 2 da Diretiva 2003/71/CE – Diretiva dos Prospetos – e, quanto aos (muito raros) prospetos de base *emtn* aprovados em Portugal, art.s 143.º, n.º 1 do CVM[3]), que entre as suas secções inclui designadamente as chamadas *terms & conditions* (condições gerais das emissões) e um *form of final terms* (formato de condições finais), a preencher com relação a cada emissão em concreto e um conjunto de

---

[2] No que respeita a emissões para os chamados mercados internacionais, considerando três exemplos recentes entre as empresas nacionais, foi o que fizeram a EDP – Energias de Portugal, S.A., a Brisa – Concessão Rodoviária, S.A. e a Portugal Telecom, SGPS, S.A. – vejam-se os comunicados divulgados em 14 de setembro de 2012, 21 de setembro de 2012 e 10 de outubro de 2012, respetivamente, disponíveis em www.cmvm.pt – e, considerando dois exemplos recentes entre os bancos nacionais, foi o que fizeram o Banco Espírito Santo, S.A. e a Caixa Geral de Depósitos, S.A. – vejam-se os comunicados divulgados em 31 de outubro de 2012 e 28 de novembro de 2012, respetivamente, disponíveis em www.cmvm.pt.

[3] A falta de remissão para este art. pelo art. 238.º, n.º 1 do mesmo Código (prospeto para efeitos de admissão à negociação) é claramente um lapso do legislador, devendo interpretar-se corretivamente este artigo e ter-se por feita aquela remissão.

contratos, normalmente: um *Dealer Agreement* ou *Programme Agreement*, contrato entre o emitente e um conjunto de instituições financeiras potenciais colocadoras/tomadoras (via oferta pública ou particular) em futuras emissões (os *Dealers*); um *Agency Agreement*, contrato entre o emitente e o agente pagador e eventualmente de cálculo; um *Procedures Memorandum* ou *Programme Manual*, documento consolidador dos procedimentos em mercado primário, de forma a que as partes saibam que procedimentos a seguir aquando de uma emissão; um *Trust Deed* (modelo anglo-saxónico), contrato entre o emitente e o *trustee* (enquanto representante dos investidores) do programa que tem a seu cargo a representação fiduciária dos investidores, sendo tipicamente detentor de um conjunto mais alargado de poderes e competências do que o típico representante comum previsto na lei portuguesa (*vide* art. 359.º do CSC), ainda que a experiência demonstre que muito dificilmente o *trustee* toma decisões sem primeiro consultar os investidores.

Note-se que, de acordo com o disposto no art. 40.º, n.º 1-2.ª parte do CVM é possível aos emitentes portugueses escolher um Direito estrangeiro (designadamente o inglês, por ser o mais familiar aos potenciais investidores internacionais) para reger o conteúdo dos seus valores mobiliários representativos de dívida, entre os quais se incluem as obrigações, existindo alguns programas em que essa opção foi tomada. Nesse contexto, as obrigações são regidas nos termos do respetivo *trust deed*, tendo os investidores o benefício da representação por um *trustee*[4]. Contudo, essa circunstância não tem sido absolutamente decisiva (parece), já que outros programas (no âmbito dos quais não existe representante comum nomeado, nos termos da lei portuguesa, bem como outros em que existe essa nomeação) têm também tido sucesso na colocação junto de investidores internacionais. De qualquer forma, é importante salientar que, ainda que essa opção seja feita, a forma das obrigações emitidas por emitentes portugueses, bem como a constituição de direitos reais sobre os mesmos (quando se tratem de *interbolsa notes* – *vide* infra), se regerá sempre por lei portuguesa, nos termos dos art.s 39.º e 41.º-a) do CVM; em conformidade, a peculiaridade anglo-saxónica de as obrigações serem "criadas" ao abrigo do *trust*

---

[4] A possibilidade de designação de um direito estrangeiro nos termos do art. 40.º, n.º 1 – 2.ª parte do CVM trata-se de uma interpretação estabilizada e generalizada no mercado e a que nada temos a opor. FLORBELA DE ALMEIDA PIRES, *Direito e Organização dos Obrigacionistas em Obrigações Internacionais (Obrigações caravela e Eurobonds)*, Lex, Lisboa, 2001, pp. 204 a 210, começando por expor algumas dúvidas, parece igualmente concordar a final com esta tese.

deed não será aplicável, tratando-se simplesmente de obrigações criadas sob forma escritural (art. 73.º, n.º 1 do CVM)[5].

III. De forma a aumentar a flexibilidade e alargar as opções de emissão, a generalidade dos programas *emtn* estabelecidos por instituições de crédito e empresas nacionais têm vindo a contemplar, desde a aprovação do DL 193/2005, uma estrutura emitente dupla, podendo emitir: a entidade sedeada em Portugal e uma ou mais entidades sedeadas ou atuantes (no caso de sucursais) em outras jurisdições, com ou sem garantia, nomeadamente, de sucursais estrangeiras da entidade sedeada em Portugal ou o benefício de um *keep well agreement* celebrado entre essa(s) entidade(s) estrangeira(s) e a entidade sedeada em Portugal. Por esta razão, e também para estimular a familiaridade dos potenciais investidores com a lei aplicável à documentação de suporte dos programas *emtn* e das emissões ao abrigo dos mesmos, tais documentos costumavam ser exclusivamente sujeitos à lei inglesa – e redigidos naturalmente em inglês, por excelência, na expressão do art. 19.º da Diretiva dos Prospetos[6], a "língua de uso corrente na esfera financeira internacional".

No entanto, e, deve reconhecer-se, essencialmente por questões fiscais, até há alguns anos na prática apenas as entidades (subsidiárias ou sucursais) sedeadas ou atuantes no estrangeiro eram efetivos emitentes, circunstância que se tem vindo a alterar, como veremos de seguida. Para além desta mudança, temos vindo assistir também a uma progressiva tendência para submeter as condições das obrigações emitidas por entidades sedeadas em Portugal exclusivamente a lei portuguesa.

A consequência deste movimento nos documentos de suporte dos programas *emtn* foi a seguinte: a preparação de dois conjuntos (autonomizados como tal ou não) de termos e condições – *terms & conditions* –, um aplicável às emissões a realizar pela entidade sedeada em Portugal, sujeitas à lei e jurisdição portuguesas, prevendo a forma escritural como forma de representação e a liquidação através da Interbolsa, e outro aplicável às emissões a realizar pela entidade (subsidiária ou sucursal) sedeada ou atuando no estrangeiro, sujeitas à lei e jurisdição inglesas, prevendo a forma titulada (*global note, new global note*) como forma de representação e a liquidação através da Euroclear e da Clearstream.

---

[5] Sobre as regras de conflitos no CVM é naturalmente incontornável a consulta de Maria Helena Brito, *Sobre a Aplicação no Espaço do Novo Código dos Valores Mobiliários, Cadernos do Mercado de Valores Mobiliários*, n.º 7, 2001, pp. 49 e ss.

[6] Sobre a possibilidade da utilização de língua inglesa em prospetos aprovados pela CMVM, *vide* arts. 163.º-A e 237.º-A do CVM, no contexto de ofertas públicas de distribuição e de admissão à negociação em mercado regulamentado, respetivamente.

IV. Embora tenha havido uma tendência para a generalidade dos bancos e das grandes empresas nacionais estabelecerem programas *emtn*, certo é que as necessidades muitas vezes falam mais alto do que as tendências e algumas entidades, atendendo ao seu perfil de financiamento e aos seus financiadores tradicionais, nunca vieram a estabelecer um programa *emtn*.

Alguns desses emitentes não têm, no entanto, deixado de recorrer aos mercados de capitais de dívida, realizando emissões de obrigações por uma de três vias:

(i) Combinando a limitação do conjunto de destinatários a investidores qualificados, situação que, nos termos do art. 110.º, n.º 1, al. (a) do CVM, qualifica a respetiva oferta como sendo sempre particular, com a não admissão das obrigações à negociação, enquadramento que dispensa a aprovação de um prospeto (em todo o caso, nestas situações é possível preparar um documento mais simples – *information memorandum* – que serve como "ferramenta" de apresentação da operação aos potenciais investidores). Neste caso, estamos mais perto dos tradicionais financiamentos bilaterais titulados por obrigações, ou seja, no âmbito de uma relação que tem mais de contratual do que mobiliária, dado que a negociação da ficha técnica da operação e dos respetivos dos *terms and conditions* é feita tal como se se tratasse de um contrato de financiamento normal;

(ii) Nos casos em que a admissão à negociação é indispensável, nomeadamente para assegurar ao emitente o acesso a um conjunto de investidores mais vasto, dado que alguns investidores têm restrições ao investimento em valores mobiliários não admitidos a negociação em mercados regulamentados, mediante preparação de um prospeto de admissão a negociação (nestes casos tem sido habitual indicar um valor nominal unitário das obrigações igual ou superior a – agora (com as alterações à Diretiva dos Prospetos) – €100.000, não só para permitir a desqualificação da oferta como pública, como também para aligeirar os requisitos de informação que, de outro modo, ao abrigo do Regulamento dos Prospetos, seriam aplicáveis (cfr. anexos IV, V, IX e XIII), ainda que não fique dispensada a aprovação do prospeto de admissão a negociação;

(iii) Se o emitente visar o chamado mercado de retalho, através da aprovação de um prospeto que poderá simultaneamente servir os propósitos de oferta pública e admissão a negociação[7].

---

[7] Foi o que sucedeu, por exemplo, nas ofertas públicas de subscrição de 300.000 obrigações com valor nominal unitário de €1.000, representativas do empréstimo obrigacio-

2.2. O papel (decisivo) da fiscalidade

I. Até finais de 2006, as emissões obrigacionistas ao abrigo de programas *emtn* estabelecidos por bancos e empresas portuguesas foram realizadas por entidades sedeados em outras jurisdições – filiais da casa-mãe portuguesa, com o benefício de uma verdadeira garantia ou de um *keep well agreement* desta última –; de outro modo, as emissões efetuadas por emitentes portugueses apenas se tornavam fiscalmente eficientes se obtivessem isenção de retenção na fonte no pagamento de juros[8].

O grande obstáculo fiscal à realização das operações até à publicação do DL 193/2005 era a retenção na fonte nos pagamentos de juros devidos por emitentes nacionais, a partir de Portugal, a investidores não residentes (em geral). Naturalmente que este enquadramento dificultava enormemente – ou mesmo inviabilizava – o financiamento de entidades portuguesas por investidores estrangeiros mediante a emissão de obrigações. Ciente de que uma das principais razões para tal suceder era o diferente tratamento fiscal propiciado pela jurisdição portuguesa e pelas jurisdições estrangeiras nas quais se encontravam sedeadas aquelas entidades emitentes que, com as entidades portuguesas, partilhavam os mesmos programas *emtn*, o legislador (em boa hora) publicou o DL 193/2005[9]. Entre a publi-

nista Semapa 2012/2015 no montante global de €300.000.000, lançada pela Semapra – Sociedade Investimento e Gestão, SGPS, S.A. e de 100.000 (200.000) obrigações com valor nominal unitário de €1.000, representativas do empréstimo obrigacionista Zon Multimédia 2012/2015 no montante global de €100.000.000 (€200.000.000), lançada pela ZON Multimédia – Serviços de Telecomunicações e Multimédia, SGPS, S.A. Detalhes em www.cmvm.pt.

[8] Foi o caso, por exemplo da emissão de obrigações realizada pela Rede Ferroviária Nacional – Refer, E.P.E. denominada €600,000,000 4% Notes due 2015, cujo prospeto datado de 15 de março de 2005 pode ser consultado em www.cmvm.pt. A este respeito, diz o segundo parágrafo da *Condition 7.1 (Payment of interest without Withholding)*: "Under the current Portuguese law, the Issuer is required to make certain deductions from payments of interest under the Notes and the Coupons at the applicable rate and to account for such deductions to the Portuguese tax authorities. The Issuer has obtained from the Minister of Finance an exemption from the requirement to make such a deduction from payments of interest under the Notes to Noteholders or Couponholders treated as non-residents of the Republic of Portugal for tax purposes pursuant to Article 27 of the Statute of Tax Benefits – by way of a decision *(despacho)* dated on the 10th November and notified to the Issuer on 17th November 2004 of the Secretary of State for Fiscal Affairs (*Secretário de Estado dos Assuntos Fiscais*) notified to the Issuer by *Ofício 035989* (the "Withholding Tax Exemption")".

[9] Note-se que este diploma tem aplicação geral aos instrumentos representativos de dívida (com maturidade mínima de um ano – *vide* a seguir em texto), embora não se aplique, naturalmente, a modalidades de obrigações que gozam de um regime próprio, como

cação daquele diploma e as primeiras emissões beneficiando do respetivo regime especial de tributação passou cerca de um ano, mas o conceito foi entretanto reconhecido e amplamente utilizado pelos emitentes nacionais quando acorrem aos mercados internacionais de dívida – as correspondentes obrigações tratam-se do que na gíria de mercado tem vindo a ser apelidado por *interbolsa notes*.

II. Nos termos do DL 193/2005, e desde que cumpridas certas formalidades declarativas periódicas e requisitos subjetivos (como seja o investidor não se encontrar localizado num *off-shore*, conforme listagem contida na Portaria n.º 150/2004, de 13 de fevereiro, alterada pela Portaria n.º 292/2011, de 8 de novembro) previstos neste regime especial, aos pagamentos de juros a não residentes, inerentes a valores mobiliários representativos de dívida emitidos por entidades residentes ou estabelecidas em Portugal, não será aplicável retenção na fonte, nos termos das normas relevantes dos Códigos fiscais sobre o rendimento.

É condição necessária da aplicação deste regime que os valores se encontrem integrados em sistema centralizado reconhecido pela lei portuguesa (art. 3.º, n.º 1 do DL 193/2005), tendo-se discutido se os sistemas de liquidação internacionais poderiam caber neste conceito[10]. A interpretação entretanto estabilizada no mercado, operadores jurídicos e Administração Fiscal tem sido negativa, considerando nomeadamente a inexistência de uma norma nacional que expressamente reconheça aqueles sistemas internacionais como sistema centralizado.

III. A última alteração do diploma (Decreto-lei n.º 29-A/2011, de 1 de março, que veio dar nova redação ao art. 2.º do DL 193/2005, acrescentando que nas emissões de dívida pública aqueles sistemas internacionais preenchem esse requisito) veio acrescentar um importante argumento *a contrario* (relativamente às emissões de dívida privada), confirmando a orientação que tinha vindo a ser seguida até então pela prática.

Mas há ainda um longo caminho a seguir: apenas para dar dois exemplos, seria interessante que o regime se tornasse mais aberto, permitindo o acesso dos emitentes nacionais a mercados como o norte-americano, cujo padrão de funcionamento se rege (exclusivamente) por formatos reconhecidos pelos investidores, em particular nos modelos 144A e Reg S; por outro lado, seria desejável que o âmbito de valores mobiliários abran-

---

sucede com as obrigações titularizadas, cujo regime fiscal consta do DL n.º 219/2001, de 4 de agosto.

[10] Sobre o Regime Especial e em especial sobre os sistemas de liquidação relevantes, veja-se HUGO MOREDO SANTOS/RICARDO SEABRA MOURA, *Emissão de Dívida – Um Novo Regime Fiscal (In)exequível?*, Fiscalidade, n.º 25, Janeiro/Março 2006, pp. 25 e ss.

gidos se estendesse de forma a englobar o papel comercial, permitindo às entidades emitentes nacionais captar junto de investidores estrangeiros financiamento de curto prazo sob forma mobiliária, para mais suscetível de admissão à negociação em mercado regulamentado.

São pequenas mas grandes mudanças. Porém, ao serem introduzidas certamente contribuiriam para alargar o leque de opções dos emitentes nacionais, facilitando o acesso a financiamento no exterior num cenário em que os bancos nacionais estão num dos momentos mais exigentes da sua história. Contra esta ideia poderia argumentar-se com a perda de receita fiscal. No entanto, essa perda (ou melhor, ausência de ganho) já existe hoje, na medida em que tais operações não se fazem por serem fiscalmente penalizadoras e, por isso mesmo, não geram qualquer receita para o fisco.

A Lei n.º 66-B/2012, de 31 de dezembro, que aprovou o orçamento de Estado para 2013, contém no seu artigo 243.º uma autorização legislativa relativa ao regime especial de tributação dos rendimentos de valores mobiliários representativos de dívida, que permite ao Governo rever e sistematizar esse regime, designadamente em matéria de procedimentos e de harmonização em matéria de dívida pública e privada. Esta será, sem dúvida, uma oportunidade para, sem prejuízo do rigor e em respeito pelas regras que obstam a fraude e evasão fiscais, tornar mais flexível, mais atrativo e, logo, mais profundo o mercado de emissão de dívida titulada por valores mobiliários, a benefício, em especial, dos emitentes nacionais.

3.1. Obrigações: o conceito originário, os subtipos e as modalidades de obrigações

I. Diversamente do que muitas vezes sucede quando um instituto é regulado (basta atentar nos vários tipos de contratos previstos no Código Civil, cuja regulamentação se inicia com uma definição), a lei não contém uma definição muito precisa de "obrigação"; ou antes, até contém uma definição, mas é muito vaga – vide art. 348.º do CSC: "As sociedades anónimas podem emitir valores mobiliários que, numa mesma emissão, conferem direitos de crédito iguais e que se denominam obrigações." Se esta situação pode trazer alguns inconvenientes e imprecisão, também acarreta algumas vantagens, dado que o intérprete não fica "agrilhoado" tal como sucederia se houvesse uma definição demasiado precisa da realidade em causa; o mesmo acontece com os agentes do mercado, incluindo os emitentes, os intermediários financeiros, os investidores, que assim ganham em flexibilidade.

Seja como for, tanto numa perspetiva histórica, como do ponto de vista do mercado, como acaba também por ser indiciado pelo legislador (vide designadamente art. 360.º do CSC e as referências nele feitas a juro e reembolso), a situação tipicamente subjacente à generalidade das obrigações é um empréstimo[11] – simplesmente, trata-se de um empréstimo titulado sob a forma de um valor mobiliário. Em conformidade, não deve qualificar-se como obrigação todo e qualquer tipo de valor mobiliário que, na sua essência, confira direitos de crédito de uma qualquer natureza e que não seja objeto de regulação própria. Por outro lado, não se deve cair no extremo oposto, recusando a mobilização, pelo menos, de parte do regime jurídico aplicável às obrigações a todo e qualquer tipo de valores mobiliários que não corresponda a um empréstimo titulado, em especial quando exista (na substância) uma proximidade bastante grande com as obrigações[12].

II. As obrigações são, em si mesmo, um tipo aberto, uma vez que são suscetíveis de inúmeras configurações. Nesta sede, é especialmente significativo o art. 360.º do CSC, mais pelo que não diz do que pelo que aí se encontra enumerado. O próprio CSC reconhece expressamente, e de forma bastante liberal diga-se, a existência daquilo a que chama "modalidades de obrigações"[13]. O advérbio de modo "nomeadamente" (=designadamente, especialmente, por exemplo[14]) ilustra bem que o legislador não pretendeu

---

[11] Tomando posição no sentido de a relação jurídica subjacente às obrigações ser um mútuo, *vide* António Silva Dias, *Financiamento de Sociedades por Emissão de Obrigações*, Quid Iuris, 2002, p. 43, e Paulo Câmara, *Manual de Direito dos Valores Mobiliários*, Almedina, Coimbra, 2009, p. 141, bem como Nuno Barbosa, *Art. 348.º*, *Código das Sociedades Comerciais em Comentário*, coord. por Coutinho de Abreu, Almedina, Coimbra, 2012, pp. 776 e s, assenta no paradigma do "empréstimo obrigacionista"; no sentido de o direito ao pagamento de juro e reembolso constituírem os dois direitos principais que definem a situação jurídica do obrigacionista, veja-se Florbela de Almeida Pires, *Introdução ao Capítulo IV – Obrigações, Código das Sociedades Comerciais Anotado*, coord. por Menezes Cordeiro, Almedina, Coimbra, 2.ª ed., 2011, pp. 931 e ss.

[12] Já assim, Orlando Vogler Guiné, *O Financiamento de Sociedades por meio de Valores Mobiliários Híbridos (entre as ações e as obrigações), I Congresso Direito das Sociedades em Revista*, Almedina, Coimbra, 2011, p. 89. *Vide* também infra as considerações sobre as obrigações perpétuas sob o n.º 3.2.1.II.

[13] A referência a "modalidades" poderá não ser a mais exata, mas evita discussões em torno de conceitos como tipo e subtipo. Na seção IV do capítulo I do título II do CVM, "modalidades" refere-se a valores mobiliários nominativos ou ao portador.

[14] Vide nesse sentido designadamente Paulo Câmara, *Manual de Direito dos Valores Mobiliários*, cit., p. 142, Florbela de Almeida Pires, *Art. 360.º, Código das Sociedades Comerciais Anotado*, coord. António de Menezes Cordeiro, Almedina, Coimbra, 2.ª ed., 2011, p. 970 e Orlando Vogler Guiné, *Art. 360.º, Código das Sociedades Comerciais em Comentário*, coord. por Coutinho de Abreu, Almedina, Coimbra, 2012, pp. 883 e s.

de forma alguma limitar a criatividade dos emitentes, dos intermediários financeiros que os assistem na preparação de ofertas ou dos investidores.

Porém, importa não colocar no mesmo plano as "modalidades" e os "subtipos" criados a partir do conceito originário de obrigação, embora tanto aquelas como estes possam relevar para o conceito de categoria de valor mobiliário, dado que, ainda que a níveis diferentes, particularizam os direitos e as obrigações inerentes a um valor mobiliário, assim o diferenciando dos demais, quer sejam do mesmo tipo ou subtipo, ou da mesma modalidade.

Na verdade, o conceito básico de empréstimo cedo deixou de ser um ponto de partida e de chegada e não demorou atá que surgissem regimes jurídicos autónomos, destinados a acolher conceitos que, embora dotados da mesma estrutura essencial (na base continuava a estar o empréstimo), revelavam contornos distintos. São subtipos do tipo "obrigação", de que trataremos no ponto seguinte, e que correspondem a ramificações que individualizam um valor mobiliário e o autonomizam face ao conceito originário, submetendo-o a um regime jurídico próprio. Constituem exemplo destas variações as obrigações de caixa, as obrigações hipotecárias ou sobre o setor público, as obrigações titularizadas ou as obrigações com garantia do Estado.

As modalidades situam-se ao nível do conceito originário e foram pensadas por referência ao mesmo. Quer isto dizer que as "modalidades" distinguem-se ao associar aos valores mobiliários direitos que concretizam diferentes modelos ou perfis remuneratórios (com impacto ao nível da remuneração ou da subscrição (als. (a), (b) e (e)) ou diferentes estruturas de obrigações (com direitos de conversão ou subscrição associados), que as particularizam e autonomizam das demais. Outros exemplos poderiam ser dados. Considerando os mais usuais, podiam juntar-se àquela lista as obrigações que conferem um opção de reembolso antecipado ao emitente (*issuer call option*) ou aos investidores (*investor put option*). São exemplo destas variações as obrigações sem juro (cupão zero) ou juro indexado ou com prémio, as obrigações convertíveis ou que conferem direito a subscrever outros valores mobiliários. Recorde-se que embora as als. (c) e (d) do art. 360.º do CSC se refiram a "ações", a abertura do preceito admite, sem dúvida, que as obrigações se convertam em qualquer outro valor mobiliário ou confiram direito à aquisição de qualquer outro valor mobiliário.

Basta passar os olhos pelos prospetos de alguns programas *emtn*, designadamente dos que se encontram disponíveis no *website* da CMVM (porque por esta autoridade foram aprovados ou porque foram objeto de passaporte para a jurisdição portuguesa) para confirmar que assim é. Pena foi apenas que o legislador se tenha preocupado em detalhar em demasia o regime de certas modalidades de obrigações (vide arts. 361.º e seguintes do CSC), algumas delas, no entanto, com pouca utilização prática.

3.2. Derivações a partir do conceito originário

I. As derivações a partir do conceito originário de obrigação começaram por se manifestar ao nível das entidades emitentes. As instituições de crédito, sempre necessitadas de financiamento e em regra dotadas de uma rede de balcões e outros meios de contacto que permitem a fácil interação com um elevado e diversificado número de clientes (potenciais investidores) e, por isso, a colocação de produtos financeiros, acabaram por primeiro merecer a atenção do legislador. Não surpreende, por conseguinte, que no início dos anos noventa do século passado tenham sido dedicadas às instituições de crédito dois importantes diplomas, consagrando os regimes jurídicos das obrigações de caixa e das obrigações hipotecárias.

As obrigações de caixa têm tido um percurso razoavelmente estável, tendo o seu regime jurídico apenas sofrido uma grande alteração desde a sua entrada em vigor. Estas obrigações são familiares ao nosso panorama jurídico desde o início dos anos 80 do século XX, quando o Decreto-lei n.º 117/83, de 25 de fevereiro, reconhecendo o surgimento de novas instituições financeiras, designadamente as sociedades de investimento e de locação financeira, consagrou as obrigações de caixa (tratadas então como "títulos de crédito") como um dos instrumentos legais ao dispor das sociedades de investimento para obtenção de recursos financeiros.

Esse regime foi revogado com a entrada em vigor do regime jurídico das obrigações de caixa, aprovado pelo Decreto-lei n.º 408/91, de 17 de outubro (o "RJOC"), que, qualificando já as obrigações de caixa como "valores mobiliários", tratou de "reformular integralmente" o regime jurídico daquele primeiro diploma, tendo em vista "simplificar a emissão dos títulos em causa e eliminar os constrangimentos que não se justificavam nas circunstâncias" então prevalecentes.

III. As obrigações hipotecárias são regidas pelo regime jurídico das obrigações hipotecárias e sobre o setor público, aprovado pelo Decreto-lei n.º 59/2006, de 20 de março (o "RJOH"), bem como pela regulamentação do Banco de Portugal emitida nesse âmbito, que veio revogar o regime que acabou por praticamente não sair do papel, em vigor desde o início da década de noventa do século passado – aprovado pelo Decreto-lei n.º 125/90, de 16 de abril. Mas depois deste primeiro e inconsequente enquadramento legislativo, o RJOH tem sido usado com abundância pela generalidade dos bancos nacionais, que não apenas estabeleceram programas de emissão de obrigações hipotecárias como, exceto um interregno suscitado pelas consequências da crise associada ao *sub-prime*, emitem com frequência. A Caixa Geral de Depósitos, S.A. e o Banco BPI, S.A. estabeleceram também programas de emissão de obrigações sobre o setor público, que tiveram, no entanto, uma existência fugaz, em boa medida devido à crise da dívida soberana que se seguiu.

Sendo certo que o sucesso das obrigações hipotecárias é muito anterior à crise associada ao *sub-prime*, num primeiro momento, e à dívida soberana, numa segunda fase, não é menos verdade que o contexto em que vivemos determinou em grande medida o recurso à emissão destas obrigações, assim como das obrigações titularizadas, não como forma de financiamento, mas sim para funcionarem como colateral junto do sistema de operações de crédito do Eurossistema.

IV. O final da década de noventa do século passado assistiu ao surgimento de um regime jurídico para a titularização de créditos, instrumento de financiamento que veio a ser abundantemente utilizado pela generalidade dos bancos nacionais (mas também por algumas empresas) desde então. Essa riqueza traduz hoje uma grande diversidade ao nível das operações, quer no que respeita aos cedentes (embora com prevalência dos bancos, incluindo sucursais, há vários casos de sociedades), quer no que respeita aos emitentes (FTCs e STCs), quer no que se refere aos ativos titularizados, havendo muitos exemplos: quanto à existência (créditos atuais e futuros), quanto à performance (créditos em situação de cumprimento e de incumprimento), quanto ao tipo de empréstimo subjacente (créditos à habitação, créditos decorrentes de empréstimos a pequenas e médias empresas, créditos resultantes da atividade de locação financeira mobiliária e imobiliária), quanto às garantias associadas (créditos garantidos por hipoteca, por penhor, aos quais está associada livrança em branco avalizada ou fiança ou desprovidos de garantia).

Embora a lei preveja dois diferentes tipos de veículos de titularização – fundos de titularização de créditos, emitentes de unidades de titularização, e sociedades de titularização de créditos, emitentes de obrigações titularizadas –, no início houve uma clara preferência por estruturas desenhadas em torno dos fundos, possivelmente marcada por duas razões essenciais: os muito elevados requisitos de capitalização então exigidos às STCs (€ 2,500,000, conforme definido pela Portaria n.º 284/2000, de 23 de maio) e o precedente firmado pela primeira operação realizada no ambiente do regime jurídico da titularização e créditos, aprovado pelo Decreto-lei n.º 453/99, de 5 de novembro (o "RJTC") – a operação de cessão de créditos hipotecários realizada pelo Banco Comercial Português, S.A. ao Fundo de Titularização de Créditos Servimédia, em dezembro de 2001.

Contudo, em 2004 registou-se a mais marcante operação de titularização estruturada de acordo com o modelo "STC", a emblemática operação "Explorer 2004 Series 1" [15], através da qual o Estado Português cedeu créditos de natureza fiscal para efeitos de titularização à Sagres – Sociedade de Titularização de Créditos, S.A. A partir de 2010 verificou-se a inflexão na tendência, passando as operações de titularização a ser estruturadas nesse modelo, com a consequente emissão de obrigações titularizadas pelas sociedades de titularização de créditos que se encontram constituídas e em funcionamento.

Uma das consequências da crise associada ao *sub-prime* foi a mudança nas finalidades subjacentes a estas operações: em lugar de constituírem uma fonte de financiamento direto (permitindo ao cedente encaixar o valor correspondente à alienação dos créditos e assim libertar balanço e antecipar liquidez), estas operações passaram constituir um meio de criar instrumentos financeiros elegíveis como colateral junto do Eurossistema, a exemplo do que sucedeu com as obrigações hipotecárias. Foi nesse contexto que se iniciou a fase dos chamados *"retained deals"*, no âmbito dos quais o cedente subscrevia também as obrigações titularizadas, atuando dos dois extremos da estrutura transacional, como cedente dos créditos titularizados e titular das obrigações titularizadas cujo reembolso de capital e pagamento de juros são garantidas por esses mesmos créditos.

A necessidade de afetar de forma mais eficiente os créditos cedidos, designadamente tendo em conta as alterações mais recentes ao Decreto-lei n.º 105/2004, de 8 de maio, que, além de erigir como colateral elegível num acordo de garantia financeira direitos de crédito, veio prever um regime especial para esse tipo de ativos dados em garantia no contexto de operações de política monetária dos Bancos Centrais, veio a determinar a cessação antecipada de muitas destas operações. O ano de 2012 foi especialmente fértil neste domínio ao registar um número elevado de liquidações antecipadas de fundos de titularização de créditos e de reembolsos antecipados de obrigações titularizadas, em todos os casos motivados por decisão do respetivo subscritor único (o cedente).

V. Outra derivação importante foi a que resultou nas obrigações garantidas pelo Estado. Este, mesmo antes do aparecimento do regime jurídico das obrigações com garantia do Estado, aprovado pela Lei n.º 60-A/2008, de 20 de outubro (o "RJOGE") podia garantir o cumprimento do reembolso de capital e pagamento dos juros inerentes a obrigações ao abrigo da Lei n.º 112/97, de 16 de setembro, que estabeleceu o regime jurídico da concessão de garantias pessoais pelo Estado ou por outras pessoas coleti-

---

[15] O respetivo prospeto encontra-se disponível em www.cmvm.pt.

vas de direito público. Aliás, vários são os casos de emissões de obrigações garantidas pelo Estado nesse âmbito, quer em modelos *stand alone*[16] ou integradas em programa *emtn*[17].

O que torna específico o RJOGE – cuja principal particularidade é a circunstância de o Estado surgir como garante das obrigações – é o contexto em que aparece, integrado num pacote legislativo aprovado pouco depois da falência do Lehman Brothers[18]. Numa fase em que a crise financeira ainda estava intimamente ligada à sua raiz inicial – o *sub-prime* – e ainda não se estendia aos próprios Estados soberanos, a intervenção do Estado como garante apresentava-se como um meio para conferir mais estabilidade ao sistema financeiro e recuperar a confiança dos investidores nas instituições que nele participam, em especial os bancos. Aliás, o RJOGE era (e ainda é, diga-se) muito claro neste sentido, ao afirmar no seu art. 1.º que visa "o reforço da estabilidade financeira e a disponibilização de liquidez nos mercados financeiros". Surgiu para servir, em suma, como fator de descongestionamento e facilitar o acesso ao crédito àquelas entidades que, aos olhos dos clientes bancários, tradicionalmente o concedem: as instituições de crédito sedeadas em Portugal (art. 2.º).

Note-se que esta lei se apresentava como "extraordinária", no sentido em que visava funcionar como um paliativo temporário do sistema financeiro. E, de facto, parecia ser, pois a Portaria n.º 1219-A/2008, de 23 de outubro, que veio regulamentar o RJOGE, apressou-se a dizer que as garantias do Estado podiam ser concedidas ou renovadas até 31 de dezembro de 2008. Porém, certo é que os sucessivos orçamentos de Estado vieram estender o período de vigência desta lei – bem como o da sua "irmã gémea", a Lei n.º 63-A/2008, de 24 de novembro, entretanto rebatizada

---

[16] Tomem-se como exemplo, a título ilustrativo, as emissões de obrigações realizadas pelo Metropolitano de Lisboa, E.P.E.

[17] A título exemplificativo, a Rede Ferroviária Nacional – Refer, E.P.E. tem um programa *emtn* (€ 3,000,000,000 Euro Medium Term Note Programme) estabelecido desde 2008, no qual o Estado participa como garante.

[18] Os demais diplomas são o DL n.º 211-A/2008, 3 de Novembro, que aprova medidas de reforço do limite de cobertura do Fundo de Garantia de Depósitos e do Fundo de Garantia do Crédito Agrícola Mútuo e dos deveres de informação e transparência no âmbito da atividade financeira e dos poderes de coordenação do Conselho Nacional de Supervisores Financeiros, a Lei n.º 62-A/2008, de 11 de Novembro, que nacionalizou todas as ações representativas do capital social do Banco Português de Negócios, S.A. e aprovou o respetivo regime jurídico de apropriação pública por via de nacionalização, a Lei n.º 63-A/2008, de 24 de Novembro, que estabelece as medidas de reforço da solidez financeira das instituições de crédito no âmbito da iniciativa para o reforço da estabilidade e da disponibilização de liquidez nos mercados financeiros.

como "lei da recapitalização dos bancos" –, admitindo o prolongamento das circunstâncias extraordinárias que ditaram a sua aprovação.

Vários foram os bancos nacionais a recorrer a este instrumento, quer num primeiro momento, situado no final de 2008, quer em fases posteriores, após o abrandamento destas emissões na sequência do início da crise das dívidas soberanas.

VI. Os dados divulgados pela CMVM[19] revelam que as obrigações clássicas continuam a ser dominantes no que se refere ao montante global emitido, representando em 2011 cerca de 45% do total (depois de uma queda significativa em 2010 – cerca de 25% – e após um registo de cerca de 50% em 2009). Todavia, esta percentagem é ilusória, na medida em que considera "clássicas" as obrigações com garantia de Estado, que aqui tratamos de forma autónoma.

As obrigações titularizadas e hipotecárias representam, cada uma, aproximadamente 25% (com manutenção de relevância das hipotecárias e ligeira redução das titularizadas face a 2010), seguindo-se as obrigações estruturadas e as de cupão zero, que, sem prejuízo do ligeiro decréscimo face a 2009 e 2010, registavam em 2011 perto de 10% do montante total. As obrigações de caixa e as demais (incluindo as obrigações perpétuas e as permutáveis) evidenciaram pouca expressão nos três anos em causa, ficando-se por uma percentagem à volta dos 2% cada.

3.2.1. Associação entre específicos emitentes e prazo de vencimento

I. *Obrigações de caixa*

As chamadas obrigações de caixa encontram-se hoje em dia sujeitas ao disposto no Decreto-lei n.º 408/91, de 18 de outubro (conforme alterado) – RJOC.

As obrigações de caixa, apesar de dotadas de um regime jurídico próprio, estão estruturalmente muito perto das obrigações clássicas, distinguindo-se, em particular, pelo específico prazo de reembolso mínimo – não há obrigações de caixa com prazo de vencimento inferior a dois anos – e pelo restrito leque de emitentes. Disso é evidência o disposto no art. 1.º do RJOC, ao dispor que "as obrigações de caixa são valores mobiliários que incorporam a obrigação de a entidade emitente pagar ao seu titular uma certa importância, em prazo não inferior a dois anos, e os correspondentes juros".

---

[19] CMVM, *Relatório Anual 2011 sobre a Atividade da CMVM e sobre os Mercados de Valores Mobiliários*, disponível em www.cmvm.pt, p. 103.

Apenas algumas entidades podem emitir certos subtipos de obrigações, sendo que as instituições de crédito ocupam uma posição ímpar neste contexto, dado que lhes está reservada a emissão de obrigações de caixa, hipotecárias e sobre o setor público e com garantia de Estado, sendo que ocupam também uma posição especial no âmbito da cessão de créditos para titularização.

No entanto, nem todas as instituições de crédito podem emitir obrigações de caixa, sendo-lhes exigível – requisito que, como veremos, é também aplicável, embora em diferente montante, à emissão de obrigações hipotecárias e sobre o setor público – fundos próprios não inferiores a € 2,500,000 (art. 2.º).

O RJOC pouco mais adianta em termos de conteúdo deste subtipo de obrigações, prevendo, contudo, que (art. 7.º): as obrigações de caixa são emitidas a prazo fixo, podendo, no entanto, as instituições emitentes conceder aos seus titulares a faculdade de solicitar o reembolso antecipado, o qual não poderá efetuar-se antes de decorridos 12 meses após a data da emissão das obrigações e implicará a amortização das mesmas; sem prejuízo do que antecede quanto ao reembolso antecipado, as obrigações de caixa não podem ser adquiridas pela instituição emitente antes de decorrido o prazo de dois anos sobre a data de emissão[20].

Qualquer destes requisitos pode perfeitamente ser cumprido no âmbito de uma emissão "normal" de obrigações por uma instituição de crédito, pelo que, para evitar dúvidas, a documentação da emissão (incluindo deliberações e condições da emissão) deve sempre esclarecer expressamente se se trata de uma emissão de obrigações de caixa, caso o emitente tenha a capacidade para emitir esse tipo de obrigações. E, na prática, a documentação relativa a obrigações de caixa tem feito essa identificação. Note-se que, a par do requisito acima mencionado do mínimo dos fundos próprios, a lei não estabelece qualquer outra limitação.

Notamos que a versão originária do art. 3.º do RJOC esclarecia que a emissão de obrigações de caixa, bem como a respetiva oferta pública de subscrição, se regiam exclusivamente pelo disposto nesse diploma. Esta norma foi entretanto alterada em 2006, passando a dispor apenas sobre o regime da oferta pública, nada dizendo sobre o primeiro ponto, o que

---

[20] O Aviso do Banco de Portugal nº 4/2000 estabelecia algumas regras importantes às obrigações de caixa de valor nominal inferior a €50.000, designadamente quanto à fixação de juro a taxa variável (a variação deve estar relacionada com a evolução de variáveis económicas ou financeiras relevantes) e que o investidor deverá ser reembolsado do preço de emissão pago pelo investidor. No entendimento do Banco de Portugal, segundo informação disponível no seu *website*, este Aviso foi tacitamente revogado pelo DL nº 52/2006, de 15 de março, que modificou o regime legal das obrigações de caixa.

lança as maiores dúvidas ao intérprete. Seria, por isso, útil que o legislador tratasse de forma expressa a relação entre as obrigações de caixa e o regime geral das obrigações, designadamente em que medida certas normas deste regime geral poderão ou não ser aplicáveis às primeiras. Porém, e em todo o caso, esta ausência de clarificação não deverá ser vista como um obstáculo inultrapassável pelo intérprete quando a *ratio* das normas de matriz geral justifique a sua aplicação às obrigações de caixa (p. ex., no que toca ao representante comum e às assembleias de obrigacionistas)[21].

II. *Obrigações perpétuas*

Tipicamente, e sobretudo para quem entenda uma emissão de obrigações como um mútuo titulado sob a forma de valores mobiliários, as obrigações terão uma data de maturidade, maior ou menor. Tem sido discutido e existem opiniões doutrinárias divergentes sobre se um valor mobiliário que confira um direito ao pagamento de juros mas não preveja uma data de liquidação do capital (isto é, as obrigações apenas serão reembolsáveis, por regra, a opção do emitente) pode ou não qualificar como uma verdadeira obrigação[22].

Em sentido negativo, pode ser avançado o argumento de que se afastará assim muito significativamente (ou quase-decisivamente) do âmbito de um mútuo; em sentido contrário também poderão ser invocados argumentos importantes, nomeadamente o escopo exemplificativo do art. 360.º do CSC, o facto de a componente de juro ser juridicamente devida e corresponder a um direito de crédito do titular (*vide* art. 348.º, n.º 1) e o facto de, em sede de insolvência, o titular daquele valor mobiliário assumir um efetivo direito de crédito sobre o capital em caso de liquidação da sociedade (*vide* abaixo).

A este respeito poderá eventualmente ser possível configurar a obrigação perpétua, no que se refere à componente de capital, como uma obri-

---

[21] Já José Engrácia Antunes, *Instrumentos Financeiros*, Almedina, Coimbra, 2009, p. 96 parece seguir uma abordagem diversa, ao separar claramente uma (obrigações de caixa) e outra coisa (obrigações em geral).

[22] Por exemplo, em sentido negativo v. António Silva Dias, *Financiamento de Sociedades por Emissão de Obrigações*, cit., p. 43 s, e Paulo Câmara, *Manual...*, cit., p. 151 e seguintes; e em sentido afirmativo José Engrácia Antunes, *Instrumentos Financeiros*, cit., p. 92 e também Florbela de Almeida Pires, *Introdução ao Capítulo IV – Obrigações, Código das Sociedades Comerciais Anotado*, coord. por Menezes Cordeiro, Almedina, Coimbra, 2.ª ed., 2011, p. 932 parece inclinar-se nesse sentido. Independentemente desta discussão, não parece haver dúvidas de que se trata de valores mobiliários representativos de dívida, categoria mais ampla que abrange as obrigações, como se verá de seguida.

gação com cláusula *cum voluerit*[23], referida no art. 778.º, n.º 2 do Código Civil, sem prejuízo de (julgamos) tal obrigação sempre se vencer em sede de insolvência do obrigado nos termos do art. 177.º do CIRE (que acaba por estar em harmonia com o disposto no art. 780.º, n.º 1 do Código Civil)[24].

Do lado regulatório, parece existir uma porta aberta nos termos do Aviso do Banco de Portugal n.º 6/2010 (arts. 4º, n.º 2, al. a) e 7º, n.º 1, al. a), que admite instrumentos sem data vencimento), mas em bom rigor para esse efeito (regulatório) não é significativo tratar-se de uma verdadeira obrigação ou antes de um mais geral valor mobiliário representativo de dívida. Já seria mais interessante o argumento retirado da al. c) do Aviso do Banco de Portugal n.º 4/2000 (obrigações de caixa) que estabelecia a necessidade, relativamente às obrigações de caixa de valor nominal inferior a €50.000, de ao investidor ser reembolsado da totalidade do preço de emissão pago, dando a ideia que quando o valor nominal das obrigações de caixa fosse igual ou superior a €50.000[25] ou noutros tipos de obrigações essa necessidade não existia. Mas note-se que no entendimento do Banco de Portugal, segundo informação disponível no seu website, este Aviso foi tacitamente revogado pelo DL n.º 52/2006, de 15 de março, que modificou o regime legal das obrigações de caixa.

III. *Papel comercial*

Por último, ainda no que respeita a valores mobiliários representativos de dívida, cabe referir o disposto no regime jurídico do papel comercial, aprovado pelo Decreto-lei n.º 69/2004, de 25 de março (o "RJPC"), relativo ao papel comercial. Este regime jurídico veio suceder ao Decreto-lei n.º 181/92, de 22 de agosto, diploma que procurou, como referido no respetivo preâmbulo, uniformizar a emissão de títulos de dívida de curto prazo, com exceção dos sujeitos a regime especial, como, já então, era o caso das obrigações de caixa[26].

---

[23] PAULO CÂMARA, *Manual...*, cit., p. 151 nota igualmente esta característica *cum voluerit*, mas para entender que a obrigação perpétua não poderá configurar uma verdadeira obrigação para efeitos do CdSC.

[24] Já assim ORLANDO VOGLER GUINÉ, *O Financiamento de Sociedades por meio de Valores Mobiliários Híbridos (entre as ações e as obrigações)*, cit., p. 85

[25] Como nota também CRISTINA SOFIA DIAS, *Certificados, Valores Mobiliários Convertíveis e Valores Mobiliários Condicionados por Eventos de Crédito: Algumas Notas Comparativas*, Cadernos do Mercado de Valores Mobiliários, 15, 2002 (disponível em www.cmvm.pt), p. 107.

[26] Note-se que este diploma, ao contrário do RJPC, previa a emissão de títulos com prazo fixo inferior a um ano, bem como com prazo fixo igual ou superior a um ano e inferior a dois anos (cfr. arts. 13.º e 14.º).

Não estamos aqui a falar de obrigações, embora a lei não refira o prazo – mínimo ou máximo – das obrigações clássicas, mas antes de valores mobiliários representativos de dívida de curto prazo, com maturidade inferior a um ano (art. 1.º, n.º 2 do RJPC). É essa a particular nota distintiva do papel comercial.

Estruturalmente, há grande proximidade entre o papel comercial e as obrigações, aplicando-se àquele limites e exceções semelhantes aos aplicáveis às obrigações clássicas (mas não necessariamente com a mesma extensão). Assim, pode emitir papel comercial qualquer sociedade comercial ou civil sob a forma comercial, cooperativa, empresa pública ou pessoa coletiva de direito público ou privado que, salvo se o papel comercial a emitir tiver um valor nominal unitário igual ou superior a € 50,000 ou o seu contravalor em euros, preencha um dos seguintes requisitos: (i) evidencie no último balanço aprovado e sujeito a certificação legal de contas ou a auditoria efetuada por revisor oficial de contas, consoante o caso, capitais próprios ou património líquido de valor não inferior a € 5,000,000 ou o seu contravalor em euros; ou (ii) apresente notação de risco da emissão ou do programa de emissão, caso este exista, ou notação de risco de curto prazo do emitente, atribuída por sociedade de notação de risco registada na CMVM[27]; ou (iii) obtenha, a favor dos detentores do papel comercial a emitir, garantia autónoma à primeira interpelação que assegure o cumprimento das obrigações inerentes ao papel comercial.

Quanto aos limites aplicáveis: salvo instituições de crédito, sociedades financeiras, empresas de seguros e sociedades gestoras de fundos de pensões, os emitentes de papel comercial não podem obter, com a emissão deste tipo de valor mobiliário, recursos financeiros superiores ao triplo dos seus capitais próprios ou, no caso de entidades que não estejam sujeitas à adoção do plano oficial de contabilidade, ao triplo do seu património líquido (art. 2.º, n.º 2 do RJPC).

Nos termos do art. 6.º do RJPC, não podem ser emitidos valores mobiliários representativos de dívida com prazo igual ou inferior ao prazo previsto para o papel comercial em desconformidade com os termos desse diploma, salvo disposição legal em contrário. Esta norma deverá, claro está, ser compaginada com as regras de conflitos aplicáveis, conforme previstas nos arts. 39.º a 41.º do CVM. Especialmente em termos de conteúdo (mas não de capacidade ou forma de representação), relembre-se que, nos

---

[27] Atualmente, e nos termos do Regulamento (CE) n.º 1060/2009, do Parlamento Europeu e do Conselho, de 16 de setembro de 2009, relativo às agências de notação de crédito, o registo é essencialmente feito junto do ESMA.

termos do art. 40.º, n.º 1-2.ª parte do CVM, é possível nesta sede a escolha de lei aplicável pelo emitente.

Por fim, saliente-se que o RJPC aplicável à tributação de valores mobiliários representativos de dívida, anexo ao DL 193/2005, não se aplica ao papel comercial, nem é aplicável prospeto a uma sua oferta pública nos termos do art. 111.º, n.º 1 do CVM, havendo antes lugar à aprovação pela CMVM de uma nota informativa nos termos dos arts. 12.º e 13.º do RJPC.

3.2.2. Associação entre específicos emitentes e garantias reais

I. *Obrigações hipotecárias e sobre o setor público*

Apenas podem emitir obrigações hipotecárias ("OH") as instituições de crédito legalmente autorizadas a conceder créditos garantidos por hipotecas que disponham fundos próprios em montante não inferior a € 7,500,000[28] (art. 2.º). As OH, não deixando de representar uma obrigação (dívida) do próprio emitente, têm também por subjacente um conjunto de ativos, formado maioritariamente por créditos garantidos por hipotecas sobre imóveis para fim habitacional (em, pelo menos, 80% – art. 17.º, n.º 3) ou comercial (em, pelo menos, 60% – art. 17.º, n.º 3)[29]; esse conjunto de ativos forma um património autónomo (art. 4.º, n.º 2), sobre o qual os titulares das OH detêm um privilégio creditório especial com prevalência sobre quaisquer privilégios creditórios imobiliários (art. 3.º).

O património afeto à emissão de OH deve ser adequadamente segregado na contabilidade do emitente (art. 4.º, n.º 3 e 4), estabelecendo a lei um conjunto de requisitos e critérios prudenciais que deverão ser cumpridos pelo emitente, de forma a assegurar uma elevada qualidade do risco de crédito inerente às OH (*vide* art.s 16.º a 23.º). Merece especial destaque o disposto no art. 10.º, n.º 1, nos termos do qual o regime geral das obrigações do CSC não é aplicável às emissões de OH, o que (como veremos abaixo) tem demonstrado ser bastante útil para os emitentes nacionais,

---

[28] Não erigindo a lei qualquer limitação, nem se descortinando qualquer razão para algum limite erigir, não deverá obstar a uma emissão de OH o facto de o emitente não ter sede em Portugal, mas apenas atuar nesta jurisdição através de uma sucursal, em especial quando tenha sede noutros Estado-Membro.

[29] Mais uma vez, não se tendo a lei preocupado por qualificar o que seja o "fim comercial", nada parece obstar a que este trecho seja interpretado de forma ampla, integrando qualquer fim empresarial e não apenas uma atividade comercial *stricto sensu*. Desde que os limites e critérios prudenciais sejam cumpridos pelo emitente, nada parece obstar a essa interpretação. O §28(2)(c) da *Pfandbriefgesetz* alemã (que inspirou claramente a nossa lei, conforme indiciado também no respetivo preâmbulo) aponta também nesse sentido.

em contextos de acentuada dificuldade no acesso ao crédito. A lei prevê também a possibilidade da emissão de obrigações tendo por subjacente um património autónomo composto maioritariamente por créditos sobre o setor público (*vide* art. 32.º), aplicando-se o mesmo tipo de princípios.

Para além da delimitação das entidades elegíveis para a emissão de obrigações hipotecárias e sobre o setor público, já foi referido um importante requisito que tais entidades devem preencher: deter fundos próprios não inferiores a € 7,500,000. Adicionalmente, o art. 19.º do RJOH, depois aprofundado pelo Aviso do Banco de Portugal n.º 6/2006, estabelece vários limites que qualifica como prudenciais: (i) o valor nominal global das obrigações hipotecárias em circulação não pode ultrapassar 95% do valor nominal global dos créditos hipotecários e dos outros ativos afetos àquelas obrigações; (ii) o vencimento médio das obrigações hipotecárias em circulação não pode ultrapassar, em cada momento, o vencimento médio dos créditos hipotecários e dos outros ativos que lhes estão afetos; e (iii) o montante global dos juros a pagar em consequência de obrigações hipotecárias não deve exceder, em cada momento, o montante dos juros a receber referentes aos créditos hipotecários e aos outros ativos afetos às obrigações hipotecárias.

II. *Obrigações titularizadas*

O respetivo regime encontra-se no RJTC, bem como na regulamentação da CMVM e do Banco de Portugal (e Ministerial) emitida nesse âmbito.

Apenas podem emitir obrigações titularizadas ("OT") as sociedades de titularização de créditos, que, para o efeito, devem cumprir certos requisitos de fundos próprios (arts. 43º). Diversamente das OH, as OT não representam uma dívida do património geral do emitente, sendo os pagamentos de juros e o reembolso de capital realizados apenas com o produto dos ativos subjacentes à respetiva emissão, os quais integram primariamente uma carteira de créditos cedida para titularização e o seu *cash flow* (art. 61º), podendo também acessoriamente integrar outros ativos. O conjunto de ativos afetos forma um património autónomo (art. 62º, n.º 1), sobre o qual os titulares das OT detêm um privilégio creditório especial com prevalência sobre quaisquer privilégios creditórios imobiliários (art. 63º). O património afeto à emissão de OT deve ser adequadamente segregado na contabilidade do emitente (art. 62º, n.º 2). As condições das emissões estabelecem geralmente diversas categorias de OT numa mesma operação, em função do seu grau de senioridade, risco e retorno potencial, visando assegurar uma elevada qualidade de risco de crédito inerente às OT mais seniores.

Por outro lado, as OT não se confundem com as unidades de titularização de créditos, que representam parcelas do património autónomo constituído por cada fundo de titularização de créditos igualmente regulados no diploma (art. 9.º), e que contabilisticamente são qualificáveis como capital (*equity*) e não como instrumentos representativos de dívida. Esta qualificação, aliás, parece ser a génese da preferência de alguns segmentos importantes de investidores pelas OT relativamente a colocações diretas das securitizações em mercado e para utilização como colateral.

Os requisitos para a emissão de OT confundem-se, tal como nas OH, com os fundos próprios que a sociedade de titularização de créditos deve reunir, embora o respetivo valor mínimo esteja, ao contrário do que sucede nas OH, diretamente dependente do valor líquido das obrigações titularizadas emitidas que se encontrem em circulação: 0,5% até € 75,000,000 e 1 (por mil) no excedente.

De resto, o próprio RJOT esclarece no seu art. 64.º que as emissões de obrigações titularizadas não estão sujeitas aos requisitos e limites estabelecidos no art. 348.º, n.º 2 e no art. 349.º do CSC[30].

3.2.3. Associação entre específicos emitentes e garantias pessoais

A lei cuidou de definir com rigor as entidades que poderão emitir obrigações com garantia do Estado ao abrigo do RJOGE: instituições de crédito com sede em Portugal.

Sem prejuízo de a maturidade não ser um aspeto que torna as obrigações com garantia do Estado singulares enquanto obrigações com garantia especial, nem por isso se pode dizer que o prazo de vencimento destas obrigações é livre, podendo o Estado garantir quaisquer obrigações. A baliza estabelecida situou-se inicialmente entre os três meses e os três anos, deixando de fora o muito curto prazo e o médio e longo prazos (art. 2.º, n.º 1 da Portaria n.º 1219-A/2008, de 23 de outubro). Se quanto ao prazo mínimo nenhum desvio havia, no que se refere ao prazo máximo estabelecia o art. 2.º, n.º 2 daquela Portaria que era possível ao Estado garantir obrigações com maturidade até cinco anos desde que o Banco de Portugal se pronunciasse nesse sentido. Entretanto a Portaria n.º 80/2012, de 27 de março, veio modificar este regime, alargando a maturidade máxima para

---

[30] Note-se que nem sempre foi assim. Do art. 50.º da versão originária do RJOT constava que as emissões de obrigações titularizadas cuja notação de risco, efetuada nos termos do art. 27.º, n.º 4, fosse A ou equivalente não estavam sujeitas aos limites estabelecidos no art. 349.º do CdSC.

cinco anos (e mesmo sete anos, no caso de emissões de obrigações hipotecárias ou sobre o setor público).

Mas o art. 2.º da Portaria é ainda rico noutras indicações com incidência nas obrigações elegíveis para este regime. Por um lado, é necessário que a dívida a garantir seja denominada em euros, de forma a evitar que o Estado, sendo chamado a honrar a garantia, fique exposto ao risco cambial ou, para que tal não aconteça, tenha que contratar instrumentos de cobertura de risco. Poderia ter sido adotada uma via mais flexível, refletindo os custos inerentes no emitente. No entanto, nesta matéria, parece ter prevalecido uma lógica de não onerar o emitente – nem, obviamente, o Estado – com um custo adicional àqueles (as comissões) que são incontornáveis.

Por outro lado, o art. 2.º, n.º 3 acrescenta ainda que ficam excluídas deste regime as operações do mercado monetário de depósitos interbancários, certamente tendo em conta a natureza das entidades envolvidas, as operações de dívida subordinada, dado o risco inerente às mesmas, as operações que já beneficiem de garantia, as quais, por essa via, aumentam a proteção dos credores[31], bem como as operações de financiamento que sejam realizadas em jurisdições que não adotem padrões de transparência internacionalmente aceites, tendo possivelmente em vista evitar a utilização abusiva deste regime e não pactuar com atuações que têm como principal propósito obter tratamentos fiscais privilegiados.

De notar ainda que o CVM, transpondo para a ordem jurídica nacional o estabelecido na Diretiva dos Prospetos, prevê um regime de exceção quanto à obrigatoriedade de aprovação de um prospeto, tanto para a oferta pública como para a admissão à negociação, quando estejam em causa valores mobiliários representativos de dívida que beneficiem de garantia prestada por um Estado Membro (art. 111.º, n.º 1, al. (a) e art. 236.º, n.º 2, al. (a)).

É certo que neste caso poderia ser elaborado e submetido à aprovação um prospeto (art. 111.º, n.º 3 e art. 236.º, n.º 3), dado que as obrigações são garantidas pelo Estado Português. No entanto, não foi essa a prática seguida, tendo a estrutura contratual prevalecente correspondido à prepa-

---

[31] Esta disposição desconsidera o valor da garantia em causa. Num cenário de forte crise como aquele em que se enquadra o surgimento desta Lei, muitos financiamentos garantidos por penhor sobre ações ficaram excluídos. E a verdade é que o *loan-to-value* (relação entre o valor em dívida e o valor do ativo dado em garantia) certamente tinha sofrido uma evolução adversa. Note-se, em todo o caso, que a Portaria n,º 80/2012, de 27 de março, veio alterar o art. 2.º, n.º 2 da Portaria n.º 1219-A/2008, de 23 de outubro, admitindo a concessão de garantia de Estado em emissões de obrigações hipotecárias ou sobre o setor público (que em si mesmas são obrigações que estruturalmente beneficiam de uma carteira de créditos que garante a emissão).

ração de um contrato de subscrição com o(s) respetivo(s) investidor(es) (*"subscription agreement"*), em anexo ao qual podem ser encontradas as condições (*"terms and conditions"*) que regem as obrigações.

3.3. Híbridos

I. Deve ainda ponderar-se se e em que medida certos valores mobiliários híbridos "merecem" ou não, parcial ou totalmente, o regime das obrigações.[32]

O termo híbrido acaba por ser inerentemente autoexplicativo. Uma coisa é híbrida quando não é bem uma primeira nem uma segunda coisa, é antes uma terceira coisa que eventualmente até poderá acabar por estar entre a primeira e a segunda, participando de algumas características próprias de cada uma delas. É assim em geral e é assim no Direito. Nesta sede tem especial pertinência abordar, de forma breve, aquele tipo de valores mobiliários híbridos que se move entre as categorias legais e dogmáticas de "ações" e de "obrigações".

As ações são valores mobiliários representativos do capital social das sociedades anónimas. São participações sociais, que atribuem ao seu titular os inerentes direitos patrimoniais e políticos. Ao titular das ações pertence uma quota-parte da sociedade e, a título indireto, uma quota-parte do património social; ou seja, e de uma forma simplista, ao acionista pertence uma quota-parte do ativo da sociedade, depois de pago todo o passivo. O acionista é, assim, titular de um *"residual claim"* – tem o direito ao remanescente (se existir).

As obrigações são valores mobiliários representativos de determinados direitos de crédito cujo devedor é normalmente uma sociedade, em Portugal uma sociedade anónima (art. 348.º do CSC) ou uma sociedade por quotas (art. único do Decreto-Lei n.º 160/87, de 3 de abril). As obrigações titulam certos direitos de crédito, normalmente (e exclusivamente?) o direito do seu titular de receber pagamentos de capital e de juros, por regra em montante e datas determináveis. Ao seu titular não pertence uma quota-parte da sociedade, nem indiretamente do património social. Mas o titular das obrigações tem o direito de os montantes em dívida lhe serem pagos com preferência face aos acionistas. O obrigacionista vê, assim, os

---

[32] Seguimos de perto nesta secção ORLANDO VOGLER GUINÉ, *O Financiamento de Sociedades por meio de Valores Mobiliários Híbridos (entre as ações e as obrigações)*, cit., podendo aí encontrar-se mais referências bibliográficas para os pontos de seguida abordados.

seus interesses garantidos por direitos de crédito, sendo, por isso, titular (perante a sociedade) de um *"contractual claim"*.

Ora, por valores mobiliários híbridos nesta sede entendemos aqueles que não se reduzem em absoluto ao tipo clássico de obrigações ou de ações, antes participando, em maior ou menor medida, das características de ambos os tipos. As próprias obrigações convertíveis podem já ser vistas como tenentes de alguma hibridez, atentas as suas características legais e financeiras. A emissão deste tipo de valores mobiliários poderá também permitir aos emitentes aceder a outro tipo de mercado – um mercado mais avesso ao risco do que o tradicional mercado das obrigações, mas ainda assim mais conservador do que o tradicional mercado das ações.

II. A resolução da qualificação ou não como obrigação e, mais do que isso, da mobilização de aspetos de regime das obrigações (mesmo quando aquela qualificação faleça) a certos valores mobiliários híbridos, designadamente os emitidos para efeitos de capital próprio dos bancos, deverá sempre ser ponderada com cautela, mesmo em situações em que o investidor não seja à partida titular de direitos de crédito sobre o emitente: como seja o facto de não ter um direito de exigir o pagamento de capital (conforme sucede nas obrigações perpétuas) e/ou de o juro titular mais propriamente um recebimento (que funciona numa base do tipo de uma obrigação natural, em que o credor tem o direito de reter o objeto prestado, mas não de exigir o pagamento – *vide* art. 403.º, n.º 1 do CC) do que um efetivo direito de crédito, sendo que uma obrigação deve titular direitos de crédito nos termos do art. 348.º, n.º 1. Não parece, contudo, que se justifique detalhar o respetivo regime legal, dando assim maior liberdade ao intérprete para conformar e adequar os instrumentos concretos e ponderar o regime que, em cada momento, em cada operação, lhes é aplicável[33].

4. Análise e crítica às disposições do CSC em matéria de obrigações

Ao contrário de outras formas de financiamento (p.e. aumento de capital/financiamento bancário) há requisitos e limites legais aplicáveis à emissão de obrigações. Nos próximos pontos analisaremos esses requisitos – ou seja, verdadeiros impedimentos absolutos, condições que devem estar reunidas para que uma sociedade possa emitir obrigações, qualquer que seja o valor em causa – e os limites – isto é, valor máximo que uma

---

[33] No mesmo sentido, pode ver-se Orlando Vogler Guiné, *Art. 360.º, Código das Sociedades Comerciais em Comentário*, cit. p. 900.

sociedade elegível como emitente poderá emitir – consignados no CSC e aplicáveis à emissão de obrigações.

Os requisitos funcionam, assim, como elementos indispensáveis para que uma sociedade possa emitir obrigações, enquanto os limites definem o montante máximo que as emissões podem ter.

4.1. Demasiados requisitos

4.1.1. Análise

(a) *Registo há menos de um ano, salvo...*

I. Prevê o art. 348.º n.º 2 que uma sociedade apenas pode emitir obrigações desde que o seu contrato social esteja definitivamente registado há mais de um ano, salvo se: (i) resultar de fusão ou cisão de sociedades das quais uma, pelo menos, se encontre registada há mais de um ano; ou (ii) o Estado ou entidade pública equiparada detiver a maioria do seu capital social; ou (iii) as obrigações forem garantidas por instituição de crédito, pelo Estado ou entidade pública equiparada.

Exceto nestes três casos, só por Portaria dos Ministros das Finanças e da Justiça poderá uma sociedade emitir obrigações antes de decorrido o referido período de um ano.

II. O denominador comum às três exceções parece ser a estabilidade/ credibilidade que a particular situação na qual se encontra uma sociedade resultante da fusão ou cisão de outra existente há mais de um ano, dominada pelo Estado (isto é, qualificada como empresa pública – cfr. art. 3.º do Decreto-lei n.º 558/99, de 17 de dezembro) ou cujas obrigações sejam garantidas por instituição de crédito, pelo Estado ou entidade equiparada.

Na ausência de indicações adicionais, deve admitir-se que preenchem a exceção qualquer forma de fusão ou cisão, a detenção direta ou indireta do capital ou qualquer forma de garantia, seja qual for a notação de risco, em qualquer dos casos, da instituição de crédito, do Estado ou entidade pública[34].

---

[34] A propósito das exceções, *vide* Nuno Barbosa, *Art. 348.º*, *Código das Sociedades Comerciais em Comentário*, cit., pp. 782 e s, que adianta que, ao abrigo do n.º 3 deste art., a Portaria n.º 974/90, de 11 de outubro, se mantém em vigor, pelo que esta restrição de um ano de registo não é aplicável às entidades sujeitas à supervisão do Banco de Portugal.

(b) *Capital não liberado ou sócios não colocados em mora*

I. A realização do capital social funciona como garantia mínima dos credores. Na verdade, o capital social é, qualquer que seja o tipo societário em causa, o último reduto dos credores sociais, após ter sido consumido, para cumprimento das dívidas da sociedade, o restante património da sociedade.

Daí que faça sentido que uma sociedade apenas possa recorrer ao hétero-financiamento – ou seja, a obtenção de fundos de terceiros, entendidos como não acionistas – depois de ter exigido àqueles que são os seus financiadores preferenciais o cumprimento integral da respetiva obrigação de entrada.

II. Note-se que este requisito, ao contrário do primeiro, não tem um âmbito temporal de aplicação. Quer isto dizer que, funcionando isoladamente, impede uma sociedade cujo contrato esteja registado há mais de um ano de emitir obrigações enquanto o seu capital não estiver inteiramente liberado ou os acionistas inadimplentes não forem colocados em mora; conjugado com o requisito compulsado antes, este impede uma sociedade de emitir obrigações antes de um ano após o registo do contrato, ainda que tenha aplicação alguma das exceções previstas nas alíneas do art. 348.º, n.º 2.

4.1.2. Crítica

I. O art. 348.º, n.º 2 procura assegurar que a sociedade regista um índice de permanência antes de aceder à emissão de obrigações. No entanto, deve perguntar-se se a mesma restrição é legalmente aplicável a outras formas de financiamento. A resposta é não. E invocar a juventude da sociedade corresponde a descredibilizar o conteúdo informativo mínimo exigido pelo CVM e pelo Regulamento dos Prospetos em matéria de emissão de valores mobiliários para distribuição mediante oferta pública ou admissão à negociação. Fora deste âmbito, estamos no domínio das ofertas particulares sem admissão à negociação, espaço tradicionalmente usado por investidores institucionais dotados de uma sofisticação que dispensa paternalismos legais.

II. A opção por uma referência temporal como requisito para a prática de qualquer ato expõe-se a uma crítica inevitável: a preferência pela dimensão formal que, no mínimo, desconsidera em absoluto a realidade à qual se refere, confiando que o tempo serve de justificação para a diferenciação de regimes.

Emissões de obrigações: antes, agora e depois 163

Desta opção decorrem vários resultados indesejados: por um lado, a mesma sociedade poderá, no espaço de dois dias, não estar e estar habilitada a emitir obrigações, podendo, inclusive, se se tratar de uma sociedade com a possibilidade de beneficiar de alguma das exceções previstas no art. 348.º, n.º 4, de um dia para o outro passar de uma situação em que não tem capacidade para emitir obrigações para outra em que pode emitir sem estar sujeita a qualquer limite legal; por outro lado, é negligenciada a verdadeira situação da sociedade, pois a existência da mesma há, pelo menos, um ano é incapaz de servir como indicador do seu risco de crédito – uma sociedade que existe há um ano e um dia poderá reunir muito menos condições (financeiras) para emitir obrigações e dar muito menos garantias de cumprimento aos respetivos credores do que uma sociedade que exista há uma semana[35].

III. Debrucemo-nos agora sobre as exceções, todas assentes na linha da reforçada credibilidade/capacidade financeira. Na primeira, é marcante a influência exercida pela fusão, qualquer que seja a sua modalidade. Se uma sociedade existia há mais de um ano e podia emitir obrigações, pouco ou nenhum sentido faria que, ao fundir-se com outra que existe há menos de um ano, passasse a estar limitada nessa prerrogativa. Tal constrangimento seria um desincentivo para a realização de fusões que até poderiam ser reciprocamente benéficas, ao permitir à sociedade incorporante ou à nova sociedade alargar as suas possibilidades e limites de financiamento.

Os dois segundos casos são dos poucos exemplos em que o papel do Estado como acionista ou garante societário ficou incólume face à grande reforma sofrida pelo CSC em 2006. Esta reforma, que no que respeita ao papel do Estado poderá mais corretamente ser referida como revolução, veio passar a tratar o Estado, na generalidade dos domínios societários, como se de um qualquer outro acionista se tratasse[36]. Porém, o regime de exceção para o Estado, enquanto acionista ou garante, mantém-se no art. 348.º. Mas o que mais surpreende nesta exceção ao requisito de existência há menos de um ano é a sua evidente desconexão com a exceção ao limite do dobro dos capitais próprios em virtude da prestação de garantia. Parece, no mínimo, discutível, que uma entidade possa emitir obrigações objeto de garantia prestada por instituição de crédito, pelo Estado ou entidade pública equiparada a todo o tempo sem qualquer limite, enquanto

---

[35] Para uma postura crítica, com base noutro tipo de argumentos, *vide* Nuno Barbosa, *Art. 348.º, Código das Sociedades Comerciais em Comentário*, cit. p. 782.

[36] Sobre o tema veja-se CMVM, *Governo das Sociedades Anónimas – Propostas de alteração ao Código das Sociedades Comerciais: Processo de Consulta Pública n.º 1/2006*, Janeiro de 2006, disponível em www.cmvm.pt, p. 23.

uma entidade cujas obrigações sejam garantidas por terceiro só possa emitir sem limitação ao dobro dos capitais próprios um ano após a sua constituição. Ou seja: durante o primeiro ano não há qualquer possibilidade de emitir obrigações; após um ano, desde que as obrigações sejam garantidas, não há qualquer limite aplicável ao respetivo montante máximo.

O desacerto pode tornar-se ainda mais evidente: porque resultante de fusão, durante o primeiro ano de existência e depois, uma sociedade pode emitir obrigações mas estar limitada ao dobro dos seus capitais próprios; outra, que não resulte de fusão mas se disponha a prestar garantias, não pode emitir obrigações durante o primeiro ano mas no segundo poderá emitir ilimitadamente.

Por outro lado, se se admite que uma sociedade se funda com outra para assim ficar isenta deste requisito, porque razão não é tratada de igual forma uma sociedade dominada cuja dominante garanta, por via do art. 501.º do CSC ou mediante instrumento contratual, as respetivas obrigações?

IV. Estas reflexões e questões parecem-nos pôr em crise, pelo menos, o primeiro requisito enunciado na lei. A emissão de obrigações – como de qualquer outro valor mobiliário – goza hoje de um enquadramento legal, essencialmente oriundo da transposição de diretivas comunitárias e aplicação de regulamentos comunitários, que não existia quando o CSC foi aprovado. Cumpre, por conseguinte, ao legislador repensar a manutenção na lei de requisitos que não acompanharam a evolução, legislativa e prática, nem a maturidade da experiência nacional na emissão obrigações, sob pena de as empresas nacionais ficarem numa posição de maior limitação face às suas pares da Europa comunitária.

4.2. Limites inadequados

4.2.1. Análise

I. Para além dos requisitos que devem estar reunidos para a emissão de obrigações, o legislador cuidou ainda de prever limites à emissão de obrigações. O art. 349.º, organizado segundo a fórmula regra-explicação da regra-exceções, prevê que as sociedades anónimas não podem emitir obrigações em montante que exceda o dobro dos seus capitais próprios (ou seja, o somatório do capital realizado, deduzidas as ações próprias, com as reservas, os resultados transitados e os ajustamentos de partes de capital em sociedades coligadas), considerando a soma do preço de subscrição de todas as obrigações emitidas e não amortizadas.

Porém, esta regra comporta três exceções, que determinam a inaplicabilidade do limite do dobro dos capitais próprios: se a sociedade emitir ações admitidas à negociação em mercado regulamentado; se sociedade apresentar notação de risco da emissão atribuída por sociedade de notação de risco registada na CMVM[37]; ou se a obrigação de reembolso for assegurada por garantia especial constituída a favor dos obrigacionistas.

4.2.2. Crítica

I. Os limites fixados no art 349.º são suscetíveis de várias críticas[38]. Essas críticas podem ser agrupadas em três polos: um primeiro polo, onde se poderá questionar a própria existência de limites; um segundo polo, admitindo a existência de limites, no qual se discute a falta de uniformidade e coerência das exceções escolhidas pelo legislador; um terceiro polo, que também admite a existência de limites, que agrega observações sobre os limites e exceções acolhidos pelo legislador (bem como aqueles que este não adotou) para permitir a emissão ilimitada, a sua desarticulação com o CVM e natureza acrítica.

II. Primeiro polo de críticas: qual a razão para existir um limite legal ao montante máximo da emissões de obrigações? A resposta mais óbvia tem que ver com a proteção que o legislador entendeu exigível tendo em conta que estão em causa valores mobiliários e que um investidor comum poderá não ter a experiência e os conhecimentos próprios de um finan-

---

[37] O art. 349.º, n.º 4, al. (b) do CSC, ao contrário do art. 4.º, n.º 1, al. (b) do RJPC, faz menção à notação de risco da emissão, mas não à notação de risco do emitente. Todavia, um emitente pode ter notação de risco e decidir não a solicitar para uma concreta emissão. Nesse caso, deve ser excluída a aplicação do art. 349.º, n.º 4, al. (b) do CSC? Embora o texto pareça apontar nesse sentido, faz pouco ou nenhum sentido sustentar a exclusão quando haja uma notação de risco genérica atribuída para o tipo de dívida em causa na emissão de obrigações concreta (dívida sénior, júnior, etc). A notação de risco de obrigações clássicas é limitada pela notação de risco do respetivo emitente e tenderá a corresponder-lhe, dado que é o património do emitente, na sua generalidade, que responderá pelos pagamentos aos investidores. O risco dos credores obrigacionistas é, por isso, medido pelo risco dos credores comuns, não privilegiados e não subordinados, da sociedade emitente. No mesmo sentido, *vide* Hugo Moredo Santos, *A notação de risco e o conflito de interesses, Os Conflitos de Interesses no Direito Societário e Financeiro – Um Balanço a partir da Crise Financeira*, Almedina, Coimbra, 2010, pp. 490 (nota 38) e Orlando Vogler Guiné, *Art. 360.º, Código das Sociedades Comerciais em Comentário*, cit. p. 905.

[38] Criticamente pode ver-se também Nuno Barbosa, *Art. 348.º, Código das Sociedades Comerciais em Comentário*, cit. pp. 785 e ss.

ciador profissional no âmbito da negociação e compreensão dos termos e condições aplicáveis a um empréstimo obrigacionista.

Se é compreensível que o legislador, em 1986, aquando da aprovação do CSC, num cenário de imaturidade do mercado e incerteza quanto à sua evolução, tivesse procurado cercear previamente vícios e comportamentos indesejados, limitando o montante máximo da emissão de obrigações, já não se entende que tendo sido transpostas várias diretivas comunitárias – a mais evidente das quais neste âmbito sendo a Diretiva dos Prospetos – mediante a alteração do CVM, o CSC tenha permanecido inalterado, criando uma situação de inconsistência e incoerência com o regime previsto naquele Código e, claro, nas demais jurisdições comunitárias.

III. Segundo polo de críticas: há algum propósito comum às exceções? Se sim, qual? Há autores que apontam "a informação" como denominador comum, pelo menos entre as alíneas (a) e (b)[39]. No entanto, quando são formuladas exceções a uma regra, mais relevante do que os aspetos comuns dessas exceções, é a comunhão dos mesmos objetivos. Seria, por isso, de esperar que as três alíneas do art. 349.º, n.º 4, embora prevendo situações desconectadas umas das outras, visassem o mesmo propósito. Tal não sucede.

O propósito das exceções previstas nas alíneas (a) e (b) é meramente informativo. Procura-se aí que o potencial investidor tenha acesso a mais informação, seja porque a sociedade está, em virtude do seu estatuto, obrigada a prestá-la, ou porque, não sendo esse o caso, procurou uma entidade externa – no caso, uma sociedade de notação de risco – que fornece informação sobre a sociedade. Já a alínea (c) tem uma finalidade manifestamente diferente. Aí o que releva é a tendencial redução do risco de crédito da entidade emitente, mediante a associação de outro património (no caso das garantias pessoais) ou de ativos específicos (no caso das garantias reais) ao património geral do emitente para honrar os compromissos assumidos por este.

Ou seja: o legislador colocou no mesmo plano, e tratou exatamente da mesma forma, exceções que não têm qualquer impacto direto no risco de crédito do emitente (ainda que possam ter informação relevante sobre o mesmo) e uma exceção que visa, precisamente, reduzir o risco de crédito.

IV. Terceiro polo de críticas: os próprios limites acolhidos pelo legislador para permitir a emissão ilimitada (bem como aqueles que este não adotou) suscitam dúvidas, que são agravadas pela sua desarticulação com o CVM e natureza acrítica.

---

[39] FLORBELA DE ALMEIDA PIRES, *Art. 349.º*, *Código das Sociedades Comerciais Anotado*, coord. António de Menezes Cordeiro, Almedina, Coimbra, 2.ª ed., 2011, p. 944.

Se nos concentrarmos por um instante nas duas primeiras alíneas rapidamente concluímos que o legislador andou mal.

Isto por duas razões essenciais, quanto à al. (a): primeiro, porque toma a sociedade emitente de ações admitidas à negociação em mercado regulamentado como ponto de referência, quando esse papel deveria caber às sociedades emitentes de valores mobiliários (e não apenas ações) admitidos à negociação em mercado regulamentado – em especial porque estamos a tratar de obrigações, a admissão à negociação em mercado regulamentado de qualquer valor mobiliário deveria, para este efeito, ser tratada como a de ações; segundo, porque parece assumir que todas as sociedades emitentes de ações admitidas à negociação em mercado regulamentado têm as mesmas obrigações informativas, quando não é o caso (a título exemplificativo, veja-se o art. 246.º-A do CVM).

E por, pelo menos, duas razões quanto à al. (b): a circunstância de uma notação de risco não passar disso mesmo, uma indicação, uma avaliação, sobre o risco de crédito de determinado emitente. Ora parece um contrassenso, por um lado, aceitar, sem espírito crítico e confiando que os potenciais investidores em obrigações vão conseguir conhecer e compreender o sentido e alcance de uma notação de risco, qualquer que ela seja, e daí retirar consequências para a sua decisão de investimento e, por outro lado, só pelo facto de tal notação existir, admitir a ilimitação do valor de emissões; em segundo lugar, porque uma notação de risco de crédito afere, apenas e só, o risco de crédito, nada dizendo sobre outros riscos que poderão relevar na decisão de investimento de forma decisiva: risco de iliquidez, risco de contraparte, risco cambial, risco de variação de taxa de juro no caso de emissões com juro variável, etc.

Quando está em causa uma notação de risco com relevância legal sem que seja feita menção à notação mínima, faz sentido que o risco de "*overrating*" deva equivaler ao risco de não ser alcançada uma notação "*investment grade*"[40]. Idêntica posição deve ser tomada caso a notação tenha relevância contratual, a não ser a vontade das partes aponte em sentido contrário. De outra forma, seria necessário afirmar que a notação de risco, apenas pelo facto de existir, implicaria consequências favoráveis para o emitente/originador.

Ora, uma notação de risco depreciativa não pode funcionar como elemento indicador da robustez financeira do emitente nem como fator de segurança para os investidores. É verdade que o legislador não indicou no art. 349.º, n.º 4. al. (b) do CSC, ao contrário de outros, a notação de risco

---

[40] Seguimos aqui de perto o texto de HUGO MOREDO SANTOS, *A notação de risco e o conflito de interesses, cit.*, pp. 528 e ss.

mínima a atingir. Mas não será de concluir que a notação de risco mínima para que aquela exceção tenha aplicação deve equivaler, pelo menos, ao patamar que seria aceitável por um investidor prudente? É que admitir o contrário poderia, no limite, levar a ter que anuir a uma situação paradoxal: enquanto a notação de risco desaconselhava a canalização dos fundos para a emissão (por exemplo, porque o emitente estava iminentemente insolvente), a lei admitia que os limites gerais aplicáveis ao montante da emissão fossem ultrapassados. Este paradoxo é confirmado pela prática: uma sociedade até poderia "comprar" a possibilidade de exceder o limite máximo previsto na lei, contratando uma notação de risco; mas seria muito difícil ou praticamente impossível colocar tais obrigações, em especial porque o elevado risco teria que ser contrabalançado por uma significativa elevação dos juros a pagar. A opção da lei por não indicar a notação de risco mínima exigível é, por isso mesmo, questionável, a não ser que se entenda a informação sobre o risco como um bem em si mesmo suficiente para estes efeitos, opinião que não subscrevemos. A notação de risco, destinada a medir, aferir, quantificar, não pode relevar apenas pelo facto de existir, porque tal significa dar sempre e em todos os casos a mesma dignidade à notação, seja qual for o seu concreto resultado[41].

A estas críticas, pode juntar-se uma outra, comum às duas alíneas: não parece existir um nível de comparabilidade entre a informação prestada pela sociedade e a preparada por uma sociedade de notação de risco. É muito discutível que a informação preparada e divulgada pela sociedade e, eventualmente, certificada por auditor esteja no mesmo patamar que as opiniões emitidas pelas sociedades de notação de risco, até porque os propósitos inerentes, bem como a abordagem seguida, são totalmente distintas.

Pensemos agora na terceira exceção, relativa às garantias. Na ausência de um esclarecimento adicional – ao contrário, do que sucede no art. 348.º, n.º 2, al. *c*) do CSC e no RJPC, que prevê no seu art. 5.º que a garantia só pode ser prestada por instituição de crédito e desde que esta con-

---

[41] Outra parece ser a opinião de Pedro Wilton, *Sobre o art. 349º do Código das Sociedades Comerciais – Limite de emissão de obrigações, Cadernos do Mercado de Valores Mobiliários*, n.º 21, Agosto de 2005, p. 20, ao dizer que o limite de emissão de obrigações poderia ser alargado caso o emitente obtivesse uma notação de risco para a emissão em causa, embora esse limite não devesse depender da concreta notação de risco, para não se criar incentivos ao seu enviesamento, sendo bastante a divulgação pública da notação para que os investidores tivessem consciência do nível de risco do emitente. Também Florbela de Almeida Pires, *Art. 349.º, Código das Sociedades Comerciais Anotado*, coord. António de Menezes Cordeiro, Almedina, Coimbra 2.ª ed., 2011, p. 944, sustenta que não é necessária uma notação de risco mínima, pois essencial é que o investidor esteja informado.

temple no seu objeto a prestação de garantias e tenha fundos próprios não sejam inferiores a € 5,000,000 ou o seu contravalor em euros – há que admitir todo o tipo de garantias (reais e pessoais), prestadas pelo próprio emitente ou por terceiros, de primeiro ou segundo ou outro grau, quer os ativos dados em garantia tenham mais ou menos valor face ao montante garantido. Por outro lado, nem é necessário dizer que as garantias não são iguais nem têm o mesmo valor, seja num cenário pré-insolvencial, seja num contexto de insolvência, nem é indiferente o regime a que estão sujeitas (tome-se, por exemplo, uma evidente comparação entre o regime robusto das garantias financeiras, previsto no DL n.º 105/2004, de 8 de maio, e aquele mais frágil e exposto a períodos de consolidação da garantia, que decorre da lei geral).

O tom descomprometido do legislador permite tudo isto, embora tamanha abertura possa levar a situações indesejáveis: a prestação de garantias pessoais por sociedades em risco de insolvência, a afetação de ativos com valor muito aquém daquele das obrigações garantidas, ou a constituição de garantias que não são de primeiro grau[42].

Adicionalmente, na linha do que já foi referido, não foi realizado qualquer esforço relevante de articulação entre as disposições do CSC e do CVM nesta matéria. A informação prestada num prospeto por uma sociedade emitente de obrigações mediante oferta pública não poderia deixar de ser considerada relevante como exceção. Ao não ser, chegamos a um cenário paradoxal – uma sociedade cumpre todas as regras aplicáveis no que respeita à aprovação de um prospeto, cujo principal desiderato é precisamente a proteção dos investidores (note-se, a proteção e não a mera informação), e poderá não reunir todas as condições necessárias para emitir dívida pelo montante que mais se adequar às suas necessidades.

V. Cabe ainda relembrar também que os bancos e outras instituições de crédito partilham de certas especificidades, designadamente de um regime prudencial próprio e muito apertado, de que não partilham as sociedades comerciais em geral. Um exemplo por demais evidente é, desde logo, o contraste entre o disposto no art. 96.º do Regime Geral das Instituições

---

[42] Note-se aqui a diferença, por exemplo, face ao disposto no RJOH, cujo art. 16.º, n.ºs 1 e 2, ao referirem que apenas podem ser afetos à garantia de obrigações hipotecárias, entre outros ativos, créditos pecuniários vincendos e não sujeitos a condição, que não se encontrem dados em garantia nem judicialmente penhorados ou apreendidos e de que sejam sujeitos ativos as entidades emitentes, garantidos por primeiras hipotecas constituídas sobre bens imóveis destinados à habitação ou para fins comerciais e situados num Estado membro da União Europeia ou por hipotecas de grau inferior desde que todos os créditos que beneficiem de hipoteca de grau superior sobre o mesmo imóvel sejam da titularidade do emitente e afetos à garantia da mesma emissão.

de Crédito e Sociedades Financeiras, sobre os fundos próprios dos bancos, que estabelece um regime especial e exclui do universo do art. 35.º do CSC aquelas entidades. Por essa razão, justificam-se algumas particularidades de regime.

Por exemplo, não parece justificar-se aplicar-lhes o limite geral previsto no art. 349.º, 2 para a emissão de obrigações: dobro dos capitais próprios, mesmo quando não lhes seja aplicável alguma das exceções previstas no n.º 4. Essa tem sido a interpretação estabilizada no mercado e com base nessa boa razão (o regime prudencial que lhes é aplicável)[43]. Em conformidade, não deverá retirar-se do art. 2.º, n.º 2 do RJPC, que estabelece expressamente que o limite (no caso) do triplo dos capitais próprios para a emissão de papel comercial por sociedades comerciais não se aplica a instituições de crédito (e outras entidades), ou do art. 7.º, al. (a) do RJOH, que esclarece não estarem as instituições de crédito hipotecário sujeitas a qualquer limite nas emissões de obrigações para se financiarem, um qualquer tipo de argumento *a contrario* para impor o cumprimento do limite do dobro a emissões realizadas por instituições de crédito – antes devem entender-se essas normas como uma afloração do princípio geral já estabilizado há bastante tempo no mercado e entre intérpretes. E, como já vimos, no regime jurídico das obrigações de caixa (que em substância nada mais são do que... obrigações) não são referidos quaisquer limites desse tipo, o que consolida também essa mesma interpretação.

VI. Feita que está a análise do regime constante do CSC e daquele que integra as derivações a partir do conceito originário, não pode deixar de notar-se que aquele se trata de um regime marcado pela incoerência: muito liberal em algumas matérias e pouco noutras. Explicando melhor: nenhuma limitação existe quanto ao prazo (ao contrário do que sucede nas obrigações de caixa ou nas hipotecárias), remuneração (as obrigações podem ser cupão zero, com taxa fixa, variável ou indexada) e admitem-se várias modalidades de obrigações, dentro do amplo leque que a criatividade dos agentes deste mercado e as oportunidades puderem alcançar.

Todavia, há regras rígidas sobre requisitos para a emissão e limites à emissão. É certo que em alguns dos outros regimes encontramos requisitos ou limites, que fomos identificando pontualmente ao longo deste

---

[43] V. a propósito PAULO CÂMARA, *Manual...*, cit., p. 145 e ORLANDO VOGLER GUINÉ, *Art. 360.º, Código das Sociedades Comerciais em Comentário*, cit. pp. 905 e s. Esta posição tem historicamente sido reconduzida ao disposto no Livro Branco sobre o Sistema Financeiro, Ministério das Finanças de 1992.

texto[44], embora nenhum tenha ido tão longe, ou procurado sequer inspiração, no CSC.

Em suma, as situações de exceção não parecem estar focadas no essencial – a capacidade da sociedade emitente honrar os seus compromissos integral e pontualmente –, o que é patente nas als. (a) e (c) e, quando o foco está mais alinhado, como sucede na al. (b), não são daí retiradas quaisquer consequências.

Mas regressemos à questão inicial: vale a pena existirem limites à emissão de obrigações? A nossa resposta é claramente negativa. Como ponto de partida, não existindo limites ao autofinanciamento mobiliário – ou seja, o financiamento mediante a emissão de ações – no âmbito do qual a posição do investidor será, num contexto de insolvência, sempre subordinada à de qualquer outro credor, nomeadamente obrigacionista, não vemos que haja qualquer motivos para que sejam fixados limites à emissão de obrigações. Por outro lado, note-se também que não existem limitações no financiamento por outros instrumentos de capital alheio, p. ex., um emitente, que não cumpra os requisitos e pretenda emitir obrigações a subscrever por um sindicato de bancos está sujeito a limitações que não existiriam se o financiamento fosse concedido por via contratual.

Poderá dizer-se que a opinião é demasiado liberal e poderá deixar os investidores desprotegidos. Contra essa afirmação respondemos que a proteção dos investidores, em sede de oferta pública e/ou de admissão à negociação, bem como de ofertas particulares, é tratada no âmbito do CVM, alinhado com as regras comunitárias nesta matéria, tendo em vista assegurar um patamar informativo mínimo que assegura aos investidores, em função da sua sofisticação, a informação considerada adequada.

4.3. Obrigações próprias

I. Outro aspeto do regime jurídico previsto no CSC que tem levantado obstáculos indesejáveis e injustificados à conclusão de emissões de obrigações em Portugal tem sido o regime das obrigações próprias, previsto no art. 354.º do CSC.

---

[44] Por exemplo, as obrigações hipotecárias apenas podem ser emitidas por instituições de crédito que disponham de fundos próprios não inferiores a €7,500,000 (requisito para a emissão), sendo que o valor nominal global das obrigações hipotecárias em circulação não pode exceder 95% do valor nominal global dos créditos e outros ativos afetos (limite à emissão). No entanto, note-se que esse limite é determinado pela garantia afeta, não pelo capital do emitente.

Deste art. resultam três regras fundamentais: (i) a sociedade pode adquirir obrigações próprias nas mesmas situações em que poderia adquirir ações próprias, o que implica uma remissão para o regime previsto no CSC para a aquisição de ações próprias (arts. 316.º e seguintes do CSC); (ii) independentemente dessas situações, a sociedade pode sempre adquirir obrigações próprias para conversão ou amortização; (iii) enquanto as obrigações pertencerem à sociedade, ficam suspensos os respetivos direitos (por exemplo, o pagamento de juros ou exercício do direito de voto em assembleia de obrigacionistas), sem prejuízo de as obrigações poderem ser amortizadas ou convertidas nos termos gerais.

O cerne problemático relaciona-se com a primeira regra, que passaremos então a detalhar. Nos termos do art. 316.º, n.º 1 e 2, é proibida a uma sociedade subscrever obrigações próprias, diretamente ou por interposta pessoa, enquanto, nos termos do art. 317.º e salvo circunstâncias excecionais (n.º 3), uma sociedade apenas pode adquirir até 10% do seu próprio capital social. Classicamente, a razão de ser destas limitações tem tido que ver com um princípio de intangibilidade do capital social e, assim, de proteção dos credores sociais e uma certa ideia de proteger a tipicidade societária; ora, transpondo agora o regime para as obrigações, esta justificação deixa de ter fundamento, pelo que teremos quanto muito uma justificação com base numa certa confusão entre credor e devedor no momento da emissão e constituição da obrigação e da sua detenção até à maturidade[45]. Por outro lado, e como veremos, olvidou o legislador que a subscrição e aquisição e manutenção em carteira de obrigações próprias pode servir um fim bastante útil (como colateral, que detalharemos), especialmente num contexto de difícil acesso a financiamento pelas empresas, sendo neutro para os credores do emitente em geral – se uma obrigação representa uma dívida do emitente e um crédito do obrigacionista, então se ela for detida pelo próprio emitente o saldo em termos de responsabilidade é zero. Assim sendo, não se justifica pelo menos uma interpretação extensiva desta regra, mas antes (se for o caso) uma interpretação restritiva da mesma.

II. Relativamente ao momento da subscrição, não parece que a regra se justifique e se deva aplicar em situações em que o emitente (designadamente um banco) atua como agente ou colocador em mercado primário (sem compromisso de tomada firme) e em que adquire, num primeiro momento, formalmente, a propriedade das obrigações para logo de seguida as transferir para conta dos seus clientes ou as desdobrar em

---

[45] *Vide* Florbela de Almeida Pires, *Artigo 354.º*, Código das Sociedades Comerciais Anotado, Almedina, Coimbra, 2.ª ed., 2011, coord. Menezes Cordeiro, p. 956.

subcontas de clientes. Nestas situações, em que a propriedade das obrigações é momentânea ou incidental (isto é, as obrigações não "pertencem" ao emitente, para usar a expressão do art. 74.º, n.º 1 do CVM[46]), não se justifica proibir a subscrição pela própria sociedade, pois ela não atua por conta própria nem de forma permanente relativamente à subscrição. De contrário, poder-se-á tornar mais oneroso (de forma injustificada, implicando mais um intermediário na cadeia) o processo de subscrição de obrigações, designadamente por investidores estrangeiros. O mesmo racional perpassa o art. 325.º-A, n.º 2 do CSC, para os casos de detenção por conta de terceiro (não relacionado) de ações da sociedade-mãe por sociedade-filha. Por outro lado, que a referida ideia de confusão não obsta de forma decisiva à subscrição pelo próprio emitente, confirma-o o disposto no regime das obrigações hipotecárias, em que tal limitação (ou qualquer outra) não se aplica (art. 10.º, n.º 2-a) do DL 59/2006, de 20 de março).

Quanto ao limite normal de detenção (10%), é necessário apurar desde logo relativamente a que universo se afere esta percentagem: (a) 10% do capital social? (b) 10% sobre o dobro dos capitais próprios, por ser este atualmente o limite geral de emissão de obrigações previsto no art. 349.º do CSC? (c) 10% do montante da dívida total da sociedade? (d) 10% do montante total das obrigações, independentemente da sua natureza, emitidas pela sociedade até à data da emissão que esta pretende efetuar em concreto? (e) 10% do montante total das obrigações da mesma natureza emitidas pela sociedade até à data da emissão que esta pretende efetuar em concreto (por exemplo, todas as obrigações garantidas pelo Estado)? ou ainda (f) 10% do montante total das obrigações que a sociedade pretende emitir em concreto, isto é obrigações da mesma categoria (nos termos do art. 45.º do CVM)[47]?

III. Ora, considerando (i) que a referência (para as ações próprias) a "10% do capital social" não especifica que tipo de ações estão contempladas no conceito de "capital", não excluindo qualquer categoria de ações, (ii) a *ratio* subjacente ao regime da aquisição de ações próprias – intangibilidade do capital social –, que não nos parece obrigar a qualquer interpretação limitativa quando aplicamos esse regime à aquisição de obrigações

---

[46] "Pertencer" no sentido de alocação económica/substancial de certos bens (obrigações) a certos sujeitos (investidores) – vide Orlando Vogler Guiné, *Do Contrato de Gestão de Carteiras e do Exercício do Direito de Voto. OPA obrigatória, comunicação de participação qualificada e imputação de direitos de voto, Direito dos Valores Mobiliários*, vol. VIII, Coimbra Editora, Coimbra, 2009, p. 165.

[47] Para essa posição parece tender Florbela de Almeida Pires, *Artigo 354.º*, Código das Sociedades Comerciais Anotado, Almedina, cit. p. 956; mais assertivamente no mesmo sentido, *vide* Nuno Barbosa, *Art. 354.º, Código das Sociedades Comerciais em Comentário*, cit. p. 813.

próprias, e (iii) a abordagem hermenêutica que nos move, conforme explicado acima, consideramos que o limite referido, quando transposto para a aquisição de obrigações próprias, deve ser entendido como incidente sobre todo o tipo de obrigações emitidas pela sociedade, independentemente da respetiva natureza ou modalidade (a alternativa mencionada na alínea (d) acima) e não só sobre as obrigações da mesma categoria ou da mesma série. Ao exposto sempre se acrescenta que o que porventura parece ser mais preocupante salvaguardar na aquisição de obrigações próprias é a igualdade de tratamento dos obrigacionistas – não permitir ao emitente comprar dívida a um credor obrigacionista em condições desiguais e prejudiciais para os demais, não reembolsar um credor em detrimento dos outros –, o que nos parece salvaguardado na lei através da remissão que entendemos efetuada para o art. 321.º do CSC pelo art. 354.º do CSC.

Por outro lado, em certos casos cremos que os referidos limites em sede de subscrição, bem como em sede de detenção (10%), deverão ser desconsiderados quando se trate de obrigações que tenham por fim a obtenção de colateral elegível para operações de financiamento ou outras, designadamente para a realização de operações de liquidez (através de contratos de reporte ou por outra via) com os bancos centrais (como o Banco Central Europeu). Esse é o caso paradigmático das obrigações hipotecárias.

Como referido acima, nos termos do art. 10.º, n.º 2-a) do DL 59/2006, de 20 de março, as referidas limitações não se aplicam às obrigações hipotecárias. E bem andou o legislador em 2006, desta forma facultando aos emitentes de obrigações hipotecárias uma modalidade de captação de recursos com a maior amplitude possível, inclusive através da sua manutenção em carteira para utilização como colateral. Mais pertinente ainda é esta circunstância num contexto histórico como o atual (a que o intérprete não deve deixar de atender), em que os emitentes, nomeadamente, os bancos nacionais, têm visto o mercado de dívida fechar-se. Tudo ponderando, não vemos nenhuma razão pela qual, por exemplo, obrigações emitidas por bancos e beneficiando de garantia de Estado, nos termos da Lei n.º 60-A/2008, de 24 de novembro, ou da Lei n.º 112/97, de 16 de setembro, com o fito de utilização como colateral em operações de liquidez não devam poder beneficiar e não beneficiem efetivamente do mesmo regime de não aplicação daquelas limitações[48]. Aliás, em alguma medida, até poderá entender-se que numa situação deste tipo a entidade emitente adquire as obrigações próprias numa primeira fase para de seguida as converter (vide art. 354.º, n.º 1), em liquidez neste caso. Esta interpretação

---

[48] No mesmo sentido, *vide* ORLANDO VOGLER GUINÉ, *Art. 360.º*, *Código das Sociedades Comerciais em Comentário*, cit. pp. 901 e s.

acaba também por estar em consonância com o disposto na Instrução n.º 1/99 do Banco de Portugal, quando esclarece no respetivo Capítulo VI (Ativos Elegíveis), Regra VI.2.2, que não poderão ser utilizadas como colateral no âmbito de operações de liquidez com o banco central obrigações da própria instituição, excecionando para este efeito (Regra VI.2.2.1), designadamente, as obrigações hipotecárias e as obrigações garantidas pelo Estado.

Por fim, convém refletir também um pouco sobre se a remissão no art. 354.º, n.º 1 para o regime das ações próprias inclui também uma remissão para o art. 325.º-A do CSC. De um ponto de vista literal parece poder defender-se que tal não é o caso, uma vez que aquele n.º 1 apenas refere a subscrição de obrigações pela própria sociedade. No entanto, devemos ir mais além, e considerar se do ponto de vista da teleologia da norma se justifica uma interpretação diversa. Ora, também não parece ser o caso. É que nem se fere neste âmbito (direta ou indiretamente) uma qualquer intangibilidade do capital social do emitente, nem está posto em causa qualquer tipo de equilíbrio de poderes em sede de assembleia geral do emitente[49]. Em conformidade, não nos parece que o art. 354.º do CSC inclua uma remissão para o art. 325.º-A do CSC[50].

4.4. Representante Comum

I. Por fim, apenas uma palavra (ou duas) de incompreensão sobre o atual regime geral do representante comum dos obrigacionistas, figura prevista nos arts 357.º e seguintes do CSC[51]. Não se percebe por que razão ainda não foi legislativamente atualizado o disposto no art. 357.º do CSC, no sentido de permitir, tal como desde 2003 acontece no regime da titularização de créditos (art. 65.º, n.º 1 do RJTC) desde 2006 sucede no regime atual das obrigações hipotecárias (art. 14.º do RJOH), a representação de obrigacionistas por entidades profissionais e especializadas na representação de investidores (muitas vezes constituídos sob a forma de *trustees*)[52].

---

[49] Seguimos aqui de perto Carlos Osório de Castro, *Valores Mobiliários. Conceito e Espécies*, 2.ª edição, Porto UCP, 1998, p. 160 e seguintes.

[50] Além do último autor referido, também António Silva Dias, *Financiamento de Sociedades...*, cit., p. 258 conclui da mesma forma.

[51] Sobre o tema, veja-se Ana Rita Almeida Campos/Hugo Moredo Santos, *Organização de obrigacionistas: algumas notas para reflexão sobre o representante comum*, in *Revista de Direito das Sociedades*, Ano III (2011), n.º 4, p. 891-926.

[52] Já assim Orlando Vogler Guiné, *O Financiamento de Sociedades por meio de Valores Mobiliários Híbridos (entre as ações e as obrigações)*, cit., p. 92.

Por outro lado, seria também útil prever expressamente na lei um regime semelhante ao aplicável às obrigações titularizadas e às hipotecárias quanto à nomeação inicial do representante comum – pelo emitente e não pelos investidores *a posteriori*. Dessa forma, seria possível, caso o emitente assim entendesse, nomear *ab initio* um representante comum, cuja identidade seria conhecida previamente por todos os investidores, situação que se aproxima muito mais da abordagem seguida nos mercados internacionais que operam geralmente com um *trustee*, prosseguindo deveres fiduciários perante os investidores. A proteção dos interesses dos investidores e a sua autonomia decisória quanto à entidade que os representaria não seriam, contudo, postas em causa, na medida em que os investidores continuariam, como até aqui, a poder destituir esse representante inicialmente nomeado pelo emitente, designando outro em sua substituição se assim entendessem conveniente.

5. Novas tendências e fronteiras por ultrapassar

5.1. A tendência de 2011 (continuada em 2012): ofertas públicas sobre obrigações próprias

I. Uma família de operações que ganhou espaço no mercado durante o segundo semestre de 2011, tendência que se manteve durante 2012, foi a realização dos chamados *liability management exercises* por boa parte dos maiores bancos nacionais (e, bem assim, por bancos de outras jurisdições). Trata-se de operações para arrumação do balanço, num contexto de acentuad(íssim)a pressão sobre os bancos para reforçar os seus fundos próprios de base ou tier 1 (na vertente do core capital) – vide Aviso do Banco de Portugal n.º 3/2011 (conforme alterado pelo Aviso n.º 8/2011) e os Comunicados da Autoridade Bancária e do Banco de Portugal de 8 de dezembro de 2011, disponíveis no website de cada uma dessas entidades (www.eba.europa.eu; www.bportugal.pt) – e em que muitas das suas obrigações, bem como valores mobiliários representativos de dívida ou híbridos emitidos no âmbito dos seus grupos, se encontravam a transacionar em mercado secundário (muito, em alguns casos) significativamente abaixo do par.

Neste contexto, e desde que para tanto um banco tenha disponibilidade, pode justificar-se recomprar esses valores mobiliários próprios, designadamente obrigações próprias, de forma a contabilizar como fundos próprios (como resultado) a diferença entre o preço de compra e o valor nominal dos valores mobiliários. Para esse efeito, o emitente poderá adquirir títulos no mercado em que os mesmos se encontram admitidos à negociação ou ao balcão, por via de transações efetuadas com contrapartes identificadas, naturalmente sempre salvaguardando um princípio de igualdade de tratamento entre investidores (vide, designadamente, o art. 321.º no caso das obrigações, bem como o art. 15.º do CVM, quando se trate de sociedades abertas, devendo sempre ter-se também em conta as condições obrigacionais da emissão em causa), que deverá ser interpretado e aplicado sob um prisma de razoabilidade. Um tipo de transação que nos últimos meses tem vindo a ser realizado são as ofertas de aquisição sobre tais valores mobiliários, designadamente obrigações. Consoante os casos e a modalidade de detenção dos valores, bem como a estruturação das operações e os *timings* envolvidos, estas ofertas (realizadas por norma em várias jurisdições simultaneamente) podem revestir natureza privada ou pública, podendo revestir diferente natureza em cada uma das jurisdições implicadas, o que deverá ser adequadamente refletido nas chamadas *offer restrictions*.

II. Em termos documentais, existe usualmente um documento informativo de oferta (*information memorandum*), que pode ou não (consoante os casos) corresponder a um prospeto aprovado enquanto tal por autoridade competente, um anúncio de lançamento, bem como, no final, um anúncio de resultados. Adicionalmente é normal haver um contrato entre o oferente e o sindicato bancário que o assiste na realização da oferta e uma carta de procedimentos a empreender pelo agente da oferta, que fará a ponte procedimental entre os investidores interessados em vender e o oferente (o *tender agent*, figura que, enquanto tal, inexiste nas ofertas públicas sujeitas ao direito português).

III. Tipicamente estas ofertas internacionais[53] não têm assumido a natureza de oferta pública de aquisição regidas pelo direito português, são

---

[53] A propósito e como escreve DÁRIO MOURA VICENTE, *Ofertas públicas de aquisição internacionais, Direito dos valores mobiliários*, volume VII, Coimbra Editora, Coimbra, 2007, p. 470: *"São ofertas públicas de aquisição internacionais as que transcendem as fronteiras de um Estado, quer por serem levadas a cabo simultaneamente, ou em datas próximas, em dois ou mais Estados (hipótese a que se referia, na sua redação originária, o art. 145.º, n.º 1, do CVM), quer por serem lançadas num só Estado, tendo a sociedade visada a sua sede em Estado diverso daquele em cujo mercado os respetivos valores mobiliários se encontram admitidos à negociação, quer ainda por estar o oferente sedeado, estabelecido ou domiciliado em Estado diferente daquele em que funciona esse mercado."* Mais genericamente sobre as ofertas públicas de aquisição, pode ver-se designadamente HUGO MOREDO SANTOS, *Transparência, OPA obrigatória e imputação de direitos de voto*, Coimbra Editora, Coimbra, 2011, pp. 165 e ss e ORLANDO VOGLER GUINÉ, *Comentário Geral dosbre OPAs, Código das Sociedades Comerciais em Comentário*, coord. por COUTINHO DE ABREU, Almedina, Coimbra, 2012, pp. 376 e ss.

antes geralmente ofertas (públicas ou privadas) regidas por direito estrangeiro (em regra, o inglês), assumindo a natureza de uma *tender offer* em regra, o anglo-saxónica – isto é, uma solicitação do oferente (e não uma proposta de aquisição) para que os investidores submetam propostas de venda em certas condições, que o oferente depois estará na liberdade de aceitar ou não[54]. E tem sido essa a regra geral, uma vez que até à data a maioria destas operações tem incidido sobre valores mobiliários admitidos à negociação exclusivamente em mercado regulamentado a funcionar noutro Estado-Membro da União Europeia. Conjugando o disposto no art. 108.º do CVM, especialmente o seu n.º 2, alínea a) (já que a alínea b) se refere essencialmente às ofertas públicas sobre ações ou valores mobiliários que deem direito a subscrever ações), com o disposto no art. 145.º-A do CVM, este tipo de ofertas (quando pudessem assumir a natureza de oferta pública em Portugal) não tem sido assim objeto do direito português sobre ofertas públicas de aquisição, sem prejuízo (mal ou bem, atendendo ao propósito e contexto histórico destas duas normas, alteradas/introduzidas por ocasião da transposição para Portugal da diretiva das OPAs – Diretiva 2004/25/CE, pelo DL n.º 219/2006, de 2 de novembro) da posição algo singular que a CMVM tem adotado nesta matéria.[55]

De notar, no entanto, que a contrapartida oferecida poderá ser apresentada não apenas em dinheiro, mas também noutros valores mobiliários emitidos pelo oferente, designadamente obrigações sénior. Neste caso, a operação conjugará, ao mesmo tempo, uma componente de aquisição e outra de distribuição (será uma oferta de troca ou *exchange offer*), pelo que poderemos ter uma não aplicação do direito português na primeira vertente (aquisição) conjugada com uma aplicação do direito português na segunda vertente, considerando que as regras de conflito aplicáveis não são idênticas (vide n.º 1 vs n.º 2 do art. 108.º do CVM).

---

[54] Sobre o conceito de *tender offer vide* Orlando Vogler Guiné, *Da Conduta (Defensiva) da Administração "Opada"*, Almedina, Coimbra, 2009, p. 15 e ss.

[55] Por fim, convém recordar que um dos elementos do *Tatbestand* do art. 108.º do CVM é justamente a existência de uma oferta pública e que este conceito encontra-se definido no Direito português no art. seguinte (109.º – norma de qualificação positiva), conjugado com a norma de qualificação negativa do art. 110.º do CVM; em conformidade, caso uma oferta internacional não inclua a realização de uma oferta pública em Portugal à luz desses critérios, então o Direito português das ofertas públicas não deverá ser chamado à colação, ainda que os valores mobiliários estejam admitidos à negociação em Portugal (e em consequência também a CMVM não deverá ser a autoridade competente nos termos do art. 145.º-A do CVM): por exemplo, imagine-se que uma sociedade lança uma oferta de aquisição em várias jurisdições sobre obrigações próprias admitidas à negociação em Portugal e que, relativamente a investidores residentes em Portugal ou que tenham (isto é, que atuem através de) estabelecimento em Portugal, apena dirige a investidores qualificados.

No que respeita ao regime da aquisição e detenção de obrigações próprias, adquiridas pelo emitente/oferente neste âmbito, aproveitamos para remeter para o que já escrevemos atrás sob o ponto 3.4.

5.2. A tendência (iniciada em 2011) que marcou o ano de 2012: ofertas públicas de obrigações

I. Durante vários anos as sociedades portuguesas emitiram obrigações, de forma direta ou através de subsidiárias sedeadas no estrangeiro, tendo como destinatários investidores institucionais, nacionais e estrangeiros. Essas emissões, *stand alone* ou ao abrigo de um programa *emtn*, sindicadas ou não, seguiam as oportunidades e tendências a cada momento prevalecentes.

Todavia, a crise financeira, agudizada pela crise da dívida soberana, teve como consequência a redução da notação de risco da generalidade dos emitentes portugueses. Quanto mais expostos estavam ao mercado doméstico, quanto mais o seu perfil de crédito dependia do funcionamento da economia nacional, mais forte era a relação com a notação de risco do Estado Português. Em especial desde 2010, o chamado "*country ceiling*" ou "*sovereign ceiling*"[56] ditou a redução da notação de risco dos bancos e empresas nacionais em consequência da redução da notação do risco soberano. Essa redução de risco, como sabemos hoje, levou a notação de risco do Estado Português, dos bancos e empresas nacionais a níveis mínimos históricos, passando inclusive em inúmeros casos para o patamar "*sub-investment grade*".

Como é sabido, a remuneração devida aos investidores varia proporcionalmente ao risco: quanto maior é o risco, menor é a probabilidade de cumprimento e, por conseguinte, mais elevado é o preço a pagar pelo emitente para obter financiamento. Porém, a partir de certo momento, deixou de ser atrativo para as empresas nacionais procurar explorar a via que, até então tinha sido utilizada. E foi nesse contexto que, a partir do final de 2011, os emitentes nacionais se viraram para o chamado mercado de retalho – tratou-se de orientar as ofertas de obrigações para o público em geral, mediante o lançamento de ofertas públicas.

Entre o final de 2011 e dezembro de 2012 foram nove as emissões realizadas neste modelo, seis ao abrigo de programas *emtn* e três no formato *stand alone*, todas elas subscritas por completo. Dessas emissões, em oito

---

[56] Sobre o tema veja-se Hugo Moredo Santos, *A notação de risco e o conflito de interesses*, cit., p. 487.

houve lugar a aumento do montante da oferta no decurso do respetivo prazo, que começou por corresponder a um mês para evoluir para prazos de aproximadamente duas semanas. As taxas de juro oferecidas variaram entre os 6% (no caso das duas emissões realizadas pela EDP – Energias de Portugal, S.A.) e os 8, 25% (no caso da emissão realizada pela Futebol Clube do Porto, SAD), tendo os prazos de vencimento oscilado entre dois anos e cinco meses e quatro anos.

II. Para os emitentes que já haviam estabelecido um programa *emtn* este processo teve início com a alteração ao próprio prospeto de base. Na verdade, até meados de 2011 poucos ou nenhum emitente português não bancário tinha o respetivo prospeto preparado para emissões com um valor nominal unitário inferior a €50,000. O caso dos bancos era diferente, pois estando dotados de uma rede de balcões e mantendo um relacionamento quotidiano com os seus clientes, tinham facilidades de colocação de valores mobiliários representativos de dívidas de que as empresas não gozavam.

Assim, o primeiro passo passou por conformar o respetivo prospeto de base com as exigências informativas próprias constantes do Regulamento dos Prospetos e solicitar o passaporte desse prospeto de base para Portugal. Tendo em vista uma emissão, bastava, uma vez fixada a correspondente ficha técnica, preparar as condições finais aplicáveis (em inglês e português), negociar e celebrar o contrato de assistência e colocação (nos termos do art. 113.º n.º 1, al. (a) do CVM, sendo exigível prospeto no âmbito destas ofertas públicas, a intervenção de intermediário financeiro, prestando os serviços de assistência e colocação, é obrigatória) e cumprir com as demais formalidades necessárias à emissão.

Para os emitentes que não tinham previamente estabelecido um programa *emtn*, a alternativa foi preparar um prospeto para a emissão, funcionando simultaneamente como prospeto de oferta pública e de admissão à negociação em mercado regulamentado. Nesses casos, as condições finais foram imbuídas no próprio prospeto, redigido em português por imposição do art. 163.º-A, n.º 1 do CVM, tendo sido preparada a demais documentação contratual e cumpridas as formalidades devidas.

III. Cedo os emitentes perceberam que ofertas desta magnitude, tendo o público em geral por destinatário, careciam de adequada divulgação para atingirem o sucesso visado. Não obstante os valores mobiliários oferecidos à subscrição pelo público fossem obrigações, no que respeita à visibilidade que deveriam ter junto dos potenciais investidores estas operações situavam-se no mesmo patamar que as emissões de ações realizadas por sociedades cotadas no âmbito de aumentos de capital.

Foi, assim, frequente o recurso à publicidade. Nos termos do art. 121.º do CVM, a publicidade relativa a ofertas públicas deve cumprir três requisitos essenciais: obedecer aos princípios enunciados no art. 7.º do mesmo Código, ou seja, ser completa, verdadeira, atual, clara, objetiva e lícita, seja qual for o meio de divulgação (sendo que no caso das mensagens publicitárias, o requisito da completude da informação é aferido em função do meio utilizado, podendo ser substituído por remissão para documento acessível aos destinatários, como aconteceu recorrentemente em folhetos, mupis, cartazes, etc.); (ii) referir a existência ou a disponibilidade futura de prospeto e indicar as modalidades de acesso ao mesmo; e (iii) ter um teor harmonizado com o conteúdo do prospeto.

Todo o material publicitário relacionado com estas ofertas foi sujeito a aprovação prévia pela CMVM, nos termos do art. 121.º, n.º 2 do CVM. Por vezes sucedeu a campanha publicitária relativa à oferta ser antecedida por uma campanha de índole institucional. As respetivas peças publicitárias não carecem de aprovação pela CMVM, sendo porém recomendável que os emitentes as partilhem com a CMVM para assegurar que não existem inconsistências ou incompatibilidades entre a publicidade institucional e a referente à oferta.

5.3. Por cumprir: as chamadas emissões 144A e Reg S e as chamadas *high yield bonds*

I. Rule 144A e Regulation S

"A Securities & Exchange Commission rule modifying a two-year holding period requirement on privately placed securities to permit qualified institutional buyers to trade these positions among themselves (in www.investopedia.com). [Rule 144A]

"Regulation S establishes criteria pursuant to which certain companies are permitted to conduct their initial public offerings outside the USA without registration under the US Securities Act. One of these criteria is that companies have adequate protective measures in place to ensure that US investors do not purchase their securities during the "distribution compliance period", usually a period of one to two years. As Regulation S is a restriction under the US Securities Act, companies required to comply with such regulation should seek appropriate legal advice in conjunction with advice from their Nomads." (in http://www.londonstockexchange.com)

A principal virtude destas duas regras – Rule 144A e Regulation S – consiste na possibilidade de aceder a investidores no mercado norte-

-americano com benefício de um regime simplificado[57]. Naturalmente que quanto mais amplo for o grupo de potenciais investidores em melhor posição estará o respetivo emitente para assegurar a captação dos fundos necessários à sua atividade. Até ao momento, e apesar de inúmeras tentativas, não foi possível aos emitentes nacionais, independentemente da lei aplicável ao respetivo conteúdo (*vide* art. 40.º, n.º 1 do CVM), emitir valores mobiliários compatíveis com a forma assumida pelos valores mobiliários subsumíveis à Rule 144A e à Regulation S.

O problema reside, essencialmente, na forma de representação dos valores mobiliários: enquanto aquelas duas regras consubstanciam modelos de representação próprios, titulados e há muito tempo conhecidos de investidores que confiam em precedentes com história e já muito testados em mercado (e em cenários mais extremos, judiciais e insolvenciais), a regra constante do art. 39.º do CVM impõe que a forma de representação dos valores mobiliários emitidos por entidades sujeitas a lei pessoal portuguesa sigam o disposto no CVM. Desta incompatibilidade surge a impossibilidade (até agora...) de emissão, por parte de emitentes nacionais, de valores mobiliários suscetíveis de obter o referido tratamento mobiliário mais liberal.

Maior flexibilidade neste âmbito, compaginada ainda com a lei fiscal aplicável, permitiria a entidades emitentes nacionais aceder a mercados mais amplos, captando junto de investidores estrangeiros fundos para o desenvolvimento das suas atividades e negócios. Sendo esta uma matéria marcadamente formal, um pequeno ajustamento legal que assegure que um valor mobiliário escritural ou titulado emitido por uma entidade sujeita à lei pessoal portuguesa poderá ser espelhado/refletido numa *note* evidenciando as mesmas caraterísticas que aquelas que usualmente são emitidas ao abrigo da Rule 144A e Regulation S, e que, por isso, permita aos investidores confiar num enquadramento próprio com raiz na lei, certamente, faria a diferença.

---

[57] É frequente ver-se em prospetos, em particular na secção intitulada *"selling restrictions"* referências como a seguinte, extraída, a título de exemplo, do prospeto de base do Programa EMTN estabelecido pelo Banif – Banco Internacional do Funchal, S.A.: *"The Notes have not been and will not be registered under the Securities Act or with any securities regulatory authority of any state or other jurisdiction of the United States and may not be offered or sold within the United States or to, or for the account or benefit of, U.S. persons except in certain transactions exempt from the registration requirements of the Securities Act. Terms used in this paragraph have the meanings given to them by Regulation S of the Securities Act ("Regulation S")."*

II. *High yield bonds*

"A high paying bond with a lower credit rating than investment-grade corporate bonds, Treasury bonds and municipal bonds. Because of the higher risk of default, these bonds pay a higher yield than investment grade bonds." (*in* www.investopedia.com).

Esta definição é bastante genérica, cabendo aqui realidades muito distintas entre si. Considerando a pressão que o *rating* soberano tem exercido sobre os emitentes portugueses, as notações de risco de muitos deles estão abaixo ou no limiar do chamado *investment grade*, e encontrando-se as suas obrigações no universo das notações de risco de investimento especulativo, isto é, com notação abaixo de "BBB" pela S&P ou pela Fitch e "Baa" pela Moody's. Alguns emitentes, por opção própria, condicionada ou não pelas atuais circunstâncias, não têm notação de risco atribuída.

As ofertas de retalho há pouco mencionadas realizadas no último ano em Portugal, bem como algumas mais recentes ofertas privadas realizadas por emitentes nacionais para o mercado institucional, compreenderam taxas de juro bastante elevadas, quando comparadas com as taxas praticadas há poucos anos atrás. Por outro lado, estas operações corresponderam a emissões de obrigações, integradas nos usuais programas *emtn* ou antes numa base *stand-alone*, sem grandes particularidades face a emissões de obrigações *investment grade* realizadas no mercado, e com maturidades médias entre dois anos e meio e quatro anos.

Contudo, o mundo das chamadas obrigações de alto rendimento (*high yield bonds* – "HYB") ou, noutra perspetiva, obrigações de elevado risco (*junk bonds*) – cada uma destas características é uma face da mesma moeda – é mais rico, não se limita a operações como as acabadas de mencionar, e nessa medida ainda não foi penetrado pelos emitentes portugueses, designadamente aquelas emissões de HYB que, além de terem por inerente uma elevada taxa de juro (e porventura mais próxima do limiar dos 10% p.a. do que dos 5% p.a.), igualmente beneficiam de maturidade mais ou bastante mais alagadas (porventura mais próximas dos dez anos do que dos cinco anos).

Nestes casos, e para além de uma taxa de juro mais elevada (como referido acima), o maior risco e maturidade justificam também inclusão de certas proteções contratuais (*covenants*) e limitações do emitente em benefício dos obrigacionistas, tais como restrições no pagamento de dividendos, em incorrer em dívida adicional ou em realizar certo tipo de transações; poderá também estabelecer-se que certas situações anormais (incluindo, por exemplo, a venda de ativos e/ou participações relevantes) dão antes lugar a um direito de o investidor pedir o reembolso antecipado (*put*) ou lhe ser pago um certo prémio (v.g. em caso de *takeover*).

Em termos burocráticos, para além da estruturação contratual de todas estas proteções e limitações, e especialmente no caso de HYB destinadas total ou parcialmente ao mercado norte-americano (vide acima – 144A), é também habitual a realização de uma *due diligence* bastante detalhada sobre o emitente e suas participadas, dado o risco acrescido que este tipo de investimento representa para os obrigacionistas.

5. Notas finais

I. O mercado de dívida mobiliária português tem demonstrado grande vitalidade em todos os quadrantes. A experiência nacional é muito diversificada no que se refere a emitentes e subtipos de obrigações emitidas. Porém, se os novos regimes jurídicos que surgiram após o CSC vieram afinar, logo no momento inicial ou posteriormente, algumas limitações próprias ou resultantes da aplicação subsidiária do regime geral previsto no CSC, certo é que este, salvo pequenos ajustamentos, tem-se mantido inalterado. São evidências desta afirmação, por exemplo, a eliminação de limites inicialmente aplicáveis à emissão de obrigações titularizadas ou o alargamento do leque de entidades que podem prestar serviços de representante comum em emissões de obrigações titularizadas ou hipotecárias.

No que em particular respeita à emissão de obrigações clássicas, é incontestável que a aprovação do DL 193/2005 impulsionou decisivamente um segmento que não existia. Esse modelo funciona e tem sido testado na prática em inúmeras ocasiões, dado que praticamente todos (senão mesmo todos) os emitentes nacionais de obrigações já o utilizaram.

II. Porém, há ainda trabalho pela frente, essencialmente em duas grandes áreas: os requisitos e limites aplicáveis à emissão de obrigações, aqueles por serem demasiado rígidos, e por isso dificultarem a emissão de obrigações e a captação de financiamento quando ela poderá ser mais necessária (na fase de arranque da sociedade), estes por serem desadequados e descoordenados com as regras de matriz mobiliária que são aplicáveis à emissão de obrigações; o âmbito de valores mobiliários subsumíveis ao regime especial de tributação previsto no DL 193/2005.

Apresentámos neste texto as nossas críticas e sugestões em ambos os domínios. O mercado obrigacionista será tão mais fluído e versátil, acorrendo às urgências de financiamento dos emitentes, quando mais ajustada à realidade e às necessidades a lei estiver. Num momento de invulgar restrição no acesso ao crédito, dar esse passo seria abrir a um amplo segmento de emitentes nacionais – as pequenas e médias empresas ou as grandes empresas não cotadas ou que preferem não incorrer em custos relativos a uma notação de risco – uma forma de financiamento que lhes pode ser da maior utilidade.

Nota: Este texto foi finalizado em 31 de dezembro de 2012.

RESUMO: **O dever de lealdade previsto no artigo 64.º do CSC consiste numa cláusula geral de conteúdo determinável perante as circunstâncias concretas do caso. A cumulação de funções de administração pode gerar situações de conflito de concretizações do dever de lealdade. O presente estudo visa analisar a disciplina dessas situações de conflito quando esteja em causa uma oportunidade negocial societária.**

ABSTRACT: **The duty of loyalty set out in article 64 of the Portuguese Companies Code consists of a general clause which content is determined in a concrete situation. Accumulation of management functions may generate a conflict of the duty of loyalty. This article aims to analyse the framework applicable to such conflict when a corporate opportunity occurs.**

MARISA LARGUINHO*

O dever de lealdade: concretizações e situações de conflito resultantes da cumulação de funções de administração**

Objeto do Estudo

O presente estudo visa destacar a existência de várias concretizações do dever de lealdade bem como analisar as formas de resolução de situações de conflito de concretizações do dever de lealdade de administrador que cumule licitamente funções de administração (de cariz executivo) em duas (por simplificação) sociedades anónimas[1/2].

Não se pretende avaliar situações de conflito específicas de administradores que igualmente desempenhem funções de fiscalização na socie-

* Advogada (PLMJ)

** O presente texto corresponde a uma adaptação de um excerto da dissertação de mestrado por nós defendida na Faculdade de Direito da Universidade Nova de Lisboa, em 2011, tendo-se procedido, para efeitos do presente, a uma atualização bibliográfica limitada.

[1] Por razões de simplificação textual, mencioná-lo-emos como "administrador em cumulação de funções".

[2] O que não invalida que as conclusões a retirar no presente estudo não possam ser aplicáveis *mutatis mutandis* a outros tipos societários – em particular, as sociedades por quotas, uma vez que o regime aplicável à gestão das sociedades em nome coletivo e das sociedades em comandita tem especificidades tais que as distanciam nesta sede das sociedades anónimas e sociedades por quotas, matéria sobre a qual não nos pronunciaremos nestas páginas.

dade (como ocorre nas sociedades anónimas que adotem a estrutura de administração e fiscalização dita "anglo-saxónica", prevista na alínea b) do n.º 1 do artigo 278.º do CSC) nem se pretende versar sobre o instituto jurídico da responsabilidade dos administradores (independentemente da sua natureza civil, penal, fiscal ou outra).

De igual modo, não nos pronunciaremos sobre a teoria que subjaz ao interesse social referido no artigo 64.º do CSC, na sua redação atual, nem aprofundaremos questões que giram em torno do exercício de atividade concorrente pelo administrador em cumulação de funções, na medida em que partiremos do pressuposto de que todas as condições, requisitos e pressupostos jus-societários estão devidamente preenchidos e / ou cumpridos. Por outras palavras, assumiremos que o administrador em cumulação de funções está devidamente autorizado para a prática de atividade concorrente em ambas as sociedades nas quais desempenha as suas funções de administração (concretamente, pressupomos a existência e regularidade de deliberação da assembleia geral da sociedade relevante para a prática de atividade concorrente).

Partiremos, ainda, do pressuposto fáctico de que o administrador em cumulação de funções não detém qualquer participação social em nenhuma das sociedades em que exerce funções, ou seja, não se encontra numa qualquer situação em que o seu desempenho possa ser norteado por um interesse acionista (no sentido de detentor do capital social e/ ou direitos de voto de uma sociedade, movido por um *animus societatis*), estranho à sua qualidade de titular do órgão de administração. Em nosso entendimento, esta situação poderia consubstanciar uma situação de conflito de interesses (nomeadamente se o interesse da sociedade não fosse comum ao interesse daquele administrador, não na sua qualidade de titular do órgão de administração, mas na qualidade de acionista) e não de conflito de deveres de administrador em que se consubstancia o presente estudo.

Admitiremos também que o administrador em cumulação de funções exerce funções executivas em ambas as sociedades, ou seja, que está devidamente investido em todos os poderes funcionais de representação e vinculação das sociedades nas quais integra o órgão de administração para executar os atos necessários às negociações em causa. Deste modo, partimos do pressuposto de que o administrador será ou membro da comissão executiva ou administrador delegado com funções executivas[3] ou membro

---

[3] Para uma análise mais profunda das simetrias e assimetrias entre administradores *delegados* e administradores *encarregados*, v. ALEXANDRE SOVERAL MARTINS, *Os administradores delegados das sociedades anónimas – Algumas considerações*, Fora de Texto, 1998.

de órgão de administração que não tenha delegado competências num membro ou numa comissão, estando pois devidamente habilitado, por estarem cumpridos todos os pressupostos e requisitos jus-societários para a prática dos atos em causa[4]. Dito de modo sucinto, nas situações que, em concreto, nos ocuparão, teremos como assente que nenhuma invalidade se coloca no que respeita aos poderes de representação e vinculação da sociedade por parte do administrador em causa.

Posto isto, com vista à análise metódica do tema em estudo, seguiremos a seguinte estrutura:

A. Os deveres dos administradores
- Deveres dos administradores – enquadramento sumário;
- Dever de lealdade (alínea b) do n.º 1 do artigo 64.º do CSC): âmbito e decorrências;
- Noção de oportunidades societárias;
- Síntese conclusiva sobre o dever de lealdade.

B. Situações de conflito de concretizações do dever de lealdade de administrador em cumulação de funções[5]

C. Conclusão

A. OS DEVERES DOS ADMINISTRADORES

Enquadramento sumário

Por muito pleonástica que a afirmação pareça, cumpre assentar que aos administradores compete administrar a sociedade – é esse o seu *"dever típico e principal"*[6] – e representá-la perante terceiros.

---

[4] Ou membro do conselho de administração executivo, no modelo de governação previsto na alínea c) do n.º 1 do artigo 278.º do CSC. Com o propósito de concentrar as referências que se revestem de lateralidade face ao objeto do estudo, cingir-nos-emos aos normativos legais relevantes por referência ao conselho de administração, sem nos preocuparmos em fazer referência aos normativos legais sobre o conselho de administração executivo afins.

[5] Para efeitos do presente estudo, assume-se que as sociedades em causa desenvolvem um objeto comercial parcialmente coincidente, o que não raras vezes ocorre, atendendo à amplitude com que muitos objetos comerciais são definidos.

[6] V. a explicitação feita por RICARDO COSTA e GABRIELA FIGUEIREDO DIAS, *Código das Sociedades Comerciais em comentário, Vol. 1 (artigos 1 a 84)*, Almedina, 2010, pp. 727 e ss.

Os administradores têm "poderes-deveres" ou "poderes-funcionais", isto é, estão investidos nos poderes necessários para cumprir os deveres decorrentes da sua função que é administrar a sociedade[7].

Administrar não se limita à gestão executiva e o seu conteúdo varia de acordo com as funções efetivamente exercidas.

Se existe esta variabilidade de funções, certo é também que os deveres a que os administradores se encontram adstritos ganharão moldes diversificados na forma como se concretizam (ilustrativamente, a um administrador não executivo não poderá exigir-se que execute atos de gestão que se encontram delegados nos administradores executivos pelo que o conhecimento factual que lhe é exigível relativamente a uma determinada matéria será diferente daquele que se exigirá a um administrador executivo que se encontre a praticar atos para a concretização ou execução de um determinado contrato), pese embora mantendo sempre uma identidade comum.

Assim, não parece chocante afirmar que a lei não poderia consagrar um elenco fechado e hermético de deveres dos administradores, sob pena de impedir a sua adequada aplicação à realidade dinâmica que tais deveres visam disciplinar[8].

Por isso se fala, frequentemente em deveres gerais (por oposição a deveres específicos)[9], com isso se pretendendo significar deveres sem conteúdo especificado na lei, isto é, dos quais não decorre um comando expresso para uma conduta ou omissão definida de forma precisa, mas sim cujo conteúdo assume contornos variáveis em função das circunstâncias.

Não obstante, os administradores não se encontram apenas vinculados a deveres gerais de natureza legal. Encontram-se também adstritos ao cumprimento de deveres de conteúdo específico legalmente impostos, ou seja, deveres que a lei manda aos administradores cumprir com um conteúdo expressamente delimitado que deixa aos administradores uma função essencialmente executória ou inibitória, isto é, sem margem de dis-

---

[7] Nesse sentido, v. J. M. Coutinho de Abreu, *Responsabilidade civil dos administradores de sociedades*, IDET- Instituto de Direito de Empresas e do Trabalho, Cadernos, n.º 5, Almedina, 2010, p. 25, n. de rodapé 28 e Ricardo Costa e Gabriela Figueiredo Dias, *Código das sociedades comerciais em comentário...* ob. cit., pp. 726 e ss.

[8] V. J. M. Coutinho de Abreu, *Responsabilidade civil dos administradores de sociedades*, ob. cit., p. 14 e Filipe Barreiros, *Responsabilidade civil dos administradores: os deveres gerais e a corporate governance*, Coimbra Editora, 2010, p. 37.

[9] Nesta distinção, destacamos J. M. Coutinho de Abreu, *Responsabilidade civil dos administradores de sociedades*, ob. cit., pp. 12 e ss.

cricionariedade, consistindo o cumprimento do comando legal num ato ou omissão específico e determinado[10].

Para além dos deveres legais, os administradores encontram-se sujeitos a deveres que emanam de outras fontes, de onde se destacam os estatutos das sociedades que administram e as deliberações societárias, que impõem – ou podem impor –, mais ou menos intensamente, um conjunto de deveres de diversa índole, aos quais os administradores devem dar cumprimento, dentro dos limites legalmente permitidos (sem prejuízo, claro está, do cumprimento de contratos celebrados entre a sociedade que representam e terceiros) [11].

Dever de lealdade

Antes de uma análise *ex legis* do dever[12] de lealdade tal como preceituado na alínea b) do n.º 1 do artigo 64.º do CSC, cremos ser de trazer à colação algumas referências feitas por António Menezes Cordeiro[13].

Propugna o referido Autor, em termos gerais, que a *"lealdade traduz a característica daquele que actua de acordo com uma bitola correcta e previsível. Perante a pessoal leal, o interessado dispensa a sua confiança"*, acrescentando que *"[p]odemos apresentar a lealdade como contraponto da confiança"* e que a *"lealdade exige, num âmbito de legalidade, uma atitude especificamente conforme com as expectativas do caso"*.

Independentemente da consagração implícita do dever de lealdade na anterior redação do artigo 64.º do CSC ou derivada de outros deveres e princípios – especificamente, o da boa-fé[14] – verifica-se que a doutrina

---

[10] V. Ricardo Costa e Gabriela Figueiredo Dias, *Código das Sociedades Comerciais...*, ob. cit., p. 728 e as referências doutrinais aí referidas.

[11] V. António Menezes Cordeiro, *Manual de direito das sociedades comerciais, Vol. I*, Almedina, 2004, p. 765 e Ricardo Costa e Gabriela Figueiredo Dias, *Código das Sociedades Comerciais ... ob. cit.*, p. 729.

[12] V. Fernando Pessoa Jorge, *Lições de direito das obrigações*, AAFDL, 1966-1967, pp. 48 e ss. para uma noção de dever jurídico.

[13] V. o seu artigo, «A lealdade no direito das sociedades», *ROA*, Ano 2006, Vol. III.

[14] Identificando um conjunto de AA. portugueses que sedimenta o dever de lealdade no dever geral de boa-fé, v. Pedro Caetano Nunes, *Dever de Gestão dos Administradores de Sociedades Anónimas*, Almedina, 2012, p. 468, n. de rodapé 1912. Demonstrando a sua concordância com essa perspetiva, este A. defende que a *"estrutura normativa do art. 64, n.º 1, alínea b), do CSC e do artigo 762, nº2, do CC é semelhante"*, v. ob. cit., p. 525. Sobre a incompletude da recondução do dever de lealdade ao princípio geral da boa-fé, v. Vânia Patrícia Filipe Magalhães, «A conduta dos administradores das sociedades anónimas: deveres gerais e interesse social», *RDS*, Ano I (2009), n.º 2, Almedina, 2009, p. 397, Ricardo Costa

(mesmo antes da atual redação do preceito) muitas vezes entende que, contrariamente ao dever de cuidado que se materializa através de comportamentos essencialmente positivos, o dever de lealdade se consubstancia primacialmente em deveres de abstenção[15] (isto é, os primeiros seriam primacialmente deveres de *facere* por oposição aos segundos que seriam essencialmente deveres de *non facere*).

Esta bifurcação, embora tendencialmente verdadeira, não retrata fielmente a realidade, na medida em que ao dever de lealdade deve ser reconhecida uma vertente comissiva[16].

A nosso ver, o dever de lealdade não se reconduz apenas ao dever de não atuar em benefício próprio ou de terceiro quando isso lese o interesse da sociedade[17] – traduz-se também e positivamente na adoção de

---

e Gabriela Figueiredo DIAS, *Código das Sociedades Comerciais...* ob. cit., p. 743 e as referências doutrinais aí mencionadas e Sónia das Neves Serafim, «Os deveres fundamentais dos Administradores», *Temas de Direito das Sociedades*, Coimbra Editora, 2011, pp. 577 e s.

[15] J. M. Coutinho de Abreu defende que se trata de um dever de conteúdo mais negativo do que positivo, no que respeita, concretamente, ao dever de lealdade dos sócios: v. «Deveres de cuidado e de lealdade dos administradores e interesse social» *Reformas do Código das Sociedades*, IDET – Instituto de Direito das Empresas e do Trabalho – Colóquios, n.º 3, Almedina, 2007, p. 22, n. de rodapé 13. O mesmo Autor volta a defender esta ideia em *A responsabilidade civil dos administradores das sociedades*, p. 25, n. de rodapé 38. Vânia Patrícia Filipe Magalhães, «A conduta dos administradores...», ob. cit., p. 399, embora reconhecendo a vertente positiva do dever de lealdade escreve: "[g]*rande parte das manifestações do dever de lealdade assumem conteúdo negativo, constituindo obrigações de* non facere". Parece também ser esse o entendimento de alguma doutrina espanhola. V. José Manuel Serrano Cañas, *El conflicto de intereses en la administración de sociedades mercantiles*, Publicaciones del Real Colegio de España, Bolonia, 2008, pp. 321 e ss., *apud* Carlos Gorriz López, «Los deberes de lealtad de los administradores del art. 127 ter LSA», *DSR*, Ano 2, Vol. 3, p. 156.

[16] Para Paulo Câmara, «O governo das sociedades e a reforma do Código das Sociedades Comerciais», *Código das Sociedades Comerciais e Governo das Sociedades*, Almedina, 2008, p. 36, o dever de lealdade, para além de operar *"como limite endógeno à actuação do administrador, ao impedir a utilização dos poderes inerentes à titularidade do órgão social em ilegítimo proveito próprio ou de terceiro (...) pode também ser lido, em sentido positivo, como o dever de aportar a maximização de benefícios em prol da sociedade, e não em proveito próprio ou de terceiros"*. Concordamos com o Autor, apenas com uma ressalva: cremos que o dever de lealdade deve (e não apenas "pode") ser entendido como comportando uma vertente de *facere*. Também António Menezes Cordeiro, no seu artigo «A lealdade no direito das sociedades» ob. cit., se bem o compreendemos, acaba por reconhecer uma vertente positiva do dever de lealdade: *"[n]a origem, a lealdade ganha conteúdo positivo mercê da aproximação à boa fé, na vertente (segundo a nossa terminologia) da primazia da materialidade subjacente. O dever de lealdade implica a prossecução efectiva de um escopo: não meras actuações formais"*. Esta posição acaba por corroborar a nossa, quando entendemos o dever de lealdade como contendo uma vertente comissiva.

[17] É para muitos AA. nacionais aquilo em que se consubstancia o dever de lealdade. V., p.ex., António Fernandes Oliveira, «Responsabilidade civil dos administradores», *Código*

comportamentos que tenham por finalidade a prossecução do interesse da sociedade.

O dever de lealdade é, pois, um dever comportamental[18] que exige, conforme as circunstâncias, condutas positivas ou negativas concretas e que tem a sua justificação primacial no facto de se inserir no âmbito de uma relação jurídica que requer uma particular tutela da confiança investida que é a relação de administração.[19] Assume-se, portanto, como um dever de conteúdo ético-jurídico inserto numa determinada relação jurídica, *in casu*, na relação de administração[20], estando os administradores sujeitos a tal dever porque lhes compete realizar o interesse de um ente que lhes é alheio: o da sociedade que administram[21].

---

das Sociedades Comerciais e Governo das Sociedades, ob. cit., p. 262 e RICARDO COSTA e GABRIELA FIGUEIREDO DIAS no *Código das Sociedades Comerciais...* ob. cit., p. 742. Apresentando um elenco exemplificativo mais diversificado, v. ARMANDO MANUEL TRIUNFANTE, *Código das Sociedades Comerciais anotado*, p. 60. V. também J. M. COUTINHO DE ABREU, *Responsabilidade civil dos administradores de sociedades*, ob. cit., p. 25: "[o] *dever (geral) de lealdade é definível como dever de os administradores exclusivamente terem em vista os interesses da sociedade e de procurarem satisfazê-los, abstendo-se portanto de promover o seu próprio benefício ou interesses alheios*". Cremos que, neste aspeto, esta doutrina nacional tem sido influenciada pela doutrina anglo-saxónica e pela sua conceção do *duty of loyalty (ou duty of fair dealing)* anglo-saxónico, segundo o qual ao administrador cumpre agir no interesse da sociedade e dos seus acionistas, dando-lhes prevalência sobre outros interesses exógenos à sociedade como seja os seus próprios interesses pessoais.

[18] MANUEL A. CARNEIRO DA FRADA, «A business judgement rule no quadro dos deveres gerais dos administradores», *Jornadas, sociedades abertas, valores mobiliários e intermediação financeira*, Almedina, 2007, p. 209, considera-o *"um mero dever de comportamento, como se mostra pelo facto de ele ser susceptível de irromper em outras relações jurídicas, particularmente em todas aquelas em que alguém gere um interesse alheio, em nome e/ou por conta de outra"*. No entanto, reconhece-lhe autonomia face ao dever de administrar: "[O dever de lealdade] *não se confunde com o dever de administrar: um administrador leal pode não administrar correctamente, e um bom administrador pode, pelo menos nalgum momento, não ser leal"*.

[19] Como refere MANUEL A. CARNEIRO DA FRADA, «A business judgement rule...» ob. cit., p. 209, *"a relação de administração é uma daquelas relações que implica um especial dever de lealdade, decorrente de a curadoria do interesse de alguém estar atribuída a outrem"*. Tb. em sentido concordante com o que defendemos, v. SÓNIA DAS NEVES SERAFIM, «Os deveres fundamentais dos Administradores», ob. cit., p. 578. Em sentido oposto ao nosso, v. PEDRO CAETANO NUNES, *Dever de gestão...* ob. cit., pp. 525 e ss.

[20] Em sentido próximo, v. MANUEL A. CARNEIRO DA FRADA, «A business judgement rule...» ob. cit., p. 210.

[21] MANUEL A. CARNEIRO DA FRADA, «A business judgement rule...» ob. cit., pp. 210 e ss., distingue o dever de lealdade a que estão sujeitos os administradores do dever geral de boa-fé porquanto a *"relação entre eles e a pessoa colectiva é de curadoria ou de administração de interesses; é ao titular do órgão que compete promover a realização do interesse da pessoa colectiva e se o não faz adequadamente, é esse interesse (de outrem) que fica por satisfazer. Daqui deriva também uma especial possibilidade de interferir danosamente nos interesses alheios. A regra da boa-fé de*

Ademais, o dever de lealdade funciona como fonte autónoma de responsabilidade civil dos administradores porquanto, se o administrador incumprir o dever de lealdade a que está adstrito, estará preenchida a previsão do n.º 1 do artigo 72.º do CSC[22].

Em concreto, se um administrador for desleal no exercício da sua função de administração, isto é, praticar ou omitir atos com preterição do seu dever de lealdade, ele responderá pelos danos que causar à sociedade (sem prejuízo da prova de inexistência de culpa).

Posto isto, uma breve palavra de rigor terminológico. A lei refere-se a deveres de lealdade. Significa que existem várias lealdades consubstanciadas em diferentes deveres?

A resposta deverá ser negativa. Não apenas pelo elemento literal – a referência é feita a "lealdade" e não a "lealdades" –, mas essencialmente pela razão de ser da consagração deste dever, que passa por impor uma atuação por parte do administrador no interesse da sociedade.

Em nosso entendimento, a lei utilizou o plural e não o singular ("deveres" em vez de "dever") atento o conteúdo plural do dever de lealdade, isto é, visou transmitir ao intérprete-aplicador a mensagem de que existem várias concretizações do dever de lealdade.

Quanto a nós, preferimos a expressão dever de lealdade, pese embora a letra da lei, porque o dever de lealdade é uno – a *ratio* que lhe subjaz é sempre a mesma. Já as formas em que se materializa são, elas sim, variáveis e determináveis com maior precisão perante circunstâncias concretas.

Assente esta opinião, atentemos ao conteúdo do dever de lealdade.

Nesta sede, concordamos com aqueles que defendem que o dever de lealdade, tal como consagrado na atual redacção da alínea b) do n.º 1 do artigo 64.º do CSC se reveste de um caráter genérico e indeterminado[23].

---

que possa aqui falar-se não tem portanto como finalidade estabelecer limites à prossecução de interesses próprios (ou modos de o fazer), mas garantir a sobreordenação dos interesses da sociedade e as condições da sua prossecução".

22 Paulo Câmara Paulo Câmara, «O governo das sociedades e a reforma...», ob. cit., p. 48, refere-se à conexão intrínseca entre os artigos 64.º e 72.º do CSC do seguinte modo: *"a solução nacional supõe uma articulação com dois traços distintos do regime societário: – os deveres fiduciários estabelecidos no artigo 64.º, n.º 1; – a presunção de culpa em caso de actuação ilícita dos administradores consagrada no artigo 72.º, n.º 1".* António Fernandes Oliveira, «Responsabilidade civil dos administradores», *Código das Sociedades Comerciais e Governo das Sociedades*, ob. cit., p. 261, afirma: *"[f]alar de responsabilidade civil dos administradores requer, em primeiro lugar, discernir os deveres inerentes ao cargo ou função. Começar-se-á pelos «deveres fundamentais», para utilizar a terminologia do artigo 64.º do CSC".* V. tb. Ricardo Costa e Gabriela Figueiredo Dias, *Código das Sociedades Comerciais...* ob. cit., pp. 726 e ss.

23 Sem prejuízo de todas as concretizações do dever de lealdade partilharem o mesmo *"denominador comum"*, na expressão de Sónia das Neves Serafim, «Os deveres fundamentais

Apesar de todos os inconvenientes que possam ser apontados a uma disposição como a contida naquele preceito, consideramos ser uma opção legislativa adequada, porquanto, por muitas dificuldades que a adoção de cláusulas gerais possa trazer ao intérprete-aplicador, são elas que permitem uma maior abrangência e elasticidade de modo a aplicar-se a um conjunto mais vasto de situações, olvidando assim a uma necessidade recorrente de modificação legislativa que em nada beneficia a segurança do tráfego jurídico e comercial.

Dito isto, fica claro que entendemos que o dever de lealdade, tal como consagrado na alínea b) do n.º 1 do artigo 64.º do CSC, consubstancia uma cláusula geral[24], sendo, consequentemente uma proposição normativa aberta, cujo conteúdo deve ser aferido e determinado[25] perante as circunstâncias concretas do caso.[26]

---

dos Administradores», ob. cit., p. 586, que, segundo a A., corresponde à *"exclusiva promoção do interesse da sociedade"*. Contestando que o dever de lealdade decorra da *"imposição de prossecução do interesse da sociedade"* v. Pedro Caetano Nunes, *Dever de Gestão...* ob. cit., p. 528.

[24] Reconhecendo também o seu caráter de cláusula geral, v., exemplificativamente, Filipe Barreiros, *Responsabilidade civil dos administradores...* ob. cit., p. 90: *"[n]a verdade, o art. 64.º consagra uma cláusula geral que contém o critério básico do comportamento devido no exercício das funções de administrador, que depois deverá ser aferida em sede de responsabilidade para com a sociedade, nos termos deste n.º 2 do art. 72.º do CSC"*, Ricardo Costa e Gabriela Figueiredo Dias, *Código das Sociedades Comerciais...* ob. cit., p. 728 e Paulo Olavo Cunha, *Direito das sociedades comerciais*, 5.ª edição, Almedina, 2012, p. 770. Também reconhecendo que estamos perante cláusulas gerais, v. Paulo Câmara, «O governo das sociedades e a reforma...», ob. cit., pp. 30 e 36 para o dever de cuidado e dever de lealdade, respetivamente.

[25] Considerando a *"lealdade dos administradores"* como um *"conceito jurídico profundamente indeterminado"*, v. Pedro Caetano Nunes, «*Jurisprudência sobre o dever de lealdade dos administradores*», DSR, II Congresso, Almedina, 2012, p. 181.

[26] J. M. Coutinho de Abreu, *Corporate governance em Portugal*, IDET – Instituto de Direito das Empresas e do Trabalho, Miscelâneas n.º 6, Almedina, 2010, p. 28 enquadra o dever de lealdade na categoria dos deveres legais gerais, a par do dever de cuidado, defendendo que o *"dever (geral) de lealdade (previsto de modo muito indeterminado no art. 64/1b)) é definível como dever de os administradores exclusivamente terem em vista os interesses da sociedade e procurarem satisfazê-los, abstendo-se portanto de promover o seu próprio benefício ou interesses alheios. Este dever desdobra-se em várias manifestações, umas presentes na lei, outras não."* V. também do mesmo Autor, «Deveres de cuidado e de lealdade dos administradores e o interesse social» *Reformas do Código das Sociedades*. Sintetizando, este Autor classifica o dever de lealdade como dever legal geral e explica que os deveres dos administradores no desempenho das suas funções não podem ser especificados em elenco legal fechado. Tb. o assumindo, v. Pedro Caetano Nunes, *"Jurisprudência sobre o dever de lealdade dos administradores"*, ob. cit., p. 189, em que o A. defende a natureza fiduciária do dever de lealdade *"ressalvando que a sua delimitação não é aferida em abstrato, mas sim atendendo às circunstâncias do caso em concreto, através de induções éticas e da ponderação de valores e de argumentos"*.

Mas, para compreender a amplitude do dever de lealdade, temos de descer um pouco mais fundo e começar por ir ao encontro das razões da sua génese.

Neste campo, em primeiro lugar, não podemos ignorar a natureza fiduciária[27] da relação de administração: uma sociedade (pelas deliberações tomadas pelos seus sócios ou acionistas) está a colocar a sua gestão patrimonial nas mãos de outra pessoa. Nessa medida, está a confiar-lhe a tarefa de prosseguir os seus interesses, o que justifica que o dever de lealdade esteja subjugado *prima facie* ao interesse da sociedade (independentemente do que se entenda por ele).

Em função desta gestão de um património alheio, é justificável a consagração legislativa de deveres de conduta mais exigentes do que aqueles que ocorrem nas relações obrigacionais gerais, atenta, como se referiu, a tutela da confiança investida pela sociedade nos seus administradores.[28]

Reconhecendo a insuficiência dos deveres legais específicos concretizadores do dever de lealdade que impende sobre os administradores (são exemplos clássicos, o dever de não concorrência com a sociedade e de não celebração de negócios com a sociedade – devendo seguir-se, no que às sociedades anónimas respeita, o *iter* procedimental previsto nos artigos 397.º e 398.º do CSC, para as situações em que excecionalmente essas situações são permitidas), o legislador sentiu, pois, necessidade de consagração de uma norma aberta com uma vocação aplicativa abrangente que desembocou na atual redação da alínea b) do n.º 1 do artigo 64.º do CSC.

Dito isto, seria inclusivamente uma contradição de princípios reconduzir o dever – geral – de lealdade, previsto na alínea b) do n.º 1 do artigo 64.º do CSC aos preceitos que no CSC[29] ou fora dele consubstanciam

---

[27] Nesse sentido, v. Vânia Patrícia Filipe Magalhães, «A conduta dos administradores...», ob. cit., p. 395 e referências doutrinais contidas na n. de rodapé 64. Justificando o dever de lealdade pela relação de *fiducia*, v. Fátima Gomes, «Reflexões em torno dos deveres fundamentais dos membros dos órgãos de gestão (e fiscalização) das sociedades comerciais à luz da nova redação do artigo 64.º do CSC», *Nos 20 anos do Código das Sociedades Comerciais. Homenagem aos Profs. Doutores A. Ferrer Correia, Orlando de Carvalho e Vasco Lobo Xavier*, Vol. I, Congresso Empresas e Sociedades, Coimbra Editora, 2007, p. 561.

[28] António Menezes Cordeiro, «Os deveres fundamentais dos administradores das sociedades», *ROA*, Ano 2006, Vol. II, salienta, quanto ao dever de lealdade: *"(...) que se trata de deveres fiduciários, que recordam estar em causa a gestão de bens alheios. Os administradores são leais na medida em que honrarem a confiança neles depositada. Ficam envolvidas as clássicas proibições já examinadas: de concorrência, de aproveitamento dos negócios, de utilização de informações, de parcialidade (...)"*.

[29] Para alguns exemplos de manifestações concretas do dever de lealdade em deveres específicos dos administradores no CSC, v. Vânia Patrícia Filipe Magalhães, «A conduta dos administradores...», ob. cit., pp. 399 e ss., Ricardo Costa e Gabriela Figueiredo Dias, *Código*

emanações desse mesmo dever. Dito de outro modo, esta cláusula geral[30] em que se consubstancia o referido preceito tem de ser algo mais, isto é, terá, necessariamente um alcance superior ao mero somatório dos deveres atomísticos plasmados na lei, cujo fundamento de consagração seja o de lealdade do administrador para com a sociedade.

E esse algo mais será exigir ao administrador que em todas as situações com que se confronte na sua qualidade de administrador, faça imperar o interesse da sociedade[31] que administra perante outros que sejam alheios à sociedade.

No entanto, certo é que não será possível obter um elenco fechado e estanque de concretizações do dever de lealdade [32]: apenas é possível estabelecer aquele princípio geral que se concretiza conforme as circunstâncias concretas da situação em causa, podendo obter matizes consideravelmente diversificados.

Contudo, anuímos na utilidade de exemplificação de conjuntos de casos-tipo[33], encarados como meramente ilustrativos e sem pretensão de

---

das Sociedades Comerciais... ob. cit., pp. 743 e ss. e PEDRO PAIS DE VASCONCELOS, «Business judgement rule, deveres de cuidado e de lealdade, ilicitude e culpa e o artigo 64.º do Código das Sociedades Comerciais» *DSR*, Ano 1, Vol.2, Almedina, 2009, p. 64.

[30] Há vozes na doutrina espanhola que defendem que o dever de lealdade deve ser consagrado através do estabelecimento de uma cláusula geral. Nesse sentido, v. CARLOS GORRIZ LÓPEZ, «Los deberes de lealtad...», ob. cit., p. 155.

[31] ANTÓNIO MENEZES CORDEIRO, «Os deveres fundamentais...», ob. cit., enaltece que a *"lealdade que se impõe é-o naturalmente: à sociedade o que é dizer, aos sócios, mas em modo colectivo. As referências aos interesses de longo prazo dos sócios e aos dos stakeholders – especialmente, trabalhadores, clientes e credores – só podem ser tomadas como uma necessidade de observar as competentes regras. Para além delas, os administradores estão ao serviço da sociedade: ou a pretendida competitividade das sociedades portuguesas será uma completa miragem".*

[32] Numa tentativa de construção de um elenco de concretizações do dever de lealdade, bastante inspirada pelas concretizações apresentadas ao *duty of loyalty* desenvolvido por ordenamentos jurídicos anglo-saxónicos (mormente, Estados Unidos e Reino Unido), v. FILIPE BARREIROS, *Responsabilidade civil dos administradores...* ob. cit., pp. 69 e ss., que sumariamente, identifica os seguintes: (i) comportamento correto por parte dos administradores quando contratam e efetuam negócios com a sociedade (*fairness*); (ii) não aproveitamento em benefício próprio de oportunidades de negócio societárias; (*taking of corporate opportunities*); (iii) não concorrência com a sociedade administrada (*competition with the corporation*); (iv) não aproveitamento em benefício próprio (ou de terceiro, acrescentaríamos) de informações internas da sociedade (*insider trading*); (v) não abusar do estatuto ou posição de administrador; (vi) manter informados todos os administradores, sócios e o público de todos os factos relevantes não confidenciais, que possam influenciar o voto dos sócios ou as suas decisões de investimento (*duty of disclosure*). V. também, J. M. COUTINHO DE ABREU, «Deveres de cuidado e de lealdade dos administradores e interesse social», ob. cit. p. 23.

[33] Também reconhecendo a existência de casos-tipo, pese embora a dificuldade de elencar as concretizações do dever de lealdade, no seu todo, v. JOSÉ FERREIRA GOMES, «Conflitos de

completude ou exaustividade, a qual lesaria o propósito de norma aberta da disposição em causa[34].

Entendemos que a base transversal a todas as concretizações do dever de lealdade passará pela prossecução do interesse da sociedade, o que implica, desde logo, por via de regra, que o administrador, na sua atuação nessa qualidade, coloque o interesse da sociedade num patamar superior a outros interesses, próprios ou de terceiros. Este será porventura o nível mais enfático da dimensão positiva do dever de lealdade, embora a vertente de *facere* do dever de lealdade não se baste por aqui. O dever de lealdade implica, também, deveres de informação sobre várias matérias, desde logo, sobre a existência de situações de conflitos de interesses e sobre a existência de oportunidades negociais societárias[35].

Porém, não é só um dever de informação que vincula o administrador nestes domínios, como concretização do dever de lealdade. Este implicará, igualmente, por via de regra, que os administradores não concorram com a sociedade, bem como que não abusem do seu estatuto nas relações com terceiros na busca de vantagens pessoais, nem utilizem indevidamente bens e informações da sociedade, nem aceitem vantagens indevidas para beneficiar terceiros que contratem com a sociedade (por norma, estes benefícios consubstanciarão escolhas menos eficientes para a sociedade e, consequentemente, menos conformes ao, se não mesmo dissonantes do, interesse da sociedade). Por sua vez, os deveres de segredo, na medida em que se consubstanciam na ausência de partilha de informação (societária

---

interesses entre accionistas nos negócios celebrados entre a sociedade anónima e o seu accionista controlador» *Conflito de interesses no direito societário e financeiro. Um balanço a partir da crise financeira*, Almedina, 2010, p. 168, onde identifica o dever de o administrador salvaguardar o interesse da sociedade nos negócios que esta celebre com o acionista controlador. Analisando criticamente o tratamento que a jurisprudência nacional tem dado ao dever de lealdade dos administradores, v. Pedro Caetano Nunes «Jurisprudência sobre o dever de lealdade dos administradores», ob. cit. pp. 189 e ss.

[34] Mafalda dos Santos Mondim em «O dever de lealdade dos administradores e o desvio de oportunidades de negócio societárias», *Questões de Tutela de Credores e de Sócios das Sociedades Comerciais*, Almedina, 2013, p. 86, considera que o dever de lealdade se desdobra numa *"miríade de obrigações, umas positivadas outras não"*.

[35] Situações haverá em que, dada a interpenetração dos deveres dos administradores, em consequência do seu fundamento comum, residente no desempenho de funções de administração, será difícil estabelecer a fronteira entre, por exemplo, o que seja a concretização dos deveres de cuidado e de lealdade. Por hipótese, será defensável que os deveres de cuidado obriguem, numa certa situação a que o administrador obtenha formação numa determinada valência. Porventura será já uma concretização do dever de lealdade que o administrador partilhe o *know how* adquirido nessa formação e o aplique na prossecução do interesse da sociedade.

e/ou sensível, nomeadamente relacionada com oportunidades negociais societárias) com terceiros (em regra), são, de igual estirpe, concretizações do dever de lealdade.

Adite-se, noutra perspetiva, que o dever de lealdade é encarado por muitos como uma regra de conduta de conteúdo essencialmente ético, cujo escopo se destina primacialmente a evitar conflitos de interesses[36]. De facto, concordamos com a natureza ética deste dever, mas cremos que o dever de lealdade, tal como atualmente positivado, não se restringe a evitar conflitos de interesses, impondo expressamente ao administrador uma atuação no interesse da sociedade, à qual podem não estar associados quaisquer conflitos.

Obviamente que as situações em que o dever de lealdade obterá maior expressividade serão as situações em que exista um conflito[37], pois nessas será certamente chamado à colação por aqueles que considerem que a ponderação dos seus interesses foi preterida. Todavia, isto não invalida que a sua amplitude exceda o perímetro das situações de conflito.

Acresce ainda, por outro lado, que o dever de lealdade[38] visa fomentar a transparência nas relações entre a sociedade e os seus administradores (com repercussões externas, entendemos), de modo a consolidar e a justificar a confiança neles investida pela sociedade[39]. Também por esta finalidade, parece defensável não olhar para o dever de lealdade como mero mediador de situações de conflito.

Exposto este entendimento sobre o conteúdo do dever de lealdade, impera, para efeitos do nosso estudo, determinar o núcleo de situações em que deverá entender-se que uma oportunidade de negócio pertence à sociedade em que o administrador exerce funções.

---

[36] Refere-o Vânia Patrícia Filipe Magalhães, «A conduta dos administradores...», ob. cit., p. 396, para a qual remetemos, bem como, para as referências doutrinais mencionadas na n. de rodapé 68. V. também, neste particular, Paulo Câmara, «O governo das sociedades e a reforma...», ob. cit., p. 36, o qual considera que "[n]uma visão compreensiva, dir-se-á que os deveres de lealdade servem como cláusula geral a obrigar a uma gestão adequada de conflitos de interesses em que esteja envolvido o titular do órgão social, em prevalência do interesse social".

[37] Refere J. M. Coutinho de Abreu, Corporate governance em Portugal, ob. cit., p. 32, que o "administrador tem de actuar «livre de qualquer interesse pessoal», em situação de não conflito de interesses".

[38] A cláusula geral prevista na alínea b) do n.º 1 do artigo 64.º do CSC e todas as suas concretizações legais, ou até mesmo regulamentares ou recomendatórias, endógenas ou exógenas à sociedade.

[39] Em sentido próximo, v. Filipe Barreiros, Responsabilidade civil dos administradores... ob. cit., p. 73.

Noção de oportunidades societárias

A doutrina – tanto nacional[40] como estrangeira[41] – tem vindo a pronunciar-se sobre esta matéria, procurando ensaiar diretrizes que permitam delinear o perímetro dentro do qual as oportunidades negociais pertencem à sociedade.

Nesse sentido, é unanimemente reconhecido que uma oportunidade será societária quando se insira no seu objeto social ou na atividade efetivamente desenvolvida pela sociedade, critérios que merecem a nossa plena aquiescência, por serem objetivos e plenamente justificados neste âmbito.

Do mesmo modo, também não hesitaremos em pugnar pela qualificação como societária de uma oportunidade de negócio que chegue ao conhecimento do administrador no exercício e/ou por força do exercício do seu cargo. Em concreto, se o administrador é contactado por ser administrador de uma determinada sociedade e só o é por ter essa qualidade, é certo que o contacto surge apenas por se tratar do representante daquela sociedade e não por outro qualquer fundamento.

Já não será essa a qualificação correta se o administrador for contactado não enquanto tal mas porque quem o contacta pretende contratar com ele – em seu nome pessoal e não com a sociedade que representa. Neste caso, contrariamente às situações anteriores, a oportunidade negocial não deverá ser considerada como pertencente à sociedade. Ela é do administrador, não enquanto tal mas em seu nome pessoal. E, em princípio, nada o impedirá de levar avante esse negócio: tal situação (isolada e não recorrente) não se incluirá na proibição, que constitui regra geral, de exercício de atividade concorrente, uma vez que tem sido entendido, o que subscrevemos, que a prática de um ato isolado não se insere no conceito

---

[40] J. M. Coutinho de Abreu, pronuncia-se sobre a noção de *corporate opportunities* em *Corporate governance em Portugal*, ob. cit. p. 29 e, do mesmo Autor, «Deveres de cuidado e de lealdade dos administradores e interesse social» ob. cit., pp. 26 e s. e *Responsabilidade civil dos administradores de sociedades*, ob. cit., p. 31. V. tb. Vânia Patrícia Filipe Magalhães, «A conduta dos administradores...», ob. cit. p. 401, Sónia das Neves Serafim, «Os deveres fundamentais dos Administradores», ob. cit., pp. 586 e ss. e Maria de Fátima Ribeiro, «O dever de os administradores não aproveitarem para si ou para terceiros, oportunidades de negócio societárias», *RCEJ*, Instituto Superior de Contabilidade e Administração do Porto, 2011, pp.32 e ss. e pp. 46 e s. Neste campo, concordamos, em particular, com a destrinça feita por J. M. Coutinho de Abreu.

[41] A título meramente exemplificativo, na doutrina espanhola, Carlos Gorriz López, «Los deberes de lealtad...», ob. cit., pp. 158 e ss. defende uma interpretação ampla de *corporate opportunities* segundo a lei espanhola, incluindo, nomeadamente, nesta definição as oportunidades de negócio de que o administrador tenha tido conhecimento fora do exercício das suas funções, sempre que *"ligadas a los bienes de la sociedad"*.

de atividade, logo, a prática de um ato isolado materialmente concorrente não se encontra abrangido pela noção de atividade concorrente, não lhe sendo, consequentemente, aplicável o regime do artigo 398.º do CSC[42].

Em jeito de conclusão neste domínio, dir-se-ia, em termos sucintos, que a oportunidade negocial pertencerá à sociedade quando o administrador toma conhecimento da mesma ou é abordado no exercício ou pelo exercício das suas funções de administração, encaixando-se a oportunidade negocial na esfera de atuação da sociedade, isto é, no domínio do seu objeto social ou da sua atividade concretamente desenvolvida na prossecução daquele. Sê-lo-á igualmente se o administrador for abordado por força da sua qualidade enquanto tal, devendo, pois, entregar a oportunidade negocial à sociedade para que esta decida – se a competência decisória não couber ao administrador por si[43] – se entende aproveitá-la ou se esta não serve o seu interesse.

Síntese conclusiva sobre o dever de lealdade tal como estabelecido na alínea b) do n.º 1 do artigo 64.º do CSC

Em primeiro lugar, entendemos o dever de lealdade como cláusula geral, isto é, como norma aberta cujo conteúdo varia e se concretiza conforme as circunstâncias do caso em concreto.

Assim, o dever de lealdade deve ser entendido como um dever geral de conduta (porque estabelece comandos à atuação do administrador no exercício das suas funções), indeterminado (sendo um elenco concretizador hermético indesejável, por contraditório com o propósito do preceito e também pela cristalização que acarreta e possibilidade de obsoletismo) e fiduciário (decorrente da tutela da especial relação de confiança que a função de administração implica), sem conteúdo específico, e determinável à

---

[42] Uma nota final para relembrar, com Filipe Barreiros, *Responsabilidade civil dos administradores... ob. cit.*, p. 71, que *"os administradores que se aproveitarem de oportunidades de negócio (e/ou informações internas) em proveito próprio ou prejudicando os interesses da sociedade, incorrem em responsabilidade civil, podendo ficar também sujeitos a destituição por justos motivos"*.

[43] Será configurável que o administrador tenha poder decisório por si se este se inserir no perímetro das competências que lhe hajam sido delegadas pelo conselho de administração (sempre sem prejuízo da competência concorrente do conselho de administração, cuja competência é mantida relativamente às matérias objeto de delegação – v., em especial, n.ºs 3 e 8 do artigo 407.º do CSC).

luz das situações concretas a que se aplica (e sem prejuízo das concretizações parcelares e tópicas consagradas na lei[44]).

Nessa medida, este dever, pese embora seja possível cogitar sobre algumas concretizações-tipo, adquire um conteúdo variável em função de – e a determinar em – cada situação concreta.

É pela consciência de tal facto, ou pelo menos, pela firme convicção que temos sobre o mesmo, que nos propomos analisar as situações de conflito que abaixo descreveremos, bem como, apresentar aquelas que nos parecem ser as melhores formas de resolução.

Não entraremos na discussão dos procedimentos de gestão de situações de conflito de interesses e de deveres que poderiam ser implementados no seio das sociedades anónimas.

Centrar-nos-emos nas situações em que o administrador encara um verdadeiro conflito, ou seja, assumiremos uma de duas realidades, às quais não regressaremos: ou a(s) sociedade(s) não tem (têm) mecanismos implementados para a gestão de conflitos de interesses e de deveres[45] – o que será, tanto quanto conhecemos da realidade nacional, por virtude, *maxime,* de informação publicamente disponível, a situação mais frequente[46] – e, portanto, o administrador não poderá lançar mão deles para solucionar o seu conflito porque estes simplesmente inexistem; ou, alternativamente, a(s) sociedade(s) regulamenta(m) internamente a gestão de tais situações conflituantes, mas a aplicação de tal regulamentação resulta insuficiente ou inaplicável, vendo-se o administrador perante o dilema de uma situação de conflito.

---

[44] Seja no CSC, p.ex., no artigo 398.º, seja noutros diplomas legais, p.ex., no n.º 2 do artigo 181.º do CVM que impõe um comportamento leal da administração – e, portanto, dos administradores –, da sociedade visada por oferta pública de aquisição. Sobre este tema, v., por todos, JORGE BRITO PEREIRA, «A limitação dos poderes da sociedade visada durante o processo de OPA» *Direito dos Valores Mobiliários, II,* Coimbra, 2000.

[45] Note-se que para analisar de uma forma completa esta hipótese, ter-se-ia inclusivamente de analisar que regras deveria o administrador em cumulação de funções seguir, caso os procedimentos de gestão de conflitos de deveres fossem incompatíveis entre si, o que excede o âmbito deste estudo.

[46] Exceção feita para as sociedades anónimas que se dedicam a atividades de intermediação financeira, com deveres regulamentares internos especiais decorrentes de imposição legal.

B. SITUAÇÕES DE CONFLITO DE CONCRETIZAÇÕES DO DEVER DE LEAL-DADE DE ADMINISTRADOR EM CUMULAÇÃO DE FUNÇÕES

Com o propósito de simplificar o cenário que servirá de base para ilustrar o objeto deste estudo que, cremos, não belisca o rigor dogmático-jurídico exigível para a sua análise, assumiremos, em linha com o descrito no introito, que o administrador que se depara com uma situação de conflito de concretizações do dever de lealdade exerce licitamente funções em duas sociedades anónimas[47].

Por outro lado, é ainda pressuposto que a situação conflituante gire em torno da existência de uma oportunidade negocial societária (tal como a definimos *supra*).

Dissemos que o dever de lealdade tem uma base transversal a todas as suas concretizações: atuar no interesse da sociedade. Numa situação de cumulação de funções, a primeira questão que se coloca será a de esclarecer a que sociedade nos reportamos para determinar no interesse de que sociedade deve o administrador agir.

Numa primeira palavra, ainda que pleonástica: como regra, o administrador em cumulação de funções está legalmente obrigado a servir, de acordo com parâmetros idênticos, o interesse de cada uma das sociedades, isto é, o cumprimento do seu dever de lealdade é feito autonomamente e deverá ser verificado nos termos em que o seria se o administrador exercesse as suas funções de modo exclusivo. Em relação a cada uma delas, o administrador em cumulação de funções deverá prosseguir, *per se*, o respetivo interesse, de modo isento.

Como corolário, o problema da resolução de conflito de deveres só se colocará quando a consecução do interesse legítimo de uma das sociedades ponha em causa a prossecução do interesse legítimo da outra, estando o administrador envolvido no conflito.

Como dissemos que o não exercício de atividade concorrente corresponde a uma concretização atomística legal do dever de lealdade, cumpre-nos salientar que não se trata, porém, de um dever absoluto e sem exceções.

Diferentemente da opção que o legislador poderia ter adotado (proibir, sem mais, o exercício de atividade concorrente por um mesmo admi-

---

[47] Dito de outro modo, o exercício cumulativo de funções de administração em ambas as sociedades, nada tem de patológico, encontrando-se conforme a todos os normativos imperativamente aplicáveis, isto é, nada – quer do foro normativo quer do foro volitivo – obsta a que tal administrador exerça funções de administração em simultâneo em ambas as sociedades.

nistrador) o legislador nacional veio permitir, no que às sociedades anónimas respeita, que, cumpridos determinados requisitos (autorização da assembleia geral, de acordo com o preceituado no n.º 3 do artigo 398.º do CSC[48]), este possa exercer uma atividade concorrente.

Deixou-se, assim, na esfera de liberdade de conformação das sociedades a possibilidade de permitirem que um seu administrador exerça atividade concorrente com a que prossegue.

Isto não significa, porém, que a sociedade que autoriza o exercício de atividade concorrente por parte de um seu administrador, abdique do cumprimento do dever de lealdade pelo administrador – este é um dever legal nascido na esfera do administrador que não é renunciável[49] por quem dele beneficia. Assim, quando uma sociedade autoriza numa situação concreta, o exercício de atividade concorrente por um administrador, apenas está a legitimar e a tornar lícito esse exercício, sem que daí possam ser retiradas outras consequências com impacto no cumprimento do dever de lealdade do administrador.

Decorre do que já se expôs que para que se verifique uma situação de conflito de concretizações do dever de lealdade relevante para o objeto do presente estudo, será necessário que o administrador em cumulação de funções se depare com uma situação em que tenha de adotar uma conduta (ou abster-se de um comportamento) que aproveite ao interesse (objetivo e legítimo) de uma sociedade em detrimento do interesse (objetivo e legítimo) de outra. Como a panóplia de situações em que esta situação se poderia verificar é difícil de dimensionar, deixámos já igualmente assente que nos restringiremos à colocação da potencial situação de conflito decorrente da existência de uma oportunidade negocial societária.

---

48 O qual preceitua: "[n]a *falta de autorização da assembleia geral, os administradores não podem exercer por conta própria ou alheia atividade concorrente da sociedade nem exercer funções em sociedade concorrente ou ser designados por conta ou em representação desta".* De acrescentar que, nos termos do n.º 4 do mesmo artigo, a autorização deve definir o regime de acesso a informação sensível por parte do administrador. Importa aqui citar um esclarecimento de J. M. Coutinho de Abreu, «Deveres de cuidado e de lealdade dos administradores e interesse social» ob. cit., p. 26, sobre o que deve ser entendido por exercício de actividade concorrente. Para este efeito, esclarece aquele Autor que exerce *"actividade concorrente «por conta alheia» o administrador que actua no interesse de um outro sujeito, quer em nome próprio (v.g., como comissário de comércio: arts. 266.º, ss do CCom.), quer em representação desse sujeito (v.g. como gerente de comércio: arts. 248.º, ss., do CCom.). Aqui se incluem também os casos em que o administrador da sociedade beneficiária da obrigação de não concorrência é simultaneamente membro do órgão de administração de entidade colectiva (v.g., sociedade) concorrente".*

49 Seria *contra legem* que uma sociedade deliberasse, numa hipótese meramente académica, que um seu administrador não se encontra vinculado ao dever de prosseguir o interesse da sociedade, no exercício das suas funções.

Os pressupostos em que nos baseámos foram também eles já clarificados[50].

Admitindo que o administrador em cumulação de funções é contactado para considerar uma oportunidade negocial societária (a qual apelidaremos, por simplificação, de oportunidade negocial) não na sua qualidade de administrador de uma determinada sociedade de entre as sociedades em que exerce funções, mas tão-somente porque o potencial contraente tem conhecimento de que participa na administração de sociedade(s) relacionada(s) com um determinado setor de atividade, percebemos que o facto de ser administrador de uma delas não será, pelo menos num primeiro momento, o crivo para que a apresente a uma – e não a outra – das sociedades em que exerce funções[51].

Numa situação como esta, o administrador em cumulação de funções sabe que ambas as sociedades têm, abstratamente, interesse na oportunidade negocial. Cumpre ensaiar os critérios que deverão pautar a conduta do administrador.

O CSC, fonte legal do dever de lealdade, não resolve expressamente esta situação conflituante, o que nos leva a concluir pela existência de uma lacuna.

De facto, este Código dá-nos uma solução atomística para uma situação de conflito – de interesses e não de deveres[52], na qual acaba por estabelecer uma inibição (o administrador não pode votar sobre assuntos em que tenha um interesse em conflito) e um dever de informação (o administrador deve informar o presidente da existência da situação de conflito em que se encontra).

Uma vez que as regras de integração de lacunas assim o exigem, o primeiro passo será questionar se a solução legal veiculada para o conflito

---

[50] Para evitar repetições displicentes, aditemos que ou o administrador é executivo, por existir uma delegação do conselho nesse sentido, ou que não existe delegação de competências e, dentro dos normativos legais aplicáveis nesta matéria, qualquer das sociedades em que exerce funções se vincula mediante a assinatura de qualquer administrador.

[51] Colocando a hipótese num cenário limite, pode mesmo assumir-se que o potencial contratante desconhece em que sociedades o administrador em cumulação de funções exerce os seus cargos.

[52] Estamos a referir-nos, concretamente, ao n.º 6 do artigo 410.º do CSC que determina que "[o] *administrador não pode votar sobre assuntos em que tenha, por conta própria ou de terceiro, um interesse em conflito com o da sociedade; em caso de conflito, o administrador deve informar o presidente sobre ele"*. Como ensina J. M. Coutinho de Abreu, «Deveres de cuidado e de lealdade dos administradores e interesse social» ob. cit., p. 24, n. de rodapé 18: "[n]*as pessoas interpostas incluir-se-ão não apenas as referidas no art. 579.º, 2, do CCiv., mas ainda outros sujeitos, singulares ou colectivos, próximos dos administradores em causa – todos os sujeitos que os administradores podem influenciar directamente"*.

de interesses é transponível para a resolução de situações de conflito de concretizações do dever de lealdade[53].

Se assim for, então, aplicando a solução ali estatuída, diríamos que o administrador em cumulação de funções deve abster-se de votar sobre aquela oportunidade negocial e informar o presidente do conselho de administração sobre a existência de um conflito na sua esfera.

Vejamos a hipótese abster-se de votar naquele assunto. Num primeiro momento, nenhuma das sociedades tem conhecimento da oportunidade negocial: apenas o administrador em cumulação de funções sabe que um terceiro tem uma oportunidade negocial suscetível de se enquadrar no interesse de qualquer das sociedades. Poderia defender-se, então, não ser este o expediente adequado porquanto o administrador em cumulação de funções deveria abster-se de votar num assunto sobre o qual nenhuma das sociedades teria condições para deliberar, já que se o administrador não comunicar a situação conflituante ambas o desconhecem. Dito de outro modo, este regime estaria pensado para situações já conhecidas das sociedades e não trazidas originariamente pelo administrador em cumulação de funções.

Assumindo que o recurso à analogia com o regime previsto no CSC para as situações de conflito de interesses não é a mais adequada pela razão aduzida, concluiríamos que o mesmo diploma legal não seria suficiente para solucionar o conflito de concretizações do dever de lealdade.

Sabemos que o Direito das sociedades comerciais é Direito comercial e que ainda vigora entre nós um conjunto assaz limitado de disposições do CCom. Mas este também é omisso face à situação que nos ocupa, pelo que também aí não acharíamos solução.

O Direito das sociedades comerciais insere-se no ramo do Direito comercial, o qual por sua vez é Direito privado, no qual o CC[54] figura como diploma basilar. Todavia, também este diploma não disciplina a situação de conflito de deveres.

---

[53] V., a este propósito, os n.ºs 1 e 2 do artigo 10.º do CC.

[54] V. RAUL VENTURA e LUÍS BRITO CORREIA, *Responsabilidade civil dos administradores de sociedades anónimas e dos gerentes de sociedades por quotas – Estudo comparativo dos direitos alemão, francês, italiano e português – Nota explicativa do capítulo II do Decreto-Lei n.º 49381, de 15 de Novembro de 1969*, Separata do BMJ, n.º 192 a 195, 1970, p. 133, os quais remetem para a aplicação dos normativos do *"direito civil comum"* numa situação em que as *"disposições legais sobre sociedades não"* disciplinam expressamente uma determinada matéria. Esclareça-se que o assunto sobre o qual se pronunciavam aquando desta afirmação se relacionava com causas de justificação ou de exclusão da ilicitude.

Contudo, há um instituto equacionável na situação que nos ocupa: a colisão de direitos, prevista no artigo 335.º do CC[55].

Inspirados por António Menezes Cordeiro, diríamos, de forma breve, que existirá uma situação de colisão de direitos quando mais do que um direito subjetivo invista os respetivos titulares em situações jurídicas (ativas) que não sejam compatibilizáveis[56].

A doutrina nacional[57] já se pronunciou sobre a temática da colisão de direitos mesmo antes da sua codificação e foram sendo avançados critérios para a resolução de situações de colisão.

A doutrina clássica avançava de um modo geral os seguintes critérios, os quais vieram, em certa medida, a ter consagração no preceito do CC acima referido: em caso de direitos desiguais ou de diferentes espécies, o direito que deva considerar-se superior deveria primar sobre o outro; caso não fosse possível compreender qual o superior, de forma genérica, entendia-se que aquele que tivesse como finalidade evitar um dano, deveria primar sobre aquele que permitisse obter um benefício e, por fim, se se tratasse de direitos "perfeitamente iguais" cada um deveria ceder na medida necessária para que ambos os direitos fossem exercidos.

Assim, no caso de colisão de direitos iguais ou da mesma espécie, deverá envidar-se uma cedência mútua por parte dos titulares de cada um deles para que haja o máximo de harmonia possível na sua conciliação de modo a que um não impere em prejuízo do outro. Por outras palavras, a *ratio* parece ser que, em caso de direitos conflituantes de igual valor, se procure que cada um ceda na medida do necessário para que ambos produzam, em igual medida, o seu efeito. Logo, é esta a regra geral para este quadro de situações: uma cedência recíproca para uma harmonização máxima[58].

---

[55] A doutrina é relativamente escassa no comentário a este preceito. V. Luís A. Carvalho Fernandes, *Teoria geral do direito civil II, fontes, conteúdo e garantia da relação jurídica*, 3.ª edição revista e atualizada, UCP, 2001, pp. 581 e ss., Pires de Lima e Antunes Varela, *Código Civil anotado, Volume I, (artigos 1º a 761º)*, 4ª edição revista e atualizada, Coimbra Editora, 1987, António Menezes Cordeiro, *Tratado de direito civil português I, Parte geral, tomo IV,* Almedina, 2005, p. 384.

[56] V. António Menezes Cordeiro, *Tratado de Direito Civil Português...* ob. cit. p. 379 e «Da colisão de direitos», *O Direito*, Ano 137.º (2005), Almedina, 2005, p. 38.

[57] O instituto é antigo, sendo que a sua disciplina já existia no direito romano. Neste particular, v. os critérios que devem nortear a resolução de situações de colisão de direitos apresentados por F. Mackeldey, *Manuel de droit romain contenant la théorie des institutes*, trad. Fr. Beving, 3ª Edição (1846) *apud* António Menezes Cordeiro, *Tratado De Direito Civil Português...* ob. cit., p. 382, (também referido em «Da colisão de direitos», ob. cit. p. 42).

[58] V. António Menezes Cordeiro, *Tratado De Direito Civil Português...* ob. cit., p. 386.

Por sua vez, como proclamação do sentir jurídico comum, em caso de colisão de direitos desiguais ou de diferente espécie, o que tenha maior valor – jurídico – deverá prevalecer.

De modo sucinto, transpondo este regime para o conflito de deveres[59], teríamos, em termos gerais, que em caso de deveres de igual valor (o que seria o caso, já que estaríamos perante concretizações de um mesmo dever), estes deveriam ceder na medida necessária para se harmonizarem na medida possível.

Neste quadro, verificamos a possibilidade de aplicação analógica potencial de dois diferentes regimes à situação conflituante que nos ocupa[60]. Para perceber qual o que deve ser aplicado analogicamente, há que trazer à colação a génese do dever em conflito.

Independentemente de como se qualifique a relação entre um administrador e uma sociedade[61], o dever de lealdade só existe por força da função de administração desempenhada: não fora a qualidade de administrador e o administrador não estaria perante um conflito de concretizações do dever de lealdade[62].

Ora, estando o regime do CC alicerçado na existência de posições jurídicas ativas (direitos) e pressupondo a existência de mais do que um titular dessas posições jurídicas ativas, parece-nos que este regime assenta numa situação fáctica com menos semelhanças com a que nos propusemos analisar. De facto, o conflito apenas existe porque existe a função de administração e está pensada para uma situação conflituante vivida na esfera de um único titular, titular esse que terá necessariamente a qualidade de administrador, como ocorre no caso que estudamos.

Logo, atento o disposto nos n.ºs 1 e 2 do artigo 10.º do CC, parece-nos que o caso análogo a considerar para este efeito deverá ser o do conflito de interesses, justificando a aplicação do respetivo regime. Note-se que a redação do n.º 6 do artigo 410.º do CSC não obriga a concluir pela exis-

---

[59] Sobre a aplicação do regime da colisão de direitos a situações de conflito de deveres, v. Olindo Geraldes «Conflito de deveres», *O DIREITO*, Ano 141.º (2009), II, Almedina, 2009.

[60] A este respeito, notamos que António Menezes Cordeiro, *Tratado De Direito Civil Português...* ob. cit., p. 389, admite a *"extrapolação do regime da colisão de direitos para a do conflito de deveres"*. V. também Fernando Pessoa Jorge, *Ensaio sobre os pressupostos da responsabilidade civil*, Cadernos de Ciência e Técnica Fiscal, Centro de Estudos Fiscais da Direção-Geral das Contribuições e Impostos, Ministérios das Finanças, 1968, p. 174.

[61] A este respeito, v. por todos, Pedro Caetano Nunes, *Dever de Gestão...* ob. cit., pp. 11 e ss.

[62] Dever de lealdade esse fundado no facto de existir um interesse objetivo e legítimo da sociedade administrada, o que também por si justifica o recurso analógico ao n.º 6 do artigo 410.º do CSC, na medida em que o dever de lealdade se alicerça num interesse "por conta de terceiro" em conflito com o da sociedade.

tência de uma sucessão cronológica entre a informação a prestar ao presidente do conselho de administração e a inibição de voto, pelo que não nos parece colher o argumento segundo o qual, num primeiro momento, nenhuma das sociedades teria conhecimento da oportunidade negocial, conforme acima aduzido.

No entanto, a aplicação analógica do regime previsto para o conflito de interesses não resolve todas as situações de conflito de deveres. Como referimos, o dever de lealdade tem várias concretizações – umas que geram a necessidade de praticar uma conduta, outras que requerem a abstenção de um comportamento -, assumindo, nalguns casos uma vertente externa, isto é, face a terceiros à sociedade.

Assim, o regime do conflito de interesses tem de ser aplicado com adaptações ao conflito de concretizações do dever de lealdade e atendendo às suas especificidades.

Numa situação de conflito como aquela em que nos baseámos, o dever de lealdade também obriga a um dever de esclarecimento externo: o administrador deve informar o potencial contratante de que é administrador de duas sociedades potencialmente interessadas no negócio apresentado, atento o setor de atividade (o que consubstancia uma vertente comissiva do dever de lealdade e consiste numa atuação de conteúdo idêntico e não conflituante perante ambas as sociedades).

Aplicado analogicamente e com as devidas adaptações o regime do conflito de interesses às situações de conflitos de deveres, o administrador em cumulação de funções, deve apresentar a oportunidade negocial a ambas, informando cada uma delas da simultânea apresentação à outra – deste modo está a ser leal a ambas e a devolver ao órgão social competente de cada uma delas a tomada de decisão – e abster-se de votar na deliberação de cada uma delas sobre a oportunidade negocial.

Sintetizando, o dever que surge na esfera do administrador nessa qualidade e enquanto tal – é um dever funcional. Nessa medida, a aplicação analógica do regime de colisão de direitos, serviria apenas para concluir que o administrador deve conciliar ao máximo o cumprimento dos seus deveres (numa lógica de cedência mútua para harmonização máxima). No entanto, não nos indica a forma dessa conciliação, pois não atende ao facto de estarem em causa deveres funcionais, revelando não ser um regime previsto para situações análogas.

Diferentemente, o CSC e o regime do conflito de interesses está pensado e alicerçado no pressuposto da existência de uma função e de deveres funcionais.

Assim, apesar de poder afigurar-se ilógico o recurso ao regime estatuído no CSC para o conflito de interesses porque, num primeiro momento, nenhuma das sociedades teria conhecimento da oportunidade negocial, já fará todo o sentido a sua aplicação a partir do momento em que a(s) sociedade(s) tenha(m) conhecimento dela, o que acontecerá se o administrador em cumulação de funções transmitir a ambas esse conhecimento, na pessoa do presidente do conselho de administração.

Decorre do exposto que, em nossa opinião, o administrador em cumulação de funções tem um conflito de deveres que só existe na sua esfera em virtude das funções que desempenha. Logo, por se tratar de um conflito decorrente de deveres funcionais, deve colocar a oportunidade negocial à consideração de ambos os órgãos de administração, abstendo-se de votar na deliberação a tomar por cada uma das sociedades, uma vez que poderá estar afetada a sua isenção na ponderação dos interesses de cada uma[63].

Problematizemos um pouco mais.

Para isso importa questionar a aplicabilidade do regime previsto para o conflito de interesses em situações em que o administrador em cumulação de funções seja contactado na qualidade de administrador de uma das sociedades.

Neste caso, julgamos que o dever de lealdade o obrigará a apresentar a oportunidade negocial à sociedade que o potencial contratante procurou na sua pessoa, visto que as concretizações do dever de lealdade se alteram: nesta situação, o dever de lealdade obriga-o a dar primazia ao interesse da sociedade em representação da qual foi contactado e não existe um interesse legítimo da outra sociedade que deva ser tutelado e ao qual o dever de lealdade do administrador em cumulação de funções deva ser estendido. De facto, neste caso, não há, entendemos, dever de lealdade do administrador em cumulação de funções perante a sociedade com a qual o potencial contratante não pretendeu contratar, pelo que inexiste conflito. O dever de lealdade do administrador terá sempre como limite o interesse legítimo da sociedade que administra.

E isto mesmo que, no seu entendimento, o projeto negocial apresentado seja mais conforme ao interesse social da outra sociedade. Se o administrador em cumulação de funções é procurado por ser administrador de uma determinada sociedade, é-o nessa qualidade, enquanto seu representante, pelo que o dever de lealdade que sobre si impende na prossecução do interesse social daquela se materializa no dever de lhe apresentar o negócio (conteúdo positivo) e no dever de se abster de o apresentar a qualquer outra sociedade em que seja administrador, ainda que ambas

---

[63] Embora não se pronunciando sobre a situação que nos ocupa no presente estudo, v. em sentido concordante com o que defendemos MARIA DE FÁTIMA RIBEIRO, «O dever de os administradores...», ob. cit., p. 37.

tenham interesse naquela oportunidade negocial. O administrador deve agir de forma isenta face a interesses exógenos à sociedade que representa em cada momento (isto é, deve agir de modo independente face a interesses externos à sociedade que representa em cada momento e também isso o impede de partilhar aquela informação, em violação já, entendemos do seu dever de confidencialidade externo face à mesma).

Aprofundando: suponhamos que as negociações com a sociedade com a qual o potencial contratante pretendia negociar, tendo para isso contactado o administrador em cumulação de funções não chegaram a bom porto e saíram goradas, apresentando o potencial contratante a mesma oportunidade negocial à outra sociedade em que o administrador também exerce funções.

Importa verificar qual o conteúdo concreto do dever de lealdade perante cada uma das sociedades. Verificamos que a primeira sociedade aparentemente já não terá interesse naquela oportunidade negocial visto que as negociações saíram goradas. Diferentemente, a outra sociedade tem, potencialmente, interesse no aproveitamento da oportunidade negocial.

Ora, neste caso, o dever de lealdade perante uma obriga o administrador a aproveitar a oportunidade negocial e perante a outra a não se aproveitar do conhecimento adquirido.

Neste caso, entendemos que da aplicação analógica do regime do conflito de interesses com as adaptações que defendemos decorre que o administrador deverá informar ambas as administrações da situação em causa.

Quanto à sociedade que viu as negociações goradas, o administrador deverá informar ter sido envolvido na negociação daquela oportunidade negocial a favor de terceiro. Poderá, inclusivamente, justificar-se uma deliberação do conselho de administração que confirme o seu desinteresse pela oportunidade negocial. Neste caso, o dever de lealdade do administrador perante esta sociedade passa a ser um dever de conteúdo essencialmente negativo – dever de sigilo e de não aproveitamento de informações e de conhecimento específico e técnico que haja adquirido por força do desempenho das suas funções de administração nessa sociedade relacionadas com aquela oportunidade negocial concreta.

Quanto à sociedade à qual é agora apresentada a oportunidade negocial, deverá informar o respetivo conselho de administração de que já teve intervenção naquela oportunidade negocial em representação de terceiro. Neste caso, o conselho de administração deliberará se tem interesse na oportunidade negocial e em que seja o administrador em cumulação de funções a prosseguir as negociações.

Deste modo, o administrador em cumulação de funções cumprirá o seu dever de lealdade perante ambas as sociedades, nas suas diferentes concretizações, devolvendo aos órgãos de administração de cada uma, o poder que originariamente lhes cabe na definição do interesse concreto da sociedade em cada momento (dentro dos limites das suas competências).

Decorre do exposto a justificação da nossa insistência na vertente comissiva do dever de lealdade – na raiz, o dever de lealdade perante cada uma das sociedades em que exerce funções exige ao administrador em cumulação de funções um dever de informação e esclarecimento. Isto demonstra que a nosso ver, a tutela da confiança que subjaz ao dever de lealdade pressupõe e requer transparência da atuação do administrador em cumulação de funções.

Embora reconheçamos que a solução aqui preconizada possa não solucionar todas as situações de conflito de concretizações do dever de lealdade, atenta a variabilidade de concretizações do mesmo, parece-nos ser esta a solução a seguir nas situações conflituantes ligadas a oportunidades negociais societárias: verificação do conteúdo concreto do dever de lealdade e sempre que ele exija uma concretização prévia à devolução de poderes ao órgão de administração de cada uma das sociedades (como o dever de esclarecimento ou informação), o mesmo deverá preceder qualquer outra diligência, isto é, deverá preceder a informação ao presidente de cada uma das sociedades sobre a existência da oportunidade negocial, decorrente da aplicação analógica do regime previsto para o conflito de interesses no CSC.

C. BREVE CONCLUSÃO

Em jeito de conclusão, diríamos sumariamente o seguinte:

– O dever de lealdade reveste-se de uma multiplicidade de concretizações, as quais poderão consubstanciar-se na prática de certas condutas (vertente comissiva) ou na abstenção de outras;

– Pese embora o parco relevo que lhe tem sido dado pela doutrina, consideramos que a vertente comissiva tem um peso substancial nas concretizações do dever de lealdade: desde logo porque vincula o administrador a agir no interesse da sociedade, fazendo impender sobre ele um dever de informação, esclarecimento e consequente transparência perante a sociedade em que exerce funções;

– O exercício cumulativo de funções de administração em sociedades do mesmo ramo de atividade pode gerar a ocorrência de situações de conflito de concretizações do dever de lealdade;

– A lei, e em concreto o CSC, não estabelece um regime específico para situações de conflito de deveres, sendo de concluir pela existência de uma lacuna legal;

– Os regimes legais com maior identidade e, consequentemente, maior viabilidade de aplicação analógica às situações de conflito de deveres, são o regime previsto para a resolução de conflito de interesses (CSC) e o regime aplicável à colisão de direitos, disciplinada no CC;

– Pese embora com adaptações, o regime previsto no CSC para as situações de conflito de interesses parece ser o que mais se aproxima das situações de conflito de deveres: em ambas as situações o conflito decorre da existência de deveres funcionais, em ambos os casos, os deveres conflituam na esfera de um mesmo agente, e em ambos os casos se justifica a devolução de poderes ao órgão de administração sobre matérias de administração, sendo, pois, sustentável a sua aplicação analógica;

– Tal regime prevê, *grosso modo*, um dever de informação – ao órgão de administração – e um dever de abstenção – de votação na deliberação em que o conflito é decidido ou, melhor, em que a matéria que gera o conflito é decidida;

– É esse o regime que, com as devidas adaptações, deverá ser aplicado à resolução de situações de conflito de concretizações do dever de lealdade;

– Uma das principais adaptações passa, a nosso ver, pela determinação do conteúdo do dever de lealdade: sempre que ele exija uma concretização prévia à devolução de poderes ao órgão de administração de cada uma das sociedades (como o dever de esclarecimento ou informação, mesmo que perante terceiros, atenta a vertente externa do dever de lealdade), deverá prevalecer sobre qualquer outra atuação ou omissão.

Resumo: No art. 402.º do CSC, o legislador português prevê a possibilidade de as sociedades atribuírem aos seus administradores uma pensão de reforma por velhice ou invalidez (art. 402.º/1) ou complementos de pensões de reforma (art. 402.º/2). Iremos proceder a considerações gerais sobre o aspecto legal do tema para de seguida reflectir sobre a natureza destes direitos dos administradores e discutir os problemas relativos à concessão estatutária, em especial à sua interligação com o regulamento de execução. O presente artigo visa transpor as seguintes reflexões na realidade empresarial e comercial actual. Eis os principais temas que nos propomos abordar neste estudo..

Abstract: In article 402.º of the Portuguese CSC, the legislator specifies the possibility for companies to provide their directors with a retirement plan in the case of old age and invalidity (article 402.º/1) or with pension supplements (article 402.º/2). We will firstly focus on general considerations of the legal aspects of our topic to enable us to reflect on the nature of these director rights and discuss the problems involving their statuary authorization, especially its connection with the execution regulation. The present article also looks to transfer our ideas to the business and commercial reality of today. These are the main issues that we look to examine in this study.

ÂNIA PAIS FERREIRA*

TERESA FERNANDA MOFREITA FERNANDES**

Estudo sobre a atribuição de pensões e complementos de reforma aos administradores das sociedades anónimas

O tema que nos propomos desenvolver insere-se num debate relativo à remuneração dos administradores. Esta é fixada de acordo com as funções desempenhadas na sociedade e a situação económica desta, por deliberação dos sócios ou comissão por ela nomeada (nas SA com uma estrutura orgânica tradicional ou de tipo monístico: art. 399.º do Código das Sociedades Comerciais[1]), por deliberação do conselho geral e de supervisão ou comissão por ela nomeada ou ainda por deliberação dos sócios ou comissão por ela nomeada se o estatuto social o permitir (nas SA com uma estrutura orgânica de tipo dualístico: arts. 429.º e 444.º do CSC) ou ainda, unicamente pelos sócios (nas SQ: art. 255.º CSC).

* Mestranda em Ciências Jurídico-Empresariais na Faculdade de Direito da Universidade de Coimbra
** Mestranda em Ciências Jurídico-Civilísticas na Faculdade de Direito da Universidade de Coimbra

[1] É deste Código que falamos sempre que nos referimos a um preceito legal sem mencionar o respectivo diploma.

No art. 402.º do CSC, o legislador português prevê a possibilidade de as sociedades atribuírem aos seus administradores uma pensão de reforma por velhice ou invalidez (art. 402.º/1) ou complementos de pensões de reforma (art. 402.º/2). Segue-se uma breve exposição do regime do art. 402.º.

Quais os problemas que se podem manifestar no âmbito deste tema? Poderemos entender que a previsão legal enunciada vale, única e exclusivamente, para o tipo societário SA e o modelo de governação tradicional?

Num primeiro momento iremos explicitar o estatuído no preceito em análise, através de considerações gerais sobre o aspecto legal do tema. De seguida, reflectiremos acerca da natureza destes direitos dos administradores. Por fim, mas não menos importante, discutiremos os problemas relativos à concessão estatutária e ao regime das pensões e complementos de reforma.

1. Considerações gerais sobre o regime jurídico do art. 402.º do CSC

n.º 1. O contrato de sociedade pode estabelecer um regime de reforma por velhice ou invalidez dos administradores, a cargo da sociedade.

n.º 2. É permitido à sociedade atribuir aos administradores complementos de pensões de reforma, contanto que não seja excedida a remuneração, em cada momento, percebida por um administrador efectivo ou, havendo remunerações diferentes, a maior delas.

n.º 3. O direito dos administradores a pensões de reforma ou complementos cessa no momento em que a sociedade se extinguir, podendo no entanto, esta realizar à sua custa contratos de seguro contra este risco, no interesse dos beneficiários.

n.º 4. O regulamento de execução do disposto nos números anteriores deve ser aprovado pela assembleia geral.

Já antes do CSC, aprovado em 1986, a doutrina e a jurisprudência admitiam a possibilidade de as sociedades atribuírem pensões de reforma aos seus administradores. Ferrer Correia e António Caeiro davam razão à RP, que decidiu em 1979 pela validade de uma cláusula introduzida no contrato de sociedade que previa a atribuição de pensões de reforma a administradores. Os Autores fundamentavam a sua posição nas doutrinas alemã e francesa que já admitiam a figura, e também num entendimento segundo o qual a pensão de reforma representa uma *vantagem* atribuída aos administradores pelos serviços prestados à sociedade.[2] Invocavam ainda o direito à reforma que se tinha alargado a outros tipos de trabalhadores e não apenas aos funcionários públicos.

Com a entrada em vigor do CSC, o legislador veio expressamente consagrar no art. 402.º a atribuição e o regime jurídico de pensões e complementos de reforma para as sociedades com um sistema orgânico tradicional (art. 278.º/1,a). Da leitura do n.º 1 daquele preceito podemos concluir que a concessão de uma pensão de reforma é facultativa e que, caso seja essa a vontade da sociedade, deverá constar do pacto social, sob pena de invalidade de uma deliberação social atributiva do direito sem qualquer apoio – previsão estatutária.

O n.º 2 do artigo em análise, admite que a sociedade atribua complementos de pensões de reforma aos seus administradores[3]; mas, diferentemente daquilo que sucede para as pensões de reforma (art. 402.º/1), estabelece-se um limite quantitativo à possível atribuição do complemento. Assim, a sociedade não poderá atribui-lo com um montante superior ao de um administrador efectivo da sociedade e, se num determinado momento houver remunerações diferentes, o limite será então a remuneração mais elevada. Através deste limite máximo da remuneração do administrador efectivo, o legislador conseguiu estabelecer uma especial conexão entre a atribuição dos complementos e os critérios de fixação da remuneração: as funções desempenhadas e a situação económica da sociedade[4]. A imposição legal de um limite quantitativo poderá estar igualmente relacionada com uma ideia de igualdade dos administradores e com uma intenção de evitar abusos. Neste sentido, lembramos o pensamento de Paulo Olavo Cunha: "por não fazer sentido que um administrador reformado possa, à custa da sociedade, receber mais do que aqueles que estão no

---

[2] CORREIA, A. Ferrer/CAEIRO, António, *Modificações do objecto Social e sua especificação nos estatutos; aumento do capital a deliberar pelo conselho de administração; previdência dos administradores* (Anotação ao ac. da RP de 23-1-79) in RDE, Ano VI/VII, 1980/1981, p. 293, ss. Voltaremos a este assunto no âmbito da questão de saber se estes tipo de prestação são ou não componentes da remuneração dos administradores.

[3] Os complementos de reforma aqui previstos são naturalmente complementos em relação às pensões da segurança social, admitindo-se então o cúmulo dos direitos atribuídos aos administradores pelo art. 402.º do CSC com aqueles a que têm direito por força do regime das pensões do sistema público. Neste sentido, manifesta-se igualmente ABREU, J. M. Coutinho de *Governação das Sociedades Comerciais, 2.ª Edição*, Almedina, Coimbra, 2010, p. 97 e CUNHA, Paulo Olavo, *Direito das Sociedades Comerciais, 4.ª Edição*, Almedina, Coimbra 2010, p. 796.

[4] RODRIGUES, Ilídio Duarte *apud* ABREU, J. M. Coutinho de, *Governação das Sociedades Comerciais, ob. cit.*, p. 97.

activo e asseguram os meios indispensáveis ao pagamento da sua reforma complementar"[5].

Uma das questões que se coloca consiste em saber se, perante o silêncio legal, a atribuição de pensões de reforma não deve obedecer a quaisquer limites. Ora, tem-se entendido que o limite fixado para os complementos de pensões de reforma no n.º 2 deve igualmente aplicar-se às pensões de reforma previstas no n.º 1.

Questiona-se ainda por que razão o n.º 2 não consagrou a necessidade de os complementos de reforma estarem previstos no contrato social. Deveremos interpretar literalmente esta norma e entender que a atribuição de complementos de reforma não carece de uma previsão estatutária? Tal como as pensões, os complementos de reforma são encargos para a sociedade[6], logo não faz sentido exigir-se essa previsão para aquelas mas já não para estes. Deste modo, também os complementos de reforma devem estar previstos nos estatutos da sociedade.

No mesmo sentido J. M. Coutinho de Abreu[7] também defende que a atribuição destes complementos deve apoiar-se numa previsão do contrato de sociedade. Segundo o Autor citado, estamos perante uma *identidade de razões*. De facto, o motivo pelo qual o legislador exigiu que a atribuição de pensões de reforma se fundamentasse numa autorização estatutária relaciona-se com o peso patrimonial que representa esta concessão para a própria sociedade.

O n.º 3 consagra o regime de cessação dos direitos de reforma dos administradores. De acordo com o estatuído, os direitos cessam no momento em que a sociedade se extinguir. Porém, a sociedade pode decidir estabelecer contratos de seguro contra este risco a favor dos beneficiários da reforma. Assim, diferentemente do que sucede nos ordenamentos jurídicos francês e britânico[8], entre nós os únicos beneficiários destes direitos

---

[5] Cunha, Paulo Olavo, *Direito das Sociedades Comerciais, 4.ª Edição*, Almedina, Coimbra, 2010, p. 799.

[6] Cordeiro, António Menezes, *Código das Sociedades Comerciais Anotado*, Coordenado por Cordeiro, António Menezes, Almedina, Coimbra, Março 2009, p. 982: "As reformas representam encargos significativos», «encargos extraordinários para a sociedade".

[7] Abreu, J. M. Coutinho de, *Governação das Sociedades Comerciais, ob. cit.*, p. 98.

[8] Em França, a doutrina admite que as pensões de reforma possam ser igualmente atribuídas ao cônjuge sobrevivo: *le versement à un dirigeant social d'une rente viagère réversible au conjoint survivant, Codes des Sociétés et des Marchés Financiers, Dalloz, Paris, 2002, p. 305.* No Reino Unido, a referência ao facto de que estes direitos podem ser atribuídos a terceiros encontra-se em vários documentos. No *Companies Act* de 2006 a section 215 (3) refere o seguinte : *for the purpose of sections 217 to 221 (payments requiring members´ approval) payment to a person connected with a director or payment to any person at the direction, of, or, for the benefit of, a director or a person connected with him.* A section 412 (4)(a) repete

são os próprios administradores e não quaisquer terceiros que possam ter uma ligação – por exemplo familiar – a eles.[9]

Finalmente, o art. 402.º/4 do CSC estabelece que o regulamento de execução da atribuição dos direitos em causa deve ser aprovado por deliberação da assembleia geral (AG). Veremos, *infra*, se este regulamento pode estabelecer o regime destes direitos dos administradores com apoio numa mera autorização estatutária ou se, afinal, a exigência legal se consubstancia numa necessidade de regulamentação mais exaustiva destes direitos ao nível do pacto social com um regulamento que executa e interpreta o já estipulado nos estatutos da sociedade.

Importa referir que o regime exposto nos termos *supra* vale tanto para as sociedades anónimas com estrutura orgânica tradicional e monística como, por força do art. 433.º/3 do CSC (que remete para o art. 402.º), para as de estrutura orgânica dualística. O art. 433.º/3 regista apenas uma diferença quanto à aprovação do regulamento de execução: ela compete não à AG mas ao CGS.

Quanto aos outros tipos de sociedades, nomeadamente as sociedades por quotas, o Código nada prevê, mas seguindo J. M. Coutinho de Abreu, é possível aplicar o art. 402.º do CSC analogicamente aos demais tipos societários.[10]

---

de novo esta possibilidade no âmbito da informação sobre a remuneração dos administradores que poderá ser pedida pela *Secretary of State ; for the purposes of this section, and regulations made under it, amounts paid to or receivable by a person connected with the director (...) are treated as paid to or receivable by the director* in http://www.legislation.gov.uk/ukpga/2006/46/contents. Para as sociedades estabelecidas antes de 2009, também o *Table A* de 1985 refere que *the directors may provide benefits (...) for any director whom has held but no longer holds an executive office (...), and for any member of his family (including spouse and former spouse) or any person who is or was dependent on him (as well as before or after he ceases to hold such offfice or employment* in http://www.companylawclub.co.uk/topics/are_directors_entitled_to_be_paid.shtml.

[9] Embora não se encontre referido expressamente neste número, o direito de os administradores receberem uma pensão ou um complemento de reforma cessa igualmente com a morte deste. E devido ao facto de estes direitos serem apenas atribuídos aos administradores, conclui-se também que estamos perante direitos *intuitu personae* que não serão transmitidos para os herdeiros com a morte do administrador: arts. 2024.º e 2025.º do Código Civil.

[10] ABREU, J. M. Coutinho de, *Governação das Sociedades Comerciais, ob.cit.*, p. 99: "não se vê no Código norma equivalente à do art. 402.º para os demais tipos societários. Nada parece obstar, porém, à aplicação do preceito por analogia".

2. A natureza das pensões e complementos de reforma

Uma das questões que se levanta é a de saber se podemos qualificar as pensões de reforma e os complementos de reforma como parte componente da remuneração dos administradores. Este problema foi suscitado na jurisprudência antes da entrada em vigor do CSC (como *supra* referido) e também depois da expressa admissibilidade deste tipo de direitos pelo CSC no art. 402.º. É importante saber se as pensões de reforma são parte componente da remuneração, pois se entendermos que assim é, elas poderiam ser atribuídas aos administradores apenas através de deliberação dos sócios, art. 399.º/1 CSC (regime de fixação da remuneração destes).

Na Alemanha, o legislador estabelece que as pensões de reforma são integradas na remuneração dos "administradores", não sendo necessário que a sua atribuição esteja prevista nos estatutos da sociedade. Olhando para o elemento sistemático, é no §87 da AktG que encontramos o nosso apoio. Aí se referem os princípios relativos ao vencimento dos membros da direcção (modelo dualístico) e, no final da primeira parte do parágrafo, as pensões de reforma[11].

Em França, diferentemente, não há qualquer previsão legal expressa que preveja estas prestações como sendo componentes da remuneração dos administradores. Porém, o art. L.225-47 do CComf[12] estatui o seguinte:

> *Le conseil d'administration élit parmit ses membres un président qui est, à peine de nullité de la nomination, une personne physique. Il détermine sa rémunération.*
>
> *Le président est nommé pour une durée qui ne peut excéder celle de son mandate d'administrateur. Il est rééligible.*
>
> *Le conseil d'administration peut le révoquer à tout moment. Toute disposition contraire est réputée non écrite.*

Ora, desta fixação da remuneração do presidente do conselho de administração (CA), a jurisprudência francesa argumenta que a própria pensão ou complemento de reforma manifesta-se como uma forma de remuneração fixada pelo mesmo órgão social.

---

[11] In http://www.aktiengesetz.de/.

[12] Este artigo corresponde ao antigo art. 110.º da lei n.º 66-537 de 24 de Julho de 1966. CHAZAL, Jean-Pascal e REINHARD, Yves, *Sociétés par actions* in Revue trimestrielle de droit commercial et de droit économique, janvier-mars 2001, Dalloz, Paris, p. 161.

«La rémunération allouée au président, notamment sous forme d'un complément de retraite, doit faire l'object d'une délibération du conseil d'administration sur son montant et ses modalités»[13]

A jurisprudência estudada defende que as pensões e complementos de reforma são uma contrapartida dos serviços prestados à sociedade durante o exercício do cargo, daí a proporcionalidade entre o montante concedido a esse título e as funções desempenhadas: "l'octroi d'un complément de retraite ayant pour contrepartie des services particuliers rendus à la société pendant l'exercice de ses fonctions par le président dês lors que l'avantage accordé est proportionnel à ses services et ne constitue pas une charge excessive pour la société"[14].

Foi no âmbito do acórdão de 3 de Março de 1987 que se definiram os critérios de atribuição da pensão ou complemento de reforma ao presidente do CA. Analisemos l'arrêt de la Cour de Cassation du 3 Mars 1987[15].

O conflito de interesses surgiu entre a sociedade anónima Union de Banques à Paris (UBP) e o ex-presidente (M. Lebon) do seu CA. O mesmo exercia as suas funções desde 15 de Janeiro de 1968 e que cessaram no dia 1 de Julho de 1982. A 14 de Dezembro de 1981, o CA decidiu atribuir-lhe um complemento de reforma, ora, "ayant atteint le limite d'âge, il pouvait faire valoir ses droits à des pensions"[16]. O ex-presidente confrontou-se com uma recusa da sua atribuição por parte da sociedade que invoca, em recurso, que a decisão judicial recorrida violou os arts.101.º e seguintes da Lei n.º 66-537 de 27 de Julho de 1966[17], já que a decisão de atribuição deste complemento de reforma deveria ter passado pelo escrutínio da Assembleia de accionistas: "Attendu que l'UBP fait grief à l'arrêt d'avoir dit valablement prise la décision arrêtée par le conseil d'administration [...] de verser à un membre du conseil d'administration un complément de retraite [...] constitue une décision soumise au controle prévu par les articles 101 et suivants de la même loi"[18].

A Cour de Cassation "rejette le pourvoi" acordando que a atribuição de pensões ou complementos de reforma ao presidente do CA é da competência exclusiva do mesmo órgão social, sendo que o *iter* necessário para a

---

[13] *Code des sociétés e des Marches Financiers*, edition 2002, Dalloz, Paris, p. 305.

[14] *Ibidem*

[15] Revue des Sociétés, Dalloz, Paris, 1987, p. 267.

[16] *Id.*, p. 267.

[17] O art. 101.º corresponde ao actual art.L-225-38 do *Code de Commerce* – CHAZAL, Jean--Pascal e REINHARD, Yves, *Sociétés par Actions* in Revue Trimestrielle de Droit Commercial et de droit économique, janvier-mars 2001, Dalloz, Paris, p. 161.

[18] Revue des Sociétés, *ob. cit.*, p. 267.

tomada de decisão deve obedecer ao artigo 110.º da lei de 1966[19] e já não aos seus arts.101.º e seguintes; "le conseil d'administration d'une société anonyme est le seul compétent pour fixer la rémunération du président en vertu de l'article 110.º de la loi du 24 Juillet 1966; qu'entre dans les prévisions de ce texte, et non dans celle de l'article 101.º"[20].

Assim, no caso *sub judice*, a Cour de Cassation enuncia três critérios para a determinação da pensão ou complemento de reforma de modo a não considerá-la excessiva: "a contrapartida, a proporção e a moderação"[21]. Ou seja, este direito deve manifestar-se como uma verdadeira contrapartida[22] pelos serviços prestados à sociedade pelo titular do direito, aquando do exercício das suas funções, deve reconhecer-se que existe proporcionalidade entre estes serviços prestados e o benefício auferido e, por fim, o direito não pode envolver uma "carga excessiva" para a sociedade. Estes três critérios foram considerados verificados em juízo, dando razão à Cour d'appel; "la cour d'appel a légalement justifié sa décision, que le moyen n'est pas fondé"[23].

A doutrina tende para, com apoio neste ac., definir dois modos de atribuição da pensão ou complemento. Basta a deliberação do CA quando estiverem reunidos os três critérios explicitados pelo *arrêt* de 1987 – logo estaremos perante uma verdadeira pensão ou complemento de reforma, tratada como uma forma de remuneração do presidente – mas, já será necessário recorrer aos art. L.225-38 e L.225-86, no caso inverso: "l'octroi de la pension de retraite réunissant les três conditions susvisées qui ne se rattache pas à un contrat de travail éventuellement cumulé au mandat social est, en príncipe, du ressort de l'organe compétent pour décider de la rémunération du dirigeant social", "l'attribution d'une pension de retraite à un dirigeant social doit être soumise à la procédure des conventions réglementées (…) lorsqu'elle ne remplit pas l'une des trois conditions"[24].

Em comentário ao *arrêt* de 3 de Março de 1987, Yves Guyon sublinha o facto de, neste âmbito, se considerar que a pensão é parte integrante

---

[19] Ou ao actual art. L.225-47 do *Code de Commerce*, após a recodificação de 2000.

[20] Revue des Sociétés, *ob. cit.*, p. 267.

[21] VENDEUIL, Sylvie de e BEAUFRE, Séverine, *La Pension de Retraite du Dirigeant Social d'une Société Anonyme* in La Semaine Juridique, 2.º semestre, n.º 49, 2000, p. 1942.

[22] Por isso, a pensão de reforma a cargo da sociedade não é vista como uma liberalidade – GUYON, Yves, *Note – Validité de la Pension de Retraite Complémentaire Accordée par le Conseil d'Administration à son Président* in Revue des Sociétés, *ob. cit.*, p. 269: "la pension n'est pás une libéralité".

[23] Citado do ac,, Revue des Sociétés, *ob. cit.*, p. 268.

[24] VENDEUIL, Sylvie de e BEAUFRE, Séverine, *La Pension de Retraite du Dirigeant Social d'une Société Anonyme, ob. cit.*, p. 1943.

da remuneração, por isso, quando cumpridos os três requisitos, basta a aprovação do CA para a atribuição de uma reforma ou de um seu complemento; "la cour se fonde sur la nature juridique de la pension de retraite, qu'elle considère comme un complément ou un accessoire de la rémunération du président", "les pensions seraient des salaires d'inactivité"[25].

Philippe Merle realça a problematicidade deste tema ("l'octroi d'un complément de retraite à l'ancien président est souvent source de contentieux"[26]) e recorda os três critérios enquanto condição *sine qua non* da atribuição de um complemento de reforma por parte do CA ao seu presidente.

Entre nós, não existem critérios pré-definidos para a atribuição destas regalias mas o art.402.º/2 do CSC estabelece um limite máximo referente à remuneração dos administradores. À luz do pensamento de Ilídio Duarte Rodrigues[27], o legislador comercial consegue, assim, coordenar a disciplina da remuneração com a da pensão e complemento de reforma. A pensão fica obrigatoriamente ligada aos dois critérios de fixação da remuneração, que são as funções desempenhadas e a situação económica da sociedade (art.399.º/1 do CSC).

No Direito espanhol, a doutrina tende para a defesa de um conceito amplo de *retribución*. O art.130.º da *Ley de Sociedades Anónimas*[28] estatui, tão só, a necessidade de a *retribución* dos administradores ter de constar do pacto social:

La retribución de los administradores deberá ser fijada en los estatutos.

Aliás, o seu art. 9.º/h) menciona *expressis verbis* que dos *estatutos sociales* deve constar "la estructura del órgano al que se confía la administración de la sociedad (...) y el sistema de su retribución".

Manuel Antonio Domínguez Garcia realça o facto de a lei espanhola não explicitar o conceito de *retribución*: "El art.130.º TRLSA no delimita la noción de retribución de los administradores", "La inhibición legal consiente la adopción de una noción amplia de retribución como toda clase de prestación o vantaje económica, directa ou indecta [...] cuya causa de atribución patrimonial se encuentre en la prestación de servicios inheren-

---

[25] Guyon, Yves, *Note- Validité de la pension de retraite complémentaire accordée par le conseil d'administration à son président, ob. cit.*, p. 268.

[26] Merle, Philippe, avec la collaboration de Fauchon Anne, *Droit Commercial, Sociétés Commerciales*, 9.ª ed, Dalloz, Paris, 2003, p. 493.

[27] Citado no âmbito do nosso primeiro ponto de reflexão, na nota (4).

[28] In http://www.jurisweb.com/legislacion/mercantil/L.S.A..htm.

tes al cargo de administrador"[29]. Podemos incluir aqui a pensão e complemento de reforma. O autor enuncia algumas categorias que se podem considerar integrantes de *retribución* como o salário, a entrega de acções, os planos e fundos de pensões, o seguro de vida ou de responsabilidade civil. Todavia, ressalva o facto de tal lista ser meramente exemplificativa e não taxativa; *sin afán de exhaustividad*[30].

Embora possamos incluir a espécie pensões e complementos de reforma no género *retribución* (devido à margem de manobra que a própria lei consagra), a lei espanhola diferencia-se do Direito alemão e francês na medida em que não basta uma deliberação do órgão social competente, pois vigora para toda e qualquer modalidade de *retribución* o princípio "de previsión estatutária". Qualquer atribuição que não conste do pacto social é nula: "ni siquiera la Junta General en su condición de órgano de voluntad soberano puede convalidar o ratificar retribuciónes no previstas estatutariamente"[31/32].

Nos ordenamentos jurídicos de países anglófonos, nomeadamente no Reino Unido (RU) e nos Estados Unidos (EUA), do mesmo modo que sucede para os ordenamentos de direito continental analisados, conclui-se pela integração das pensões de reforma e complementos desta na remuneração propriamente dita dos administradores. São várias as regras jurídicas e recomendações nos códigos de boa prática de *corporate governance* que apontam neste sentido e também a doutrina parece dar o seu apoio a esta tese.

No Reino Unido (RU) está expressamente previsto no *Companies Act* de 2006 a possibilidade de atribuição de pensões de reforma aos administradores (*section 215(1)*[33]) e que para tal não é necessária a aprovação dos sócios por deliberação sua quando o pagamento é atribuído de boa

---

[29] García, Manuel Antonio Domínguez, *Retribución de los Administradores de las Sociedades Cotizadas» in Derecho de Sociedades Anónimas Cotizadas (Estructura de Govierno y Mercados)*, Tomo II, primera edición, Editorial Aranzadi, 2006, p. 1065.

[30] *Ibidem*

[31] *Id.*, p.1068.

[32] Encontramos uma outra manifestação do conceito amplo de *retribución* no *Informe de la comisión especial para el formato de la transparencia y seguridad en los mercados y en las sociedades cotizadas*, Relatório Aldama de 8 de Janeiro de 2003: "En todo caso, se recomienda que la remuneración y el coste total de la alta dirección [...] junto com el número y identificación de los cargos que lo componen, se inclua, conjuntamente, en el informe anual, desglosando los conceptos a que corresponden: (...) fondos de pensiones" In http://www.cnmv.es/Portal_Documentos/Publicaciones/CodigoGov/INFORMEFINAL.PDF.

[33] Lê-se na alínea c) deste parágrafo: *payment for loss of office, means a payment made to a director or past director of a company as consideration for or in connection with his retirement from office as a director of the company.*

fé (*section 220(1)*[34])[35]. Esta possibilidade encontra-se igualmente prevista na *section 23(1)(b)* do *Companies (Model Articles) Regulations* de 2008 para as sociedades anónimas registadas depois de 1/10/2009 e no *Table A* do *Companies Act* 1985 (parágrafo 83) que ainda vale para as constituídas anteriormente a 2009.[36] Já no direito estadunidense encontramos previsões equivalentes no *Code of Federal Regulation, 17CFR 229.404 (h)* e no *Delaware General Corporation Law*, parágrafo 122 (15).[37]

Quanto à natureza deste direitos, através da leitura das disposições mencionadas é possível concluir que eles são parte componente da remuneração. Tanto no direito britânico como no direito estabelecido nos Estados Unidos encontramos menções expressas neste sentido[38].

Como explicam Andreas Cahn e David C. Donald, a remuneração é um instrumento de boa governação das sociedades, pois através dela podem ser criados verdadeiros incentivos para a Administração (especialmente para administradores executivos), o que em princípio trará vantagens à própria sociedade. Esta ideia revela-se particularmente relevante para tipos de remuneração que têm como único objectivo a retribuição da *performance* dos administradores.[39] Daí que, para atingir estes benefícios, a sociedade adopte um esquema de renumeração que integre elementos da mais variada natureza – *cash salary, cash bonuses, loans, stock, stock options and retirement plans, in any mixture of short term, medium and*

---

[34] *Approval is not required (...) for a payment made in good faith by way of pension in respect of past services.* In http://www.legislation.gov.uk/ukpga/2006/46/contents.

[35] Como veremos *infra*, a ausência de pronúncia dos sócios justifica-se porque tanto no Reino Unido como nos Estados Unidos as pensões de reforma são parte componente da remuneração que, é normalmente atribuída pelo próprio Conselho de Administração.

[36] Este último foi citado *supra* na nota (8) e o primeiro irá ser citado seguidamente.

[37] O primeiro tem como título *pension benefits* e o segundo refere que em todos os tipos societários podem ser pagos aos administradores *pensions* e *retirement benefits*.

[38] Veja-se o *Companies (Model Articles) Regulations* de 2008, *section 23(1)(b)*: *a directors remuneration (...) may include any arrangements in connection with payment of a pension, allowance or gratuity, or any death, sickness or disability benefits, to or in respect of that director*. Da informação sobre a remuneração dos administradores fazem parte os *payments for loss of office* e os *benefits, in respect of past services*. Veja-se o *Companies Act 2006 section 412(2)(c)(d)* no caso do Reino Unido e o *Code of Federal Regulations* parágrafo 229.402(c)(ix)(D) no caso dos EUA (*such compensation must include (...) the amount paid or accrued to any named executive officer pursuant to a plan or arrangement in connection with any termination including without limitation through retirement*).

[39] *Comparative Company Law, Text and cases on the Laws Governing Corporations in Germany, the UK and the USA*, Cambridge University Press, 2010, Cambridge, p. 416: "performance-linked compensation can align the interests of management with those of shareholders because a manager whose pay increases in relation to a company's success has an economic incentive to increase such success by her own performance".

long term.[40] Sendo assim, embora as pensões de reforma ou complementos desta só tragam benefícios para a sociedade depois de passado um determinado tempo (mais perto da saída de ofício dos administradores), uma vez que fazem parte das formas de incentivar os administradores, elas são parte integrante da remuneração. Esta tem a ver com tudo aquilo que vise aumentar o interesse societário pela retribuição dos serviços prestados pelos seus administradores.[41]

Entendendo que os direitos atribuídos à luz de planos de pensões e/ou seus complementos, são parte da remuneração, devem seguir o mesmo regime. Assim, também eles são fixados pelo conselho de administração (*board of directors*) como refere o parágrafo 141 (h) do *Delaware General Corporation Law* nos Estados Unidos, e a *section (23)* da *Companies (Model Articles) Regulations, Schedule 3* de 2008 no direito britânico. Para este último é necessário que este poder de fixação conste do pacto social. Porém, em ambos os ordenamentos, sente-se a necessidade de acautelar de uma melhor forma os interesses da sociedade e dos seus sócios, especialmente depois do escândalos do final do século passado relativamente à excessiva remuneração atribuída a administradores. Foram então introduzidas disposições, especialmente para as sociedades cotadas, que determinam a necessidade de a remuneração ser fixada por uma comissão de remuneração composta por administradores não executivos (independentes). Uma vez parte da remuneração, também compete então a esta comissão a determinação das pensões de reforma e complementos destas que a sociedade decidir atribuir a administradores seus (presentes ou passados).

Seguindo mais ou menos as mesmas regras estabelecidas pelo direito alemão, francês e espanhol, os ordenamentos jurídicos dos países anglófonos distanciam-se assim do regime fixado no art. 402.º do CSC. Desde logo porque as pensões de reforma são reguladas pelas mesmas regras que estes ordenamentos estabelecem para a remuneração propriamente dita.

---

[40] *Id.*, p. 418.

[41] Neste sentido, encontramos DAVIES, PAUL L., *Principles of Modern Company Law, 8th Edition*, Sweet & Maxwell, 2010, London, p. 388, que refere que as pensões de reforma são uma forma de avaliar o valor dos administradores, DIGNEM, ALAN e LOWRY JOHN, *Company Law, 6th Edition*, Oxford University Press, 2010, New York, p. 288, que estabelecem a necessidade das pensões de reforma constarem também do relatório anual da remuneração dos administradores, e ENRIQUES, LUCA, HANSMANN, HENRY e KRAAKMEN REINIER, *The Basic Governance Structure: The Interests of Shareholders as a Class*, in *The Anatomy of Corporate Law, A Comparative and Functional Approach 2nd Edition*, Oxford University Press, 2009, New York, p. 55-87, que dão conta de que "the theory, of course, is that optimally-structures pay packages can align the interests of managers with those of shareholders as a class", à luz da análise da estratégia de retribuição".

Nestes ordenamentos, também não se verifica a possibilidade de a AG atribuir pensões ou complementos de reforma. Assim, e devido à análise conseguida, concluímos antecipadamente que não se nos afigura correcto, perante o regime estabelecido no nosso ordenamento jurídico, aceitar a tese da incorporação de pensões de reforma e complementos desta na remuneração *stricto sensu* dos administradores.

Entre nós, quais as tendências doutrinais e jurisprudenciais?

Olhando para a nossa doutrina, Ilídio Duarte Rodrigues[42] defende o carácter *retributivo* das pensões e complementos de reforma.

Em sentido oposto, encontramos João Labareda e Carvalho Fernandes que sustentam o carácter gratuito da atribuição. Os Autores evidenciam que a dificuldade de resposta à questão está no facto de, "no momento da sua prática, ter cessado a relação jurídica que vincula o administrador com a sociedade", tal significando "estar-se em presença de um acto gratuito"[43]. Deste modo, segundo os Autores, "o mais que se poderia entender em função deste intento, era tratar-se de uma denominada liberalidade remuneratória".

Já Ferrer Correia e António Caeiro, em anotação ao ac. da RP, de 23/01/1979, argumentam no sentido de que estes direitos dos administradores não são tanto uma parte componente da remuneração, mas sim *um incentivo a que permaneçam ao serviço da sociedade*[44].

In casu, os Autores pediram, em primeira instância, a anulação de uma deliberação da AG da Ré, António José da Silva-Vinhos, SARL, tomada no dia 22/09/73 a propósito da alteração dos estatutos da mesma SA. Os Autores defendem que as novas cláusulas estatutárias são inválidas. Interessa-nos, em particular, a impugnação dos novos arts. 26.º a 29.º do pacto social, já que atribuem uma pensão de reforma aos seus administradores, uma vez cumpridos determinados requisitos, bem como uma pensão de sobrevivência "aos cônjuges e filhos menores de administradores falecidos"[45]. Os Autores defendem que estas cláusulas seriam atributivas de prestações gratuitas pela sociedade, sem qualquer contrapartida, o

---

[42] DUARTE RODRIGUES, Ilídio *apud* ABREU, Jorge Manuel Coutinho de, *Governação das Sociedades Comerciais, ob. cit.*, p. 96.

[43] FERNANDES, Luís. A Carvalho e LABAREDA, João, *Do regime Jurídico do Direito à Reforma dos Administradores a Cargo das Sociedades anónimas* in RDS, n.os 3 e 4, Ano II, 2010, Almedina, Lisboa, p. 534-535.

[44] CORREIA, A. Ferrer/CAEIRO, António, *Modificações do objecto social e sua especificação nos estatutos; aumento do capital a deliberar pelo conselho de administração; previdência dos administradores, ob. cit.*, p. 267 e ss (incluindo o próprio teor do ac.).

[45] *Id.*, p. 293.

que viola o fim societário. Acordou-se, todavia, na primeira instância e no recurso de apelação, que estas precisas cláusulas eram válidas.

Em anotação ao referido ac., a última doutrina citada defende que o direito a uma pensão ou complemento de reforma configura-se como uma verdadeira contrapartida *em favor de todos os que trabalham, seja qual for a sua condição ou profissão, um incentivo a que permaneçam ao serviço da sociedade*[46]. A concessão destes direitos, cumpridos certos requisitos, não viola o fim societário (art.6.º), porque *a respectiva concessão justifica-se também do ponto de vista do interesse social*[47].

Ainda a nível jurisprudencial, outros exemplos desta divergência são os acs. do STJ de 10/05/2000, de 29/11/2005 e de 01/03/2007 e o ac. da RL de 20/01/2005. Vejamos.

O ac.do STJ de 2000[48] debruçava-se sobre a validade de uma cláusula estatutária da sociedade Ré. Esta cláusula estipulava que a AG podia deliberar sobre a atribuição de uma pensão de reforma aos seus administradores e estabelecer o seu regime. Depois de ser tomada uma deliberação neste sentido favoravelmente ao administrador autor da acção, a sociedade recusou-se a pagar a este a pensão de reforma. Em 1.ª instância, foi decidida a improcedência da acção (invalidade da cláusula) e, consequentemente, após a interposição de recurso pelo administrador autor, a Relação decidiu pela validade da cláusula, revogando a sentença do tribunal de 1.ª instância. De seguida, a sociedade Ré interpôs recurso para o STJ.

Relativamente à questão da natureza da pensão de reforma, que se colocou na apreciação do Supremo para fundamentar a sua decisão de invalidade da cláusula por violação do art. 402.º/4, como irá ser analisado seguidamente, este Tribunal veio dizer que *a concessão de reforma, a cargo de sociedades anónimas traduz(-se) numa atribuição sem contrapartida já que não tem por base um regime de descontos.* Assim, o STJ entendeu que as pensões de reforma não são nem componentes da remuneração dos administradores, nem sequer contrapartida pelo trabalho prestado por estes à sociedade. Posição que este Tribunal adoptou de novo no ac., de 29/11/2005[49], fazendo uma remissão para a doutrina anteriormente estabelecida em 2000.

Diferentemente, o ac. da RL de 20/01/2005[50], sob a análise da validade de uma cláusula do contrato social de uma sociedade anónima, veio

---

[46] *Ibidem*
[47] *Ibidem*
[48] In CJ-STJ, Ano VIII, 2000.
[49] In CJ-STJ, Ano XIII, T. III/ 2005.
[50] In CJ n.º 180, Ano XXX, Tomo 1/2005.

concluir que "a atribuição da pensão de reforma não colide com o escopo das sociedades comerciais, não é um acto gratuito – é do interesse da sociedade, pela influência que a compensação por um longo período de dedicação pode ter no exercício do cargo". Tal como Ferrer Correia e António Caeiro[51], antes da entrada em vigor do CSC, a Relação defendeu que, embora a pensão de reforma não seja uma parte integrante da remuneração, ela tem porém uma natureza de contraprestação, pois a sociedade atribui ao administrador tal prestação como uma vantagem pelo facto de ele se ter dedicado à sociedade. A atribuição deste tipo de vantagens também pode ser vista como um incentivo aos administradores para que continuem a prestar serviço à sociedade, acabando a concessão de pensões de reforma por influenciar positivamente o interesse social. Este Tribunal afirmou que, pelo facto de ser uma contrapartida por serviços dos quais a sociedade retirou vantagens, as pensões de reforma não vão contra o escopo lucrativo da sociedade previsto no art. 6.º CSC, não se integrando no âmbito das liberalidades aqui mencionadas, uma vez que não apresentam natureza gratuita.

Já o ac. do STJ de 01/03/2007[52] parece ir no sentido de que as pensões e complementos de reforma são parte integrante da remuneração, já que que vem aplicar a estas o art. 399.º/1 do CSC, admitindo que também para os direitos previstos no art. 402.º do CSC a assembleia geral possa nomear uma comissão para a fixação do montante de pensões e complementos de reforma. O STJ vem fundamentar a sua decisão dizendo que "quando o texto fala em remunerações no plural, abarca as várias formas de retribuição em que se inclui o direito a reforma e a complementos da mesma, previstos no art. 402.º do CSC".

Neste caso, um ex-administrador intentou acção na 15.ª Vara Cível de Lisboa, pedindo a condenação do Banco CC ao pagamento de prestações devidas a título de pensões complementares de reforma, as quais lhe tinham sido atribuídas por uma comissão de vencimentos designada pela AG na aprovação do regulamento de execução ao abrigo do art. 402.º/4 do CSC. Porque a comissão veio seguidamente revogar o direito ao complemento de reforma, o administrador alegou que essa revogação não poderia ser válida porque não lhe era aplicável o art. 399.º/1 do CSC, carecendo assim de um novo acto de delegação de poderes para que a Comissão pudesse efectivamente revogar o seu direito.

---

[51] Ver nota 1, p. 1.
[52] In http://www.dgsi.pt/jstj.nsf/954f0ce6ad9dd8b980256b5f003fa814/6e95c6d6aa8fead38025729100531d97?OpenDocument.

Independentemente das divergências que foram expostas, deve concluir-se que as pensões de reforma e os complementos de pensões de reforma não são componentes da remuneração, porque se fossem, o legislador não teria previsto expressamente que elas têm de constar dos estatutos da sociedade, bastando-se e apenas, com a atribuição destas por deliberação da AG (ou do CGS nas SA de tipo dualístico, art. 429.º do CSC), como já estabelece para a remuneração propriamente dita no art. 399.º/1 do CSC, e como, aliás, sucede na doutrina e legislação alemã e francesa. O art. 399.º regula a remuneração dos administradores e o art. 402.º, diferentemente e isoladamente, disciplina as pensões e complementos de reforma. Apesar de termos uma disposição sistematicamente diferenciada no CSC, o legislador português não quis incluir num preceito único as disposições referentes a estes temas, ao contrário do legislador alemão que reuniu o direito à remuneração e o direito à pensão e complementos no §87.

Contudo, não se deve negar a relação de proximidade entre as pensões de reforma e a remuneração. Esta proximidade é revelada pela Recomendação da Comissão relativa ao regime de remuneração dos administradores de 2004, pelos *Principles of Good Governance da OCDE*, também de 2004, e pelo Código de Governação das Sociedades da CMVM de 2010, porque incluem as pensões de reforma e complementos desta na divulgação ou publicação da remuneração de cada administrador.[53] Seguindo J. M. Coutinho de Abreu, as pensões de reforma e os complementos de pensões são "prestações pecuniárias a cargo da sociedade e que apare-

---

[53] A Recomendação da Comissão, no n.º 3.3,e), refere que da declaração relativa à política de remuneração dos administradores devem constar as características dos regimes de pensões de reforma e no n.º 5.5 que as pensões de reforma e complementos de pensões devem ser incluídas na divulgação de remuneração específica de cada administrador.
In http://eur-lex.europa.eu/LexUriServ/LexUriServ.do?uri=OJ:L:2004:385:0055:0059:PT:PDF.
O capítulo V da parte 1.ª dos Princípios da OCDE refere que se incluem na publicação sobre a remuneração dos administradores as pensões de reforma (*retirement provisions*).
In http://www.oecd.org/dataoecd/32/18/31557724.pdf.
O ponto II.1.5.4. Do Código da CMVM dispõe que *devem ser aprovadas em assembleia geral as principais características do sistema de benefício de reforma.*
In http://www.cmvm.pt/CMVM/Recomendacao/Recomendacoes/Documents/Codigode-GovernodasSociedadesCMVM2010.pdf.
Esta conexão é também afirmada por ABREU, J. M. Coutinho de, *Governação das Sociedades Comerciais, ob. cit.*, p. 97: "mas é certo que são conexas desta", e também "matéria conexa à das remunerações dos administradores é a das pensões de reforma e complementos de reforma por velhice ou invalidez pagas pela sociedade", ABREU, J. M. Coutinho de, *Corporate Governance em Portugal,* in Instituto de Direito das Empresas e do Trabalho, Miscelâneas, n.º 6, Almedina, 2010.

cem, em maior ou menor medida (...) como contrapartida do trabalho prestado pelo administrador"[54]. Conclui-se, portanto, pelo carácter contra-prestacional destes direitos, tal como já reconhecido pela RL no ac. 20/01/2005.

3. O papel do Regulamento de execução previsto no art. 402.º, n.º 4

Um outro aspecto do regime de atribuição de pensões de reforma e complementos de reforma que tem suscitado algumas dúvidas, encontramo-lo na norma constante do art. 402.º/4 do CSC. Como já referido, este preceito estabelece que a atribuição de pensão de reforma ou de complementos desta, devem ser objecto de regulamento de execução, aprovado em AG. Pergunta-se, nomeadamente na jurisprudência e no contexto do apuramento da validade das cláusulas estatutárias que admitam tais tipos de vantagens (art. 402.º/1), se as mesmas têm, também, de estabelecer os aspectos do seu regime – quem são os beneficiários, quais os requisitos para receber tal vantagem, quais os limites mínimos e máximos do montante da pensão ou do complemento – ou se basta que elas mencionem a possibilidade destas vantagens virem a ser atribuídas aos administradores pela AG, competindo assim ao regulamento de execução o estabelecimento destas questões mais particulares. Qual o *conteúdo mínimo necessário da estipulação convencional dos sócios ao consagrar o direito à reforma*[55]? De acordo com a resposta que dermos a estas interrogações, o sentido do art. 402.º/4 será diferente.

Esta questão colocou-se no já referido ac. do STJ (10/05/2000), tendo este decidido que "é inválida uma cláusula do contrato de sociedade que apenas preveja a possibilidade de o regime de reforma vir a ser criado, em qualquer altura, pela assembleia geral", exigindo desta forma que tal cláusula tenha de prever o regime em particular, sob pena de ser inválida. Este regime, segundo o Supremo, tem de compreender não apenas os requisitos necessários que têm de estar preenchidos para a atribuição de pensão de reforma, como também quem são os beneficiários e os limites mínimos e máximos do montante desta.

Neste caso, discutiu-se a validade da seguinte cláusula do contrato social da sociedade ré: "a assembleia geral pode, em qualquer altura, conceder o direito de reforma aos membros do conselho de administração,

---

[54] Abreu, J. M. Coutinho de, *Governação das Sociedades Comerciais, ob. cit.*, p. 97.
[55] Fernandes, Luís. A Carvalho e Labareda, João, *Do Regime Jurídico do Direito à Reforma dos Administradores a Cargo das Sociedades Anónimas, ob. cit.*, p. 543.

estabelecendo o seu regime". A partir desta cláusula, a AG decidiu atribuir uma pensão vitalícia aos administradores que atingissem os 65 anos de idade. Foi também deliberado que esta decisão tinha efeitos retroactivos, aplicando-se aos administradores originários da sociedade (estes também tinham direito a receber uma pensão de reforma do tipo consagrado nos estatutos). O administrador autor, que tinha sido administrador originário, depois de se ter dirigido à sociedade para que esta lhe prestasse a pensão a que tinha direito e de não ter tido sucesso na respectiva pretensão, intentou uma acção em tribunal, pedindo a condenação da sociedade na prestação dessa vantagem.

A decisão do Supremo foi fundamentada através de uma interpretação literal do art. 402.º/4 do CSC, pois este apenas se refere à competência da assembleia geral para aprovar o regulamento. Aliás, o STJ sublinha a expressa menção ao *regime* no n.º 1 do art. 402.º e ao peso patrimonial que envolve a atribuição deste direito. Segundo este Tribunal, "faz estas exigências (formais e substanciais) por a concessão de reforma, a cargo das sociedades anónimas, se traduzir numa atribuição sem contrapartida (…) por criar um encargo para a sociedade"[56].

Assim, o STJ decidiu pela nulidade da cláusula que atribuiu esta competência à AG por violar o art. 402.º/1, pois a cláusula não continha qualquer regime exigido neste preceito legal. A deliberação que atribuiu a pensão de reforma era então nula, pois a AG deliberou sobre uma matéria fora das suas competências (de acordo com o art. 56.º/1, c), d), do CSC).[57] *In casu*, o STJ acordou em revogar a decisão proferida no tribunal da Relação, dando razão à sentença proferida na primeira instância.

Retira-se desta decisão que é ao contrato social que cabe não apenas a previsão da atribuição de pensões de reforma, mas também a definição do regime desta, restando ao regulamento executar o regime previamente previsto.

Sentido diferente se retira do também já mencionado ac. da RL (20/01/2005). Embora não se tenha debruçado especificamente sobre este ponto, considerou válida a seguinte cláusula estatutária: "a assembleia geral poderá, se o entender, conceder a aposentação a qualquer administrador que, tendo, pelo menos, trinta anos de serviço, não tenha atingido os sessenta e cinco anos de idade". Mesmo estando previstos alguns dos requisitos necessários para que os administradores pudessem beneficiar

---

[56] Citado do ac.

[57] No mesmo sentido, Cordeiro, António Menezes, *Código das Sociedades Comerciais Anotado, ob. cit.*, p. 983: "não é válida a cláusula estatutária que se limita a prever que a assembleia geral crie, em qualquer altura, um regime de reforma".

da reforma, ao contrário do que exigia o acórdão do STJ, não se exigiu qualquer outro tipo de particularidade no contrato social. Desta forma, podemos concluir que a RL foi no sentido de que as cláusulas estatutárias apenas podem prever a concessão de pensões de reforma e complementos de reforma, deixando para o regulamento de execução as particularidades do seu regime. Esta decisão foi confirmada pelo STJ no âmbito do recurso interposto pela sociedade ré no ac. de 29/11/2005.

No ac. da RL também foram discutidas outras questões relevantes. Algumas destas questões foram trazidas à colação pelo facto de haver uma relação de grupo da qual fazia parte a sociedade Ré.

O administrador Autor da acção tinha começado a trabalhar para a sociedade E. Pinto Basto, Lda em 1961, tornando-se gestor da mesma em 1980. Em 1988, esta sociedade passou a ser E. Pinto Bastos, SA, do qual o autor foi administrador de 1988 a 1991 (primeira nomeação) e de 1992-1993 (segunda nomeação). O autor também foi administrador da Pinto Basto Serviços, SA de 1988 a 1993, sociedade que passou a deter a quase totalidade (86,57%) da E. Pinto Bastos, SA. Por deliberação da Pinto Bastos Serviços, SA, foi atribuída uma pensão de reforma ao administrador autor, que seria assumida pela Pinto Basto, Investimento Imobiliários, Lda (sociedade Ré), pois nessa mesma AG se deliberou a favor da dissolução da Pinto Bastos Serviços, SA. Deixando de receber a pensão, o administrador intentou uma acção em tribunal pedindo a condenação da Pinto Basto, Investimento Imobiliários, Lda no pagamento da mesma.

Um dos argumentos da Ré foi de que a cláusula do contrato de sociedade era inválida por atribuir pensões de reforma a administradores com menos de 65 anos de idade. Tanto em 1.ª instância como na Relação, entendeu-se ser admissível a concessão de reformas a administradores com idade inferior, pois qualificaram a questão como um regime especial de reforma, o que era perfeitamente legítimo, uma vez que não estava em causa um beneficiário do regime geral da segurança social. No ac. *supra* mencionado, que decidiu sobre o recurso da decisão da RL interposta pela sociedade, também o STJ veio admitir o cúmulo da reforma do regime da Segurança Social com aquelas atribuídas aos administradores e a cargo da sociedade onde prestaram serviços.

As instâncias não concordaram quanto ao segundo argumento apontado pela sociedade Ré, o qual se traduziu na alegação de que o administrador não tinha cumprido o prazo dos 10 anos de administração exigidos num dos pontos da cláusula que atribuía o direito à reforma, pois este só exerceu funções de administração na Pinto Bastos Serviços, SA durante 6 anos. A RL entendeu diferentemente da 1.ª instância. Esta entendeu que tinha obrigatoriamente de se aplicar o prazo de 10 anos de administração, enquanto que a RL, interpretando a cláusula de acordo com as regras gerais do Código Civil, arts. 236.º e 238.º, fez prevalecer o pressuposto dos 30 anos de serviço, estando este preenchido pelo administrador Autor.

Finalmente, o tribunal de 1.ª instância considerou que a pretensão do Autor seria frustrada porque se aplicava o art. 402.º/3 do CSC, pois, após a dissolução a sociedade, esta extinguiu-se, tal como o direito à reforma. Este argumento, porém, não foi tido em conta pelo Tribunal de Relação, que interpretou a assunção da prestação pela sociedade, ora Ré, como tendo sido fundada na própria dissolução da sociedade – foi pelo facto de esta se dissolver que foi acordada a assunção de dívida. Esta decisão foi, no entanto, revogada pelo STJ no ac. de 29/11/2005 pois entendeu este Tribunal que houve verdadeiramente, uma extinção do direito à reforma segundo o art. 402.º/3 do CSC, dando razão à sociedade ré: "com a dissolução da sociedade 'Serviços', que era a sociedade dominante, dá-se o termo da relação de grupo entre ela e a sociedade dominada: art. 489,.º/4,b), do CSC". Assim findam também as instruções dadas anteriormente pela sociedade dominante de pagar a pensão de reforma ao administrador – o STJ considerou que havia uma verdadeira instrução de pagar dada pela sociedade dominante e não uma assunção de dívida.

A nível doutrinal, Carvalho Fernandes, João Labareda e Paulo Olavo Cunha aceitam esta posição. Os primeiros defendem que "o carácter excepcional da prática de regimes de reforma, no contexto da actividade social, e a natureza dos interesses com que tal prática colide só podem justificar a solução de o contrato social não se limitar à pura e simples estipulação da admissibilidade da prestação pela sociedade, e a seu cargo, de reforma dos administradores"[58]. Isto porque, em relação à natureza das pensões de reforma estes Autores vêm dizer que estas são uma *liberalidade remuneratória*, identificando-as como um acto gratuito porque são atribuídas depois de já ter cessado a relação entre o administrador e a sociedade, não havendo, portanto, qualquer contrapartida para a sociedade.

Assim sendo, a atribuição destes direitos só não é contrário ao fim lucrativo das sociedades comerciais consagrado nos arts. 6.º do CSC e 980.º do Código Civil, porque estão expressamente previstos na lei. Desta forma, só estará de acordo com a lei que seja a própria cláusula estatutária a estipular o regime de atribuição de pensão de reforma. Esta tem de determinar os aspectos de base, tais como quem são os destinatários, os pressupostos da concessão, os limites mínimos e máximos e as eventuais condições de cessação da obrigação da sociedade. Ao regulamento pre-

---

[58] Fernandes, Luís A. Carvalho e Labareda, João, *Do Regime Jurídico do Direito à Reforma dos Administradores a Cargo das Sociedades Anónimas, ob. cit.*, p. 544.

visto no n.º 4 do art. 402.º do CSC fica o desenvolvimento destas bases, estabelecendo, por exemplo, os meios de pagamento. De acordo com esta doutrina, se e a cláusula estatutária não previr o regime nos termos expostos, ela será ineficaz.

Para Paulo Olavo Cunha, a decisão tomada pelo STJ no ac. de 2000 também é louvável uma vez que a consagração no próprio contrato de sociedade resulta da própria letra do preceito do art. 402.º/1 do CSC – "o contrato de sociedade pode estabelecer um regime de reforma" – e que assim se afasta, "toda e qualquer intervenção dos administradores na criação e regulamentação do regime de reforma"[59]. Este Autor também fala do facto de a atribuição deste direitos ser excepcional, mas por razão diferente daquela defendida por Carvalho Fernandes e João Labareda. O carácter excepcional resulta do facto de a lei não prever quaisquer direitos para outros tipos de sociedade, pois a possibilidade de atribuir pensões de reforma aos administradores da sociedade anónima resulta da dimensão destas sociedades[60/61].

J. M. Coutinho de Abreu pronuncia-se num sentido oposto (mais próximo do que foi dito acerca do ac. da RL).

Na perspectiva do Autor, *o estatuto (pode, mas) não tem de conter toda essa disciplina das reformas*[62] e isso por múltiplas razões.

Em primeiro lugar, se entendermos que a lei comercial impõe que seja o contrato social a estabelecer todo o regime da reforma, o que sobraria para o seu regulamento de execução?

Em segundo lugar, sabemos que o art. 402.º/4 exige que o regulamento de execução seja aprovado por deliberação da AG ou CGS. Ora, esse regulamento servirá para a execução não só do estatuído no art. 402.º/1, mas também do estatuído nos n.ºs 2 e 3 que não mencionam o regime de complementos de pensões de reforma e o regime do contrato de seguro (o que se anuncia como uma contra-crítica ao argumento defendido pela jurisprudência do STJ que se apoiava sobretudo no facto de que o art. 402.º/1 falar em regime, reservando a competência da sua regulação ao contrato de sociedade e não à AG).

J. M. Coutinho de Abreu conclui que, no art. 402.º/1,2,3, exige-se, tão só, a previsão estatutária da possibilidade de a AG (ou CGS) vir a conceder

---

[59] Cunha, Paulo Olavo, *Direito das Sociedades Comerciais, ob. cit.*, p. 797.

[60] Contrariamente ao que foi defendido *supra* parece que o Autor não admite a aplicação analógica, do art. 402.º do CSC aos demais tipos societários.

[61] Abílio Neto tende, manifestamente, pela posição adoptada pelo STJ – Neto, Abílio, *Código Comercial, Código das Sociedades Comerciais, legislação complementar anotados*, 15.ª ed., Edições Jurídicas, Lda, Abril 2002, p. 727.

[62] Abreu, J. M. Coutinho de, *Governação das Sociedades Comerciais, ob. cit.*, p. 98.

estes direitos, por deliberação. Logo, se essa autorização não constar dos estatutos, os administradores não podem obter esses direitos por mera deliberação[63].

Neste sentido, o art. 402.º revela um aspecto particular do nosso Direito Comercial, por contraposição à lei alemã e à lei francesa. Nestes ordenamentos jurídicos, entende-se que a pensão de reforma é parte integrante da remuneração dos administradores. Logo, para a sua atribuição, não será sequer necessária qualquer previsão estatutária. Bastará cumprir os requisitos gerais da atribuição da remuneração dos membros do conselho de administração ou direcção.

Segundo o Autor, o regulamento de execução não deve ser entendido de modo restritivo *como norma crassamente interpretativa e/ou procedimental; pode ser integrativo, complementar ou mesmo "independente"* [64]. O Autor citado remete-nos para uma reflexão sua efectuada a partir do regulamento administrativo e da sua relação com a lei. Vejamos no que consistem os vários tipos de regulamentos administrativos, adaptando-os ao mundo comercial.

O Autor menciona, na sua obra, o Professor Queiró, que distingue o regulamento meramente interpretativo do regulamento integrativo. No primeiro, o objectivo está em garantir a boa execução de uma lei (no nosso caso, de uma cláusula do pacto social) que se revela obscura ou dita lacunosa. No segundo, o regulamento teria uma função de verdadeira integração de lacunas "anunciando os pormenores e minúcias do regime que o legislador involuntariamente omitiu"[65]. Aliás J. M. Coutinho de Abreu enuncia as duas funções do regulamento administrativo: "estabelecer regras orgânico-processuais para aplicação ou actuação dos preceitos legais; e explicitar técnico-cientificamente os pressupostos de facto previstos nas leis"[66]. No primeiro caso, o regulamento define o procedimento e a organização do que já está definido na lei (no nosso caso, no contrato de sociedade); no segundo caso, ele já especifica os "pressupostos de facto contidos nas leis"[67] (ou, no âmbito da nossa análise, no pacto social). Para além destas duas funções do regulamento, fala-se em regulamento independente; "estes já não recebem das leis determinados conteúdos-disciplinas para regulamentar, antes são eles que estabelecem, originaria-

---

[63] *Id.*, p. 98: "estes não têm direito às respectivas pensões se tal não estiver previsto estatutariamente; esse direito não pode ser atribuído simplesmente por deliberação dos sócios".
[64] *Id.*, p. 98-99.
[65] ABREU, J. M. Coutinho de, *Sobre os Regulamentos Administrativos e o Princípio da Legalidade*, Almedina, Coimbra, 1987, p. 52.
[66] *Id.*, p. 58.
[67] *Id.*, p. 59.

mente e com amplos poderes de conformação material, o regime, a disciplina de certas relações jurídicas"[68].

Aplicamos estas noções e funções do regulamento administrativo para o regulamento de execução do art. 402.º/4 do CSC. A AG ou o CGS poderão aprovar um regulamento que não se reduza a interpretar o já enunciado e explicitado exaustivamente no pacto social. Poderão estabelecer regras de organização e de procedimento para tornar aplicável e concretizar o estipulado no contrato de sociedade. Poderão explicitar, de modo mais aprofundado, os "pressupostos de facto" já contidos no pacto, mas é-lhe sobretudo possível determinar a disciplina completa mencionada no contrato que se reduz a estabelecer a "competência objectiva e subjectiva"[69/70].

Portanto, concluímos que a cláusula estatutária que atribui o direito aos administradores da sociedade de virem a adquirir uma pensão de reforma ou complemento de pensão de reforma não tem que conter todo o regime da reforma. O que se deve retirar do art. 402.º/1 do CSC é que o estatuto tem de prever a atribuição dessas vantagens – o direito de receber tais prestações não pode ser criado apenas por deliberação dos sócios. "A segurança jurídica (quanto a saber se há ou não direito a pensão) e a igualdade dos administradores perante a disciplina das pensões são satisfeitos se o estatuto social se limitar à previsão do direito e o regulamento de execução estabelecer, de modo geral e abstracto, o regime propriamente dito do direito."[71] Só nos casos em que não houver regulamento de execução é que a cláusula estatutária tem de prever o regime propriamente dito da reforma. Assim sendo, uma deliberação que atribua tais direitos aos administradores será anulável de acordo com o art. 58.º/1, a) ou 445.º/2 e 411.º/3 do CSC (para as deliberações do conselho geral e de supervisão nas sociedades de tipo dualístico), por não haver qualquer regime previamente estabelecido.

João Labareda e Carvalho Fernandes prenunciam-se numa perspectiva inversa, em crítica à argumentação de J. M. Coutinho de Abreu que seguimos.

Se estamos perante uma norma jurídica imperativa, porque excepcional, e que visa a protecção de interesses de terceiros de grande relevo, então

---

[68] *Id.*, p. 78.

[69] *Ibidem.*

[70] Competência subjectiva: só a AG ou conselho geral e de supervisão é que podem deliberar; competência objectiva: sobre o regime das pensões e complementos de reforma.

[71] ABREU, J. M. Coutinho de, *Governação das Sociedades Comerciais, ob. cit.*, p. 99.

Estudo sobre a atribuição de pensões e complementos de reforma aos administradores...

a intenção do legislador só poderá ir no sentido de exigir que do pacto social constem as "bases gerais" destas regalias dos administradores.[72].

Assim, os Autores mencionam, a título exemplificativo, alguns elementos que os estatutos deverão conter para estar cumprida a norma legal em causa, como a duração do mandato, o tipo e conteúdo da pensão, os critérios "pré-determinados" da sua atribuição, os métodos de cálculo, os requisitos de cessação da obrigação da sociedade, entre outros.

Surge-nos, então, uma dúvida: qual a *ratio* do n.º 4 do art. 402.º quando se tende para esta interpretação do seu n.º 1? Como distinguir o *regime das pensões* do *regulamento de execução*?

À luz do pensamento dos dois Autores referidos, "o regulamento desenvolverá, concretizará essas bases e determinará os procedimentos de execução, adequados a cumpri-las"[73]. Ou seja, o facto de se entender que a lei comercial não permite a mera previsão – autorização estatutária não aniquila a "função regulamentar que o n.º4 do artigo 402.º reconhece à assembleia geral"[74].

Os Autores criticam a opinião de J. M. Coutinho de Abreu em dois aspectos. Em primeiro lugar, este Autor realça o facto de o valor da segurança jurídica estar assegurado com a mera previsão estatutária das regalias discutidas. Ora, segundo João Labareda e Carvalho Fernandes, este valor só será acautelado no caso de se garantir o conhecimento do conteúdo do direito do administrador[75]. Em segundo lugar, J. M. Coutinho de Abreu põe em causa a utilidade do regulamento quando se entende que é legalmente exigida a estipulação contratual do regime das regalias discutidas. Face a este argumento, João Labareda e Carvalho Fernandes justificam que temos "a exemplificação acima feita do que é *reservado* ao contrato e *deixado* ao regulamento"[76].

No caso de se verificar uma cláusula estatutária meramente permissiva, estes dois Autores colocam duas hipóteses: a nulidade por violação de norma imperativa ou a ineficácia em sentido técnico, em paralelismo com o art.16.º, n.º2 do CSC[77].

---

[72] *Id.*, p. 544: "o carácter excepcional da prática de regimes de reforma [...] e a natureza dos interesses com que tal prática colide só podem justificar a solução de o contrato social não se limitar à pura e simples estipulação da admissibilidade da prestação pela sociedade e a seu cargo, de reforma aos administradores".

[73] *Ibidem*

[74] *Id.*, p. 545.

[75] FERNANDES, Luís. A. Carvalho e LABAREDA, João, *Do Regime Jurídico do Direito à Reforma dos Administradores a Cargo das Sociedades Anónimas, ob.cit.*, p. 545.

[76] *Id.*, p. 544.

[77] *Id.*, p. 546.

Quanto a este ponto, criticamos a reflexão de João Labareda e Carvalho Fernandes. Como poderemos entender que as funções do contrato social e do regulamento de execução são perfeitamente distinguíveis quando se exige que as *bases gerais* do pacto envolvam critérios sobre o cálculo da pensão, sobre a sua atribuição e cessação? Em nossa opinião, aderindo a tal interpretação do preceito legal, estaríamos a esvaziar o sentido do seu n.º 4, sendo que o regulamento de execução deixaria de ter qualquer utilidade prática. Os elementos que restariam para o regulamento não têm qualquer interesse para terceiros, pois não envolvem problematicidade, o que se confirma nos litígios discutidos *supra*. Por exemplo, põe-se em causa na jurisprudência o direito atribuído, os critérios de atribuição, mas já não os modos de cálculo ou limites.

Concordamos com o defendido por J. M. Coutinho de Abreu, até porque nos parece totalmente ajustado entender que os valores da segurança jurídica e da igualdade dos administradores estão assegurados com esta interpretação da lei comercial. Em nossa opinião, a falta de segurança jurídica suscitada por João Labareda e Carvalho Fernandes não tem justificação e é insuficiente. Através da mera previsão estatutária, porque nunca prescindimos de um regulamento – enquanto condição *sine qua non* – que explique e pormenorize o regime propriamente dito destas regalias, julgamos respeitar o valor posto em causa. Quem tiver interesse em averiguar o conteúdo dos direitos atribuídos especificamente aos administradores fica advertido da sua hipotética existência através do estatuto, o que o irá encaminhar para a consulta do regulamento. Não encontramos razões para ser mais exigente.

Se seguíssemos a doutrina de João Labareda e Carvalho Fernandes, cada vez que um dos aspectos das *bases gerais* quisesse ser alterado, teria de se proceder a uma alteração do contrato social que, em certos casos, se demonstra impraticável. A título exemplificativo, se o pacto devesse conter os possíveis destinatários das pensões, só pelo facto de surgirem novos administradores na sociedade, teria de se adoptar um processo mais rigoroso, ou seja, um quórum deliberativo de 2/3 dos votos emitidos (art. 386.º/3). Este processo não se justifica para este tipo de questões, pois a alteração do contrato social exige esta maioria qualificada devido ao peso das matérias envolvidas, por exemplo em caso de aumento de capital ou alteração da firma (art. 9.º, n.º 1/c e /f).

Aliás, lembramos que os dois Autores partem de uma premissa diferente em relação à natureza das pensões e complementos de reforma. Se os mesmos defendem o seu carácter gratuito e daí a necessidade das "bases gerais" constarem da cláusula estatutária, o mesmo já não se pode dizer relativamente à nossa tomada de posição apoiada em J. M. Coutinho de

Abreu, que realça a especial conexão entre a pensão e complemento de reforma e a remuneração dos administradores, pondo de parte a natureza gratuita.

4. O impacto do art.402.º do CSC na realidade empresarial

Os problemas jurídicos relativos ao regime das pensões e complementos de reforma foram, até então, tratados em termos doutrinais e jurisprudenciais. Todavia, porque o Direito tem por teleologia, a resolução de conflitos de interesses existentes numa sociedade, urge analisar detalhadamente, qual o reflexo do discutido *supra* na realidade empresarial actual. Qual será o *modus operandi* escolhido pelas várias sociedades comerciais em Portugal? Encontraremos na prática, sociedades que optam pela autorização estatutária e pela "delegação" do poder de regulação específica do regime das pensões e complementos de reforma à AG?

Nesta óptica, localizamos quatro sociedades anónimas cujos estatutos mencionam o direito dos seus administradores a uma reforma ou complemento da mesma; o Banco Espírito Santo, SA, (BES) a SEMAPA-Sociedade de Investimento e Gestão, SGPS, SA, a Jerónimo Martins, SGPS, SA e o Banco Comercial Português, SA (BCP). Vejamos cada uma de *per si* e tentemos adaptar cada caso ao já discutido e às nossas tomadas de posições.

Começemos pelo BES. Constatamos que a sociedade anónima em causa adoptou o sistema de governação de tipo monístico (art. 10.º/1,2,3, do seu contrato social e art. 278.º/1,b), do CSC). O art. 25.º do pacto prevê a possibilidade de atribuir uma pensão ou complemento de reforma aos seus administradores, desde que tenham sido membros da comissão executiva e "nos termos aprovados em regulamento da assembleia geral".

No caso *sub judice*, temos, de facto, um contrato social que prevê o direito dos administradores e que delega a fixação do seu regime à AG. Aplica-se o disposto no art. 402.º e respeita-se ou não a norma comercial de acordo com a posição doutrinal que apoiamos? Segundo João Labareda e Carvalho Fernandes, "o contrato social não pode, pura e simplesmente, consagrar o direito dos administradores à reforma"[78]. Assim, o art. 25.º deveria pelo menos indicar o tipo de pensão ou complemento de reforma, o seu limite máximo e mínimo, os possíveis destinatários, um maior número de critérios identificadores e os pressupostos de facto que o administrador deve manifestar para atingir estas regalias que, até lá, são

---

[78] FERNANDES, Luís. A. Carvalho e LABAREDA, João, *Do Regime Jurídico do Direito à Reforma dos Administradores a Cargo das Sociedades Anónimas, ob. cit.*, p. 545.

meras expectativas. Ora, se sustentássemos esta orientação doutrinal, concluiríamos que a cláusula estatutária é nula por violação de norma jurídica imperativa (art. 294.º do CC)[79].

Contudo, a nossa tomada de posição vai noutro sentido. À luz do pensamento de J. M. Coutinho de Abreu[80], o art. 25.º do pacto social é perfeitamente admissível, não infringe o art. 402.º do CSC, permite à AG regular, em específico, o regime destas regalias e prescinde da sua estipulação estatutária. Basta-se com a mera previsão.

O regulamento de execução, o qual neste caso, revela ser um verdadeiro regulamento independente, intitula-se "Regulamento do direito dos administradores a pensão ou complemento de pensões de reforma por velhice ou invalidez" e foi recentemente alterado por deliberação da AG extraordinária de accionistas, realizada no dia 11 de Novembro de 2011[81].

O mesmo se pode dizer relativamente à sociedade com a firma Jerónimo Martins, SGPS, SA e à sociedade SEMAPA – Sociedade de Investimento e Gestão, SGPS, SA.

Quanto à primeira, estamos face a uma estrutura orgânica de tipo monístico[82] e o art. 29.º do pacto social prevê, no seu n.º 4, a possibilidade de a sociedade conceder uma reforma por velhice ou invalidez aos seus administradores.

> «Quatro – A sociedade pode, a seu cargo, estabelecer um regime de reforma por velhice ou invalidez dos seus administradores»

Quanto à segunda, adoptou-se um modelo de governação tradicional[83] e o art. 17.º do seu pacto social prevê o direito dos administradores a uma reforma por velhice ou invalidez ou um complemento da mesma.

> «Um – Os administradores, para além da remuneração pelo exercício das suas funções, têm direito a beneficiar de um sistema de reforma por velhice ou invalidez ou de complemento de pensão de reforma»

---

[79] *Id.*, p. 539, "é apodíctica a conclusão da natureza injuntiva do artigo 402.º".

[80] Já estudado por nós *supra*.

[81] In http://www.bes.pt/SITEBES/cms.aspx?plg=C4854155-48BE-4751-A8CB-F02BAB43 DF2B. Aliás este regulamento foi aprovado pela primeira vez pela AG realizada no dia 30 de Março de 1993, tal como é referenciado na proposta de alteração do mesmo, com referência ao ponto oito da ordem de trabalhos da AG anual a realizar no dia 6 de Abril de 2010. In http://www.bes.pt/sitebes/cms.aspx?plg=75eb1391-2e91-42ce-9a7f-29f1e5d2d112.

[82] Tal como o revela o art.11.º do contrato de sociedade.

[83] É composto pelo conselho fiscal (CF), pelo CA e pelo ROC – art. 11.º e 18.º do contrato social e art. 278.º, n.º 1/a, art. 413.º, n.º 1/a e 446.º do CSC.

Tal como concluímos há pouco acerca do BES, também nestes dois outros casos entendemos que as cláusulas estatutárias meramente permissivas não padecem de invalidade. Aplicamos o art. 402.º do CSC, interpretado à luz do pensamento de J. M. Coutinho de Abreu.

Desvendamos uma particularidade no n.º 2 do art. 17.º do pacto social da SEMAPA. A alínea em questão menciona que o sistema de reforma ou complemento de pensão deverá ser determinado "por uma comissão de Remunerações constituída por número ímpar de membros e eleita pela Assembleia Geral". Poderemos entender que o art. 17.º/2 do contrato de sociedade é suficiente para estar cumprida a exigência do art. 402.º/4 do CSC? Ao inverso do estatuído no art. 399.º/1 relativo à remuneração, o preceito legal anteriormente citado não prevê a possibilidade de criação de uma comissão especialmente direccionada para as pensões e complementos de reforma dos administradores. Ora, embora a comissão seja eleita pela AG e dela façam parte unicamente accionistas, é diferente considerar que o regime destas regalias só pode ser determinado por deliberação da AG (que regra geral se faz por maioria simples dos votos emitidos, art. 386.º/1 do CSC) ou sustentar a possibilidade legal de delegação deste poder da AG para uma comissão especialmente criada para tal.

Em nossa opinião, se o legislador quisesse dar a possibilidade de delegação de poderes nesta matéria tê-lo-ia estatuído, tal como o fez quanto à remuneração, no seu art. 399.º (até porque não consideramos que a pensão ou complemento de reforma seja parte integrante daquela). Não julgamos estar perante uma alínea meramente dispositiva. Todo o art. 402.º tem natureza injuntiva. Aliás, não consideramos haver uma lacuna da lei. O legislador comercial quis atribuir exclusivamente ao órgão deliberativo interno esta competência.

Neste sentido encontramos apoio doutrinal no texto argumentativo de João Labareda e Carvalho Fernandes, segundo o qual "a competência fixada no n.º 4 do art. 402.º cabe exclusivamente a um dos mencionados órgãos, não podendo ser atribuída pelo estatuto social a qualquer outro"[84]. Os Autores citados justificam esta posição defendendo que, se o legislador quisesse conceder a possibilidade de a AG "delegar" esta sua função a uma comissão, tê-lo-ia mencionado *expressis verbis*, tal como o fez no art. 399.º/1 do CSC[85].

---

[84] FERNANDES, Luís. A. Carvalho e LABAREDA, João, *Do Regime Jurídico do Direito à Reforma dos Administradores a Cargo das Sociedades Anónimas, ob. cit.*, p. 541.

[85] *Id.*, p. 541: "a benefício desta solução pode invocar-se o argumento retirado do n.º 1 do artigo 399.º, por confronto com o disposto no n.º 4 do artigo 402.º".

Manifesta-se, em sentido oposto, o ac. do STJ de 1 de Março de 2007[86]. No caso *sub judice*, temos uma cláusula estatutária permissiva da concessão de pensões ou complementos de reforma aos administradores da Ré e cujo regime deverá ser fixado por regulamento a ser aprovado pela AG[87]. Ora, olhando para o conteúdo do regulamento, a AG deliberou que, no caso de o tempo de serviço do administrador ser inferior a 15 anos, "a atribuição e o montante do complemento de pensão serão definidos pela comissão de vencimentos"[88]. Com apoio no deliberado, o STJ julgou que esta "delegação de poderes" não envolvia qualquer ilegalidade, pois "estão aqui em causa relações funcionais entre órgãos de gestão de uma sociedade [...] este instituto jurídico consiste numa forma especial do contrato mais geral de mandato"[89].

O STJ concluiu que a comissão podia, legalmente, atribuir, logo alterar e revogar, a pensão e complemento de reforma dos administradores, dando razão à sociedade recorrida.

No Direito francês, já sabemos que é o CA que delibera sobre a atribuição destas regalias ao seu presidente. Aqui também poderia colocar-se o problema de saber se o art.L.225-47 do CComf é ou não dispositivo, na medida em que seria legalmente admissível que a pensão ou complemento fossem atribuídos por uma comissão. A esta questão, a doutrina francesa responde negativamente, considerando que "le conseil d'administration a une compétence exclusive et il ne pourrait pas déléguer ses pouvoirs a un «comité des rémunérations»"[90].

No Direito espanhol, o art.130.º da *Ley de sociedades anónimas* é demasiado impreciso. Exige a menção da *retribución* (*lato sensu*, logo incluindo a pensão e complemento de reforma) nos estatutos, mas não se refere ao seu regime, às suas especificidades. Poderá uma comissão de retribuição ficar especialmente direccionada para a determinação do seu quantitativo? Na perspectiva de Manuel Antonio Domínguez Garcia, a competência para a determinação do quantitativo da remuneração dos administradores (num conceito entendido de modo amplo) cabe exclusivamente à assembleia geral enquanto acto de organização e estrutural: "parecen, a mi juicio, avalar la competencia excusiva y excluyente de la Junta general en la matéria (...) el acto (...) tiene natureza estructural", "la competencia no solo es

---

[86] Ac. STJ de 1Março 2007 (João Camilo)/Proc. n.º 07A080 in www.dgsi.pt. Ac. que já analisamos.

[87] Art. 11.º, n.º 5 do Estatuto social.

[88] Ponto 4 do Regulamento.

[89] Citado do Acórdão sujeito à nossa análise.

[90] MERLE, Philippe, *Droit Commercial, Sociétés commerciales, ob. cit.*, p. 493.

Estudo sobre a atribuição de pensões e complementos de reforma aos administradores...

própria del órgano soberano (...) sino que lo es con carácter exclusivo, inderogable e indelegable"[91]

Vejamos doravante a situação do Banco Comercial Português. Estamos perante uma sociedade anónima que adoptou o modelo de governação de tipo dualístico[92], aplicando-se, então, o disposto no art. 402.º do CSC.

O pacto social do BCP prevê, no seu art.17.º/2, o direito dos administradores a um complemento de reforma por velhice ou invalidez. A mesma cláusula menciona a possibilidade de o banco realizar um contrato de seguro a seu favor:

> «Os administradores têm, ainda, o direito a um complemento de reforma por velhice ou invalidez, podendo o banco realizar contratos de seguro a seu favor»

Deparamo-nos, à partida, com o problema discutido *supra* acerca dos estatutos da SEMAPA-Sociedade de Investimento e Gestão, SGPS, SA, porque o n.º 4.º da mesma cláusula estatutária prevê que:

> «O montante das contribuições do banco, no âmbito dos dois números anteriores é fixado anualmente pelo Conselho de Remunerações e Previdência».

Este conselho (CRP[93]) é exclusivamente composto por três a cinco accionistas designados pela AG[94] que devem ser, na sua maioria, independentes e que têm competência para "determinar os termos dos complementos de reforma, por velhice ou invalidez, dos administradores"[95].

A regra legal é a de que só a AG pode determinar o regime pormenorizado das pensões e complementos de reforma dos administradores da sociedade. Partilhamos a opinião de João Labareda e Carvalho Fernandes, na medida em que se considere ilegal a criação de uma comissão que aprove o regulamento de execução destas regalias dos administradores ou que regule os termos e conteúdo destes direitos. Logo, entendemos que a cláusula estatutária em causa, no seu n.º 4, viola o art. 402.º/4 do CSC.

---

[91] García, Manuel Antonio Domínguez, *Retribución de los Administradores de las Sociedades Cotizadas. La comisión de Retribuciones, ob. cit.*, p. 1078.

[92] Art. 9.º, n.º 1 do contrato de sociedade e art. 278.º, n.º 1/c do CSC.

[93] Que é considerado como um verdadeiro órgão social (art. 9.º, n.º 3 do pacto).

[94] Art. 13.º, n.º 1 do pacto social.

[95] Art. 13.º, n.º 2 e 14.º/b/c do pacto social.

Não consideramos legalmente permitida a delegação de poderes para este CRP[96].

Já no que diz respeito ao seu n.º 2, entendemos que a cláusula não infringe o art. 402.º/1 do CSC, ao se limitar a prever o direito dos administradores a estas regalias a cargo da sociedade, porque subscrevemos a posição doutrinária defendida por J. M. Coutinho de Abreu acerca do papel do regulamento de execução.

Importa referir, a título exemplificativo, o caso do ex-presidente do conselho de administração executivo (CAE)[97] da mesma sociedade: Jorge Manuel Jardim Gonçalves. Veio a público o facto de o mesmo ter beneficiado de um *contrato de reforma* celebrado com o CRP, cuja execução implicava serem-lhe atribuídos um conjunto de regalias.

O anterior presidente do órgão de administração e de representação do BCP, remete esta questão para o CRP, afirmando que não é da competência do CAE tratar destes assuntos: "ao conselho de administração não lhe compete essa matéria (...) cabe aos accionistas, sempre, e entre Assembleias Gerais ao Conselho Geral e de Remunerações"[98].

A este propósito, sublinhamos duas nótulas. Num primeiro momento, de facto não integra o quadro de competências do CAE a matéria relativa a pensões e complementos de reforma. Mais concretamente, esta matéria é reservada, de acordo com o modelo de governação societária *in casu*, ao CGS ou, caso o estatuto o estabelecesse, à sua AG.

Aliás, a atribuição de uma pensão de reforma não pode ser realizada por contrato entre o possível titular do direito e o órgão social. Deve, sim, constar do pacto social e ser disciplinada num regulamento de execução a ser aprovado pelo CGS ou pela AG, se o estatuto o permitir.[99]

Num segundo momento, a delegação de poderes da AG para o CRP não tem apoio legal suficiente. O tipo e conteúdo da reforma deveriam ter sido aprovados por deliberação do CGS, garantindo, assim, um processo transparente, independente e respeitando os valores da segurança jurídica e igualdade dos administradores.

---

[96] Remetemos este ponto para o que foi argumentado *supra* acerca da SEMAPA-Sociedade de Investimento e Gestão, SGPS, SA.

[97] A estrutura organizatória de tipo monístico foi introduzida através das alterações estatutárias de Fevereiro 2012. Até lá, o BCP assumiu um modelo de tipo dualístico.

[98] In http://aeiou.expresso.pt/gen.pl?p=stories&op=view&fokey=ex.stories/523414.

[99] Coisa diferente sucede no Direito britânico, em que a atribuição destes direitos pode ser negociada, pois as pensões de reforma podem constar dos benefícios atribuídos nos *service contracts*, uma vez que elas são também elemento da remuneração propriamente dita. A possibilidade de celebração deste tipo de contratos tem consagração expressa nas *section 188 e 189* da *Companies Act* de 2006.

Em gesto de conclusão, notamos que no âmbito dos quatro estatutos analisados, apesar de a disciplina da remuneração ser, em certos casos, tratada separadamente das pensões e complementos de reforma, quando tal se verifica, as cláusulas estatutárias relativas a estes direitos estão sempre relacionadas, nem que seja do ponto de vista sistemático em que, o estatuto trata tradicionalmente da remuneração e, imediatamente a seguir, da pensão e complemento de reforma[100]. Ou seja, confirma-se a especial ligação entre estes e aquela.

Olhando para a realidade empresarial e comercial actual, os estatutos das sociedades estudadas, optam pela mera previsão/autorização para que a AG (ou CGS) venha, posteriormente, no Regulamento de execução, pormenorizar o seu regime. Neste âmbito, discutimos a possibilidade ou não de uma delegação de poderes da AG para uma comissão ou conselho especializado e tomamos posição no sentido da sua ilegalidade.

Coimbra, 2012

---

[100] Arts. 24.º e 25.º do estatuto do BES, art.29.º do estatuto de Jerónimo Martins, SGPS, SA, art. 17.º do estatuto da SEMAPA-Sociedade de Investimento e Gestão, SGPS, SA e, arts. 15.º e 17.º do estatuto do BCP.

RESUMO: De acordo com a doutrina maioritária, o conselho de administração deve ter competência exclusiva para gerir a sociedade anónima. Após comparação entre o direito societário português e o direito societário norte-americano, no que se refere à alocação de competência decisória quanto a determinadas decisões de governação societária, concluímos que não se justifica considerar que tal princípio seja recolhido de modo igual em ambos os ordenamentos jurídicos.

ABSTRACT: Under prevailing academic thought, the board of directors shall have exclusive power to manage a (share) company. After comparing Portuguese corporate law and US corporate law in respect of the allocation of decision-making power over certain corporate governance decisions, it is our conclusion that there is no reason to consider that the said principle is present with the same strength in both legal systems.

EDUARDO SÁRAGGA LEAL*

O poder de gestão dos acionistas nas sociedades anónimas*

1. Os artigos 373.º e 405.º CSC. Teses

A concentração, maior ou menor, dos poderes de gestão no órgão administrativo das sociedades anónimas foi o resultado de uma evolução histórica. Essa tendência histórica de concentração dos poderes de gestão no órgão administrativo foi igualmente acompanhada pelo nosso direito das sociedades comerciais.

Segundo a tese perfilhada pela larga maioria dos autores que se ocuparam desta matéria, o n.º 3 do artigo 373.º do CSC representaria uma versão hiperbolizada desta evolução histórica, consagrando na ordem jurídica portuguesa um modelo de atribuição de competência exclusiva ao órgão de administração para gerir a empresa social[1]. A lei teria ido ao

* Advogado (PLMJ)

---

* O presente artigo corresponde a uma versão abreviada da Dissertação de Mestrado do Autor, intitulada *O poder de gestão dos acionistas nas sociedades anónimas*, apresentada no âmbito do seu mestrado em Ciências Jurídicas Empresariais, da Faculdade de Direito da Universidade Nova de Lisboa, pela qual lhe foi atribuído o PRÉMIO GARRIGUES 2012.

[1] Neste sentido ANTÓNIO PEREIRA DE ALMEIDA, *Sociedades Comerciais, Valores Mobiliários e Mercados*, 6.ª edição, Coimbra, Coimbra Editora, 2011, pp. 462-466; ILÍDIO DUARTE RODRIGUES, *A Administração das Sociedades por Quotas e Anónimas – Organização e Estatuto dos Administradores*, Lisboa, Livraria Petrony, 1990, pp. 81 e ss.; JOÃO CALVÃO DA SILVA, *Estudos Jurídicos (Pareceres)*, Coimbra, Almedina, 2001, pp. 109 e ss.; JOSÉ ENGRÁCIA ANTUNES, *Os Direitos dos*

ponto de não permitir sequer que os acionistas deliberassem sobre matérias de gestão da sociedade, sendo a sua influência apenas indireta, esgotando-se no direito que têm de eleger e destituir os membros do conselho de administração[2].

Paralelamente ao argumento histórico, os defensores desta tese invocam ainda a fonte alemã: o n.º 3 do artigo 373.º do CSC é cópia exata do §119(2) da AktG alemã. Ora, não existindo dúvidas na doutrina alemã sobre a imperatividade do §119(2) da AktG, também não deveriam existir tais dúvidas sobre o n.º 3 do artigo 373.º do CSC.

Por sua vez, a centralização de poderes no órgão administrativo, operada pela AktG alemã, teria sido inspirada no princípio originariamente consagrado no direito societário norte-americano que impunha a exclusividade do órgão administrativo na gestão da sociedade[3].

Para além do mais, previa-se no anteprojeto sobre a assembleia geral das sociedades anónimas que os acionistas pudessem deliberar sobre matérias de gestão, não só quando chamados pelo conselho de administração, mas também quando os estatutos lhes reservassem esse poder[4].

Sócios da Sociedade-Mãe na Formação e Direcção dos Grupos Societários, Porto, UCP, 1994, pp. 127-128 e *Direito das Sociedades*, 2.ª edição, Porto, 2011, p. 296 (nota 618); Luis Brito Correia, *Direito Comercial, Deliberações dos Sócios*, Volume III, Lisboa, AAFDL, 1989, 3.ª tiragem, 1997, pp. 56-66; Maria Augusta França, *A Estrutura das Sociedades Anónimas em Relação de Grupo*, Lisboa, AAFDL, 1990, pp. 35-36, 150-151; Soveral Martins, *Os Poderes de Representação dos Administradores de Sociedades Anónimas*, Coimbra, Coimbra Editora, 1998, pp. 193 e ss.; e, principalmente, Pedro Maia, *Função e Funcionamento do Conselho de Administração da Sociedade Anónima*, "Stvdia Ivridica 62", Coimbra, Coimbra Editora, 2002, pp. 137 e ss.

[2] Vide Pedro Maia, *Função e Funcionamento do Conselho de Administração da Sociedade Anónima*, "Stvdia Ivridica 62", Coimbra, Coimbra Editora, 2002, p. 138 – A afirmação é, contudo, pouco rigorosa na medida em que a lei atribui alguns poderes de gestão – no nosso entender os mais importantes – aos acionistas; exemplos disso são os artigos 11.º/2; 100.º/2; 141.º/1/b; 456.º/1.

[3] O facto de a *Aktiengesetz* alemã de 1937 ter centralizado o poder de gestão da Sociedade Anónima no Conselho de Administração e de ter adotado o conhecido *Führerprinzip* (competia ao Presidente decidir em caso de divergência entre os restantes diretores), apesar de se adequar perfeitamente à *«ideologia»* nacional-socialista, representou o culminar de uma discussão dogmática iniciada ainda durante a República de Weimar e, de acordo com alguma doutrina, teve como fonte de inspiração a centralização da gestão operada anteriormente nas *public companies* norte-americanas. *Vide* Martin Gelter, "Taming or Protecting the Modern Corporation? Shareholder-Stakeholder Debates in a Comparative Light", *in NYU Journal of Law & Business*, Volume 7, Spring 2011, Number 2, pp. 680-694 (especialmente p. 691); Jorge Manuel Coutinho de Abreu, *Governação das Sociedades Comerciais*, 2.ª edição, Coimbra, Almedina, 2010, pp. 48-49.

[4] Adriano Vaz Serra, *Assembleia geral*, BMJ n.º 197 (1970), p. 41.

Ora, a verdade é que a redação final do artigo 373.º n.º 3 do CSC acabou por excluir (ou omitir?) a possibilidade de reserva de poderes de gestão[5].

A regra fixada no n.º 3 do artigo 373.º do CSC seria, então, imperativa, não podendo ser derrogada pelos acionistas. De acordo com esta interpretação, os acionistas só poderiam deliberar sobre matérias de gestão quando, para tal, houvesse solicitação por parte do órgão administrativo, ficando ressalvados os casos excecionais, de competência dos acionistas em assuntos de gestão, previstos na lei.

Como tal, não seria lícito aos acionistas preverem nos estatutos uma cláusula que lhes atribuísse o direito de deliberação sobre determinados assuntos de gestão, ou que impusesse ao conselho de administração a consulta prévia dos acionistas quanto a um desses assuntos. Seriam, pois, nulas quaisquer deliberações dos acionistas que invadissem o domínio de competência exclusiva do conselho de administração.

Quanto aos «embaraços» criados pelo n.º 1 do artigo 405.º CSC, que refere que «*compete ao conselho de administração gerir as atividades da sociedade, devendo subordinar-se às deliberações dos acionistas (...) nos casos em que a lei ou o contrato de sociedade o determinarem*», Ilídio Duarte Rodrigues, considerando que os acionistas não podem reservar no pacto social competência decisória sobre matérias de gestão, conclui que só podem reservar no pacto social competência decisória sobre matérias que, por lei, estejam supletivamente cometidas ao conselho de administração ou naqueles casos em que a lei expressamente preveja a possibilidade de reserva dessas matérias no pacto social, conforme resulta dos exemplos dados pelo Autor: «*Por seu lado, o pacto pode reservar para a assembleia geral competência para, por exemplo, deliberar sobre aquisição de compartipações em outras sociedades ou para designar o presidente do conselho de administração*». Por outro lado, quanto a saber qual o efeito das deliberações tomadas pela assembleia geral sobre matérias de gestão a pedido do Conselho de administração, o referido Autor entende que as mesmas não seriam vinculativas para o órgão administrativo, na medida em que, tendo o Conselho de Administração competência exclusiva para gerir a sociedade, não se poderia considerar haver, nesses casos, uma devolução de competência para a assembleia geral[6].

---

[5] Dizia o n.º 2 do artigo 2.º do anteprojeto: "A assembleia geral só pode deliberar sobre questões de gestão social quando os estatutos lhe reservarem esse poder, ou quando a administração ou direcção o exigir".

[6] Ilídio Duarte Rodrigues, *A Administração das Sociedades por Quotas e Anónimas – Organização e Estatuto dos Administradores*, Lisboa, Livraria Petrony, 1990, pp. 82 e ss. Em sentido oposto *vide* José Vasques: (...) "não parece haver lugar a dúvidas de que, deliberando a pedido do órgão de administração, os accionistas o fazem, certamente por pedido daquele

Em sentido diferente, Soveral Martins[7] e Pedro Maia[8] consideram que o n.º 1 do artigo 405.º teria o efeito de permitir que os acionistas previssem a possibilidade de vinculação interna das suas deliberações tomadas sobre assuntos de gestão que, contudo, só poderiam ser tomadas a pedido do conselho de administração (ou quando a lei o previsse). Assim, o n.º 3 do artigo 373.º do CSC diria respeito a saber quando é que os acionistas poderiam tomar deliberações sobre assuntos de gestão – quando para tal solicitados ou nos casos previstos na lei – e o n.º 1 do artigo 405.º do CSC diria respeito a saber quando é que tais deliberações seriam vinculativas para o conselho de administração.

A segunda tese interpretativa das normas em apreço, perfilhada por uma minoria de autores, vai no sentido de permitir que os acionistas reservem, para a sua esfera de competências, matérias que digam respeito à gestão da sociedade. Assim, o n.º 3 do artigo 373.º do CSC deveria ser entendido subordinadamente ao disposto no n.º 2 do mesmo artigo, vindo o n.º 1 do artigo 405.º do CSC confirmar essa interpretação[9]. A reserva de decisão quanto a matérias de gestão feita nos estatutos poderia ter amplitude variável[10] ou estaria apenas limitada a determinados atos ou conjuntos de atos que os acionistas assumissem como especialmente relevantes no seio da empresa social[11].

Destaque especial merece, ainda, a tese de Coutinho de Abreu que apresenta uma terceira via de resolução para o problema anteriormente

---

órgão, mas também ao abrigo da pertinente disposição legal, sendo plenamente aplicável a norma que manda subordinar o conselho de administração *às deliberações dos accionistas (...) nos casos em que a lei ou o contrato de sociedade o determinarem*, isto é, não se vê como, prevendo a lei expressa e excepcionalmente que a assembleia geral se pronuncie sobre matérias de gestão quando estas lhe sejam submetidas pelo órgão de administração, pudesse este, posteriormente, não se considerar vinculado pelas deliberações que a assembleia geral tivesse adoptado" em *Estruturas e Conflitos de Poderes nas Sociedades Anónimas*, Coimbra, Coimbra Editora, 2007, pp. 84 e 85 (itálicos no original).

[7] SOVERAL MARTINS, *Os Poderes de Representação dos Administradores de Sociedades Anónimas*, Coimbra, Coimbra Editora, 1998, pp. 193 e ss (nota 366).

[8] PEDRO MAIA, *Função e Funcionamento do Conselho de Administração da Sociedade Anónima*, "Stvdia Ivridica 62", Coimbra, Coimbra Editora, 2002, p. 158 e ss.

[9] O artigo 409.º/1, na parte em que se refere a "limitações constantes do contrato", pressuporia também a licitude de uma cláusula de atribuição de poderes de gestão à assembleia, pois não se poderia referir a limitações da possibilidade de o órgão administrativo representar a sociedade, pois tais limitações seriam nulas por força do 405.º/2. No mesmo sentido vai também o artigo 503.º/3.

[10] ALBINO MATOS, *Constituição de sociedades*, 5.ª edição, Coimbra, Almedina, 2001, pp. 241-242.

[11] FILIPE CASSIANO DOS SANTOS, *Estrutura associativa e participação societária capitalística*, Coimbra, Coimbra Editora, 2006, p. 310 e ss.

enunciado[12]. Para este Autor, o argumento mais relevante dos defensores da imperatividade absoluta do n.º 3 do artigo 373.º do CSC seria o da invocação da fonte alemã. O n.º 3 do artigo 373.º do CSC constitui cópia fiel do §119(2) da AktG.

O n.º 3 do artigo 373.º do CSC seria então imperativo mas, e aqui reside a especialidade da sua tese, única e exclusivamente quanto às sociedades com sistema organizativo do tipo germânico. É que se o §119(2) da AktG pertence a uma lei que só prevê o sistema de organização dualista, a mesma norma, quando copiada para o direito societário português, no qual também estão previstos outros dois sistemas de organização monistas (*"latino"* e *"anglo-saxónico"*), só seria aplicável a esse sistema de organização dualista ou germânico. O n.º 3 do artigo 373.º do CSC não impediria, portanto, que os estatutos de uma sociedade anónima com sistema orgânico tradicional ou monista previssem o dever de o conselho de administração obter prévio consentimento/deliberação dos acionistas para a prática de determinadas categorias de atos de gestão.

2. A competência exclusiva do órgão de administração na gestão da sociedade.

A questão que se coloca, no nosso entender, é a de saber se a norma contida no n.º 3 do artigo 373.º do CSC transpõe para a nossa ordem jurídica o princípio, originariamente consagrado no direito societário norte--americano, de que a gestão da sociedade deve estar, exclusivamente, a cargo do órgão administrativo.

Mas note-se que, em primeiro lugar, o raciocínio indutivo que suporta tal conclusão não está metodologicamente isento de críticas, na medida em que de uma só norma (cuja própria interpretação não é pacifica) se pretende retirar uma proposição geral, desconsiderando, contudo, as restantes normas do ordenamento jurídico societário.

É evidente que a constatação de que o n.º 3 do artigo 373.º do CSC é cópia integral do §119 (2) da AktG alemã – Lei cuja redação foi inspirada, por sua vez, no princípio norte-americano de que a gestão da sociedade deve competir exclusivamente ao órgão administrativo, embora, neste caso, suavizada pelo facto de se permitir que o *Aufsichstrat* (equivalente ao nosso Conselho Geral e de Supervisão) reserve competência em certas decisões de gestão [§111 (4) da AktG] – constitui indício relevante, mas

---

[12] Jorge Manuel Coutinho de Abreu, *Governação das Sociedades Comerciais*, 2.ª edição, Coimbra, Almedina, 2010, p. 53 e ss.

não suficiente, no nosso entender, para se dar como certo o acolhimento do referido princípio na nossa Ordem Jurídica.

Quanto às razões de fundo, apontadas pelos defensores da existência de um princípio de exclusividade na gestão da sociedade pelo órgão administrativo, consideramos, na esteira do pensamento de Coutinho de Abreu, que as mesmas se revelam pouco consistentes[13].

Em nosso entender, outro terá que ser o caminho percorrido para se poder interpretar o n.º 3 do artigo 373.º do CSC. Há que ir buscar o alcance do n.º 3 do artigo 373.º do CSC, e da sua conjugação com o n.º 2 do mesmo artigo e com o n.º 1 do artigo 405.º do CSC, à forma como a distribuição de competências entre o órgão administrativo e a assembleia geral foi operada pelo nosso Código das Sociedades Comerciais.

É a lógica de distribuição de poderes encontrada e consagrada pelo nosso Código das Sociedades Comerciais que há de constituir a *ratio legis* do n.º 3 do artigo 373.º. Se da lógica de distribuição de poderes entre estes dois órgãos, tal como configurada no nosso Código das Sociedades, resultar um princípio de que a gestão foi conferida exclusivamente ao órgão administrativo, não poderão o n.º 2 do artigo 373.º e o n.º 1 do artigo 405.º, ambos do CSC, vir pôr em causa esse princípio. Mas se, pelo contrário, resultar que o próprio Código quis, por princípio, atribuir a competência decisória dos assuntos de gestão mais importantes aos acionistas, qual será, então, a razão para não permitir que os mesmos reservem a decisão sobre certas matérias de gestão que considerem fundamentais?

O referido princípio de atribuição de exclusividade da gestão ao órgão administrativo está claramente consagrado na forma como a distribuição de competências é feita pelo direito societário norte-americano que, como vimos, foi fonte de inspiração da concentração dos poderes de gestão no órgão administrativo operada pela AktG alemã.

Contudo, a distribuição de competências entre a assembleia geral e o órgão administrativo não se processa de forma idêntica no Direito Societário Norte-Americano e no Direito Societário Português.

Assim, se a distribuição de competências entre o órgão dos acionistas e o órgão de administração se processa de forma diferente nos dois sistemas jurídicos, como se pode chegar, então, à conclusão de que em ambos os sistemas se consagra um princípio de exclusividade do órgão administrativo na gestão da sociedade?

---

13 Ver crítica feita às razões substanciais dos defensores da imperatividade em Jorge Manuel Coutinho de Abreu, *Governação das Sociedades Comerciais*, 2.ª edição, Coimbra, Almedina, 2010, pp. 52-53.

Efetivamente, se a gestão da sociedade anónima não for, por regra, da competência exclusiva do órgão de administração, talvez tenha que ser outra a conclusão a chegar na interpretação do n.º 3 do artigo 373.º e da sua conjugação com o n.º 1 do artigo 405.º.

Seguidamente, iremos proceder, então, a uma comparação entre o direito societário norte-americano e o direito societário português quanto à alocação de competência decisória, no que à governação das sociedades anónimas e *public companies* diz respeito.

Antes de o fazermos, teremos, contudo, que dedicar algumas linhas à tese de compromisso encontrada por Coutinho de Abreu[14].

A não aplicação do n.º 3 do artigo 373.º do CSC, tal como proposto por este Autor, às sociedades que adotem um dos sistemas de governação monistas carece, no nosso entender, de fundamento.

Em primeiro lugar, porque nos parece que onde a lei não distingue não deve o intérprete distinguir, sendo que tanto o artigo 373.º como o artigo 405.º são vocacionalmente aplicáveis a todos os sistemas de governação permitidos pelo CSC.

Em segundo lugar, porque, em termos históricos, e como o próprio Autor nota nos seus escritos, a concentração de competência em matérias de gestão preconizada pelo modelo germânico tem como precedente o direito societário norte-americano, que tem como modelo orgânico um sistema de tipo monista ou, pelo menos, diferente do sistema de governação germânico.

Em terceiro lugar, porque temos dúvidas de que a possibilidade de o *Aufsichstrat* deliberar sobre matérias de gestão tenha como função proteger (todos) os acionistas – de facto, o *Aufsichstrat* constitui, isso sim, uma *"longa manus"* dos acionistas maioritários ou de referência (muitas vezes detentores de participações reduzidas no capital social, mas de dimensão suficiente para, por força das regras eleitorais, elegerem os membros de todos os órgãos sociais). Nessa medida, é até desejável que a competência para decidir sobre certos assuntos de gestão relevantes possa ser atribuída à assembleia geral (órgão de todos os acionistas), ao invés de ser confiada a órgãos *"representativos"* de apenas alguns acionistas[15].

---

[14] JORGE MANUEL COUTINHO DE ABREU, *Governação das Sociedades Comerciais*, 2.ª edição, Coimbra, Almedina, 2010, pp. 53-57.

[15] Aplicáveis ao caso parecem ser as palavras do próprio Autor sobre a razão de ser histórica da subtração de poderes de gestão à assembleia geral: *"Subtraindo à assembleia competências em matérias de gestão, o capital de comando da sociedade evita a discussão no colégio dos sócios acerca das políticas empresariais por ele determinadas, impede perguntas e censuras dos minoritários"* – em *Governação das Sociedades Comerciais*, 2.ª edição, Coimbra, Almedina, 2010, p. 48.

Por outro lado, o *Aufsichstrat* cumpre também, por vezes, a função de *"longa manus"* dos trabalhadores, naqueles casos em que a Sociedade esteja submetida ao modelo de *co-gestão* (*Mitbestimmung*). A possibilidade de o *Aufsichstrat* deliberar sobre matérias de gestão, nesses casos, caracteriza-se pelo facto de, em algumas sociedades anónimas, os trabalhadores poderem eleger alguns dos membros do *Aufsichstrat*, fazendo com que esses mesmos trabalhadores sejam parte ativa (indiretamente, através dos membros por si eleitos) na gestão da sociedade quanto às suas decisões fundamentais. E uma das razões por que se não permite que os acionistas possam intervir, *moto proprio*, na gestão das sociedades alemãs, tem que ver, também, com o facto de se ter consagrado este modelo de co-gestão para a governação das sociedades alemãs de maior dimensão (inexistente em Portugal)[16].

Além do mais, o exercício da função de supervisão cabe no modelo *"anglo-saxónico"* à comissão de auditoria que tem, também ela, poderes de gestão. Embora não possam ter poderes executivos (423.º-B/3), repare-se que os membros da comissão de auditoria são, por inerência, membros do conselho de administração (423.º-B) e, como tal, têm, também eles, o poder de deliberar sobre assuntos de gestão (art. 407.º/3/4 e 8)[17]. A comissão de auditoria seria, também ela, uma *"longa manus"* da assembleia geral (em última análise, não são todos os órgãos societários *"longae manus"* da assembleia?).

Mas mais, o poder de gestão atribuído aos acionistas no sistema de organização de tipo germânico está condicionado (artigo 442.º/2) ainda pela solicitação do conselho de administração e é conferido no interesse deste órgão, porque só existe quando seja exercido o poder de veto por parte do Conselho Geral de Supervisão.

---

[16] Cfr. KLAUS J. HOPT E PATRICK C. LEYENS, "Board Models In Europe – Recent Developments of Internal Corporate Governance Structures in Germany, the United Kingdom, France and Italy", *in VOC 1602-2002 – 400 Years of Company Law*, Ella Gepken-Jager et al., Law of Business and Finance, vol. 6, Netherlands, Kluwer Legal Publishers, 2005, pp. 291 e ss. (281-316).

[17] Os membros da Comissão de Auditoria participam, de pleno direito, nas reuniões do CA [423.º-G, n.º 1, al. b)]. Apesar de a lei parecer atribuir apenas poderes de fiscalização aos membros da Comissão de Auditoria (423.º-F), a verdade é que os mesmos têm, na qualidade de administradores, o poder de deliberar (em sede de Conselho de Administração) sobre assuntos de gestão, quando se tratem de matérias que não tenham sido delegadas, ou sejam, por natureza, indelegáveis na Comissão Executiva. Neste sentido, ALEXANDRE SOVERAL MARTINS, *"Comissão Executiva, Comissão de Auditoria e outras Comissões na Administração", in Reformas do Código das Sociedades*, obra coletiva, n.º3, Coimbra, IDET/ Almedina, 2007, pp. 259-264.

Parece, então, que a tese de Coutinho de Abreu, embora demonstrando as debilidades da tese de atribuição exclusiva de poderes de gestão aos administradores, acaba por ser profunda e injustificadamente discriminatória para os acionistas das sociedades que adotem um modelo orgânico do tipo germânico. Porque não hão-de poder os acionistas reservar nos Estatutos competência para decidir quanto a determinadas matérias de gestão nas sociedades de tipo germânico, podendo os demais acionistas fazê-lo nas sociedades que adotem os outros sistemas de organização previstos pelo CSC?

3. A distribuição de competências entre o conselho de administração e os acionistas no direito societário norte-americano

Vigora nos Estados Unidos um princípio de separação entre a competência legislativa sobre matéria societária, de âmbito dos Estados federados, e a competência legislativa em matéria de direitos mobiliários, cuja competência é de âmbito federal[18].

Embora esta compartimentação não seja completamente estanque, o grosso da disciplina societária é legislado pelos vários Estados federados, havendo em cada um dos Estados federados um ordenamento jurídico distinto dos demais.

Apesar de os Estados Unidos constituírem uma república constitucional federal composta por 50 Estados e 1 Distrito Federal, constituindo por isso um ordenamento jurídico complexo[19], a doutrina norte-americana é unânime em afirmar que em todos eles existe um princípio de governação societária comum, que consiste na centralização legal do poder de gestão no órgão de administração[20].

De facto, apesar de os EUA terem diferentes códigos para os diferentes Estados (os *State Statutes*), existem imensas semelhanças nos regimes por estes instituídos, especialmente quanto aos princípios de governação societária acolhidos[21].

---

[18] Paulo Câmara, *Manual de Direito dos Valores Mobiliários*, Lisboa, Almedina, 2009, p. 527.

[19] Vide Luís Lima Pinheiro, *Direito Internacional Privado. Introdução e Direito dos Conflitos –* Parte Geral, I, Coimbra, Almedina, 2003, pp. 40-42 e 355 e ss.

[20] Robert Charles Clark, *Corporate Law*, USA, Aspen Law & Business, 1986, pp. 2, 22-24, 94, 105-109; James Cox e Thomas Hazen, *Cox and Hazen on Corporations*, Vol. I, Second Edition, N.Y., Aspen Publishers, 2003, pp. 390, 435-442.

[21] Lucian Bebchuk, "The case for increasing shareholder power", *in Harvard Law Review*, Vol. 118, number 3, Cambridge [MA]: The Harvard Law Review Association, 1887, (2005), p. 844.

O princípio basilar e mais antigo de *Corporate Governance* nos EUA é o de que o poder de gerir uma sociedade deve ser conferido, exclusivamente, ao conselho de administração (*Board of Directors*)[22].

As razões, apontadas pela doutrina norte-americana, que teriam levado a essa concentração de poder, seriam sobretudo razões de aspeto organizacional. A centralização seria a forma que melhor se adaptaria à característica de recurso ao aforro público que a *Public Company* tem, sem que, com isso, essa mesma sociedade se tornasse ingovernável[23].

Os acionistas teriam, então, pouco a dizer no que diz respeito à gestão, exceto nas poucas situações em que a lei lhes concedesse o direito de voto. O principal direito que os acionistas teriam em matéria societária seria o direito de controlar a gestão de forma indireta, através da eleição dos seus administradores[24].

Quanto às restantes matérias, a competência estaria conferida de forma residual à administração, exceto no que toca à aprovação de decisões extraordinárias, onde a competência estaria repartida entre os dois órgãos. Ao Conselho de Administração caberia tomar a decisão de iniciar o procedimento de decisão, nestes casos, e aos acionistas aprovar essas decisões extraordinárias propostas pela administração, tais como fusões, vendas de todos ou parte substancial dos ativos, dissolução, e alterações das regras estatutárias de primeiro grau[25] (os *articles of incorporation*). Os acionistas

---

[22] Cfr. ROBERT CHARLES CLARK, *Corporate Law*, USA, Aspen Law & Business, 1986, pp. 2, 22-24, em especial nota 59: Algumas leis recentes permitem que os Estatutos estipulem o contrário; elas poderão até permitir que os estatutos permitam a gestão pelos acionistas. Mas esta permissão restringe-se normalmente às sociedades fechadas: Delaware Corporation Law ("DEL") §351; Model Business Corporation Act ("MBCA") §7.32(d); New York Business Corporation Law ("N.Y.") §620(c); no mesmo sentido LUCIAN BEBCHUK, "The case for increasing shareholder power", *in Harvard Law Review*, Vol. 118, number 3, Cambridge [MA]: The Harvard Law Review Association, 1887, (2005), p. 888-890.

[23] Quanto às razões de fundo *vide* ROBERT CHARLES CLARK, *Corporate Law*, USA, Aspen Law & Business, 1986, pp. 2-4; 21-24; JAMES COX E THOMAS HAZEN, *Cox and Hazen on Corporations*, Vol. I, Second Edition, N.Y., Aspen Publishers, 2003, pp. 435 e ss. (em especial nota 1 do §9.11); Quanto à critica desses argumentos, *de iure constituendo*, ver artigo LUCIAN BEBCHUK, "The case for increasing shareholder power", *in Harvard Law Review*, Vol. 118, number 3, Cambridge [MA]: The Harvard Law Review Association, 1887, (2005), pp. 833-914.

[24] ROBERT CHARLES CLARK, *Corporate Law*, USA, Aspen Law & Business, 1986, p. 95; ROBERT MONKS E NELL MINOW, *Corporate Governance*, 4.ª ed., England, John Wiley & Sounds, 2008, p. 268.; LUCIAN BEBCHUK, "The case for increasing shareholder power", *in Harvard Law Review*, Vol. 118, number 3, Cambridge [MA]: The Harvard Law Review Association, 1887, (2005), p. 851.

[25] O direito societário português não distingue entre (i) o negócio institutivo da sociedade e (ii) as cláusulas que têm como efeito reger a vida da sociedade para o futuro (*vide*, quanto à distinção conceitual usada, RUI PINTO DUARTE, *Escritos Sobre Direito das Sociedades*,

não têm, no direito societário norte-americano, o poder de, *sua sponte*, iniciar o tipo de decisões extraordinárias referidas[26].

Os acionistas poderão também deliberar: a adoção, alteração e supressão de regras estatutárias de segundo grau (os *by-laws*), muitas vezes num regime de competência concorrente com a dos administradores[27]; a destituição dos administradores por justa causa ou, sem justa causa, quando o direito de destituição (*ad nutum*) esteja preservado[28] (referimo-nos ao fenómeno dos *staggered boards* que analisaremos *infra*); e a adoção de deliberações acionistas, que poderão ratificar as ações do conselho de administração (no caso de haver algum conflito de interesse entre sociedade e os administradores) ou requerer que o conselho de administração tome certas medidas – sendo estas deliberações consideradas meramente recomendatórias quando o assunto seja a gestão da sociedade, que estaria atribuída exclusivamente à administração[29].

3.1. O "Board of Directors" e os "Officers"

Antes de prosseguirmos, convém analisar o sistema de governação orgânico adotado nos EUA. Ao contrário do que poderíamos supor, este modelo não tem paralelo entre nós.

Coimbra, Coimbra Editora, 2008, pp. 15 e ss.), utilizando o CSC as designações "estatutos" e "contrato de sociedade" para se referir, indistintamente, tanto ao negócio institutivo como àquelas cláusulas com vocação regulamentar. Note-se que no direito societário norte-americano também não existe uma distinção entre (i) negócio institutivo e (ii) cláusulas regulamentares da sociedade. Os *articles of incorporation/association,* ou ainda *Corporate Charter,* correspondem ao negócio institutivo da sociedade, mas contêm também, por variadíssimas vezes, seja por força da lei, seja por desejo dos seus autores, cláusulas que se destinam a regular a atividade da sociedade, já os *by-laws* seriam as regras estatutárias com efeito, única e exclusivamente, regulamentar, que teriam que estar subordinadas, no seu conteúdo, ao conteúdo das regras estatutárias que fossem previstas nos *articles of incorporation* (daí a nossa opção pela referência no texto a regras estatutárias de primeiro grau e regras estatutárias de segundo grau, porque a principal característica destas últimas é a de não poderem derrogar o conteúdo daquelas).

[26] Robert Charles Clark, *Corporate Law*, USA, Aspen Law & Business, 1986, pp. 22-23, 94; Lucian Bebchuk, "The case for increasing shareholder power", *in Harvard Law Review,* Vol. 118, number 3, Cambridge [MA]: The Harvard Law Review Association, 1887, (2005), pp. 843-847.

[27] James Cox e Thomas Hazen, *Cox and Hazen on Corporations,* Vol. I, Second Edition, N.Y., Aspen Publishers, 2003, pp. 413-414.

[28] Robert Charles Clark, *Corporate Law,* USA, Aspen Law & Business, 1986, p. 94.

[29] Robert Charles Clark, *Corporate Law,* USA, Aspen Law & Business, 1986, p. 94; James Cox e Thomas Hazen, *Cox and Hazen on Corporations,* Vol. I, Second Edition, N.Y., Aspen Publishers, 2003, p. 437.

Diz a Secção §141(a) da Delaware Corporation Law que *"o negócio e os assuntos de cada sociedade (...) devem ser geridos por ou sob a direção de um conselho de administração"*[30].

Os acionistas elegem os administradores que têm, por sua vez, o poder legal de governar a sociedade. Os administradores são normalmente nomeados para períodos de um ano (podendo ser reeleitos), sendo destituíveis com justa causa e, se a lei estadual o permitir, sem justa causa.

Contudo, as funções desenvolvidas pelo Conselho de Administração são muito mais modestas do que aquilo que se possa pensar, no que às *Public Companies* diz respeito. Não é atualmente suposto que sejam os administradores a gerir a sociedade. O Conselho de Administração constitui o depósito legal da competência para gerir a sociedade. Contudo, é suposto que o órgão administrativo *"delegue"* nos *Officers* a gestão da sociedade, competindo-lhe supervisionar a atuação destes últimos[31].

Deve, desde já, fazer-se uma pequena precisão: não se deve utilizar a expressão "administrador executivo" como sinónimo de *Officer*, exatamente porque os *Officers* não são necessariamente, nem devem ser (diz atualmente a doutrina norte-americana), administradores.

Officers são os mais altos executivos de cada organização a quem são conferidos, através das regras estatutárias, essencialmente aquelas de segundo grau (*by-laws*), ou por deliberação dos administradores (deliberações essas que, contudo, não podem derrogar as regras estatutárias de segundo grau), os poderes de gerir e representar, quanto a determinados assuntos, a sociedade.

Hoje em dia é comum que o único executivo com assento no conselho de administração seja o *Chief Executive Officer* que será o mais alto executivo de cada sociedade, que tende, na maioria dos casos, a presidir ao próprio conselho de administração.

Qual a definição jurídica dos *Officers*? A Doutrina norte-americana refere-se aos *Officers* como sendo representantes (*"agents"*) da sociedade. O poder de representação ser-lhes-ia atribuído pelo conselho de administração, que é o detentor legal e originário do poder de gerir e representar a sociedade. Contudo, esta delegação aparenta ser antes uma nomeação[32].

---

[30] Os outros diplomas societários têm preceitos semelhantes: MBCA §8.01(b) "All corporate powers shall be exercised by or under the authority of, and the business and affairs of the corporation managed by or under the direction of, its board of directors (...)"; N.Y. §701 "(...) the business of a corporation shall be managed under the direction of its board of directors, each of whom shall be at least eighteen years of age (...)".

[31] Robert Charles Clark, *Corporate Law*, USA, Aspen Law & Business, 1986, pp. 106-107.

[32] Vide Del. §142 "(...) Each officer shall hold office until such officer's successor is <u>elected</u>

De acordo com os princípios dogmáticos por nós usados, o *Officer* é verdadeiramente um órgão da sociedade, ou seja, um centro autónomo de imputação de poderes funcionais.

Os *Officers* (significando as pessoas que ocupam esses cargos) deverão ser nomeados pelo órgão de administração para os cargos (*Offices*) que estiverem previstos nas normas estatutárias de segundo grau (*by-laws*), de acordo com o previsto na lei [por exemplo Del. §142(a)].

Por outro lado, os *Officers* têm o poder de vincular por si a sociedade, de acordo com o que for previsto nas normas estatutárias de segundo grau (*by-laws*) que, pela autonomização de cada tipo de *Office* e dos poderes que são conferidos a cada um destes órgãos, acabam por conferir aos *Officers* um poder de representação orgânico. A competência de um *Officer* não se esgota na delegação feita pelo Conselho de Administração, ou nos poderes que estejam previstos nas regras estatutárias de segundo grau (*By-laws*), ela pode ir além do conteúdo previsto nessa delegação, exatamente porque há certos poderes que são inerentes ao cargo de *Officer*, pelo que, mesmo que não previstos, podem resultar na vinculação da sociedade[33].

Sempre que houver substituição na pessoa do *Officer* não existe a necessidade de se voltar a reformular o conteúdo de poderes do novo *Officer*, exatamente porque estes poderes são inerentes ao cargo e não determinados por negócio jurídico *intuitus personae*, tal como característico da representação voluntária[34].

Torna-se bastante difícil, dado o exposto, estabelecer uma comparação entre o modelo orgânico societário usado no direito societário norte-americano e os modelos orgânicos previstos no nosso Código das Sociedades Comerciais.

---

and qualified or until such officer's earlier resignation or removal. Any officer may resign at any time upon written notice to the corporation".

[33] ROBERT CHARLES CLARK, *Corporate Law*, USA, Aspen Law & Business,1986, pp. 114 e ss.

[34] Poderão existir semelhanças entre os amplos poderes de representação que são conferidos aos *Officers* e aqueles que por natureza os Gerentes de Comércio têm (artigo 248.º do Código Comercial). Contudo, parecem-nos figuras diferentes. Ao passo que os Gerentes de Comércio praticam atos em nome e representação da sociedade, cujos efeitos se produzem na esfera da mesma (porque "mandatados" para o efeito), os atos dos *Officers*, enquanto órgãos da sociedade, são em si mesmos (e não apenas os seus efeitos) imputados à Sociedade. Por outro lado, jamais se poderá qualificar a relação jurídica existente entre os *Officers* e a Sociedade como uma relação jus-laboral, na medida em que não existe qualquer tipo de subordinação jurídica na execução das funções cometidas aos *Officers*. Sobre os Gerentes de Comércio *vide* JORGE MANUEL COUTINHO DE ABREU, *Curso de Direito Comercial*, Volume I, 7.ª edição, Coimbra, Almedina, 2009, pp. 139-141; LUIS BRITO CORREIA, *Direito Comercial*, I Volume, AAFDL, Lisboa, 1987, pp.197-199.

De facto, o *Board of Directors* acaba por assumir no direito societário norte-americano um papel de supervisão ou de superintendência da gestão da sociedade (a qual, por sua vez, deve ser confiada aos *Officers*) que não tem equivalente no direito societário português.

4. A distribuição de competências entre o órgão de administração e a assembleia geral no direito societário norte-americano e no direito societário português

Vimos anteriormente que parece existir, no ordenamento jurídico societário português, de acordo com a doutrina dominante, um princípio de atribuição de exclusividade ao conselho de administração na gestão da sociedade. Esse princípio teria como fonte mediata o ordenamento jurídico complexo estado-unidense, que o tinha, por sua vez, anterior e originariamente consagrado.

Nessa medida, procuraremos analisar a distribuição de competências entre o órgão administrativo e o colégio dos acionistas, feita em ambas as ordens jurídicas. Antecipando, a conclusão será a de que é impossível que, em ambos os ordenamentos jurídicos, se tenha consagrado o mesmo princípio, na medida em que a lei seguiu rumos diferentes, no que toca à distribuição de competências entre o órgão administrativo e o órgão dos acionistas, nos dois ordenamentos jurídicos em análise.

4.1. A designação e destituição dos administradores e o fenómeno dos *staggered boards*

O fenómeno dos *Staggered Boards*, existente no ordenamento jurídico estado-unidense, consiste no fenómeno pelo qual se admite a possibilidade de escalonamento do conselho de administração de modo a fazer com que, no final de cada exercício, só se possa deliberar eleger/destituir apenas os administradores correspondentes ao escalão do conselho de administração em causa[35]. Assim, por exemplo, uma sociedade poderá adotar um conselho que tenha três escalões: o escalão A, o escalão B e o escalão C. O escalão A é avaliado no ano 1, o escalão B no ano 2 e o escalão C no ano 3.

---

[35] Quanto ao fenómeno dos *Staggered Boards vide* ROBERT CHARLES CLARK, *Corporate Law*, USA, Aspen Law & Business, 1986, pp. 105 e 576; ROBERT MONKS E NELL MINOW, *Corporate Governance*, 4.ª ed., England, John Wiley & Sounds, 2008, p. 269.

O uso deste tipo de mecanismo é, segundo a jurisprudência norte--americana, contrário à faculdade legal de destituir os membros do conselho de administração sem justa causa[36]. Relembre-se que, para começar, nem todos os diplomas estaduais societários (*State Statutes*) preveem a possibilidade de destituição *ad nutum*, mas quando o façam e ao mesmo tempo permitam a existência de um *Staggered Board*, é assente que o uso da faculdade de previsão estatutária de um *Staggered Board* causa o desaparecimento do direito potestativo de destituição *ad nutum*[37]. Assim, quando exista um *Staggered Board*, só se podem destituir os membros do conselho de administração com justa causa – é essa a razão de ser da sua existência, ou seja, a de proteger os administradores e a de centralizar a gestão da sociedade no conselho de administração.

De facto, o fenómeno dos *Staggered Boards*, permitido e previsto na legislação estado-unidense, tem como função primeira a de centralizar, ainda mais, a governação das sociedades nos conselhos de administração – porque tem como consequência a restrição do direito de gestão que é conferido, de forma indireta, aos acionistas e que se exprime na possibilidade de destituição e eleição de novos administradores a todo o momento, independentemente da existência de justa causa.

Como sabemos, o fenómeno dos *Staggered Boards* não tem acolhimento no nosso ordenamento jurídico. O direito de destituição, *ad nutum*, dos administradores, previsto no n.º 1 do artigo 403.º do CSC, não pode, no nosso entender ser restringido pelos próprios acionistas[38], nem muito menos ser beliscado por qualquer decisão do órgão administrativo. Os acionistas mantêm sempre a possibilidade de substituir a administração

---

[36] *Vide* James Cox e Thomas Hazen, *Cox and Hazen on Corporations*, Vol. I, Second Edition, N.Y., Aspen Publishers, 2003, p. 449.

[37]) Vide Del. §141(h): *"Any director or the entire board of directors may be removed, with or without cause, by the holders of a majority of the shares then entitled to vote at an election of directors (…) except as follows:*
(1) Unless the certificate of incorporation otherwise provides, in the case of a corporation whose board is classified as provided in subsection (d) of this section, stockholders may effect such removal only for cause (…)" .

[38] Jorge Manuel Coutinho de Abreu, *Governação das Sociedades Comerciais*, 2.ª edição, Coimbra, Almedina, 2010, pp. 164 e ss. diz que se pode limitar, estatutariamente, a possibilidade de destituição aos casos em que haja justa causa. Nós achamos que o artigo 403.º é imperativo: o interesse de futuros acionistas de controlo (interessados na aquisição da maioria do capital social) depende dessa possibilidade. A referência de Coutinho de Abreu à doutrina americana parece-nos descontextualizada: os administradores devem ser independentes no ordenamento jurídico americano e devem fiscalizar os executivos. Se bem se reparar, os nossos administradores independentes, pertencentes à comissão de auditoria, só podem ser destituídos com justa causa – artigo 423.º-E.

a qualquer momento, independentemente da existência de justa causa: que só relevará para efeitos de indemnização do(s) administrador(es) destituído(s), conforme o n.º 5 do artigo 403.º[39].

4.2. Decisão Sobre as Atividades Compreendidas no Objeto Social

O objeto social consiste no conjunto de atividades económicas que os sócios propõem que a sua sociedade exerça (artigo 11.º, n.º 2). O objeto constitui, por outro lado, elemento necessário do pacto social [artigo 9.º, n.º 1, al. d)]. Os acionistas têm de fixar as atividades que a sociedade irá exercer, podendo as mesmas ser mais ou menos amplas, mas carecendo sempre de concretização[40].

O objeto social, enquanto conjunto de atividades que a sociedade se propõe exercer, levanta o problema de saber se o mesmo limita, por força da lei, a capacidade de gozo das sociedades comerciais. Existem divergências na doutrina portuguesa, pelo menos aparentes, quanto a saber se o objeto social limita, ou não, a capacidade de gozo das sociedades comerciais.

Uma posição consiste no entendimento de que a lei consagra, quanto às sociedades comerciais, uma capacidade de gozo específica: a sociedade só poderia ser titular dos direitos, e estar adstrita às obrigações, compatíveis com o seu fim que, por sua vez, coincidiria com as atividades que a

---

[39] Repare-se que, mesmo naqueles casos em que a sociedade tenha optado pelo modelo de governação dualístico ou germânico, em que a competência de nomear e destituir os administradores é atribuída ao Conselho Geral e de Supervisão, essa competência pode ser sempre retomada pelos acionistas através do mecanismo de alteração dos estatutos – *"(...) se tal competência não for atribuída nos estatutos à assembleia geral"* [artigo 441.º al. a)]. Ou seja, pode convocar-se uma assembleia geral em que a ordem de trabalhos preveja, por um lado, uma proposta de alteração estatutária seguida, por outro lado, de proposta de destituição dos membros do conselho de administração.

[40] Não concordamos com Oliveira Ascensão, *Direito Comercial. Sociedades Comerciais*, Vol. IV, Lisboa, 1993 (policopiado), pp. 37-40, quando diz que não existem interesses que imponham a especificação do objeto social. O interesse existente tem que ver com a proteção dos acionistas que, através do objeto, limitam a atuação do órgão administrativo. Neste sentido parece ir a lei no artigo 279.º n.º 5 quanto às sociedades constituídas por subscrição pública (sociedades abertas) e, principalmente, a al. b) do n.º 1 do artigo 42.º que impõe a nulidade do contrato de sociedade quando falte à mesma "menção (...) do objeto".

sociedade se propunha exercer e que, como tal, viriam indicadas no objeto social (interpretação dos artigos 6.º, n.º 1 e 11.º, n.º 3)[41].

Outra posição defendida é a de que a lei prevê uma capacidade de gozo genérica para as sociedades comerciais: em última análise, a sociedade poderá ser titular de todos os direitos, e estar adstrita a todas as obrigações, que não sejam incompatíveis com a personalidade jurídica, porque o fim da sociedade não se limita às atividades compreendidas no objeto da mesma (artigo 6.º n.º 4).

Importante de referir é que a generalidade dos autores, que se pronunciam a favor de uma capacidade de gozo genérica[42], ou limitada apenas por atos incompatíveis com a função lucrativa da sociedade[43], considera que o objeto social desempenha um importante papel na determinação da atuação do órgão de administração. Assim, o objeto social, enquanto atividades da sociedade fixadas estatutariamente, teria como função delimitar o campo de atuação do órgão administrativo. O campo de atuação do órgão de administração, enquanto órgão representativo da sociedade, estaria limitado, positivamente, pelas atividades da sociedade eleitas no objeto social e, negativamente, pela vedação da prática de certos atos que os acionistas fizessem constar dos estatutos.

Estaria em primeiro lugar, de acordo com a segunda tese, assegurar a proteção do comércio jurídico e a defesa dos terceiros que contratassem com a sociedade – que não veriam nulos os negócios que celebrassem com a sociedade e que, contudo, fossem além das atividades que a mesma se propusesse exercer. Mas, por outro lado, estaria também em causa a proteção dos acionistas (*maxime* minoritários) que teriam como válvula de escape a possibilidade de responsabilizar a administração pelos atos praticados contra o objeto social (artigos 6.º, n.º 4, 64.º e 72.º) ou de

---

[41] A capacidade de gozo específica das sociedades vem, ainda, referida nalguns manuais embora nos pareça que de maneira meramente descritiva, na medida em que o seu papel deixou de ser atuante, pelo menos a partir da transposição da Diretiva n.º 68/151/CEE, de 9 de Março de 1968, alterada pela Diretiva n.º 2003/58/CEE, de 15 de Julho, especialmente do seu artigo 9.º. Vide, contudo, a referência à capacidade de gozo específica em Pinto Furtado, *Curso de Direito das Sociedades*, 5.ª ed. (revista e atualizada), Coimbra, Almedina, 2004, pp. 277-279 e Paulo Olavo Cunha, *Direito das Sociedades Comerciais*, 4.ª ed., Coimbra, Almedina, 2010, pp. 80-82.

[42] António Menezes Cordeiro, *Direito das Sociedades – Das Sociedades em Geral*, I, 2.ª edição, Coimbra, Almedina, 2007, pp. 331-345.

[43] Jorge Manuel Coutinho de Abreu, *Curso de Direito Comercial. Das Sociedades*, Vol. II, 2.ª ed., Coimbra, Almedina, 2007, pp. 184-203; António Pereira de Almeida, *Sociedades Comerciais, Valores Mobiliários e Mercados*, 6.ª edição, Coimbra, Coimbra Editora, 2011, pp. 39-42; José Engrácia Antunes, *Direito das Sociedades*, 2.ª edição, Porto, 2011, pp. 238 e ss.

destituição dos membros da administração com justa causa (6.º, n.º 4, 64.º, 403.º e 430.º)[44].

Outro foi o caminho escolhido pelo direito societário norte-americano. O direito societário norte-americano optou por conceder às *Public Companies* uma capacidade de gozo genérica, superando os resquícios históricos da doutrina *ultra vires*, que outrora o teria influenciado[45].

De facto, os *State Statutes* mais recentes causaram o desaparecimento do problema subjacente ao objeto da sociedade, concedendo às sociedades poderes quase iguais àqueles das pessoas singulares e permitindo que elas se ocupem de qualquer linha, ou linhas, de negócios, contanto que sejam lícitas.

Diz a §102(a) do Delaware Corporation Code: *"The certificate of incorporation shall set forth:*

> *(...)*
>
> *(3) The nature of the business or purposes to be conducted or promoted. It shall be sufficient to state, either alone or with other businesses or purposes, that the purpose of the corporation is to engage in any lawful act or activity for which corporations may be organized under the General Corporation Law of Delaware, and by such statement all lawful acts and activities shall be within the purposes of the corporation, except for express limitations, if any; (...)."*[46]

Poderão as regras estatutárias de primeiro grau (*articles of incorporation*) limitar as atividades a exercer pela sociedade. Essas limitações, contudo, à semelhança do que sucede com o direito português, não afetam os terceiros que de boa-fé se relacionem com a sociedade[47]. São consideradas limitações do exercício do direito de administrar e, como tal, são limitações à

---

[44] José Engrácia Antunes, *Direito das Sociedades*, 2.ª edição, Porto, 2011, pp. 243 e ss.

[45] Robert Charles Clark, *Corporate Law*, USA, Aspen Law & Business, 1986, pp. 675-676; James Cox e Thomas Hazen, *Cox and Hazen on Corporations*, Vol. I, Second Edition, N.Y., Aspen Publishers, 2003, pp. 132-134.

[46] Ver MBCA §2.02: Ao abrigo deste diploma nem sequer se torna necessário que a sociedade tenha (melhor dizendo, especifique um) objeto; MBCA §3.01(a): "Every corporation incorporated under this Act has the purpose of engaging in any lawful business unless a more limited purpose is set forth in the articles of incorporation".

[47] *Vide* Del. §124: *"No act of a corporation and no conveyance or transfer of real or personal property to or by a corporation shall be invalid by reason of the fact that the corporation was without capacity or power to do such act or to make or receive such conveyance or transfer".*

atividade do órgão de administração, podendo impor a responsabilidade e destituição por justa causa dos seus membros[48].

O Código de Delaware prevê, para além do mais, um catálogo bastante extenso de atos e contratos que não podem ser postos em causa pelo objeto da sociedade, não podendo os promotores da sociedade fixar, nas cláusulas estatutárias de primeiro grau (*articles of incorporation*), limitações em sentido inverso[49].

A capacidade de gozo genérica das *Public Companies* norte-americanas é, sem sombra de dúvidas, bastante diferente daquela capacidade consagrada para as nossas sociedades comerciais, quando vejamos no artigo 6.º do CSC a consagração de capacidade específica de gozo para as sociedades comerciais (não importando sequer comparar, na medida em que as diferenças são particularmente impressivas).

Contudo, mesmo que consideremos que a capacidade de gozo das sociedades comerciais portuguesas é genérica, à semelhança do que sucede no direito societário norte-americano, a verdade é que ambos os direitos seguiram caminhos diferentes no que toca à delimitação do conceito de objeto social e, por conseguinte, à delimitação de poder do órgão administrativo.

Em primeiro lugar, porque o direito societário português exige que a sociedade tenha um objeto (determinado), ao contrário do que sucede com o direito societário norte-americano que nem sequer exige que a sociedade tenha um objeto, pelo menos determinado – ele poderá existir e consistir num elemento essencial mas ser apenas determinável, quando a sociedade determine que o seu objeto consiste na prossecução de todo o tipo de atividades, contanto que sejam lícitas[50/51].

Assim, quando não esteja previsto um objeto determinado, a determinação do objeto cabe ao conselho de administração que, ao gerir a sociedade, vai decidindo quais as atividades que a sociedade, de facto, exerce.

Mas, para além desta diferença de regime, a verdade é que a competência para alterar os estatutos reside na esfera de competências dos acionistas, no que à sociedade anónima diz respeito, ao passo que a competência de alteração das normas estatutárias de primeiro grau está dividida entre o órgão administrativo e os acionistas, no que às *public companies* diz

---

[48] JAMES COX E THOMAS HAZEN, *Cox and Hazen on Corporations*, Vol. I, Second Edition, N.Y., Aspen Publishers, 2003, pp. 165-171.

[49] *Vide* Del. §122.

[50] Neste caso, a já visitada norma da Del. §102(a)(3).

[51] JAMES COX E THOMAS HAZEN, *Cox and Hazen on Corporations*, Vol. I, Second Edition, N.Y., Aspen Publishers, 2003, pp. 132-133.

respeito. Como vimos anteriormente, cabe ao conselho de administração tomar a iniciativa de alterar as normas estatutárias de primeiro grau, tendo os acionistas um direito de veto nessa alteração[52].

Estas duas diferenças de regime entre as *public companies* e as sociedades anónimas demonstram que, mesmo no caso de se considerar que a sociedade anónima é dotada de uma capacidade de gozo genérica, o poder de determinar as atividades empresariais foi, no direito societário norte-americano, confiado ao órgão administrativo, ao passo que, no que ao direito societário português diz respeito, esse poder de determinar as atividades da sociedade foi confiado aos acionistas, que têm o poder de decidir quais as linhas de negócio que a sociedade vai, de facto e de direito, exercer.

4.3. Deslocação da Sede Social

A sede é, no direito societário português, um dos elementos essenciais do contrato de sociedade [artigo 9.º, n.º 1, al. e)]. O artigo 12.º n.º 2 permite que, salvo disposição contratual em contrário, a administração possa deslocar a sede dentro do território nacional. Esta permissão faz com que, se nada disser o contrato, a mudança de sede possa operar sem que desse facto resulte a aplicação das regras previstas para a alteração do contrato social, ou seja, sem que seja necessária a aplicação do artigo 85.º n.º 1 (primeira parte) que impõe a deliberação dos acionistas e que, através do seu n.º 2, por remissão para os artigos 383.º, nº 2 e 3, e 386.º, n.º 2, 3 e 4, impõe a observância de regras muito mais apertadas para a tomada dessas deliberações[53].

Note-se, contudo, que apesar de o poder de deslocação da sede social dentro do território nacional ser conferido de forma residual ao órgão administrativo da sociedade anónima, porque conferido na falta de previsão contratual, a verdade é que esse poder faz parte da esfera de competências próprias dos acionistas que poderão, através de uma alteração dos estatutos, «*avocar*» esse poder.

---

[52] ROBERT CHARLES CLARK, *Corporate Law*, USA, Aspen Law & Business, 1986, pp. 22-23, 94; LUCIAN BEBCHUK, "The case for increasing shareholder power", *in Harvard Law Review*, Vol. 118, number 3, Cambridge [MA]: The Harvard Law Review Association, 1887, (2005), pp. 843-847; JAMES COX E THOMAS HAZEN, *Cox and Hazen on Corporations*, Vol. III, Second Edition, N.Y., Aspen Publishers, 2003, pp. 1501 e ss.

[53] *Vide* ANTÓNIO MENEZES CORDEIRO, *Direito das Sociedades – Das Sociedades em Geral*, I, 2.ª edição, Coimbra, Almedina, 2007, pp. 460-462 e JOSÉ ENGRÁCIA ANTUNES, *Direito das Sociedades*, 2.ª edição, Porto, 2011, pp.231 e ss.

Já para que a sede seja deslocada para fora do território nacional será sempre necessária a deliberação dos acionistas, de acordo com as regras previstas no artigo 3.º n.º 4 e 5 (e artigo 12.º n.º 2 *a contrario*). Mas mais, essa deliberação dos acionistas é necessária, quer exista uma mudança de sede estatutária, quer a mudança diga respeito à sede real, na qual se encontra, efetivamente, o centro de decisão da empresa societária – conforme artigo 3.º, em especial o seu número 5[54]. E a razão de ser deste regime prende-se com a proteção que se pretende dar aos acionistas. De facto, com a escolha do critério da sede real e efetiva[55], para a determinação do estatuto pessoal das sociedades anónimas, quis a lei proteger, principalmente, os acionistas aos quais conferiu o poder de decisão do local dos centros de decisão das operações da sua sociedade[56].

Quanto ao regime instituído no direito societário norte-americano, importa ter em conta, como já tivemos a oportunidade de referir, que os EUA constituem um ordenamento jurídico complexo, ou seja, que cada Estado federado configura um sistema jurídico societário autónomo. Assim, a mudança de sede de uma *public company* americana de um Estado federado para outro, acaba por se assemelhar à mudança de sede de uma sociedade anónima portuguesa para outro Estado (Soberano).

---

[54] Neste sentido, Maria Ângela Bento Soares, "A transferência internacional da sede social no âmbito comunitário", *in Temas Societários*, obra coletiva, n.º2, Coimbra, IDET/Almedina, 2006, pp. 45-78 e José Engrácia Antunes, *Direito das Sociedades*, 2.ª edição, Porto, 2011, pp. 232-235.

[55] Questão interessante consiste em saber se o critério da sede real e efetiva, para a determinação do estatuto da pessoa coletiva, adotado pela legislação interna de alguns Estados-Membros, como é o caso Português, se continuará a revelar legítimo em face das normas da União Europeia, nomeadamente em face da Liberdade de Estabelecimento prevista nos artigos 49.º e 54.º do Tratado sobre o Funcionamento da União Europeia. Quanto a este aspecto, o Acórdão do TJUE, de 16.12.2008, processo n.º C-210/06 (Acórdão *Cartesio*), veio considerar legítimo o facto de o direito húngaro não permitir que uma sociedade mantenha o seu estatuto de sociedade de direito húngaro quando transfere a sua sede (efetiva) para um outro Estado-Membro. Sobre a evolução da jurisprudência europeia quanto ao critério da sede enquanto possível entrave à liberdade de estabelecimento prevista no Direito da União Europeia, *vide* Rui M. Pereira Dias, "O acórdão Cartesio e a liberdade de estabelecimento das sociedades", *in Direito das Sociedades em Revista*, Março de 2010, Ano 2, Vol. 3, Almedina, Coimbra, 2010, pp. 215-236.

[56] Baptista Machado, *Lições de Direito Internacional Privado*, 3.ª edição (Reimpressão 2009), Coimbra, Almedina, pp. 344 e ss. Luís Lima Pinheiro, *Direito Internacional Privado. Direito de Conflitos – Parte Especial*, Vol. II, Almedina, Coimbra, 2003, pp. 105 e ss. – apesar de destacar as funções do critério enunciado, o autor é, contudo, a favor do critério da constituição ou incorporação para a determinação do estatuto pessoal na medida em que, no seu entender, é o critério que mais favorece a segurança jurídica.

Assim, quanto à mudança de sede (dentro do próprio Estado federado) de uma *public company*, a competência de decisão está concentrada, de modo exclusivo, no conselho de administração[57]. É ao conselho de administração que cabe, enquanto órgão responsável pela gestão da sociedade, decidir sobre a transferência de sede da sociedade dentro do Estado federado onde se encontra incorporada a sociedade.

As Leis Estaduais são omissas, contudo, quanto à mudança de sede de uma *public company* para um diferente Estado federado. A mudança de sede para um diferente Estado é normalmente conseguida através da fusão da sociedade com uma nova sociedade incorporante constituída no Estado para o qual se quer deslocar a sociedade. Deste modo, ao abrigo do direito societário norte-americano a deslocação da sede para outro Estado requer a aprovação dos acionistas, mas apenas o conselho de administração a pode iniciar[58].

Contudo, não se pense que a mobilidade da sede da sociedade possa ser atingida pelo direito de veto dos acionistas no que respeita à deslocação de sede de uma sociedade para um diferente Estado federado.

De facto, foi consagrada, no ordenamento jurídico estado-unidense, a *teoria da constituição* (*incorporation theory*) na determinação do estatuto pessoal das pessoas coletivas, típica dos sistemas da família do *Common Law*[59]. Quer isto dizer que se aplica, a todas as matérias específicas da pessoa coletiva, o direito do Estado no qual tenha sido constituída a própria pessoa coletiva e no qual se encontre a sua sede estatutária (*registered office*). E esta teoria é condizente com a opção tomada, no direito societário norte-americano, de permitir que a sociedade possa ter uma sede fictícia, aquela da incorporação, num determinado Estado, reger-se segundo

---

[57] Del. §133: *"Any corporation may, by resolution of its board of directors, change the location of its registered office in this State to any other place in this State (...)"*; ver também MBCA §5.02 e §10.05. *Vide* James Cox e Thomas Hazen, *Cox and Hazen on Corporations*, Vol. I, Second Edition, N.Y., Aspen Publishers, 2003, pp. 410 e ss, em especial nota 5 (referente ao capítulo §9.04).

[58] Cfr. Lucian Bebchuk, "The case for increasing shareholder power", *in Harvard Law Review*, Vol. 118, number 3, Cambridge [MA]: The Harvard Law Review Association, 1887, (2005), p. 844-846.

[59] Cfr. Eugene Scoles et. Al., *Conflict of Laws*, 3.ª ed., Minnesota, West Group, 2000, pp. 1102 e ss. (os autores referem, contudo, que esta teoria tem sido atenuada em alguns Estados quando a sociedade tenha o seu *"place of business"* fora do local da sua constituição, sendo então considerada uma *"pseudo-foreign corporation"*); James Cox e Thomas Hazen, *Cox and Hazen on Corporations*, Vol. I, Second Edition, N.Y., Aspen Publishers, 2003, pp. 112-117.

as regras desse Estado, mas, contudo, ter uma sede efetiva e verdadeira num outro Estado[60] (fenómeno conhecido como o *Delaware Syndrome*).

Efetivamente, para que uma sociedade goze da aplicação do direito de um determinado Estado Federado, basta que lá tenha a sua sede estatutária (*registered office*), podendo, na grande maioria das vezes, não apresentar qualquer outro elemento de conexão com esse mesmo Estado.

A mobilidade da sede societária (ou da empresa) não é posta em causa pela falta de previsão de modalidades específicas para a transferência de sede societária entre os vários Estados, nem pelo direito de veto que os acionistas tenham quando essa mudança de sede assuma a forma de fusão. De facto, uma sociedade pode, por exemplo, constituir-se ao abrigo do direito de Delaware, reger a sua vida de acordo com a *Delaware Corporation Law* e ter, contudo, sede (real) num outro Estado qualquer (bem como ter as suas assembleias gerais e reuniões do conselho de administração noutro Estado). A transferência da sede efetiva das operações da sociedade é, nesse caso, da competência do órgão administrativo.

Assim, não só reside na competência (pelo menos última) dos acionistas a decisão de mudança da sede, no direito societário português – ao contrário do que sucede com o direito societário norte-americano, em que a mesma competência foi, por princípio, conferida ao conselho de administração (quando mais não seja, no que toca ao seu impulso inicial, *conditio sine qua non* quando a mudança de sede tome a forma de fusão) – como a mudança de sede efetiva continua a ser da competência (última) dos acionistas, no caso português – ao passo que essa mesma mudança (de *place of business*) não exige uma deliberação acionista, no que ao direito americano diz respeito.

4.4. Distribuição de Lucros

A finalidade de uma sociedade é o lucro: as atividades pelas quais as sociedades se movem podem ser diversas, mas todas terão, pelo menos

---

[60] Del. §131: "*(a) Every corporation shall have and maintain in this State a registered office which may, but need not be, the same as its place of business; (b) Whenever the term "corporation's principal office or place of business in this State" or "principal office or place of business of the corporation in this State," or other term of like import, is or has been used in a corporation's certificate of incorporation, or in any other document, or in any statute, it shall be deemed to mean and refer to, unless the context indicates otherwise, the corporation's registered office required by this section; and it shall not be necessary for any corporation to amend its certificate of incorporation or any other document to comply with this section.*"

tipicamente, em comum o facto de quererem/deverem, através das mais variadas atividades, atingir o lucro económico[61].

A decisão de distribuir lucros, ou não, é acima de tudo uma decisão de gestão e pode, sob o ponto de vista politico-legislativo, ser atribuída quer ao órgão administrativo da sociedade, quer ao órgão colegial dos acionistas.

A decisão de distribuição de lucros configura uma decisão de gestão e prende-se com a escolha do grau de distribuição de dividendos que mais maximize o valor dos acionistas e o valor da sociedade.

E, mais uma vez, esta decisão de gestão a que fazemos referência foi, nos dois ordenamentos jurídicos objeto da nossa análise, confiada a dois órgãos diferentes: no caso norte-americano decidiu confiar-se de um modo exclusivo e totalmente discricionário, a decisão de distribuição de lucros ao conselho de administração, já no caso português decidiu confiar-se, de um modo exclusivo, embora com discricionariedade parcialmente limitada, a decisão de distribuição de lucros à assembleia geral da sociedade.

Ao abrigo do direito societário norte-americano, o poder de distribuir lucros é da competência exclusiva do conselho de administração, e nenhuma deliberação por parte dos acionistas é necessária[62]. Assim, no que toca às decisões de distribuição de lucros, os acionistas têm não só ausência de competência relativamente à iniciativa de desencadear o processo de distribuição, mas também ausência de um poder de veto quanto à decisão da administração. A política de dividendos é vista como uma

---

[61] Existem Autores que dispensam o fim lucrativo como característica essencial da Sociedade, embora admitam tal característica como típica. FERRER CORREIA, defendendo *"um quadro conceitual mais amplo, susceptível de compreender todas as empresas coletivas que se proponham a exercer atividades económicas mercantis, embora o seu fim imediato não seja a obtenção de lucro"*, admitia a qualificação das *non profit making companies* como sociedades, argumentava que o Código Comercial incluía no conceito de sociedade as cooperativas – vide *Lições de Direito Comercial*, Reprint, Lex, Lisboa, 1994, pp. 216-218 e p. 338. PEDRO PAIS DE VASCONCELOS rejeita o fim lucrativo como característica essencial da Sociedade, lembrando a existência de sociedades instrumentais no seio de diversos grupos económicos – cfr. *A Participação Social nas Sociedades Comerciais*, Almedina, Coimbra, 2005, pp. 15 e ss. RUI PINTO DUARTE, no seguimento da recusa de recorrer ao artigo 980.º do Código Civil para definir as Sociedades Comerciais e com apoio na evolução do artigo 1832.º do Code Civil Francês, manifesta-se contra a restrição da figura da sociedade às entidades com fim lucrativo – cfr. *Escritos Sobre Direito das Sociedades*, Coimbra, Coimbra Editora, 2008, pp. 19 e ss.
[62] Cfr. Del. §170 (a): "The directors of every corporation, subject to any restrictions contained in its certificate of incorporation, may declare and pay dividends (...)"; MBCA §6.40.; ROBERT CHARLES CLARK, *Corporate Law*, USA, Aspen Law & Business, 1986, pp. 593 e ss. e LUCIAN BEBCHUK, "The case for increasing shareholder power", *in Harvard Law Review*, Vol. 118, number 3, Cambridge [MA]: The Harvard Law Review Association, 1887, (2005), pp. 847, 901-907;

matéria que deve estar exclusivamente reservada a um juízo de gestão e nem os acionistas nem os tribunais têm competência para apreciar o mérito das decisões de distribuição de lucros[63].

Já no que ao direito societário português diz respeito a decisão de distribuição de lucros foi exclusivamente atribuída à esfera de competências da assembleia geral. São os acionistas, em sede de assembleia geral anual, que decidem qual o montante de lucros distribuídos pela sociedade [artigo 31.º n.º 1 e 376.º, n.º 1, al. b)][64]. Ao conselho de administração caberá elaborar o relatório de gestão e as contas do exercício. As contas do exercício deverão espelhar a realidade financeira da sociedade, tendo em conta os sãos princípios da contabilidade, e o relatório de gestão, baseado na realidade demonstrativa das contas (que correspondem a uma declaração de ciência), deverá conter uma proposta de aplicação dos resultados, devidamente fundamentada. Esta proposta de aplicação de resultados não é, evidentemente, vinculativa para os acionistas que poderão deliberar uma aplicação dos resultados diversa daquela proposta pelo conselho de administração.

Esta decisão da assembleia geral é, embora supletivamente, apenas parcialmente discricionária como acima referimos: de facto, por força do n.º 1 do artigo 294.º, tem de ser obrigatoriamente distribuída aos acionistas metade do lucro do exercício que seja distribuível, *"salvo (i) diferente cláusula contratual ou (ii) deliberação tomada por maioria de três quartos dos votos (...)"*[65].

---

[63] Os tribunais só julgam aquelas decisões que ultrapassam a *business judgment rule* e que levam o tribunal a considerar certas decisões de não distribuição de dividendos como impróprias. *Vide* Robert Charles Clark, *Corporate Law*, USA, Aspen Law & Business, 1986, pp. 593 e ss.

[64] Contra a nossa posição e, no nosso entender, *contra legem* António Menezes Cordeiro, "A Directriz 2007/36, de 11 de Julho (Accionistas de Sociedades Cotadas): Comentários à Proposta de Transposição", *in Revista da Ordem dos Advogados*, Ano 68, Lisboa, Setembro/Dezembro, 2008, p. 541; Ver também, Comunicado do Presidente da Mesa da Assembleia Geral (António Menezes Cordeiro) da Portugal Telecom, SGPS, S.A.: *"PT Informa Sobre Decisão do Presidente da Mesa da Assembleia Geral Relativa a Requerimento Apresentado pela Telefónica"* de 21 de Junho de 2010, acessível em www.telecom.pt (acedido em 30 de Junho de 2011) – embora o caso objeto do comunicado seja diferente do objeto do presente número, alguns dos argumentos usados pelo Presidente da Mesa revelam a sua posição sobre o assunto que nos ocupa.

[65] Concordamos com Filipe Cassiano dos Santos, *A Posição do Accionista Face aos Lucros de Balanço – O direito do accionista ao dividendo no código das sociedades comerciais*, Coimbra, Coimbra Editora, 1996, pp. 87 e ss. em considerar que "a distribuição prevista no n.º 1 do art. 294.º opera sem necessidade de qualquer deliberação, ainda que só declarativa, pois a melhor interpretação do art. 31.º, n.º 1, é a de que os casos «expressamente previstos» de dispensa de deliberação para a distribuir bens aos sócios são aqueles em que a deliberação

A deliberação dos acionistas de distribuição dos lucros tem, contudo, que ser legal, não podendo derrogar as normas imperativas que se destinam, especialmente, à proteção dos credores da sociedade ou à própria proteção da confiança do público na estabilidade dos entes coletivos. E é, nesta sede, que o órgão de administração tem um papel fundamental, que consiste na fiscalização da legalidade da deliberação dos acionistas, não devendo executar tal deliberação quando a mesma seja, ou se possa tornar, ilícita em face do preceituado nos artigos 32.º e 33.º[66].

4.5. Remuneração dos Administradores

A determinação da remuneração dos administradores consiste, sem dúvida, numa importante decisão de gestão que as sociedades enfrentam, por força do potencial conflito entre o interesse dos administradores e o dos demais *stakeholders* – acionistas, trabalhadores, Estado e fornecedores – e pelo peso que a conta 631 do SNC - Remunerações dos Órgãos Sociais, pode ter na estrutura de custos da sociedade.

Ora, também quanto a esta decisão de gestão, sobre o *quantum* da remuneração dos administradores, seguiram os ordenamentos jurídicos societários sob análise caminhos diferentes.

De facto, se no direito societário norte-americano se conferiu o poder de fixar as remunerações dos administradores e dos executivos (*directors* e *officers*) ao conselho de administração (*Board of Directors*), já no direito societário português se decidiu conferir a competência última de fixação da remuneração dos administradores à assembleia geral.

Assim, na ausência de norma sobre o assunto, no direito societário dos Estados norte-americanos, entendia-se que o poder de fixação da remuneração dos administradores competia aos acionistas. Contudo, a maior parte das Leis Societárias Estaduais (*State Statutes*) preveem a atribuição de competência ao Conselho de Administração para fixar as remunerações dos próprios administradores e dos executivos – e é este o regime regra[67].

---

não é constitutiva da distribuição" (pp. 103-104); estranhamos também que os requisitos estabelecidos para a derrogação pontual do regime regra (deliberação de não distribuição) sejam bastante mais exigentes do que os requisitos estabelecidos para a derrogação definitiva do regime regra de distribuição (deliberação de alteração do pacto) (p. 91).

66 No mesmo sentido, ANTÓNIO MENEZES CORDEIRO, *Direito das Sociedades – Das Sociedades em Geral*, I, 2.ª edição, Coimbra, Almedina, 2007, pp. 610 e ss.

67 JAMES COX E THOMAS HAZEN, *Cox and Hazen on Corporations*, Vol. I, Second Edition, N.Y., Aspen Publishers, 2003, pp. 547 e ss.

Nesse sentido, diz a Secção §141(h) da Delaware Corporation Law que, *"salvo se houver alguma restrição prevista nas normas estatutárias de primeiro grau (Articles of Incorporation) ou nas normas estatutárias de segundo grau (Bylaws), o conselho de administração deverá ter a competência para determinar a remuneração dos administradores"*[68].

O poder conferido ao conselho de administração para, por sua vez, determinar o montante das remunerações dos executivos (*Officers*) é inerente à sua competência de nomeação dos mesmos.

A ideia subjacente à regra de fixação da remuneração dos administradores e dos executivos por parte do Conselho de Administração reside, em primeiro lugar, na constatação de que seria difícil serem os próprios acionistas a determinar a remuneração de cada um dos administradores e de cada um dos executivos, dada a dispersão normal de capital das *Public Companies* norte-americanas – e da falta de capacidade dos mesmos para a tomada de decisões de gestão – e, em segundo lugar, a ideia de que, sendo as remunerações dos executivos aquelas que, por natureza das suas funções e montante das suas remunerações, poderiam ir contra os interesses dos acionistas, bastava que fosse o Conselho de Administração a determiná-las, dado o seu papel de tutela dos interesses dos acionistas.

De facto, relativamente à remuneração dos executivos, a doutrina norte-americana maioritária vai no sentido de considerar que os administradores conseguem ter o distanciamento suficiente aquando da contratação dos executivos e aquando da fixação das suas remunerações[69] (posição conhecida como *Arm's Lenght Bargain Over Compensation*) – embora haja

---

[68] Embora a primeira parte da Secção citada pareça permitir a hipótese de os acionistas preverem, por intermédio de uma alteração estatutária (de segundo grau – Bylaws -, visto que a alteração estatutária de primeiro grau – articles of incorporation – está sempre dependente do impulso inicial do conselho de administração), a competência da assembleia geral para a fixação da remuneração dos administradores, tanto quanto consegui apurar, não houve sequer um caso de alteração nesse sentido. Agradeço ao Professor, de Harvard e Berkeley, Jesse Fried, que reforçou esta minha ideia, ao referir que também ele desconhecia qualquer caso em que tivesse havido uma alteração estatutária de segundo grau nesse sentido, embora concorde que da simples interpretação do preceito lhe pareça ser possível que os acionistas possam reservar o poder de fixação das remunerações dos administradores. Também neste sentido, James Cox e Thomas Hazen, *Cox and Hazen on Corporations*, Vol. I, Second Edition, N.Y., Aspen Publishers, 2003, pp. 409 – "Because the exact scope of such a transfer has not been litigated, it remains to be seen whether a court might nonetheless impose important limits on the ability of the shareholders to transfer fundamental board powers to themselves"; Ver MBCA § 8.11 e N.Y. § 713, 2, (e).

[69] Lucian Bebchuk e Jesse Fried, *Pay Without Performance – The unfulfilled promise of executive compensation*, Cambridge, Massachusetts, and London, England, Harvard University Press, 2004, p. 17.

inúmeros trabalhos recentes, de juristas e economistas proeminentes, que vão em sentido contrário[70].

Contudo, dada a existência de administradores internos ou executivos no Conselho de Administração, desde há algum tempo que se começou a sentir a necessidade de criação de Comissões de Vencimentos/Remunerações (*Compensation Committees*) dentro do próprio Conselho de Administração – compostas por uma maioria ou totalidade de administradores "independentes"[71].

Já o modelo de remuneração dos administradores, acolhido no ordenamento jurídico português, seguiu, pelo menos historicamente, um caminho diferente. De facto, a competência última para a fixação da remuneração dos administradores era, nas sociedades anónimas portuguesas, atribuída à esfera de competências da Assembleia Geral.

Convém, contudo, analisarmos os artigos 399.º, n.º 1 – referente à remuneração dos administradores das sociedades de sistema orgânico tradicional ou monista –, e 429.º, n.º 1, do CSC – referente à remuneração dos administradores das sociedades de tipo germânico – nas versões de 1986[72] e de 2006[73], para percebermos as mudanças que o modelo da remuneração dos administradores sofreu no ordenamento jurídico português.

Dispunha o artigo 399.º, n.º 1, na versão de 1986, que competia "*à assembleia geral dos acionistas ou a uma comissão de acionistas por aquela nomeada fixar as remunerações de cada um dos administradores, tendo em conta as funções desempenhadas e a situação económica da sociedade*".

Já com a reforma de 2006 passou este mesmo artigo a dispor que "*Compete à assembleia geral de acionistas ou a uma comissão por aquela nomeada fixar as remunerações de cada um dos administradores, tendo em conta as funções desempenhadas e a situação económica da sociedade*"[74].

---

[70] Veja-se, essencialmente, Lucian Bebchuk e Jesse Fried, *Pay Without Performance – The unfulfilled promise of executive compensation*, Cambridge, Massachusetts, and London, England, Harvard University Press, 2004, pp. 1-279 e os exemplos aí dados.

[71] Robert Charles Clark, *Corporate Law*, USA, Aspen Law & Business, 1986, p. 194 e Lucian Bebchuk e Jesse Fried, *Pay Without Performance – The unfulfilled promise of executive compensation*, Cambridge, Massachusetts, and London, England, Harvard University Press, 2004, em especial pp. 24-25; *Vide* NASD Rule 4350 acessível em: http://www.nasdaq.com/about/CorporateGovernance.pdf; Ver NYSE Listed Company Manual Rule 303A acessível em http://nysemanual.nyse.com/lcm/.

[72] Decreto-Lei n.º 262/86, de 2 de Setembro.

[73] Decreto-Lei n.º 76-A/2006, de 29 de Março.

[74] Ao contrário do referido por Menezes Cordeiro e por Armando Manuel Triunfante *a sua redação após reforma* (em muito) *difere ao que existia anteriormente* – Vide António Menezes Cordeiro, *Código das Sociedades Comerciais Anotado*, 2.ª ed., Coimbra, Almedina, 2011, pp.

Quanto ao artigo 429.º, n.º 1, o mesmo dispunha, na versão de 1986, o seguinte: *"A remuneração dos directores é estabelecida pelo conselho geral, tendo em conta as funções desempenhadas e a situação económica da sociedade".*

Com a reforma de 2006, o mesmo artigo passou a dispor: *"À remuneração dos administradores aplica-se o disposto no artigo 399.º, competindo a sua fixação ao conselho geral e de supervisão ou a uma sua comissão de remuneração ou, no caso em que o contrato de sociedade assim o determine, à assembleia geral de acionistas ou a uma comissão por esta nomeada".*

Assim, se na versão do artigo 399.º, n.º 1, de 1986 a remuneração dos administradores das sociedades que adotassem um dos sistemas orgânicos monistas era fixada por deliberação da assembleia geral ou por deliberação de uma comissão <u>de acionistas</u> por aquela nomeada, já hoje, desde a reforma de 2006, deixou de ser necessário que a comissão de remuneração, prevista no mesmo artigo, seja composta por acionistas.

Já no que às sociedades de tipo germânico diz respeito, a determinação da remuneração dos seus administradores era da competência exclusiva do Conselho Geral. Contudo, a partir da reforma de 2006 tal competência passou a estar supletivamente cometida ao Conselho Geral e de Supervisão ou a uma <u>sua</u> Comissão de Remuneração, podendo os acionistas prever nos estatutos que essa competência seja atribuída à Assembleia Geral ou a uma Comissão por esta nomeada.

Se relativamente ao primeiro preceito citado se foi no sentido de enfraquecer a influência histórica dos acionistas na determinação da remuneração dos administradores, já no que toca ao segundo preceito analisado se pareceu reforçar essa mesma influência dos acionistas – ao permitir que possam ser eles próprios a fixar diretamente a remuneração dos administradores no tipo de sociedades germânico.

Os preceitos citados são, como refere Coutinho de Abreu, imperativos, sendo nulas as deliberações dos sócios que introduzam no estatuto social a possibilidade de o conselho de administração determinar a remuneração dos seus membros [art. 56.º, n.º 1, al. d)], bem como a deliberação dos administradores que fixe as respetivas remunerações [artigo 411.º, n.º 1, al. c) e 433.º, n.º 1][75].

E será possível que as Comissões de Remuneração, previstas nos artigos 399.º, n.º 1, e 429.º, n.º 1, tenham, na sua composição, um ou mais administradores (independentes)? No nosso entender não, sob pena

---

1064-1065 (anotação do art. 399.º); Armando Manuel Triunfante, *Código das Sociedades Comerciais Anotado*, Coimbra, Coimbra Editora, 2007, p. 390 (anotação do art. 399.º).

[75] Seguimos o pensamento de Jorge Manuel Coutinho de Abreu, *Governação das Sociedades Comerciais*, 2.ª edição, Coimbra, Almedina, 2010, p. 84.

de existência de um claro conflito de interesses. Essa proibição é nítida quando a Comissão de Remuneração seja criada, nos termos do artigo 429.º, n.º 1, pelo Conselho Geral e de Supervisão. A expressão *"uma sua comissão"* indica claramente que os membros da comissão são por inerência membros do Conselho Geral e de Supervisão e terão, como tal, que cumprir com os requisitos de independência estabelecidos para os próprios membros do Conselho Geral e de Supervisão – veja-se, em especial, o artigo 414.º-A, n.º 1, al. b) *ex vi* 434.º, n.º 4. Ora, não vemos razão para que estes requisitos de independência não sejam aplicados analogicamente às Comissões de Remuneração que sejam criadas pelas outras formas previstas nos artigos em questão, mesmo quando os membros dessas Comissões tenham sido eleitos em sede de Assembleia Geral[76].

Aqui chegados, cumpre concluir que as diferenças entre os modelos de remuneração previstos nos dois ordenamentos jurídicos são particularmente impressivas. Se no modelo norte-americano se decidiu confiar a determinação da remuneração dos administradores (*directors*) e dos executivos (*officers*) ao próprio Conselho de Administração, já no modelo português se reservou a competência última para a determinação da remuneração à Assembleia Geral, jamais se permitindo, no nosso entender, que um ou mais administradores possam ter influência direta na determinação das suas remunerações.

4.6. A Dissolução da Sociedade

A dissolução – tomada em sentido amplo, ou seja, como culminar de um processo complexo de factos jurídicos conducentes à extinção da sociedade – representa o efeito jurídico extintivo da personalidade jurídica e de todas as relações jurídicas pela sociedade criadas ou a esta ligadas por força da sua dimensão contratual.

Por outro lado, a dissolução – tomada em sentido estrito, ou seja, na aceção do artigo 146.º, n.º 1, do Código das Sociedades Comerciais – consiste na modificação da relação jurídica constituída pelo contrato de sociedade[77].

---

[76] Não será, pois, só meramente aconselhável que estas comissões sejam compostas por administradores independentes ao contrário do que sugere JORGE MANUEL COUTINHO DE ABREU, *Governação das Sociedades Comerciais*, 2.ª edição, Coimbra, Almedina, 2010, p. 85.

[77] RAÚL VENTURA, *Dissolução e Liquidação das Sociedades – Comentário ao Código das Sociedades Comerciais*, Coimbra, Almedina, 1987, pp. 28-29; ANTÓNIO PEREIRA DE ALMEIDA, *Sociedades Comerciais, Valores Mobiliários e Mercados*, 6.ª edição, Coimbra, Coimbra Editora, 2011, p. 887; JOSÉ ENGRÁCIA ANTUNES, *Direito das Sociedades*, 2.ª edição, Porto, 2011, pp. 68-69.

A dissolução, sob este último ponto de vista, representa o efeito gerado por um qualquer facto modificativo previsto na lei ou no contrato de sociedade, correntemente chamado de *causa de dissolução*, pelo qual a sociedade – embora (ainda) se não extinguindo – entra em fase de liquidação.

Para o objeto deste artigo interessa especialmente averiguar a possibilidade de existência, nos ordenamentos jurídicos sob análise, de uma causa de dissolução legal que consista na deliberação social pela qual os sócios da sociedade decidam iniciar o processo complexo de extinção da sociedade.

A decisão de pôr um fim à sociedade é sem dúvida uma importante decisão de gestão. Ela está funcionalizada à cessação da personalidade jurídica da sociedade e, como tal, à cessação da atividade económica por si, até então, exercida.

Mais uma vez, contudo, seguiram os dois ordenamentos jurídicos caminhos separados no que concerne à previsão da possibilidade de os acionistas, *sua sponte*, decidirem pôr um fim à sociedade e às atividades económicas por esta exercidas.

De facto, se no direito societário português se consagrou a possibilidade de a sociedade se dissolver, de forma imediata, mediante deliberação dos sócios, já no direito societário norte-americano se condicionou essa possibilidade à prévia deliberação do conselho de administração.

Assim, a alínea b) do n.º 1 do artigo 141 do CSC prevê, como causa de dissolução imediata, a deliberação dos sócios consistente na manifestação da vontade de dissolver a sociedade.

Por outro lado, no que ao direito societário norte-americano diz respeito, a maioria dos direitos estaduais (*State Statutes*) requerem a aprovação prévia do conselho de administração para que os acionistas possam votar uma proposta de dissolução da sociedade[78].

De facto, a decisão de dissolução requer, na maioria dos casos, a aprovação dos acionistas por deliberação formada por uma maioria simples das ações com direito de voto, mas a deliberação só pode existir quando tenha por base uma proposta do conselho de administração.

4.7. A Fusão de Sociedades

O CSC prevê, no artigo seu 97.º, n.º 4, duas modalidades pelas quais a fusão se pode realizar: a) Mediante a transferência global do património

---

[78] Ver, a título de exemplo Del. § 275 e MBCA § 14.02; Robert Charles Clark, *Corporate Law*, USA, Aspen Law & Business, 1986, pp. 105-106; James Cox e Thomas Hazen, *Cox and Hazen on Corporations*, Vol. III, Second Edition, N.Y., Aspen Publishers, 2003, pp. 1530, 1532.

de uma ou mais sociedades para outra; b) Mediante a constituição de uma nova sociedade, para a qual se transferem globalmente os patrimónios das sociedades fundidas[79].

A doutrina societária norte-americana distingue em termos conceptuais a *Consolidation* – operação pela qual duas ou mais sociedades formam uma nova sociedade, correspondente à nossa fusão por constituição de nova sociedade – e a *Merger* – operação pela qual uma ou mais sociedades são absorvidas por outra sociedade (*the surviving corporation*) que continua a sua existência combinando a sua atividade económica com a atividade anteriormente desenvolvida pelas sociedades extintas (*merged corporations*), correspondente à nossa fusão por incorporação.

Embora haja esta distinção conceptual entre as duas formas de Combinação Societária enunciadas, a verdade é que os direitos estaduais norte-americanos (*State Statutes*) preveem, tanto para a *Consolidation* como para a *Merger*, normalmente, os mesmos requisitos procedimentais e os mesmos efeitos legais[80].

Os procedimentos societários previstos para a *Merger* e a *Consolidation*, no direito societário norte-americano[81] são, na sua essência, os mesmos procedimentos que o nosso Código das Sociedades faz prever para as duas formas de fusão (por incorporação ou por constituição de nova sociedade) nele previstas: i) a negociação e aprovação de um projeto (de acordo) de fusão (ou de consolidação) entre os conselhos de administração das sociedades que pretendam fundir-se – artigo 98.º CSC; ii) a submissão desse projeto (de acordo) de fusão à aprovação por parte dos acionistas de ambas as sociedades – artigo 100.º, n.º 2 e 102.º CSC; e iii) a celebração do contrato[82] formal de fusão por parte dos administradores (ou execu-

---

[79] Correspondente ao conceito de fusão consagrado na Terceira Diretiva 78/855/CEE do Conselho, de 9 de Outubro de 1978, fundada na alínea g) do n.º 3, do artigo 54.º, do Tratado e relativa à fusão das sociedades anónimas – Cfr. Artigo 2.º "*Os Estados-membros regulamentarão, para as sociedades reguladas pela sua legislação, a fusão mediante incorporação de uma ou várias sociedades numa outra e a fusão mediante a constituição de uma nova sociedade*".

[80] O MBCA §11.02 (a) tem um conceito de *merger* suficientemente amplo que abarca as duas modalidades referidas (não as distinguindo); Já o Del. §251 distingue a modalidade de *Merger* da modalidade de *Consolidation; Vide* JAMES COX E THOMAS HAZEN, *Cox and Hazen on Corporations*, Vol. III, Second Edition, N.Y., Aspen Publishers, 2003, pp. 1330-1331.

[81] *Vide* Del. §251 e ss. e MBCA §11.01 e ss.; JAMES COX E THOMAS HAZEN, *Cox and Hazen on Corporations*, Vol. III, Second Edition, N.Y., Aspen Publishers, 2003, pp. 1334-1340.

[82] RAÚL VENTURA, *Fusão, Cisão, Transformação de Sociedades – Comentário ao Código das Sociedades Comerciais*, Coimbra, Almedina, 1990, p. 160-161.

tivos no caso norte-americano) com poderes suficientes para vincular a sociedade[83] – artigo 106.º, n.º 1.

Não obstante serem os passos procedimentais os mesmos, na sua essência, há, contudo, dois pormenores jurídicos que diferenciam a fusão (por incorporação e por constituição de nova sociedade), no ordenamento jurídico português, da fusão (*Merger* e *Consolidation*) no ordenamento jurídico norte-americano, que consistem na resposta dada às seguintes perguntas: a) qual a força jurídica da deliberação dos acionistas tomada em sede de assembleia geral que aprove o projeto de fusão proposto pelo conselho de administração?; b) será necessária a adoção de todos os passos procedimentais que se descreveram quando a operação de fusão, por força da dimensão das sociedades que se querem fundir, não importe alterações significativas no estatuto societário dos acionistas, inerente às respetivas participações no capital da sociedade?

E a resposta dada a cada uma destas questões é diferente nos ordenamentos jurídicos objeto da nossa análise.

Assim, decorre da leitura conjugada dos artigos 102.º e 106.º CSC que não só não tem o conselho de administração (de cada uma das sociedades que se queiram fundir) qualquer discricionariedade na execução da deliberação da assembleia geral que aprove o projeto de fusão, como tem mesmo o dever de proceder efetivamente a essa execução[84]. Esta interpretação é confirmada pela possibilidade de a assembleia geral poder votar, inclusivamente, a adoção (que vinculará o conselho de administração) do projeto de fusão, mesmo nos casos em que a administração venha a propor a rejeição desse projeto por força de uma *mudança relevante* entretanto ocorrida – pois qual seria o fundamento da permissão dada à assembleia geral para votar a proposta de fusão quando tivesse ocorrido tal mudança, nos termos e para os efeitos do número 2 do artigo 102.º?

Já no direito societário norte-americano se entende que a deliberação tomada pelos acionistas sobre o projeto de fusão só será vinculativa quando a mesma for no sentido de rejeitar a fusão – caso em que os admi-

---

[83] Raúl Ventura, *Fusão, Cisão, Transformação de Sociedades – Comentário ao Código das Sociedades Comerciais*, Coimbra, Almedina, 1990, p. 159 – "Manifestamente não pretende a lei que a escritura seja outorgada por cada uma das administrações em bloco, mas apenas pelos membros da administração bastantes para vinculação da sociedade".

[84] Cfr. Raúl Ventura, *Fusão, Cisão, Transformação de Sociedades – Comentário ao Código das Sociedades Comerciais*, Coimbra, Almedina, 1990, p. 160 e 161 – "*os administradores, ao outorgarem o acto de fusão não gozam de qualquer discrição pois limitam-se a executar as deliberações tomadas pelos sócios e até mesmo têm o dever de proceder a essa execução*"; "*Os administradores outorgam o acto, porque têm o dever de executar as deliberações das respectivas sociedades e só podem executá-las nos precisos termos em que foram tomadas*".

nistradores não poderão celebrar o contrato de fusão. Contudo, a maior parte dos direitos estaduais norte-americanos (*State Statutes*) prevê a possibilidade de, ao contrário do que sucede no direito societário português, após aprovação do projeto de fusão pelos acionistas, o conselho de administração poder vir a não celebrar, por sua iniciativa, o contrato de fusão[85].

O poder deliberativo dos acionistas sobre a fusão das suas sociedades é tido como um poder de veto: eles só podem condicionar a decisão de fusão negativamente – impedindo a operação. Contudo, a decisão final sobre a celebração do contrato de fusão e conclusão da operação – enquanto decisão de gestão – está exclusivamente atribuída à esfera decisória do conselho de administração.

Por outro lado, para que a operação jurídica, que dá pelo nome de fusão, se conclua validamente, necessário se torna, no ordenamento jurídico português, que todos os requisitos procedimentais sejam observados. E os requisitos procedimentais, que a lei prevê para que a fusão se forme validamente, não contemplam – no direito societário português – qualquer exceção.

Imaginemos uma Sociedade (A) que opera uma cadeia de vinte supermercados espalhados pelo território nacional que quer incorporar, por meio de fusão, uma Sociedade (B) que opera uma pequena mercearia num típico bairro lisboeta. Pode muito bem suceder que, dada a dimensão de cada uma das sociedades, a eventual fusão entre ambas não importe, para a Sociedade A, qualquer alteração *significativa* no estatuto dos seus acionistas, em termos de proporção das suas participações no capital da sociedade, por força da integração das novas participações sociais dadas aos acionistas da Sociedade B como contrapartida da fusão. Exemplo mais óbvio é o de as ações dadas aos acionistas da Sociedade B, como contrapartida da fusão, serem *ações próprias* da Sociedade A (incorporante) – o que não alteraria sequer a percentagem da participação detida pelos acionistas da Sociedade A no capital social (porque não importaria um aumento de

---

[85] Cfr. James Cox e Thomas Hazen, *Cox and Hazen on Corporations*, Vol. III, Second Edition, N.Y., Aspen Publishers, 2003, p. 1336 – ao que parece são dois terços dos Estados que permitem que o conselho de administração abandone a fusão mesmo quando esta tenha sido aprovada pelos acionistas; Ver MBCA § 11.08. e Del. § 251: *"(d) Any agreement of merger or consolidation may contain a provision that at any time prior to the time that the agreement (or a certificate in lieu thereof) filed with the Secretary of State becomes effective in accordance with § 103 of this title, the agreement may be terminated by the board of directors of any constituent corporation notwithstanding approval of the agreement by the stockholders of all or any of the constituent corporations".*

capital da sociedade incorporante)[86], embora, por força do facto de os direitos inerentes às ações próprias se encontrarem suspensos, essa operação tenha sempre como efeito a restrição da amplitude dos direitos sociais inerentes às participações detidas pelos acionistas da Sociedade A.

Ora, parece que a nossa lei – embora refira que a deliberação dos acionistas deva ser tomada nos termos prescritos para a alteração do capital social[87] – não admite qualquer restrição especial ou excecional aos requisitos procedimentais necessários para que a operação de fusão se conclua validamente (especialmente no que à exigência de deliberação dos acionistas diz respeito).

Já o direito societário norte-americano seguiu rumo diferente no que concerne à decisão de fusão quando, estando em causa uma decisão de gestão, nem por isso venham a ser (especialmente) afetados os direitos de cada um dos acionistas das sociedades incorporantes[88].

De facto, a mais recente tendência dos direitos estaduais norte-americanos tem sido a de incluir uma exceção ao direito de voto dos acionistas, quando a fusão tenha por objeto uma pequena *aquisição*, no que à sociedade incorporante diz respeito. Esta exceção faz com que as *mergers* e as *consolidations* possam validamente concluir-se sem que haja necessidade de consulta prévia dos acionistas da sociedade incorporante[89], desde que uma série de pressupostos legais estejam verificados[90].

Existem, portanto, diferenças significativas no que à competência para a tomada da decisão de fusão diz respeito. No direito societário português atribuiu-se a competência para a tomada de decisão de fusão aos acio-

---

[86] Cfr. Raúl Ventura, *Fusão, Cisão, Transformação de Sociedades – Comentário ao Código das Sociedades Comerciais*, Coimbra, Almedina, 1990, p. 67.

[87] Esta disposição parece estar pensada para os casos em que a fusão se faz, como sucede na maior parte das vezes, com recurso a um aumento de capital – que importa por sua vez uma alteração do contrato de sociedade. De fato, poder-se-ia argumentar, pondo por hipótese sem conceder, no sentido de que estas exigências não fossem aplicadas quando não fosse necessário um aumento de capital.

[88] Cfr. Robert Charles Clark, *Corporate Law*, USA, Aspen Law & Business, 1986, pp. 414-418.

[89] Incluindo neste conceito aquelas sociedades que se extinguem, nas consolidações, mas cujos acionistas permanecerão na nova sociedade com uma participação social equivalente no novo capital da sociedade então constituída.

[90] Cfr. James Cox e Thomas Hazen, *Cox and Hazen on Corporations*, Vol. III, Second Edition, N.Y., Aspen Publishers, 2003, pp. 1338-1339; A Secção 11.03(g) do MBCA diz que se o número de ações com direito de voto da sociedade sobrevivente após a fusão não exceder o número das ações com direito de voto dessa mesma sociedade antes da fusão em mais de 20%, e certas outras condições se verifiquem, não será necessária votação dos acionistas quanto ao plano de fusão. A Lei de Delaware tem uma norma semelhante [§251(f)].

nistas, ainda que os mesmos não sejam (substancialmente) afetados pela decisão de fusão, e, quando tomada essa decisão de fusão, jamais poderá o conselho de administração desrespeitar a manifestação de vontade dos acionistas decidindo, por sua iniciativa e discricionariedade, não celebrar o contrato de fusão.

Mesmo quando os acionistas decidam aceitar o projeto de fusão com algumas modificações, parece estar o Conselho de Administração obrigado a negociar o projeto alterado com o Conselho de Administração de cada uma das outras sociedades que se querem fundir – pois embora a qualquer modificação corresponda a rejeição da proposta (n.º 3 do artigo 102.º), ainda assim se permite, no caso de mudança relevante entretanto ocorrida (que pode ser suscitada por um acionista), que a assembleia geral delibere a) sobre a proposta inicial aceitando-a (o que obrigará o Conselho de Administração a celebrar o contrato de fusão nos termos do seu projeto inicial) ou sobre a renovação do processo de fusão (que obrigará, neste caso, o conselho de administração a renegociar, nos termos deliberados, um novo projeto de fusão) – n.º 2 do artigo 102.º.

4.8. Venda de Ativos

Vimos nos números anteriores que os acionistas das sociedades anónimas portuguesas têm, normalmente, um poder decisório muito maior no que a certas decisões de gestão fundamentais diz respeito, por comparação com o poder decisório dos acionistas das *public companies* norte americanas.

Há, contudo, uma decisão de gestão fundamental relativamente à qual os ordenamentos jurídicos em comparação seguiram um caminho paradoxalmente diverso relativamente à tendência que identificámos anteriormente.

É que, quanto à decisão de venda de ativos, o ordenamento societário norte-americano confere aos seus acionistas uma competência decisória muito maior do que aquela que o nosso ordenamento societário, aparentemente, confere aos acionistas das sociedades anónimas.

De facto, o nosso ordenamento societário parece nem sequer conferir qualquer competência decisória aos acionistas no que à decisão de venda de ativos da sociedade diz respeito.

A lógica inerente à distribuição de competências orgânicas, no que à decisão de compra e venda de ativos diz respeito, é a de que sendo a sociedade uma pessoa diversa das pessoas singulares que formam o seu substrato, tendo um património autónomo do património dos seus acionistas e tendo como órgão de vinculação, representação e gestão o Conselho de Administração, competirá a este último, e não aos acionistas, qualquer tomada de decisão relativamente à compra e venda de ativos pela sociedade.

Esta competência do Conselho de Administração relativa à compra e venda de ativos é, como vimos, no nosso ordenamento jurídico e de acordo com a doutrina maioritária, uma competência exclusiva, que não pode sequer ser restringida pelo contrato de sociedade[91].

Já o direito societário norte-americano seguiu um caminho diferente daquele seguido pelo direito societário português – desta vez, conferindo uma maior proteção aos acionistas do que a conferida pelo direito societário português.

A ideia subjacente à proteção conferida aos acionistas, pelo direito societário norte-americano, nalgumas decisões de venda de ativos é exatamente igual àquela que subjaz à proteção dos acionistas das sociedades *adquiridas* por meio de fusão: súbitas e deliberadas grandes mudanças societárias (que sejam iniciadas pela administração) que afetem os interesses dos acionistas devem ser aprovadas ou ter o consentimento da maioria dos acionistas[92].

A análise dogmática feita pela doutrina norte-americana relativa à decisão de venda de ativos é feita normalmente em simultâneo com a análise dogmática da decisão de fusão – dadas as semelhanças societárias entre as duas operações jurídicas e os interesses em jogo[93].

Se bem repararmos a operação pela qual se procede à alienação de (parte substancial dos) ativos de uma sociedade apresenta semelhanças com outras operações societárias relativamente às quais a lei concedeu competência decisória aos acionistas.

Em primeiro lugar, alienação de uma empresa pode ser operada através de dois tipos matriciais de negócios jurídicos: (i) um negócio de tipo indireto – *'Share Deal'* – que consiste na aquisição das participações sociais suficientes de uma sociedade que atribuam ao seu adquirente/titular o controlo da empresa que a sociedade, por sua vez, detém; e (ii) um negó-

---

[91] Alguma doutrina Italiana admite que em assuntos de particular importância para a empresa social a administração esteja vinculada a solicitar aos acionistas uma deliberação, exemplos em PEDRO MAIA, *Função e Funcionamento do Conselho de Administração da Sociedade Anónima*, "Stvdia Ivridica 62", Coimbra, Coimbra Editora, 2002, pp. 163 e ss. (Nota 228).

[92] ROBERT CHARLES CLARK, *Corporate Law*, USA, Aspen Law & Business, 1986, p. 414.

[93] ROBERT CHARLES CLARK, *Corporate Law*, USA, Aspen Law & Business, 1986, pp. 414 e ss.; JAMES COX E THOMAS HAZEN, *Cox and Hazen on Corporations*, Vol. III, Second Edition, N.Y., Aspen Publishers, 2003, pp. 1308 e ss.

cio de tipo direto – 'Asset Deal' – que consiste na aquisição da própria empresa enquanto universalidade de posições, ou seja, de direitos e obrigações[94]. Neste segundo caso, a competência decisória para a consumação da operação reside na (suposta) esfera exclusiva de competências do Conselho de Administração. Já no primeiro caso a competência decisória é, naturalmente, conferida ao titular das participações sociais que se vendem para a consumação do negócio.

Em segundo lugar, a operação pela qual sejam vendidos todos os ativos de uma sociedade, apresenta semelhanças com a operação de dissolução da sociedade. De facto, a decisão de dissolver a sociedade faz parte (no direito societário português) da esfera de competências dos acionistas e é uma decisão que não importa qualquer concordância por parte do Conselho de Administração que deve, simplesmente, acatar e executar tal decisão que terá, por sua vez, como finalidade distribuir os bens da empresa pelos acionistas – na liquidação – para cuja distribuição necessário se tornará, na maioria das vezes, vender a totalidade dos ativos.

Em terceiro lugar, a operação de venda de todos os ativos de uma sociedade apresenta semelhanças com a operação jurídica de fusão, especialmente naquelas operações em que estejam envolvidas sociedades de dimensão diferente. Nessas operações de fusão os acionistas da sociedade *adquirida* decidem trocar as suas participações sociais, e inerente controlo dos ativos que lhes subjazem, por participações numa sociedade diversa. A sociedade *adquirida* deixa, por sua vez, de existir, cessando a sua atividade.

Para além do mais, recorde-se que a competência para decidir o objeto social – ou seja, para decidir as atividades económicas que a sociedade desenvolverá – reside (no direito societário português) na esfera de competências dos acionistas. Ora, quando uma sociedade venda a maior parte dos seus ativos, embora essa operação tenda a ser neutra sob o ponto de vista patrimonial – trocam-se ativos (p. ex. uma fábrica – imóvel e maquinaria) por ativos (p. ex. dinheiro) –, essa decisão pode implicar, implicitamente, uma redução (ou mesmo extinção) da atividade empresarial da sociedade, discordante com a decisão empresarial contida na escolha do objeto social. De facto, se uma sociedade vender parte substancial dos seus ativos deixa, caso não venha a adquirir outros do mesmo género, de poder desenvolver a atividade económica que os acionistas se tinham proposto desenvolver com a escolha de objeto social, relativamente ao qual a administração se encontrava adstrita.

---

[94] Cfr. José Engrácia Antunes, "A empresa como objecto de negócios – 'Asset Deals' Versus 'Share Deals'", *In ROA*, 68, Lisboa, Setembro/Dezembro 2008, pp. 715 e ss.

Ora, independentemente de todas estas considerações, a nossa doutrina maioritária entende, como vimos, que a decisão de venda de ativos pertence à competência decisória do Conselho de Administração, não podendo os acionistas restringir essa mesma competência através da previsão de uma cláusula no contrato de sociedade, considerando, por outro lado, não haver qualquer obrigação de consulta dos acionistas por parte do Conselho de Administração nos casos de venda de ativos da sociedade.

De facto, é esta doutrina hiperbolizada, defensora da ideia de que o Conselho de Administração deve ter um poder exclusivo para gerir a sociedade anónima, que acaba por estar na base das atuais alíneas g), h, i) e j) do artigo 406.º, que foram acrescentadas na revisão final do Projeto do Código das Sociedades Comerciais, de forma a contraditar a doutrina de Pinto Furtado, segundo a qual as decisões sobre «matéria importante» da Sociedade deveriam caber à assembleia[95].

Já o direito societário norte-americano preferiu seguir outro caminho. Em primeiro lugar, reconhece a doutrina que existe no direito societário americano um princípio geral da *common law* que consiste na proibição de o conselho de administração, salvo norma em contrário, vender todos (ou quase todos) os ativos da sociedade fazendo cessar, desse modo, o negócio que a sociedade vinha desenvolvendo até então. Este princípio geral faria com que, na ausência de normas estaduais (*State Statutes*) em contrário, a alienação de todos (ou quase todos) os ativos pudesse ser impedida com a simples objeção de um único acionista[96].

Hoje em dia, contudo, inúmeros são os direitos estaduais que regulam a venda de ativos de uma sociedade. De forma a impedir a aplicação do princípio geral acima identificado, que importaria uma autorização unânime por parte dos acionistas, muitos são hoje os direitos estaduais que preveem expressamente a possibilidade de o Conselho de Administração alienar, hipotecar, empenhar ou ceder todos (ou uma parte substancial) os ativos, desde que com autorização prévia de uma maioria dos acionistas.

A regra é, de acordo com os direitos estaduais, que o Conselho de Administração pode, por princípio, vender ativos – decisão essa que cabe dentro do escopo das suas competências normais de gestão. Quando, contudo, esteja em causa uma decisão de alienação de quase todos os ativos (*substantially all*), a competência decisória, pertencendo ao Conselho de

---

[95] Vide António Menezes Cordeiro, *Código das Sociedades Comerciais Anotado*, 2.ª ed., Coimbra, Almedina, 2011, pp. 1074-1076 (anotação do art. 406.º).

[96] James Cox e Thomas Hazen, *Cox and Hazen on Corporations*, Vol. III, Second Edition, N.Y., Aspen Publishers, 2003, p. 1309.

Administração, só pode ser executada após consentimento de uma maioria dos acionistas[97].

A vasta maioria dos direitos estaduais condiciona a competência decisória do Conselho de Administração, no que à decisão de venda de ativos diz respeito, ao prévio consentimento da maioria dos acionistas quando: a) esteja em causa a alienação de quase todos os ativos (*"all or substantially all the assets"*) e b) quando essa alienação se não faça dentro do regular curso dos negócios da sociedade (*"otherwise than in the usual and regular course of business"*)[98].

Diz a secção § 271 (Sale, lease or exchange of assets; consideration; procedure) da Delaware Corporation Law:

> *"(a) Every corporation may at any meeting of its board of directors or governing body sell, lease or exchange <u>all or substantially all</u> of its property and assets, including its goodwill and its corporate franchises, upon such terms and conditions and for such consideration, which may consist in whole or in part of money or other property, including shares of stock in, and/or other securities of, any other corporation or corporations, as its board of directors or governing body deems expedient and for the best interests of the corporation, <u>when and as authorized by a resolution adopted by the holders of a majority of the outstanding stock of the corporation entitled to vote</u> thereon".*

Quanto a este preceito destacamos a jurisprudência do Delaware Supreme Court, no caso *Gimbel v. Signal*, que disse que:

> *"If the sale is of assets quantitatively vital to the operation of the corporation and is out of the ordinary and substantially affects the existence and purpose of the corporation, then it is beyond the power of the Board of Directors".*

Imbuída do mesmo espírito diz a secção § 12.02. do MBCA (Shareholder Approval of Certain Dispositions):

> *"(a) A sale, lease, exchange, or other disposition of assets, other than a disposition described in section 12.01[99], <u>requires approval of the corporation's shareholders if the disposition would leave the corporation without a significant continuing business activity</u> (...)".*

---

[97] ROBERT CHARLES CLARK, *Corporate Law*, USA, Aspen Law & Business, 1986, pp. 414 e ss.; JAMES COX E THOMAS HAZEN, *Cox and Hazen on Corporations*, Vol. III, Second Edition, N.Y., Aspen Publishers, 2003, pp. 1308 e ss.

[98] JAMES COX E THOMAS HAZEN, *Cox and Hazen on Corporations*, Vol. III, Second Edition, N.Y., Aspen Publishers, 2003, p. 1314.

[99] Que estatui, por sua vez, que a venda, locação, troca ou qualquer outro meio de disposição de todos ou quase todos os ativos, desde que no desenrolar da regular e usual atividade do negócio da sociedade, não requer a aprovação dos acionistas.

Ora, a posição da doutrina portuguesa maioritária, que consiste em considerar nulas quaisquer cláusulas do contrato de sociedade que restrinjam a competência do conselho de administração na alienação de ativos e de considerar inexistir qualquer obrigação de consulta dos acionistas por parte do conselho de administração, quando em causa esteja a venda de todos ou de parte substancial dos ativos, é, no nosso entender, não só uma posição indesejável, como se demonstra incoerente com as regras envolvidas nas outras decisões anteriormente identificadas e que com a operação de alienação de ativos apresentam inúmeras similitudes.

De facto, e independentemente da posição que se tome quanto a saber se os acionistas podem, ou não, reservar para si a decisão de venda de um determinado ativo, ou de uma certa quantidade de ativos, é de rejeitar a ideia de que o Conselho de Administração possa ter o poder de, por sua única iniciativa, descaracterizar a sociedade ao ponto de fazer com que ela não consiga desenvolver a atividade económica que os seus acionistas se haviam proposto exercer, consistente, porventura, na razão de ser da própria existência da sociedade – ou seja, na própria razão de ser da existência do Conselho de Administração.

5. Conclusão

Vimos no início deste texto que a doutrina portuguesa maioritária tende a concluir que o n.º 3 do artigo 373.º do CSC consagra no ordenamento jurídico português o princípio de que o Conselho de Administração tem uma competência exclusiva, ou uma esfera de competências exclusivas, para a gestão da empresa social.

Criticámos essa interpretação do preceito referindo, em especial, que o raciocínio indutivo que suporta tal conclusão não está metodologicamente isento de críticas, na medida em que de uma norma só (cuja própria interpretação não é pacifica) pretende retirar uma proposição geral. Concluímos que para se saber se o direito societário português consagrava, ou não, semelhante princípio, de atribuição de exclusividade ao órgão administrativo na gestão da sociedade, teríamos que analisar o direito societário no seu todo.

De facto, como muito bem explica Baptista Machado, ao jurista-intérprete cumpre *"penetrar no «código genético» do sistema para tentar fazer este coerentemente concluso, segundo as linhas de força eliciadas daquele codex, com vista a achar a solução do caso concreto. O mesmo é dizer que o jurista tem de constituir a partir do sistema a solução do caso, na convicção de que, como há muito e por muitos vem sendo afirmado, a cada caso se «aplica» o sistema todo inteiro"*[100].

Por outro lado, acrescentamos agora, que embora se não possa fundamentar uma proposição geral a partir de um único enunciado normativo, pode-se, em contrapartida, retirar um argumento de um enunciado singular heterodoxo para refutar uma proposição geral[101].

Ora, várias normas do ordenamento jurídico português fomos encontrando, atribuindo matérias de gestão à competência da assembleia geral, que nos parecem contradizer a ideia (proposição geral) de que a gestão da sociedade deve ser conferida exclusivamente ao órgão de administração da sociedade, asserção reforçada pela comparação dessas normas com as normas que regulam as mesmas matérias/decisões no ordenamento jurídico norte-americano.

De facto, analisado o direito societário no seu todo e após comparação da distribuição de competências operada no ordenamento jurídico português e no ordenamento jurídico norte-americano, acreditamos que terá sido outro o princípio consagrado na nossa ordem jurídica e que se traduz na ideia de que as mais importantes decisões de gestão devem (poder) ser atribuídas à esfera de competência dos acionistas.

Por outro lado, existirá um princípio paralelo, que com aquele coabita, que consiste na atribuição ao Conselho de Administração de uma competência *tendencialmente* exclusiva para gerir a empresa social.

No nosso entender, a enunciação de competências exemplificativas constante do artigo 406.º deve ser interpretada no sentido de reforçar este entendimento de que a lei atribui competência *tendencialmente* exclusiva ao conselho de administração para gerir a empresa social, na medida em que vem «*clarificar a competência do conselho para certos actos, que, pela sua relevância e reflexos na vida social, poderiam suscitar a dúvida de saber se não estariam antes sujeitos a deliberação dos sócios*»[102].

O artigo 406.º teria, então, esse efeito de clarificar que cabe ao Conselho de Administração a iniciativa de tomar todas as decisões de gestão, mesmo quando esteja em causa «matéria importante», p. ex., extensões ou reduções <u>importantes</u> na organização da empresa.

---

[100] João Baptista Machado, *Introdução ao Direito e ao Discurso Legitimador*, Coimbra, Almedina, 1982 (19.ª reimpressão de 2011), p. 122.

[101] António Cortês, *Jurisprudência dos Princípios – Ensaios sobre os fundamentos da decisão jurisdicional*, Universidade Católica Editora, Lisboa, 2010, p. 247.

[102] Ilídio Duarte Rodrigues, *A Administração das Sociedades por Quotas e Anónimas – Organização e Estatuto dos Administradores*, Lisboa, Livraria Petrony, 1990, p. 86.

Contudo, nada, no nosso entender, deverá impedir que os acionistas possam reservar estatutariamente certas decisões de gestão para a sua esfera de competências, devendo o conselho de administração, quando em concreto se verifique um desses casos, convocar uma assembleia geral (art. 375.º, n.º 1) para que esta se pronuncie sobre esses determinados assuntos[103].

Efetivamente, jamais se poderá pôr em causa o importante papel que a gestão centralizada tem nas sociedades anónimas. Pensamos, contudo, que a lei não impede que os acionistas reservem nos estatutos competência para a tomada de certas decisões de gestão que reputem de fundamentais.

Neste sentido milita não só a ideia da importância da colaboração entre os acionistas e os administradores na gestão da sociedade – que o nosso código, como vimos, claramente não quis evitar, antes pelo contrário, incentivou, ao contrário do que sucedeu no Direito Societário norte-americano –, bem como a necessidade de coerência sistemática na aplicação das várias normas do direito societário português.

A defesa da nulidade das cláusulas estatutárias que prevejam a competência dos acionistas para a tomada de uma determinada decisão de alienação de ativos considerada fundamental para a sociedade, constitui, como vimos, exemplo paradigmático de aplicação sistematicamente incoerente do nosso código das sociedades comerciais.

Para além do mais, algumas são hoje as sociedades cotadas – ou seja, aquelas que por natureza mais preocupações têm com a sua governação – que atribuem competência aos acionistas para decidir sobre determinadas alienações de ativos: caso da REN – REDES ENERGÉTICAS NACIONAIS, SGPS, S.A.[104];

---

[103] Na esteira de COUTINHO DE ABREU, o poder de iniciativa quanto às medidas de gestão deve pertencer ao conselho de administração, sendo que a inobservância pelos administradores das cláusulas que legitimem os acionistas a deliberar em matérias de gestão (ou a inobservância das deliberações tomadas ao abrigo dessas cláusulas) não impede a vinculação da sociedade para com terceiros (art. 409.º, n.º 1 CSC), constituindo, contudo, justa causa de destituição e ato ilícito gerador de responsabilidade dos membros prevaricadores – Cfr. JORGE MANUEL COUTINHO DE ABREU, *Governação das Sociedades Comerciais*, 2.ª edição, Coimbra, Almedina, 2010, p. 55.

[104] Artigo 8.º dos Estatutos (*"Assembleia Geral"*), n.º 2 *"Compete especialmente à assembleia geral: (...) al. f) autorizar o conselho de administração a proceder à aquisição ou alienação de bens, direitos ou participações sociais de valor económico superior a 10% dos activos fixos da Sociedade (...)"*, disponíveis em www.ren.pt (acedido em 19 de Junho de 2011).

PORTUGAL TELECOM, SGPS, S.A.[105]; e FUTEBOL CLUBE DO PORTO, FUTEBOL, S.A.D[106].

E diga-se que várias são as sociedades anónimas, para além das referidas, que preveem nos seus Estatutos cláusulas atributivas de competência aos acionistas quanto a certas matérias de gestão não especialmente previstas na lei[107].

Ora, a defesa da nulidade destas cláusulas é, pensamos nós, contrária à lógica de distribuição de poderes encontrada e consagrada pelo nosso Código das Sociedades Comerciais e que, no nosso entender, deve constituir a *trave mestra* da interpretação do n.º 3 do artigo 373.º. É que, em nosso entender, o CSC quis atribuir, por princípio, a competência decisória dos assuntos de gestão mais importantes aos acionistas, pelo que não vemos qual será, então, a razão de não permitir que os mesmos reservem para a sua competência uma determinada decisão sobre uma matéria de gestão que considerem fundamental.

Acreditamos sim que a eventual previsão estatutária de competência dos acionistas para a tomada de certas decisões sobre determinadas matérias de gestão consideradas fundamentais será válida e, acima de tudo, desejável. De facto, muitos dos problemas de agência que vêm sendo identificados pela doutrina como decorrência da gestão tendencialmente centralizada num órgão de gestão podem ser corrigidos por uma maior e mais ativa participação dos acionistas na governação das sociedades anónimas.

Em consonância com a nossa posição de fundo parece estar o novo Código de Governo das Sociedades do Instituto Português de Corporate Governance que recomenda o estabelecimento de critérios e termos em

---

[105] Artigo 15.º dos Estatutos (*"Competência da Assembleia Geral"*), n.º 1 *"Compete designadamente à assembleia geral: (...) al. j) Definir os princípios gerais de política de participações em sociedades, nos termos do artigo terceiro, número dois, e deliberar sobre as respectivas aquisições e alienações, nos casos em que aqueles princípios as condicionem à prévia autorização da Assembleia Geral"*; disponíveis em www.telecom.pt (acedido em 19 de Junho de 2011).

[106] Artigo 13.º dos Estatutos, n.º 2: *"Carecem de autorização da assembleia geral os actos que excedam as previsões inscritas no orçamento, mediante deliberação aprovada por maioria simples, e a alienação e oneração, a qualquer título, de bens que integrem o património imobiliário da sociedade, mediante deliberação aprovada por dois terços do votos emitidos"*; disponíveis em www. fcporto.pt (acedido em 19 de Junho de 2011).

[107] Questão interessante será a de saber se o que vimos dizendo terá implicações no regime jurídico das Sociedades Anónimas Europeias que tenham a sua sede em Portugal, dado o disposto nos artigos 9.º, n.º 1, al. c), ii) e iii), 39.º, n.º 1, 43.º, n.º 1, 48.º e, especialmente, 52.º (parte final) do Regulamento (CEE) n.º 2157/01, de 8 de Outubro de 2001.

que o órgão de administração solicitará à Assembleia Geral que delibere sobre matérias de gestão da sua competência (Recomendação II.1)[108].

---

[108] Acessível em http://www.cgov.pt/. De facto, existem já várias sociedades cotadas com Regimentos de Conselho de Administração que preveem esta devolução de competências, agora recomendada.

NOTÍCIAS

PAULO DE TARSO DOMINGUES[*]

Nótula relativa à revogação/substituição da 2.ª Diretiva sobre sociedades (a chamada "Diretiva do Capital")

A Segunda Diretiva sobre sociedades, Diretiva 77/91/CEE, publicada no JO L 026, de 30/01/77, que veio regular, relativamente ao tipo societário correspondente à nossa sociedade anónima, "a conservação e as modificações do capital social" e, que por isso, é também designada por Diretiva do Capital, foi recentemente revogada e substituída pela Diretiva 2012/30/UE do Parlamento Europeu e do Conselho, de 25 de outubro de 2012, publicada no JO L 315/74, de 14 de novembro de 2012.

Aquela revogação insere-se na política, que está a ser seguida a nível comunitário, de consolidação oficial dos atos normativos que tenham sido objeto, no passado, de diversas alterações, como ocorreu com a presente Diretiva do Capital que, conforme se reconhece no considerando 1, "foi várias vezes alterada de modo substancial". De facto, por mais pequena que seja a modificação – como sucedia com a angusta alteração que agora se impunha ao texto da Segunda Diretiva – e apesar da existência oficiosa de versões consolidadas dos principais diplomas (nomeadamente desta Diretiva), o legislador comunitário tem optado por não modificar o texto do diploma em vigor e proceder, em alternativa, à publicação de um novo diploma legal que, em grande medida, reproduz aquele que é revogado. Este caminho é, importa sublinhá-lo, assisadamente acompanhado da decisão – que o nosso legislador deveria seguir em situações idênticas –, de se publicar um "quadro de correspondência" entre os artigos do diploma revogado e do novo diploma (cfr. anexo III).

Ora, foi precisamente isso o que sucedeu no caso em apreço. Com efeito, a alteração efetuada, para além da reordenação e renumeração dos artigos, reduz-se basicamente à consagração, no artigo 6.º, n.º 2, do processo legislativo de codecisão, entre o Parlamento Europeu e o Conselho, para a revisão e alteração do valor do capital social mínimo imposto às

> [*] Professor da Faculdade de Direito da Universidade do Porto

SA – competência que anteriormente, na redação inicial da norma, era atribuída ao Conselho –, sendo esta alteração justificada por força da jurisprudência do Tribunal de Justiça firmada no processo C-133/06 (cfr. considerando 14).

De todo o modo, com a revogação efetuada da Segunda Diretiva, o regime europeu relativo ao capital social, aplicável às sociedades anónimas, passou a constar desta Diretiva 2012/30/UE, que se torna, assim, na nova Diretiva do Capital, com a qual se devem conformar as legislações nacionais.

RESUMO: **Nesta nótula comenta-se o recente aditamento ao CSC, procurando explicar a infeliz redação do n.º 5 do art. 396.º, que alterou significativamente o regime jurídico da caução, a prestar pelos administradores das sociedades anónimas – para garantia da responsabilidade que decorre do exercício das suas funções –, da qual passam a ficar dispensados os administradores não executivos que não sejam remunerados.**

ABSTRACT: In this paper we analyse the latest amendment to the Portuguese Companies Code, seeking to explain the unfortunate wording of paragraph 5 of art. 396 .º, which changed significantly the legal framework of the cash bond to be provided by directors of limited companies – to guarantee the liability that arises of their duties – from which non-executive directors, who are not paid, are excused.

PAULO OLAVO CUNHA*

A alteração do regime da caução dos administradores

Introdução: a alteração do CSC pela Lei do Orçamento do Estado para 2013

Com esta nótula pretende-se atualizar o leitor sobre a mais recente alteração do CSC[1], cujo contexto e enquadramento sistemático não deixa de ser surpreendente.

* Professor da Faculdade de Direito da Universidade Católica Portuguesa

Com efeito, perdido na extensa Lei do Orçamento para 2013 (Lei n.º 66-B, de 31 de dezembro) encontra-se um preceito (o art. 180.º) que modifica o CSC, acrescentando um novo número (5) ao respetivo art. 396.º, com o seguinte texto: «É dispensada a prestação de caução aos administradores não executivos e não remunerados».

É a esta modificação que dedicamos as linhas que se seguem, procurando delimitar o respetivo sentido, aferir da sua oportunidade, apreciar a sua (in)correção e averiguar a sua finalidade.

Cingindo a nossa análise à disposição legal alterada (o art. 396.º do CSC), começaremos, apesar de tudo, por tentar explicar o regime vigente até 31 de dezembro de 2012, sem preocupação de especial erudição[2].

---

[1] A que se reportam todas as disposições legais que não sejam especialmente referenciadas.
[2] Fazemo-lo, remetendo, naturalmente, também para o nosso livro sobre Direito das Sociedades Comerciais, 5.ª ed., Almedina, Coimbra, 2012, pp. 737-741, 794 e 797.

1. A caução pelo desempenho de funções de administração e fiscalização na sociedade anónima

A lei portuguesa sujeita os gestores das sociedades anónimas[3] à obrigação de prestar caução (cfr. art. 396.º)[4] – na linha do que acontecia no Código Veiga Beirão (cfr. respetivo art. 174.º) –, estendendo esse dever, desde a reforma societária de 2006 (aprovada pelo DL n.º 76-A/2006, de 29 de março), aos membros dos órgãos de fiscalização, incluindo aqueles que não são administradores (cfr. art. 418.º-A)[5].

Com efeito, os administradores e os membros do conselho fiscal e do conselho geral e de supervisão estão legalmente obrigados a caucionar o seu desempenho (cfr. arts. 396.º, n.º 1, 433.º, n.º 2, 418.º-A e 445.º, n.º 3), devendo fazê-lo através do depósito de uma determinada quantia mínima em dinheiro – € 250.000 ou € 50.000, consoante se trate de uma grande sociedade anónima ou cotada ou de uma que não o seja – ou substituindo esse depósito por um seguro especialmente contratado para esse efeito (cfr. art. 396.º, n.º 3 e 445.º, n.º 2 *in fine*)[6].

Para maior desenvolvimento e interessante bosquejo histórico, vd., por todos, MANUEL COUCEIRO NOGUEIRA SERENS, Administradores de Sociedades Anónimas, Almedina, 2012, pp. 19-97.

Na doutrina, que se pronunciou especificamente sobre caução – naturalmente antes da recente alteração –, vd. ainda RAÚL VENTURA, Novos estudos sobre Sociedades Anónimas e Sociedades em Nome Colectivo (Comentário ao Código das Sociedades Comerciais), Almedina, Coimbra, 1994, pp. 199-205, GABRIELA FIGUEIREDO DIAS, «A fiscalização societária redesenhada: independência, exclusão de responsabilidade e caução obrigatória dos fiscalizadores», AA.VV., Reforma do Código das Sociedades, IDET, Colóquios, n.º 3, Almedina, Coimbra, 2007 (pp. 277-334), pp. 324-334, e MARIA ELISABETE RAMOS, «Administradores de sociedades anónimas e o dever legal de garantir a responsabilidade», DSR, ano 3, vol. 5, 2011 (pp. 55-88).

[3] Incluindo os gestores públicos (cfr. art. 40.º do DL n.º 71/2007, de 27 de março) e os gestores de empresas locais (cfr. arts. 21.º e 30.º da Lei n.º 50/2012, de 31 de agosto).

[4] A caução constitui uma garantia patrimonial a prestar por aqueles que forem designados para o desempenho de certas funções (cfr. art. 396.º, n.º 1). A lei, no artigo 396.º, estabelece o dever genérico dos administradores prestarem caução pelo desempenho das suas funções, garantindo a todos quantos se relacionam com a sociedade que, em caso de responsabilidade pessoal por danos causados no exercício das funções de administração, se encontra disponível uma quantia para esse efeito.

[5] Recorde-se que os membros da comissão de auditoria – órgão de fiscalização do modelo anglo-saxónico – são, por definição, administradores, ainda que não executivos.

[6] Sobre os problemas que a contratação deste seguro suscita, vd. a dissertação de MARIA ELISABETE GOMES RAMOS sobre *O Seguro de Responsabilidade Civil dos Administradores (Entre a exposição ao risco e a delimitação da cobertura)*, Almedina, Coimbra, 2010, pp. 241-502, em especial pp. 303-371, e cfr. os estudos de PEDRO PAIS DE VASCONCELOS, *D&O Insurance: O seguro de responsabilidade civil dos administradores e outros dirigentes da sociedade anónima*,

A prestação de caução pode ser dispensada nas sociedades anónimas que não tenham o seu capital admitido à negociação em mercado regulamentado ou que não tenham a qualificação de *grande* sociedade anónima, que adquirem nos termos do disposto na alínea a) do n.º 2 do art. 413.º[7].

Com efeito, a lei societária admite que a assembleia geral eletiva, o conselho geral e de supervisão ou o contrato de sociedade que designar os administradores ou os membros dos órgãos de fiscalização delibere igualmente dispensar os designados de prestarem caução que assegure o desempenho das suas funções, desde que esteja em causa uma sociedade anónima simples (cfr. arts. 396.º, n.º 3 e 433.º, n.º 2 *in fine*).

Isto significa que, quando não estiver em causa uma *grande* sociedade anónima ou uma sociedade anónima (aberta) cotada, a caução pode ser afastada por consenso dos acionistas (ou dos membros do conselho geral e de supervisão).

Deste modo, a caução, obrigatória relativamente a dois subtipos de sociedade anónima, é facultativa para a generalidade das sociedades que se reconduzem a este tipo (societário).

Sendo devida, pode a caução, a realizar em dinheiro, ser substituída por um contrato de seguro acordado em benefício dos *stakeholders* da sociedade – que a lei societária configura como «titulares de indemnizações» (art. 396.º, n.º 2)[8] –; e não apenas da sociedade, como sucedia até 2006.

Ponto de honra é que sejam os próprios administradores, obrigados à prestação de caução, a suportar o respetivo custo (cfr. art. 396.º, n.º 2 in fine), sem prejuízo de a sociedade poder assegurar a contratação de um seguro (de que seja beneficiária) em montante superior ao mínimo que seja legalmente exigível.

Devendo a caução ser dispensada na assembleia geral eletiva, caso tal seja legalmente admissível, só tem sentido formar a deliberação para o

---

edição digital, Almedina, Coimbra, 2007, em especial pp. 11 e 39-46, e de Gabriela Figueiredo Dias, «A fiscalização societária redesenhada: independência, exclusão de responsabilidade e caução obrigatória dos fiscalizadores», cit., 2007 (pp. 277-334), pp. 324-330.

[7] Sobre o (novo) conceito de *grande* sociedade anónima, vd. a nossa obra citada Direito das Sociedades Comerciais, p. 91.

[8] Sobre «o universo dos potenciais lesados, titulares de um direito de acção directa contra o segurador num seguro de responsabilidade civil celebrado pelos administradores de sociedades anónimas em cumprimento do dever de prestar caução consagrado no art. 396.º CSC», vd. o estudo de Margarida Lima Rego, «A quem aproveita o seguro de responsabilidade civil de administradores celebrado para os efeitos do art. 396.º CSC», AA.VV., *I Congresso Direito das Sociedades em Revista*, Almedina, Lisboa, 2011 (pp. 415-446), e o nosso livro citado, p. 738.

efeito após serem conhecidos aqueles que se encontram sujeitos a prestá-la[9]. Isto é, encontrando-se eleitos os novos administradores ou membros do conselho fiscal ou do conselho geral e de supervisão, importa deliberar sobre a (eventual dispensa de) prestação de caução, se a mesma não for obrigatória.

Havendo lugar à prestação de caução, deverá o administrador disponibilizá-la à sociedade ou entregar comprovativo de apólice de seguro que a substitua no prazo máximo de trinta dias após a designação – devendo as suas funções serem caucionadas até ao fim do ano civil[10] seguinte àquele em que as cesse por qualquer causa –, sob pena de «cessação imediata de funções» (art. 396.º, n.º 4)[11].

[9] Por isso, não tem razão o nosso colega e amigo Manuel Nogueira Serens, na nota 317 do seu estudo citado sobre os Administradores de Sociedades Anónimas, 2012 (p. 92), quando refere não fazer sentido que os acionistas que tenham sido eleitos administradores estejam impedidos de votar na dispensa da respetiva caução, porque não está em causa impedi-los de votar na sua própria eleição para administradores.

Com efeito, nalguns casos a dispensa de caução é objeto de ponto autónomo para deliberação em assembleia geral, sempre após a indispensável eleição dos novos administradores, de cuja caução se trata; noutros, integrando a proposta de eleição, consta de número autónomo da mesma, objeto de deliberação em separado da designação dos próprios administradores, cujo dever de a prestar se encontra em ponderação. Neste caso, a assembleia delibera primeiramente sobre a eleição dos novos administradores e, encontrando-se os mesmos designados, aprecia a possibilidade de os dispensar de prestar caução. Quando tal sucede, os eleitos, sendo acionistas, já não podem votar na dispensa da sua própria caução, dado o manifesto conflito de interesses subjacente a essa pronúncia.

E nesses casos – como naqueles em que os administradores (ou membros de órgãos de fiscalização) sejam eleitos antes de a assembleia se pronunciar sobre a dispensa de prestação de caução –, coincidindo as qualidades de acionista com a de administrador (designado), não poderá aquele votar na dispensa da sua (própria) caução, por se encontrar impedido à luz do critério resultante do disposto no art. 384.º, n.º 6. Por isso, a apreciação da dispensa da sua caução deverá ocorrer em separado, afigurando-se adequado que a assembleia geral se pronuncie, caso a caso, sobre a dispensa de caução de todos os eleitos, porque não está obrigada a uma solução uniforme para todos os administradores. Daí que faça inteiro sentido, proceder a diversas votações – tantas quantos os administradores eleitos – para concluir sobre o dever de prestação de caução, num sistema de "não votas tu", porque estás impedido, podendo, a propósito da dispensa da caução de cada administrador, votar todos aqueles que não estejam concretamente impedidos de o fazer.

[10] Cremos que esta regra – anterior ao momento em que passou a ser lícito às sociedades terem um exercício social discrepante do ano civil – deve ser objeto de interpretação atualista, ´devendo ler-se "até ao fim do exercício social subsequente", porquanto este pode não ser coincidente com o ano civil. Neste sentido, vd. o nosso livro Direito das Sociedades Comerciais, 5.ª ed. cit., 2012, pp. 145-147.

[11] Cfr. o nosso livro Direito das Sociedades Comerciais, pp. 740-741, e o estudo de Manuel Nogueira Serens, sobre os Administradores de Sociedades Anónimas, cit., 2012, na nota 318 (93-95).

A este propósito, refira-se apenas que será difícil averiguar quando é que o membro do órgão social sujeito à prestação de caução estará em falta, visto que a obrigatoriedade de prestação da mesma não é registável, nem é possível saber, junto do registo comercial, se as cauções a que os membros dos órgãos sociais se encontram obrigados se encontram regularizadas (prestadas à ordem da sociedade ou asseguradas por seguro que as substitua). Assim sendo, não é possível saber quando é que esses titulares dos órgãos sociais se encontram em incumprimento.

A lei também nada prevê quanto à validade e eficácia dos atos praticados por administradores que tenham cessado as suas funções por não terem prestado a caução devida[12].

Foi neste quadro que surgiu – entre inúmeras alterações a outros diplomas introduzidas pela Lei do Orçamento do Estado – a modificação que se impõe apreciar.

2. O (infeliz) aditamento (do n.º 5) ao art. 396.º

O art. 180.º da Lei n.º 66-B/2012, de 31 de dezembro, acrescentou um n.º 5 ao art. 396.º, dispensando «a prestação de caução aos administradores não executivos e não remunerados».

O propósito da alteração introduzida parece óbvio: isentar da prestação de caução todos os administradores não executivos que não sejam remunerados, incluindo aqueles que, por efeito do regime geral da caução, e designadamente do disposto na I parte do n.º 3 do art. 396.º, estariam obrigados a prestar caução; como sucedia com os administradores não executivos das sociedades cotadas[13] e das *grandes* sociedades anónimas[14].

A dispensa de prestação de caução decorre, neste caso, da própria lei, não carecendo de ser deliberada.

---

[12] Cfr. a bibliografia referida na nota anterior.

[13] A expressão "sociedades cotadas" abrange, neste caso, todas as que são emitentes de valores mobiliários admitidos à negociação em mercado regulamentado (incluindo obrigações) – e não apenas aquelas cujas participações de capital (ações) se encontram admitidas à transação em bolsa de valores –, visto que a lei (cfr. art. 396.º, n.º 3) não estabelece qualquer diferenciação.

[14] Desconhecemos a razão que terá levado o legislador a introduzir esta alteração no CSC, embora conste que a mesma teve em mente dispensar da prestação de caução gestores públicos não executivos (e não remunerados) de grandes sociedades anónimas que à mesma se encontravam sujeitos e que não aceitariam prosseguir nas suas funções se tivessem de assumir o encargo inerente à prestação de caução ou contratação do seguro de substituição.

São diversas as deficiências a apontar à nova regra legal.

Em primeiro lugar, a sua própria expressão literal que não é a mais correta, visto que pode legitimamente subsistir a dúvida sobre se não ficam dispensados da prestação de caução os administradores não executivos e, para além deles, os não remunerados. Teria sido mais adequado impor a dispensa de prestação de caução aos administradores não executivos que não sejam remunerados. Trata-se, contudo, de óbice que julgamos facilmente ultrapassável pela interpretação do preceito, atendendo à razão que terá justificado a sua inserção no art. 396.º: dispensar aqueles que, não sendo executivos e não auferindo remuneração, teriam, para exercer as suas funções, de suportar um sacrifício financeiro sem compensação.

Um outro aspeto que não é isento de crítica diz respeito ao facto de, no momento da eleição do administrador – e na assembleia geral em que deve ser ponderada a dispensa de prestação de caução, quando a mesma for possível –, não ser logicamente possível saber se ele vai ser executivo ou não executivo. Com efeito, cabe ao conselho de administração dispor sobre a sua organização e, pela eventual delegação de poderes num ou mais administradores ou numa comissão executiva, distinguir aqueles que vão ter funções executivas, daqueles que não as desempenharão; e que serão, por isso, não executivos.

A esta dificuldade acresce a que resulta da circunstância de, com frequência, na própria assembleia não ser possível saber quais os administradores que vão ser remunerados, em especial se a função de atribuir e fixar a remuneração estiver cometida a uma comissão (de remunerações) possivelmente eleita na mesma assembleia geral em que os administradores são designados.

Pode suceder também que, tratando-se de uma *grande* sociedade anónima ou de uma sociedade cotada, a assembleia nada tenha decidido sobre a natureza das funções (executivas ou não executivas) dos administradores eleitos – até porque não tem, em rigor, competência para o efeito (cfr. art. 373.º, n.º 3) –, nem tão pouco sobre a respetiva remuneração; e o conselho também nada decida nos primeiros trinta dias, período durante a qual a caução (obrigatória) deveria ser prestada. Deverão, não obstante, aqueles que não sabem se virão a ter funções executivas e a ser remunerados prestar entretanto caução?

Diferente questão prende-se com a aplicação no tempo da alteração introduzida na lei societária geral. Já nos pronunciámos sobre esta matéria, em estudo específico, para o qual remetemos[15]. A modificação efe-

---

[15] «A aplicação no tempo da reforma de 2006 do Direito Societário português», ROA, ano 67, I, 2007 (pp. 207-221), em especial pp. 212-214 e 219-220.

tuada dispensa os administradores não executivos em exercício, que não sejam remunerados, da prestação de caução. Isto significa que podem proceder ao levantamento das garantias entretanto prestadas e à imediata suspensão (ou cancelamento) dos seguros contratados com a finalidade de substituir a caução.

Por fim, *last but not least*, assinale-se que esta alteração legislativa não se afigura extensível aos membros dos órgãos de fiscalização, que não forem administradores, nomeadamente membros do conselho fiscal (que não sejam revisores oficiais de contas[16]) e do conselho geral e de supervisão – os quais não têm o estatuto de "administradores não executivos" –, o que não deixa de ser surpreendente e comprova a insuficiência da medida aprovada. Com efeito, enquanto o presidente e o vogal do conselho fiscal ou os membros do conselho geral e de supervisão estão obrigados a prestar caução, mesmo que não sejam remunerados[17], os administradores não executivos da mesma sociedade estão dispensados de prestar caução se não auferirem remuneração. Já para não referir que os membros da comissão de auditoria que não sejam remunerados também passam a ficar dispensados de prestar caução. Estamos perante desigualdades lamentáveis que, juntamente, com os demais aspetos merecedores de crítica, deveriam ter sido objeto de adequada ponderação, evitando-se criar uma norma deficiente, ainda que se compreenda a intenção que lhe esteve subjacente.

3. A prestação de caução em 2013

Aqui chegados, importa concluir esta nótula, fazendo a síntese do regime legal da prestação de caução vigente em Portugal:

1.º Estão sujeitos ao dever de prestar caução[18]:

(i) os administradores executivos de *grandes* sociedades anónimas ou cotadas;

---

[16] O ROC não está obrigado a prestar caução, por ter de contratar um seguro de responsabilidade regulado por lei especial (cfr. art. 418.º-A, n.º 2).

[17] A lei impõe que os membros de órgãos de fiscalização aufiram uma remuneração fixa sempre que forem remunerados (cfr. arts. 422.º-A, n.º 1 e 440.º, n.º 1), mas não impõe que o sejam, pelo que podem exercer funções sem ser remunerados, designadamente se a sociedade estiver em difícil situação económica (cfr. art. 399.º, aplicável *ex vi* art. 422.º-A, n.º 2 e art. 440.º, n.º 2.

[18] Admitimos que a caução possa ser estatutariamente imposta, pelo que nessa circunstância só não será exigível nos casos em que os administradores se encontrem legalmente isentos de a prestar.

(ii) os administradores não executivos de *grandes* sociedades anónimas e das sociedades cotadas que sejam remunerados pelas suas funções;

(iii) os membros dos órgãos de fiscalização de *grandes* sociedades anónimas ou cotadas, com exceção do revisor oficial de contas;

(iv) os administradores executivos e membros de órgãos de fiscalização de outras sociedades anónimas que não sejam dispensados de prestar caução;

(v) os administradores não executivos, mas remunerados, de outras sociedades anónimas que não sejam dispensados de prestar caução.

2.º Estão isentos de prestar caução os administradores não executivos de qualquer sociedade anónima que não aufiram remuneração pelo desempenho das suas funções, incluindo os membros da comissão de auditoria (por serem administradores).

3.º A caução, quando devida, pode ser substituída por um contrato de seguro – que cubra o montante mínimo legalmente imposto – de que sejam beneficiários "titulares de indemnizações», isto é, todos aqueles que possam sofrer danos por atos cuja responsabilidade seja imputável aos administradores ou membros dos órgãos de fiscalização obrigados a prestar caução.

4.º A caução e o prémio de seguro, pelo montante mínimo legalmente devido, têm de ser suportados pelo membro do órgão social que à prestação da mesma se encontra obrigado.

5.º A caução torna-se devida, ou o administrador cessa as suas funções, sempre que não resultar da respetiva eleição que não irá exercer funções executivas e o conselho nada deliberar no prazo de trinta dias após essa designação sobre a natureza (não executiva) das funções do administrador eleito.

6.º Os administradores não executivos que não sejam remunerados podem reaver de imediato a garantia patrimonial que hajam prestado ou cancelar o seguro contratado com fim análogo.

Em suma, a pretender manter-se inalterada a modificação recentemente introduzida, seria aconselhável que o legislador se preocupasse igualmente em isentar da caução todos os membros dos órgãos de fiscalização que não sejam remunerados pelo desempenho das suas funções.

Lisboa, fevereiro de 2013

Prémio DSR/Almedina – 2.ª edição

A *Associação Direito das Sociedades em Revista* (*ADSR*) e a *Almedina* decidiram organizar uma segunda edição do prémio *DSR/Almedina*, destinado a promover os estudos sobre Direito das Sociedades por autores jovens, no espaço lusófono.

Esta segunda edição terá lugar durante 2013, devendo os estudos ser apresentados até 31 de outubro de 2013. A atribuição do prémio terá lugar até 31 de janeiro de 2014.

O valor pecuniário do prémio será de € 3.000,00 (três mil euros).

A atribuição do prémio obedecerá às seguintes regras:

1. Podem concorrer juristas, de qualquer nacionalidade, que, à data da entrega dos seus trabalhos, tenham até 30 anos de idade, inclusive.

2. Os estudos devem:
   a) Ter por objeto o Direito de Sociedades;
   b) Ser redigidos em português;
   c) Versar algum ou vários dos ordenamentos jurídicos dos Estados e territórios em que o português é língua oficial ou o ordenamento jurídico da União Europeia.

3. Além do prémio, poderá haver lugar a menções honrosas.

4. Os estudos devem ser inéditos e manter-se como tais até à data da decisão do júri.

5. Todos os concorrentes poderão ser convidados a publicar na *DSR* os estudos por eles apresentados.

6. O tamanho máximo dos estudos será 75.000 carateres (contando espaços e incluindo notas de rodapé).

7. O júri será designado pela Direção da *DSR*.

8. A apresentação de trabalhos a concurso deverá ser feita mediante o envio de 3 exemplares em papel para:
   Almedina/DSR,
   Rua Fernandes Tomás, n.ºs 76-80
   3000-167 Coimbra

   E de uma versão digital para:
   dsr@almedina.net

9. O júri poderá deliberar não atribuir o prémio.

Textos para publicação

A Revista aceita a apresentação de textos inéditos para publicação, sujeita a parecer favorável da Comissão de Redacção e à disponibilidade de espaço.

Cada texto não deverá exceder 75.000 caracteres (contando espaços e incluindo notas de rodapé) e deverá observar as seguintes regras gráficas:

– Nomes de autores referidos em texto: em caracteres normais

– Nomes de autores referidos em notas: em maiúsculas pequenas

– Títulos de livros (monografias e obras colectivas): em itálico

– Títulos de textos inseridos em revistas e em obras colectivas: entre aspas, em caracteres normais

– Nomes das revistas: em itálico

– Sinal de aspas primacialmente usado: « » (as chamadas aspas francesas ou baixas)

– Ausência de espaço entre uma palavra e um sinal de pontuação

– Uso das abreviaturas adoptadas pela Revista (v. lista inserida nas primeiras páginas)

– Os textos deverão ser enviados por correio electrónico para *dsr@almedina.net* ou por via postal para:

DSR – Direito das Sociedades em Revista
Secretariado da Redacção
Edições Almedina, SA
Rui Dias
Rua Fernandes Tomás, n.os 76-80
3000-167 Coimbra

DIREITO DAS SOCIEDADES EM REVISTA

DIRECTOR: RUI PINTO DUARTE
JORGE MANUEL COUTINHO DE ABREU
PEDRO PAIS DE VASCONCELOS

CUPÃO DE ASSINATURA

NOME

MORADA

CÓD. POSTAL – LOCALIDADE

TELEFONE Nº CONTRIBUINTE

PROFISSÃO

EMAIL

2 NÚMEROS AVULSO **€40**

ASSINATURA (2 NÚMEROS/ANO) **€35** (DESCONTO DE **12,5%**)
COM IVA E DESPESAS DE ENVIO INCLUÍDOS

DESEJO ADQUIRIR A ASSINATURA DA REVISTA
DIREITO DAS SOCIEDADES EM REVISTA (2 NÚMEROS) DO ANO 2 0

ASSINATURA   DATA   –   –

ESTE CUPÃO DEVERÁ SER ENVIADO PARA
ASSINATURA DA REVISTA DIREITO DAS SOCIEDADES EM REVISTA – JOAQUIM MACHADO, S.A.,
Rua Fernandes Tomás, n.ºs 76, 78, 80, 3000-167 Coimbra, ou via email para assinaturas@almedina.net.

PARA ESCLARECIMENTOS ADICIONAIS
Telefone: 239 851 903 Fax: 239 851 901 Email: editora@almedina.net

AUTORIZAÇÃO DE DÉBITO DIRECTO (ADC)

ENTIDADE 1 0 6 4 4 4   NÚMERO DE AUTORIZAÇÃO

Na rede Multibanco poderá definir: A Data de expiração da autorização | O montante máximo de débito autorizado

AUTORIZAÇÃO DE DÉBITO EM CONTA PARA DÉBITOS DIRECTOS

NOME

EMAIL

Por débito na nossa/minha conta abaixo indicada queiram proceder ao pagamento das importâncias que lhes forem apresentadas pela empresa EDIÇÕES ALMEDINA SA

IBAN/NIB: PT 50

CONTRIBUINTE FISCAL

ASSINATURA(S) CONFORME BANCO   DATA

BENS/SERVIÇOS	VALOR	REGULARIDADE[1]	INICIA A MÊS	ANO	TERMINA A MÊS	ANO

[1] REGULARIDADE: MENSAL, TRIMESTRAL, SEMESTRAL, ANUAL

PROCEDIMENTOS

· Preencher completamente e assinar Autorização de Débito, de acordo com a ficha de assinatura de Banco. No caso de ser empresa carimbar ADC com carimbo da empresa.
· Remeter a ADC para:
EDIÇÕES ALMEDINA SA, Rua Fernandes Tomás, n.ºs 76, 78, 80, 3000-167 Coimbra, ou via email para sdd@almedina.net.
· Qualquer alteração que pretenda efectuar a esta autorização bastará contactar as EDIÇÕES ALMEDINA SA por qualquer forma escrita
· Também poderá fazer alterações através do Sistema Multibanco, conforme se apresenta seguidamente, ou no sistema de home banking, caso tenha essa opção. Também neste caso agradecemos informação escrita sobre as alterações efectuadas.
· Esta autorização destina-se a permitir o pagamento de bens/serviços adquiridos à nossa empresa e só poderá ser utilizada para outros efeitos mediante autorização expressa do(s) próprio(s)
· Dos pagamentos que vierem a ser efectuados por esta forma serão emitidos os recibos correspondentes.

INFORMAÇÕES

Através do Sistema Multibanco, relativamente a esta autorização de Débito em Conta, poderá, entre outras, efectuar as seguintes operações:
· Visualizar a Autorização Débito em Conta concedida;
· Actualizar os Dados Desta Autorização de Débito em Conta;
· Cancelar esta Autorização Débito em Conta;

Em cumprimento do aviso 10/2005 do Banco de Portugal, informa-se que é dever do devedor, conferir, através de procedimentos electrónicos, nomeadamente no multibanco, os elementos que compõem as autorizações de débito em conta concedidas.

PARA ESCLARECIMENTOS ADICIONAIS
Telefone: 239 851 903 Fax: 239 851 901 Email: sdd@almedina.net